La réforme budgétaire dans les États de la Communauté économique et monétaire d'Afrique centrale (CEMAC)

Collection « L'esprit économique »

fondée par Sophie Boutillier et Dimitri Uzunidis en 1996
dirigée par Sophie Boutillier, Blandine Laperche, Dimitri Uzunidis

Si l'apparence des choses se confondait avec leur réalité, toute réflexion, toute Science, toute recherche serait superflue. La collection « L'esprit économique » soulève le débat, textes et images à l'appui, sur la face cachée économique des faits sociaux : rapports de pouvoir, de production et d'échange, innovations organisationnelles, technologiques et financières, espaces globaux et microéconomiques de valorisation et de profit, pensées critiques et novatrices sur le monde en mouvement...
Ces ouvrages s'adressent aux étudiants, aux enseignants, aux chercheurs en sciences économiques, politiques, sociales, juridiques et de gestion, ainsi qu'aux experts d'entreprise et d'administration des institutions.

La collection est divisée en six séries :

Dans la série *Economie et Innovation* sont publiés des ouvrages d'économie industrielle, financière et du travail et de sociologie économique qui mettent l'accent sur les transformations économiques et sociales suite à l'introduction de nouvelles techniques et méthodes de production. L'innovation se confond avec la nouveauté marchande et touche le cœur même des rapports sociaux et de leurs représentations institutionnelles.

La série *Economie formelle* a pour objectif de promouvoir l'analyse des faits économiques contemporains en s'appuyant sur les approches critiques de l'économie telle qu'elle est enseignée et normalisée mondialement. Elle comprend des livres qui s'interrogent sur les choix des acteurs économiques dans une perspective macroéconomique, historique et prospective.

Dans la série *Le Monde en Question* sont publiés des ouvrages d'économie politique traitant des problèmes internationaux. Les économies nationales, le développement, les espaces élargis, ainsi que l'étude des ressorts fondamentaux de l'économie mondiale sont les sujets de prédilection dans le choix des publications.

La série *Krisis* a été créée pour faciliter la lecture historique des problèmes économiques et sociaux d'aujourd'hui liés aux métamorphoses de l'organisation industrielle et du travail. Elle comprend la réédition d'ouvrages anciens, de compilations de textes autour des mêmes questions et des ouvrages d'histoire de la pensée et des faits économiques.

La série *Clichés* a été créée pour fixer les impressions du monde économique. Les ouvrages contiennent photos et texte pour faire ressortir les caractéristiques d'une situation donnée. Le premier thème directeur est : mémoire et actualité du travail et de l'industrie ; le second : histoire et impacts économiques et sociaux des innovations.

La série *Cours Principaux* comprend des ouvrages simples, fondamentaux et/ou spécialisés qui s'adressent aux étudiants en licence et en master en économie, sociologie, droit, et gestion. Son principe de base est l'application du vieil adage chinois : « le plus long voyage commence par le premier pas ».

Achile Nestor Basahag

La réforme budgétaire dans les États de la Communauté économique et monétaire d'Afrique centrale (CEMAC)

Avant-propos de Louis Paul Motaze
Préface de Lionel Pierre Guéssélé Isséme

L'Harmattan

5-7, rue de l'École-Polytechnique ; 75005 Paris

http://www.editions-harmattan.fr/

ISBN : 978-2-336-52918-9
EAN : 9782336529189

AVANT-PROPOS

Le droit camerounais des finances publiques est désormais à l'image de celui de l'ensemble des pays de la Communauté économique et monétaire de l'Afrique centrale. C'est le cas depuis plusieurs années et en raison de l'influence des normes supranationales à l'instar de celles de la sous-région CEMAC. C'est ce qui explique les nombreuses actions tant du point de vue législatif que règlementaire en vue de s'arrimer aux différentes Directives issues de cet espace d'intégration. En effet, la Communauté économique et monétaire de l'Afrique centrale est cette organisation d'intégration instituée par le Traité de N'Djamena du 16 mars 1996. Elle connaît depuis 2008 des réformes institutionnelles importantes. La dernière en date c'est l'entrée en vigueur effective de la Cour des comptes communautaire. Il faut se rappeler, d'ailleurs, qu'à l'occasion de la session ordinaire de la conférence des chefs d'États en janvier 2010 à Bangui, les Chefs d'États s'étaient félicités des progrès enregistrés dans la mise en œuvre des programmes des réformes institutionnelles de la communauté. C'est dans cette lancée qu'en 2011 de nombreuses Directives ont été adoptées en matière financière.

C'est dans cet environnement qu'est réalisée l'étude du Docteur Achille Nestor Basahag sur *La réforme budgétaire dans les Etats de la communauté économique et monétaire de l'Afrique centrale*. C'est un ouvrage qui relève du registre de ces chefs d'œuvre qui, comme à d'autres occasions, j'ai l'immense plaisir de formuler un propos liminaire. La réforme analysée par l'auteur regorge un intérêt majeur non seulement pour les universitaires mais aussi et surtout pour les acteurs des finances publiques. Il réside en l'identification de la teneur de la réforme en matière de budget dans ces pays de manière globale et restrictivement au Cameroun. Cette question permet alors à tous les acteurs, qu'ils soient camerounais ou des autres pays de la sous-région, de disposer d'une réflexion, ou alors d'un rendu panoramique accessible à tous, sur la prise en compte des normes communautaires CEMAC en matière budgétaire par les pays membres.

Elle conduit alors à faciliter, au regard de sa perspective comparative relevée de manière subliminale, la compréhension de cette influence du droit communautaire sur le droit budgétaire des Etats concernés. Le citoyen communautaire, à l'heure où les pays de la CEMAC se sont résolument engagés vers la mise en place effective de la libre circulation dans cette zone, comme cela ressort clairement de la rencontre tenue à Yaoundé, trouvera en cet ouvrage un outil nécessaire à la compréhension de leur droit en matière de finances publiques. En effet, lors du sommet tenu à Yaoundé, au Cameroun au mois de septembre dernier, sur les questions sécuritaires en rapport avec la libre circulation, ces Etats ont adopté de manière presque définitive la mise en œuvre de cette libre circulation en faveur des personnes.

Les éléments qui vont ainsi au profit des contribuables sont nombreux. C'est qu'en effet, sous l'impulsion du droit CEMAC en matière de finances publiques, les nombreux principes qui gouvernent le budget ont été remaniés pour s'assurer de la mise en œuvre effective des grands chantiers. Cela concerne bien le

Cameroun qui s'est lancé dans de nombreux projets structurants. Le principe de l'annualité en matière de budget, l'un parmi les nombreux principes classiques, a été complété par d'autres qui tendent toujours à garantir l'efficacité de l'action des pouvoirs publics. L'on citera les principes de sincérité et de transparence.

L'on est aussi satisfait par le fait que l'auteur, qui a une bonne connaissance des finances publiques, note également les manquements qui jonchent cette prise en compte du droit communautaire par les pays membres. Les Etats ne ménagent aucun effort à lutter contre ceux-ci. Le Cameroun dispose des divers outils destinés à assurer ce perfectionnement du droit budgétaire marqué par le renforcement tant de la mise en place que de la mise en œuvre du budget.

Le renouveau budgétaire devant aussi saisir l'attention des contribuables en zone CEMAC ainsi que les praticiens, nombreux en la matière, concerne les acteurs. La consolidation du pouvoir exécutif et législatif, notamment au niveau de l'adoption du budget et surtout leur rôle en tant que garant de sa mise en œuvre, le témoigne.

L'on se doit ainsi, au regard de ces intérêts, de saluer le travail du Docteur Achille Nestor Basahag et d'appeler de tous nos vœux qu'il puisse servir de repère aux nombreux citoyens et acteurs en matière budgétaire dans les pays de la Communauté économique et monétaire de l'Afrique centrale, dans son ensemble, et spécifiquement au Cameroun.

Le Ministre des Finances
Louis Paul MOTAZE

PREFACE

Comme dans l'ensemble des pays, depuis plusieurs années déjà, les finances publiques en Afrique, en général, et dans les pays de la Communauté économique et monétaire de l'Afrique centrale, en particulier, sont en pleine mutation. Ce renouvellement s'opère sans aucun doute sous l'influence de la mondialisation qui a contraint les États à revoir leurs approches tant normative qu'institutionnelle en la matière. C'est ce qu'indiquent, fort opportunément, certains observateurs lorsqu'ils soulignent qu'« *à l'époque contemporaine, la contrainte extérieure qui pesait sur les États n'a cessé de se renforcer. Les équilibres nationaux sont directement affectés par les déséquilibres extérieurs, et les politiques de finances publiques constituent souvent des réponses ou des adaptations à ce type de contraintes. Par ailleurs, l'efficacité d'une décision nationale est le plus souvent conditionnée par les réactions ou les politiques des pays partenaires* »[1].

L'espace de la CEMAC est aussi l'expression de ce changement porté par des textes supranationaux à l'instar de ses Directives secrétées en 2011. Il s'agit de la Directive n° 01/11-UEAC-190-CM-22 du 19 décembre 2011 relative aux lois de finances, la Directive n° 02/11-UEAC-190-CM-22 du 19 décembre 2011 relative au règlement général de la comptabilité publique ou encore la Directive n° 03/11-UEAC-195-CM-22 du 19 décembre 2011 relative au plan comptable de l'État.

Dans un tel contexte, il est apparu opportun de rechercher quels sont les mobiles de ce renouveau budgétaire dans les pays de la CEMAC en s'interrogeant sur la consistance de la réforme en matière de budget dans l'ensemble de ces pays. C'est tout l'intérêt de l'étude de M. Achille Nestor Basahag. L'auteur, qui est également un praticien du domaine des finances publiques, se propose ainsi de mettre à la disposition non seulement du public averti mais aussi du grand public, les évolutions du droit budgétaire dans les pays de la Communauté économique et monétaire de l'Afrique centrale; organisation qui marque la volonté des pays africains de mettre en place un espace d'intégration en vue d'impulser leur développement. Pour mettre en évidence et apprécier la consistance de ce renouveau budgétaire, l'auteur opère une double détente à savoir : le plan normatif et le plan institutionnel. Plus précisément, il part de l'idée que, d'une part, les normes budgétaires dans les pays de la CEMAC ont été perfectionnées et, d'autre part, que les instances en charge de la mise en œuvre du budget ont été rénovées. Ce postulat permet justement de comprendre la similarité qu'on peut relever entre les normes en vigueur dans un pays comme le Cameroun, à l'instar de la loi de 2018 sur le régime financier de l'Etat et des autres entités publiques et la Directive CEMAC portant sur les lois de finances. Cette loi ne reflète rien d'autre que cette norme communautaire. D'ailleurs, la Circulaire n° 00000 456/C MINFI du 30 décembre 2021 portant instructions relatives à l'exécution des lois de finances, au suivi et au contrôle de l'exécution du budget de l'État et des autres entités publiques pour l'exercice 2022 relève parfaitement

[1] BOUVIER (M), ESCLASSAN (M-C), LASSALE (J-P), *Finances publiques*, Paris, LGDJ, 18e éd, 2019-2020, p. 151.

cette idée. Elle indique en ce sens que « *dans son élaboration, la loi de finances pour l'exercice 2022 a été largement influencée par le parachèvement du processus d'arrimage des comptes budgétaires aux décrets n° 2019 /3187/PM du 9 septembre 2019 et n° 2019/3119/PM du 11 septembre 2019 fixant, respectivement, le cadre général de présentation de la nomenclature budgétaire de l'État et du plan comptable de l'État. Cet alignement qui marque l'abrogation définitive et intégrale de la nomenclature budgétaire de l'État de 2003 a inscrit résolument notre pays dans la dynamique de la mise en œuvre des directives communautaires de 2011 et le passage à la comptabilité patrimoniale* »[2]. Cela montre toute la portée de l'étude de Monsieur Achille Nestor Basahag. L'auteur note alors, dans un premier temps, des améliorations sur le plan qualitatif, ou d'efficacité, du processus d'encadrement juridique relatif au budget dans les pays de la CEMAC. Cette amélioration se traduit avec le renouvèlement des principes budgétaires. La rénovation des principes ne signifie en aucun cas l'exclusion de ceux qui existaient déjà car les pays de la CEMAC en consacrant de nouveaux principes ont, en même temps, actualisé les principes budgétaires classiques. En effet, l'actualisation des principes comme celui de l'annualité budgétaire l'a été dans ce sens où ce principe connaît des infléchissements en raison du contexte. L'une des illustrations porte, par exemple, sur le droit congolais où, au stade de l'élaboration du budget, des crédits additionnels et supplémentaires sont admis. Les besoins d'intérêt général n'étant pas figés, ils pourraient varier face aux prévisions économiques et financières, leur prise en charge doit prendre en compte certains aléas. C'est en cela que deviennent importants les changements opérés à l'occasion de la mise en œuvre du budget adopté. À ce stade, la question de l'infléchissement de ce principe participe également de ce renouveau mis en exergue par M. Achille Nestor Basahag. L'auteur convoque à cet égard le fait que sous l'égide des textes communautaires, c'est le cadre d'exercice à moyen ou à long terme qui guide dorénavant l'exécution du budget. Les pays de la CEMAC glissent ainsi vers le principe de la pluriannulaité en matière de budget. Il s'agit pour eux de profiter des durées qui conviennent en vue d'atteindre les objectifs fixés pour une exécution efficace du budget. Il subsiste alors désormais en marge des principes classiques, des principes nouveaux. Il est question de la sincérité budgétaire qui opère sa renaissance à côté de la transparence désormais consacrée. Cette sincérité touche à la préparation et à l'exécution. Il innerve à la fois la planification, la programmation, la budgétisation et astreint l'exécutif au respect des prévisions indiquées par la loi de finances au niveau de l'exécution. La naissance de la transparence se manifeste avec l'exigence d'information financière ainsi que la clarté sur les objectifs budgétaires. Conscient de ce que les pays de la CEMAC sont engagés dans de nombreux projets de développement, le législateur communautaire a alors prescrit la performance dans l'élaboration budgétaire. La planification stratégique ainsi que l'adoption clairvoyante du budget, d'une part et, d'autre part, l'accent mis sur la responsabilité des acteurs de la dépense et l'amoindrissement de la séparation rigide des organes de

[2] Paragraphe 2.

l'exécution sont les éléments de cette rénovation. Le renouveau des organes en charge de la mise en œuvre du budget qui est la seconde épine dorsale de l'étude de M. Achille Nestor Basahag montre avec clarté que ce renouvellement se trouve en la consolidation des pouvoirs des organes en charge de la mise en œuvre du budget. Cela concerne tant les organes à caractère juridictionnel que les organes non juridictionnels. Ainsi, pour ce qui est des organes politiques comme l'exécutif, la volonté d'une construction des Etats solides a conduit à consolider la séparation des ordonnateurs et comptables et surtout la consolidation de la responsabilité des gestionnaires. Un autre organe non juridictionnel dont le renforcement est l'expression du renouveau budgétaire dans les pays de la CEMAC, mentionné à juste titre par l'auteur, c'est bien le parlement. Ce dernier voit ses pouvoirs s'améliorer. Ce regain de vitalité nait de sa participation à la préparation du budget avec le débat d'orientation budgétaire ainsi que la présence, comme on peut le voir au Cameroun, d'un rapporteur général chargé des recettes et des rapporteurs spéciaux en charge des dépenses. L'organe juridictionnel, quant à lui, notamment la juridiction des comptes est resté maître du contrôle de la régularité des opérations comptables et de la sincérité des comptes publics. La dernière ligne de force de l'œuvre de M. Achille Nestor Basahag réside en la démonstration sur la naissance de nouveaux organes de gestion du budget tant les organes principaux que secondaires. Ces nouveaux organes principaux sont : le responsable des programmes et le responsable d'action. Le cas du Cameroun illustre parfaitement cette évolution. En effet, au-delà de l'intervention du premier ministre et des différents ministres sectoriels, il y a la présence du responsable du programme. Il est nommé par le ministre sectoriel. Il précise les objectifs spécifiques ainsi que les moyens et garantit les résultats. Disposant de la possibilité de modifier la répartition des programmes, il veille au respect de la gestion. Il aurait été incongru pour l'auteur d'achever sa démonstration sans souligner l'émergence des acteurs secondaires de pilotage de la performance du budget ainsi que les organes de contrôles. Il ressort alors, et de façon remarquable dans la réflexion de M. Achille Nestor Basahag, cette idée du professeur Eloi Diarra, qui est d'ailleurs une invitation pour une méditation, à savoir que : les « *finances publiques des Etats d'Afrique noire francophone bénéficient de tout l'équipement juridique, humain et matériel nécessaire, et ceci, du niveau le plus haut de la hiérarchie des normes ou de l'administration jusqu'au niveau le plus bas* »[3]. Il reste alors que ces finances publiques aussi solidement organisées puissent donner entière satisfaction aux populations.

Lionel Pierre Guéssélé Isséme

Agrégé des facultés de droit

Professeur de droit public à l'université de Yaoundé II-Soa

Chef de département de droit public interne à l'université de Douala.

[3] DIARRA (E), « Forces et faiblesses des finances publiques ou heurs et malheurs des finances publiques en Afrique noire francophone », *in* Médé (N) et Debène (M), (contributions réunies par), *Les finances publiques entre globalisation et dynamiques locales Mélanges en l'honneur de Diarra Eloi et Yonaba Salifou*, Paris, L'Harmattan, 2021 p.163.

LISTE DES SIGLES ET ABREVIATIONS ET SIGLES

CE : Communautés Européennes
CEA : Communauté Économique Africaine
CECA : Communauté Européenne du Charbon et de l'Acier
CEDEAO : Communauté Économique des États de l'Afrique de l'Ouest
CEDH : Cour Européenne des Droits de l'Homme
CEE : Communauté Économique Européenne
CEEA (Euratom) : Communauté Européenne de l'Énergie Atomique
CEEAC : Communauté Économique des États de l'Afrique Centrale
CEMAC : Communauté Économique et monétaire de l'Afrique Centrale
CIJ : Cour Internationale de Justice
CIRDI: Centre International pour le Règlement des Différends relatifs aux Investissements
CJCE : Cour de Justice des Communautés Européennes
CJUE : Cour de Justice de l'Union Européenne
COBAC : Commission Bancaire de l'Afrique Centrale
CPJI : Cour Permanente de Justice Internationale
CRC : Conseil Régional de la Concurrence
EIED : École Inter-Etats des Douanes
FCFA : Franc de la Coopération Financière en Afrique Centrale
FMI : Fonds Monétaire International
IRIC : Institut des Relations Internationales du Cameroun
RCADI : Recueil des Cours de l'Académie de Droit International
RDP : Revue de Droit Public
TVA : Taxe sur la Valeur Ajoutée
UA : Union Africaine
UDEAC : Union Douanière et Économique de l'Afrique Centrale
UE : Union Européenne
UEAC : Union Économique de l'Afrique Centrale
UEMOA : Union Économique et Monétaire Ouest Africaine
UMAC : Union Monétaire de l'Afrique Centrale
ZMAO : Zone Monétaire de l'Afrique de l'Ouest

INTRODUCTION GÉNÉRALE

Pris par l'étau de la dynamique de modernisation, observée de nos jours, dans la finance publique internationale, les pays membres de la CEMAC ont décidé de réajuster leur cadre législatif de gestion afin de s'arrimer aux standards internationaux et, par ricochet, booster le développement socio-économique de la sous-région.

En effet, sous l'impulsion, l'accompagnement et le soutien de nombreux acteurs au développement, la CEMAC s'est investie dans un processus de réalisation du marché commun. Séduite par le succès indiscutable du modèle européen dans la conduite du processus d'intégration au cours du siècle dernier, et tirant expérience du culte développé par les entreprises à savoir l'optimisation du rendement, la CEMAC s'est résolument tournée dans ce qui est convenu d'appeler la « *réplique institutionnelle et juridique* »[4]. Cette réplique vise essentiellement le cadre de gestion des finances publiques. Un cadre jadis, caractérisé par l'opacité de gestion et la caducité des institutions qui peinent à s'adapter aux nouveaux principes qui gouvernent les finances publiques: la sincérité et la transparence dans la gouvernance financière mondiale. Fort de ces exigences, les chefs d'État des pays membres de la CEMAC ont entrepris une vaste campagne de réforme du cadre législatif visant à rendre performant la gestion des finances publiques. Cet état de fait a eu pour principale conséquence la naissance au sein de la CEMAC d'un véritable droit communautaire à l'instar du droit communautaire européen, avec une réelle expansion normative communautaire sans précédent en Afrique centrale. Cet accroissement normatif a pour but l'harmonisation du cadre de gestion des finances en vue d'une convergence des politiques budgétaires dans l'espace CEMAC. Ces réformes ont été matérialisées à travers un ensemble de textes appelés directives. La mise en œuvre de ces directives est subordonnée à ce que l'on peut techniquement, appeler « *la transposition* ». La transposition n'étant que le résultat de l'achèvement d'un long processus de réformes opérées en vue d'une harmonisation du système juridique[5] des États membres d'une organisation.

Les réformes initiées, gravitent autour de sept (07) principaux points : l'introduction du Conseil Ministériel dans le processus de préparation du budget des États ; l'institutionnalisation du Débat d'Orientation Budgétaire (DOB) ; la nature et la portée des autorisations budgétaires ; l'élaboration des projets de Performance Annuel (PPA) et des Rapports Annuels de Performance (RAP) par programme ; la désignation d'un responsable de programme comme acteur clé dans le pilotage du Budget ; l'institution d'une juridiction des Comptes ; l'établissement d'un régime de responsabilité et des sanctions.

---

[4] CHEDJOU (G. C), « La transposition dans l'ordre juridique camerounaise de la directive communautaire CEMAC », LEGAVOX.fr, 2014, p. 36.

[5] BEGNI BAGAGNA, « *L'harmonisation des politiques fiscales en zone CEMAC : esquisse de théorie de droit fiscal communautaire* », Thèse de Doctorat de droit public, Université de Douala, 2012, p. 366.

Ainsi, mener une étude sur la réforme budgétaire dans les États de la CEMAC, est important ; car elle permet, à coup sûr, de comprendre les enjeux et les défis d'une telle refonte. Ainsi, toute analyse subodore, au sens strict, une circonscription du champ d'étude dans le temps et dans l'espace, et au sens large, une matérialisation du domaine d'investigation. La bonne compréhension de notre étude commande que l'on présente le contexte historico-économique de la réforme budgétaire pour la modernisation des finances publiques avant de s'appesantir sur sa communautarisation par la CEMAC.

Loin d'être un effet de mode, la réforme est une dynamique qui prend en compte un certain nombre d'exigences. C'est une opération technique qui contribue à la modernisation du système financier à travers l'harmonisation et l'uniformisation d'un cadre de gestion des finances adaptées aux besoins de l'environnement.

Pour mieux comprendre l'apport de la réforme budgétaire dans la modernisation des finances publiques, il convient d'abord de cerner la notion de réforme budgétaire, ensuite de s'appesantir sur la fondation de l'idée de réforme et enfin, d'en montrer la portée.

« *Il est bon*, écrit le Professeur Éric De MARI, *de s'interroger sur le sens et l'usage des mots »*[6] ; car, une sémantique sagace, pénétrante et avisée est un *« élément capital du développement juridique »*[7]. Conscient de ce fait, l'on ne peut que sacrifier à l'exigence définitionnelle. C'est un préalable, un passage incontournable dans les travaux scientifiques de rigueur. L'analyse sur la notion de la réforme budgétaire exige, donc, que l'on s'attarde dans un premier temps sur la signification du concept de réforme, et par la suite sur celui du qualificatif budgétaire et enfin, sur la réforme budgétaire elle-même.

Le concept de réforme en droit n'est pas facile à cerner. Toutefois, afin d'apporter quelques éléments de compréhension, il convient de le définir et ensuite, de présenter les différentes colorations que celui-ci peut avoir dans le domaine des sciences juridiques, bref en droit.

Le terme réforme de manière littérale désigne un changement de caractère profond, radical apporté à quelque chose, en particulier à une institution, et visant à améliorer son fonctionnement. C'est, d'ailleurs, la conception retenue par Loïc Philip dans *Dictionnaire Encyclopédique de finances publiques.* Pour lui, il s'agit d'une « *modification délibérée du système financier existant, en vue de satisfaire à des objectifs nouveaux ou modifiés, ou en réponse à des contraintes nouvelles* »[8]. En d'autres termes, la réforme caractérise un changement apporté à quelque chose afin de la rendre meilleure.

En droit, le terme réforme peut être appréhendé selon le Professeur Gérard CORNU suivant deux axes. Dans le premier, la réforme désigne en matière de

---

6 De MARI (E), « De la réformation à la réforme du droit », in SAUTEL (Olivier) (Sous la dir.de), Réformer le droit !, Lexis NexisLitec, 2007, p. 7.

7 GENY (F), *Science et technique en droit privé positif*, t. I, n°51, p. 152 ; rapporté par BERGEL (J.-L.), Théorie générale du droit, *op. Cit.*, p. 16.

8 PHILIP (L), *Dictionnaire Encyclopédique de finances publiques*, éd. ECONOMICA, 1991, p. 1310.

droit de la fonction publique, une opération qui constate dans la personne des intéressés l'existence d'inaptitudes physiques[9]. Dans le second, ce dernier l'analyse sous le couvert de la réforme législative. C'est ainsi que cette expression désigne plus généralement une modification du droit existant soit par une loi nouvelle, soit par un décret. Au regard de ces deux définitions proposées par le Professeur CORNU, seule la dernière sera retenue dans le cadre de la présente analyse. Celle-ci amène à reconnaître qu'en droit, l'entreprise de réforme peut déboucher soit sur l'élaboration d'une loi, soit sur la révision de celle-ci. S'agissant de l'élaboration d'une loi, il convient de préciser que celle-ci est un acte parlementaire par excellence. Elle désigne l'ensemble des étapes qu'un projet ou proposition de loi doit suivre afin d'acquérir une existence juridique au sein de la pyramide des normes. Elle se caractérise ainsi par le dépôt du projet ou proposition de réforme, son étude et son adoption par le parlement et par sa promulgation. Pour ce qui est de la révision, celle-ci désigne de manière littérale, l'action d'examiner de nouveau, de mettre à jour, de modifier. En droit, ce terme désigne le réexamen d'un corps de règles en vue de son amélioration. Il en est ainsi d'une révision constitutionnelle ou révision législative. Bien plus, elle peut désigner la modification d'un acte juridique, en vue de son adaptation aux circonstances.

Étymologiquement, le qualificatif « *budgétaire* » est un dérivé du mot « *budget* » qui découle de l'anglais "*budget*" ou "*budget*", déformation de formes plus anciennes comme "*bowgette*", lui-même issu du français "*bougette*", petit sac en cuir, diminutif de "*bouge*", sac de voyage, cassette, sac dans lequel sont transportées les pièces d'argent[10]. *Acte gouvernemental par excellence*[11], le budget a une grande importance dans les États modernes. Cependant, le droit budgétaire se construit à titre principal autour du concept de loi de finances, et ce n'est qu'à titre accessoire qu'il se construit autour de la notion de budget[12]. Aussi,en tant que notion à la fois juridique, économique[13], et même politique[14], le budget peut s'appréhender, au sens strict, sous deux formes : formelles et matérielles.

Au plan Formel, le budget désigne l'acte par lequel sont prévues et autorisées les recettes et les dépenses des organismes publics[15]. Cette définition renvoie, pour l'État, au cadre juridique des autorisations budgétaires. Elle assimile le

---

[9] CORNU (G), Vocabulaire Juridique, *Op.cit.* p.1852.

[10]V. ALLAN (D) et RIALS (S) (sous la direction), *Dictionnaire de la culture juridique*, PUF, 2003, pp.145-147. ; PHILIP (Loïc) (Sous la direction), *Dictionnaire encyclopédique de finances publiques*, éditions ECONOMICA, 1991, pp 171 Ss ; QUEROL (F), *Tout le Droit, finances publiques*, 2e édition, Ellipses, 2009, p.12.

[11]JEZE (Gaston), *Cours de science des finances et de législation financière française, Théorie générale du budget*, Sixième édition, Paris, Marcel Giard, 1922, préface.

[12]MARINEZ (J-C) et DI MALTA (P), *Droit budgétaire*, deuxième édition, LITEC, 1988, p.5.

[13]V.PHILIP (L) (Sous la direction), *Dictionnaire encyclopédique de finances publiques,* Op.cit. pp. 170-188.

[14]Gaston JEZE ne disait-il pas : « nier le caractère politique *essentiel* du budget des dépenses, c'est, me semble-t-il, nier l'évidence. » in, JEZE (G), *Cours de science des finances et de législation financière française, Théorie générale du budget,* Op.cit. , préface.

[15]CORNU (G), Vocabulaire juridique, Op.cit. p.138.

budget aux lois de finances[16]. De ce fait, une confusion a été entretenue dans les esprits concernant la loi de finances et le budget. Cette confusion découle d'une série de textes français définissant le budget, à savoir le décret impérial du 31 mai 1862, le décret du 19 juin 1956 et l'ordonnance du 2 janvier 1959. L'on peut considérer que le texte de 1956 constitue le véritable point de départ de cette confusion[17]. Il dispose en son article premier: « *le budget de l'État prévoit et autorise en forme législative, les charges et les ressources de l'État. Il est arrêté par le Parlement dans la loi de finances qui traduit les objectifs économiques et financiers du gouvernement* ». Puis, intervient l'Ordonnance du 2 janvier 1959 dont l'article 2 dispose en substance : «... *la loi de finances de l'année prévoit et autorise pour chaque année civile l'ensemble des ressources et des charges de l'État* ». À la lecture de ces deux textes, la question se pose de savoir : qu'est-ce qui prévoit et autorise les charges et ressources de l'État, le budget ou la loi de finances ? Ou alors budget et loi de finances renvoient-ils à une seule et même chose ?

Pour le Professeur Maurice DUVERGER, ces concepts sont des expressions synonymes et par conséquent interchangeables dans le langage courant. Toutefois, l'illustre auteur considère que le budget est « *une partie* » de la loi de finances qui, elle, constitue « *le tout* »[18]. Vient ensuite le Professeur François DERUEL selon qui, le budget pour l'État, au début de l'année se confond avec la loi de finances initiale mais il évolue ensuite pour intégrer dans le total des dépenses et recettes plusieurs autres éléments[19]. Enfin la position du Professeur Loïc PHILIP apporte un éclairage nécessaire pour distinguer les deux expressions. L'éminent auteur propose de se détourner de la lettre et non de l'esprit, à la fois du décret de 1956 et de l'ordonnance de 1959. Ainsi, les lois de finances se singularisent en ceci qu'elles décrivent les conditions générales de l'équilibre financier dans le cadre de l'année[20]. En d'autres termes, elles montrent la répartition des différentes catégories de dépenses et de recettes présentées en équilibre, puisque leur objet est de préciser les conditions dans lesquelles l'équilibre sera réalisé[21]. Par conséquent, elles intègrent le budget comme en faisant partie. Le budget constitue donc l'une des composantes, sans doute essentielle de la loi de finances[22].

La définition formelle du budget permet également de répondre à la question de savoir si le budget est un acte législatif ou simplement un document comptable. L'ambiguïté de la question a été à la fois soulevée et levée par les textes, que ce soit en France où au Cameroun. En France, l'article premier du décret du 19 juin 1956 confère au budget une forme législative. Mais l'ordonnance du 2 janvier

[16]V. DERUEL (F), *Finances publiques, budget et pouvoir financier,* Op.cit. p.7.

[17]V. LEKENE DONFACK (E), *Finances publiques camerounaises*, in Série « Travaux de recherche de l'Université de Yaoundé (Tome V) », Berger-Levrault, 1987, Paris, p. 36.

[18] DUVERGER (M), cité par LEKENE DONFACK in *finances publiques camerounaises*, Op.cit. pp.34-37.

[19]V. DERUEL (F), *Finances publiques, budget et pouvoir financier,* Op.cit. p.8.

[20] PHILIP (L), cité par LEKENE DONFACK *in Finances publiques camerounaises*, Op.cit. p.37.

[21]LEKENE DONFACK *in Finances publiques camerounaises*, Op.cit. p.37.

[22] QUEROL (F), *Finances publiques*, in Collection Tout le droit, 2e édition, Ellipses, 2009, p.12.

1959 semble littéralement substituer la loi de finances au budget comme acte législatif. La constitution de 1958 et la loi organique relative aux lois de finances (LOLF) du 1er août 2001 lèvent toute équivoque : la loi de finances est l'acte juridique. Par opposition, le budget est un document comptable[23] qui retrace les ressources et charges budgétaires de l'État sous forme de recettes et de dépenses[24].Au Cameroun, l'article premier de l'ordonnance du 7 février 1962 en son alinéa premier avait conféré au budget une nature législative, même si son troisième alinéa le distinguait de la loi de finances dont il fait partie. Il fallut attendre la loi du 26 décembre 2007 portant régime financier de l'État pour affirmer avec force l'existence juridique reconnue à la loi de finances plutôt qu'au budget, car seule la première est désormais un acte législatif de prévision et d'autorisation, tandis que le second en constitue plutôt un sous-ensemble, la partie comptable[25]. *Le budget,* en effet, *décrit les ressources et les charges de l'État autorisées par la loi de finances, sous forme de recettes et de dépenses, dans le cadre de l'exercice budgétaire*[26]. On se serait cru tiré d'affaire à ce niveau si la loi de 11 juillet 2018 ne disposait en substance dans son article 23 : *« le budget de l'État (…) est adopté en loi de finances ».* Tout compte fait, l'adoption du budget en loi de finances justifie que le budget soit considéré, en l'état actuel du droit positif camerounais, comme un acte législatif faisant un avec la loi de finances, si bien que les deux termes peuvent être employés de manière interchangeable même si au fond, une nuance les distingue l'un de l'autre. La dimension matérielle de la définition du budget permettra certainement de mieux appréhender le distinguo entre loi de finances et budget.

Au plan matériel, le budget est *l'ensemble des recettes et dépenses d'un organisme public, autorisées et effectuées au titre d'une année*[27]. Cette définition se réfère au cadre technique d'autorisation et d'exécution du budget, c'est pour ainsi dire, à la structure du budget[28]. L'article 10 de la directive N°01/11-UEAC-190-CM-22 relative aux lois de finances dispose que : « L*e budget de l'État détermine, pour un exercice budgétaire, la nature, le montant et l'affectation de ses recettes et de ses dépenses, ainsi que le solde budgétaire qui en résulte et les modalités de son financement* ». Au Cameroun, la structure du budget s'articule autour de la distinction du budget général, des budgets annexes et des comptes spéciaux du Trésor d'une part, et de la nomenclature budgétaire d'autre part.

S'agissant de la distinction du budget général, des budgets annexes et des comptes spéciaux du Trésor, elle découle de l'article 5(7) de la loi de 2007 portant régime financier de l'État qui dispose : *« le budget de l'État est constitué du budget général, des budgets annexes et des comptes spéciaux du Trésor. »* La notion de budget de l'État correspond à la définition formelle et matérielle du budget ainsi qu'aux

---

23 Ibid

24 Article 6 de la LOLF

25 V. ABIABAG (I), *« Le renouveau budgétaire au Cameroun », Op.cit.* p. 18.

26 Article 5 de la loi No 2007/006 du 26 décembre 2007.

27 CORNU (G), Vocabulaire juridique, Op.cit. p.138.

28 V. DERUEL (F), *Finances publiques, budget et pouvoir financier, Op.cit.* pp.8 et 10.

règles de comptabilité qui y sont attachées, s'appliquant à l'État. Cela, par opposition aux budgets autonomes qui sont des budgets réservés à d'autres collectivités publiques dotées de la personnalité morale et de l'autonomie financière telles les collectivités territoriales et, sous réserve des dispositions particulières de leurs statuts, les établissements publics ayant un agent comptable. Dans le cadre du présent travail, c'est la notion de budget de l'État qui sera retenue.

Il convient par conséquent de définir chacune des composantes du budget de l'État. Ainsi, le budget général désigne le document unique dans lequel sont retracées toutes les recettes et toutes les dépenses, sans contraction entre les recettes et les dépenses[29].*Il détermine, pour un exercice budgétaire, la nature, le montant et l'affectation des recettes et des dépenses de l'État, le solde budgétaire qui en résulte, ainsi que les modalités de son financement*[30]. Les budgets annexes quant à eux retracent les seules opérations de services de l'État non dotés de la personnalité morale, résultant de leur activité de production des biens ou de prestation de services donnant lieu à payement de prix, quand elles sont effectuées à titre principal par ces services. Les comptes spéciaux du Trésor enfin, retracent des recettes et dépenses affectées ainsi que des opérations à caractère temporaire. Ces opérations sont isolées du budget général en raison des conditions particulières de leur financement ou de leur caractère provisoire ou bancaire. Les comptes spéciaux du Trésor ne peuvent être ouverts que par une disposition expresse d'une loi de finances.

Concernant la nomenclature budgétaire, il s'agit d'une grille où les crédits sont rangés par rubriques. Selon le régime financier de l'État de 2007, les crédits étaient spécialisés par programmes, répartis par articles et par paragraphes, et mis à disposition par articles. Cette disposition a été modifiée par la loi du 11 juillet 2018 aux termes de laquelle les crédits ouverts dans le budget de l'État pour chacune de ses dépenses sont regroupés par programmes relevant d'un seul ministère. Ils sont spécialisés par programme ou par dotation. Et les crédits budgétaires non répartis en programmes sont répartis en dotations.

Sur la base des développements qui précèdent, on peut concevoir la réforme budgétaire comme : un ensemble d'opérations visant à reconfigurer ou à modifier le droit et les procédures budgétaires dans un espace précis. Il peut s'agir d'un ensemble d'opérations portant sur la révision ou sur le changement de législation en matière budgétaire, le point commun étant le changement de paradigme en matière budgétaire.

La pérennité de tout système exige, qu'à tout moment, il réponde à deux exigences contradictoires : une adaptation nécessaire aux modifications de son environnement politique, économique et social et une stabilité suffisante pour que les citoyens et les agents économiques aient le temps de modifier au mieux leur comportement en réponse aux contraintes imposées par la législation en

---

[29]V. Article 5 alinéas 4 et 5 de la loi de 2007 portant régime financier de l'Etat.

[30]V. Article 23 de la loi du 11 juillet 2018 portant régime financier de l'Etat et des autres entités publiques.

vigueur. L'idée de la réforme budgétaire vient en réponse à ces deux exigences. Elle peut alors s'adosser sur un double fondement : théorique et juridique.

Les fondements théoriques de la réforme diffèrent suivant différentes conceptions. Elles peuvent être appréhendées suivant la logique occidentale ou selon les réalités africaines.

Depuis les années 1990, la bonne gouvernance en matière de finances publiques est devenue un des aspects fondamentaux de la bonne gouvernance financière[31]. Les principes de bonne gouvernance financière publique ont été synthétisés dès 1998 dans le Code de bonnes pratiques en matière de transparence des finances publiques du Fonds Monétaire International (FMI). C'est sur la base de ce code qu'ont, par la suite, été publiés un manuel sur la transparence des finances publiques et un questionnaire permettant une autoévaluation pour chaque pays membre.

À une époque très récente, le principe de bonne gouvernance[32] va couvrir la gestion de l'État et de ses institutions. L'État, figure juridique d'une réalité sociologique, est désormais géré, comme une entreprise[33] qui, par un jeu de mécanismes relationnels et transactionnels, allie dirigeants-gestionnaires, usagers, employés et clients[34]. L'importance du principe de bonne gouvernance est consécutive au fait que celui-ci est lié à l'idée même de gouvernement. En effet, par gouvernement on entend, dans son sens fonctionnel, comme le terme désignant *« la conduite des affaires publiques, l'action de diriger l'État ou, plus spécialement, la manière d'exercer cette action »*[35]. En tant qu'élément constitutif de l'État incarnant *« l'autorité politique exclusive, le gouvernement est considéré comme la pratique relevant de règles et de techniques spécifiques »*[36]. Au demeurant, les notions de *gouvernement*, de *gestion* et de *gouvernance* se côtoient ici en raison de leur synonymie, mais surtout en considération de leur caractère fonctionnel. Mises ensemble, ces notions résument à elles seules la gestion de l'État[37] ou du moins, à la gestion rationnelle de l'État.

La mondialisation qui, aujourd'hui, affecte tous les secteurs sociaux, n'a non plus épargné le domaine financier. En effet, tous les pays sont tournés vers une gestion financière plus saine, matérialisée par l'exigence de bonne gouvernance dans le maniement et l'utilisation des deniers publics. Il s'agit de répondre à une

---

[31] Cette dernière faisant elle-même l'objet d'une attention renouvelée pour le renforcement des systèmes de gestion économique et financière et pour la prévention des crises financières. (V. BOUVIER Michel, *La Bonne Gouvernance des finances dans le monde*, Actes de la IVe Université de printemps de Finances Publiques, L.G.D.J, 2009, p. 15).

[32] ZIBI (P.), *Le Droit de la gouvernance au Cameroun.* Thèse de doctorat Ph.D en Droit Public, Université de Yaoundé II, 2015, p.405.

[33] *Idem.*

[34] *Idem.*

[35] SENELLART (M.), « Gouvernement », in *Dictionnaire de la culture juridique*, Paris, Puf, p.768.

[36] GICQUEL (J) et GICQUEL (J. E.), *Droit constitutionnel et institutions politiques*, 22e éd., Montchrestien, 21e éd., 2007, p. 423.

2008, p. 60.

[37] ZIBI (P.), *Le Droit de la gouvernance au Cameroun. Op. cit.* p.406

exigence, du moins aux préoccupations des contribuables, qui souhaitent une bonne utilisation des deniers publics[38]. Cette exigence a pour point de départ, après de multiples crises financières[39], l'intégration des concepts de transparence, de performance et d'efficacité dans la gestion. C'est la traduction d'une *« gestion axée sur les résultats »* car *« après l'implantation progressive de la nouvelle gestion publique, c'est au passage à une nouvelle gouvernance financière publique auquel nous assistons aujourd'hui. Cette dernière associe à la culture de performance, de l'efficacité de la gestion, une dimension politique, une culture démocratique qui tout en conservant ses formes traditionnelles…, s'organise de façon horizontale, décentralisée, en réseaux des citoyens. »*[40]. *« La culture des résultats qui en découle, a […] brisé les tabous habituels du management classique pour s'arrimer aux pratiques de la gestion par performance »*[41].

Au-delà de ces deux critères qui justifient le principe de bonne gouvernance en occident, il est important de relever un autre aspect non négligeable de l'idée de la réforme budgétaire. Il s'agit de la volonté de mener les politiques économiques de convergence. La convergence des politiques économiques a lieu lorsque plusieurs pays pratiquent des politiques économiques coopératives. Ces dernières sont fondées sur la poursuite d'objectifs communs ou proches et contrôlées par l'existence de mécanismes de surveillance multilatérale. Ceux-ci quant à eux sont destinés à garantir la conformité des politiques économiques nationales avec les objectifs préalablement fixés. Depuis la dévaluation du franc CFA, la pratique européenne des critères de convergence a été expérimentée à quelques différences près en zone franc avec des objectifs chiffrés uniformisés.

En 1994, les pays de la zone franc ont créé des unions économique et monétaire, l'une en Afrique de l'Ouest, l'Union Economique et Monétaire de l'Afrique de l'Ouest (UEMOA), l'autre en Afrique centrale, la Communauté Economique et Monétaire d'Afrique centrale (CEMAC). Ces unions sont intervenues dans un contexte international caractérisé par l'éclosion de grands ensembles économiques – ayant en général pour socle les grandes régions du monde – ainsi que par une crise économique et financière sans précédent, marquée par la dévaluation du franc CFA. Unique ajustement monétaire depuis la naissance de la zone en 1948, cette dévaluation a donné l'occasion de s'interroger sur l'absence de coordination des politiques économiques dans la zone en général et celles budgétaires en particulier. Dans le cadre des unions ainsi créées, les pays membres ont mis en place des mécanismes de surveillance multilatérale des politiques économiques, à l'image des critères de convergence

---

[38] MORDACQ (Frank), « *Modernisation et réforme de l'Etat, au service des finances publiques* », RFFP n° 100, LGDG, 2007, p.304.

[39] La crise financière a frappé la quasi-totalité des Etats du monde, ayant pour point de départ les crises apparues dans les pays d'Asie et d'Amérique du sud, et amenant les acteurs internationaux à s'interroger sur la transparence dans la gestion des Etats.

[40] BOUVIER (M), *« Inventer une nouvelle gouvernance financière publique : fonder l'État du XXIe siècle »*, RFFP n° 100, *Op.cit.,* p.4.

[41] EVINA OBAM (R), *L'intégration du pilotage des performances en finances publiques camerounaises*, Mémoire de Master en administration publique, ENA de Paris 2003-2004, p.6.

instaurés par le traité de Maastricht en 1991, pour favoriser la construction de l'union monétaire européenne.

Mais, l'expérience africaine est spécifique à bien des égards. Si en Europe, l'enjeu initial était, comme l'affirment Arytanimoune et Plane (2005), « *l'endogénéisation d'un club d'adhérents à une nouvelle monnaie à statut international, l'éligibilité à l'euro étant conditionnée au respect de cinq critères macroéconomiques* », dans la zone franc, la perspective était qu'il conviendrait d'avoir une monnaie unique absolument stable et renforcée pour garantir un bon fonctionnement de l'union économique. Contrairement à l'expérience européenne – qui a été nourrie par les enseignements de la théorie des zones monétaires optimales telle qu'elle a été énoncée par Mundell (1961), les mécanismes de convergence en zone franc répondent à la nécessité de moderniser le dispositif institutionnel de la zone, dans le but non seulement de renforcer la crédibilité de la parité du franc CFA avec l'euro, mais aussi d'accélérer le processus d'intégration économique pour faire face à la menace d'une marginalisation accrue de la zone dans les échanges internationaux. Par ailleurs, dans l'expérience de la zone franc, la convergence des économies se trouve, du moins selon les textes officiels, au cœur du dispositif permettant d'atteindre les objectifs de l'Union économique et monétaire, à savoir principalement l'éradication de la pauvreté, conformément aux Objectifs du Millénaire pour le développement (OMD).

En dépit de cette spécificité, le statut de la convergence en zone franc n'est pas sans rappeler les débats sur la nécessité de la coordination des politiques budgétaires dans une union monétaire. En effet, selon certains, les politiques budgétaires sont nécessaires pour assurer la stabilisation de l'activité à court terme, face à des chocs spécifiques auxquels ne peut répondre la banque centrale commune, puisqu'en leur absence l'ajustement se ferait par les quantités et cela provoquerait la récession et le chômage. Mais faute de coordination, ces politiques peuvent produire des effets de débordement sous forme d'une concurrence entre les politiques budgétaires des différents pays membres de l'union monétaire – avec des comportements stratégiques et des dépenses publiques excessives ou insuffisantes, selon que les autorités sont préoccupées par le chômage ou la balance commerciale (Van Der Ploeg, 1991). De telles dépenses, liées au fait que les trésors publics nationaux tentent d'exporter leur chômage, peuvent engendrer à leur tour, un développement de l'inflation et porter atteinte à la crédibilité de la politique monétaire commune de l'union. Lorsque tous les partenaires agissent de cette manière, l'absence de coordination des politiques budgétaires devient plus coûteuse. Mais pour d'autres, cette coordination tendrait à réduire au profit de certains membres de l'union les coûts encourus lors d'une relance de l'activité et les inciterait au laxisme monétaire et budgétaire. Elle rendrait en plus les politiques économiques peu crédibles, en raison des anticipations des agents et favoriserait la poursuite des politiques inflationnistes.

La mondialisation de la bonne gouvernance n'a pas aussi épargné les États africains pris dans leur globalité. Elle les a conduits à la constitutionnaliser. À titre d'illustration, dans la constitution centrafricaine du 30 mars 2016, elle fait partie des principes qui fondent la République. C'est ainsi que le texte constitutionnel du 30 mars 2016 dispose que : *« les principes de la République sont (…) la bonne gouvernance »*[42]. Au-delà des dispositions constitutionnelles, les États se sont dotés des législations dont le contenu est largement favorable et révélateur du changement de paradigme dans la gestion des finances publiques. Parmi les directives portant cadre harmonisé de gestion des finances publiques de la CEMAC, figure comme tête de liste celle relative au code de transparence et de bonne gouvernance dans la gestion des finances publiques[43]. Ce dernier définit les principes et obligations que les États membres doivent respecter, dans leurs législations comme dans leurs pratiques, aussi bien pour la gestion des fonds de l'État et celle des autres administrations publiques que pour les fonds de l'assistance extérieure.

L'entrée en vigueur effective des directives communautaires relatives aux finances publiques vient en réaction aux nombreuses disparités observées dans la mise en œuvre d'une politique budgétaire et l'opacité qui caractérisait la gestion des finances publiques dans les pays membres de la sous-région. Suite à ce manque de convergence des politiques budgétaires et malgré les réticences observées, le projet de refonte du cadre de gestion budgétaire, soumis par le conseil de ministre, a abouti à l'adoption, le 19 décembre 2011, des « *Directives du Cadre Harmonisé de Gestion des Finances Publiques de la CEMAC* ». Adopté par un Conseil des Ministres de l'UEAC de la CEMAC, ce document est constitué de six (06) directives. Il s'agit notamment de la directive N°06/11-UEAC-190-22 relative au Code de transparence et de bonne gouvernance dans la gestion des finances publiques ; la directive N°01/11-UEAC-190-22 relative aux Lois de Finances ;la directive N°02/11-UEAC-190-22 relative au Règlement Général de la Comptabilité Publique ;la directive N°03/11-UEAC-190-22 relative au plan comptable de l'État ;la directive N°04/11-UEAC-190-22 relative à la Nomenclature Budgétaire de l'État et la directive N°05/11-UEAC-190-22 relative au Tableau des opérations financières de l'État. Selon MBALLA OWONA Robert, l'intervention de la directive N°01/11-UEAC-190-22 relative aux Lois de Finances se situe dans une dynamique globale de réforme des finances publiques des pays membres par le droit communautaire[44]. Dynamique marquée par l'évolution des finances publiques vers la bonne gouvernance financière ou les bonnes pratiques internationalement reconnues. D'ailleurs, l'une des innovations principales est l'insertion d'une nouvelle directive portant Code de Transparence et de Bonne gouvernance dans la gestion des finances publiques

[42] Article 25 de la Constitution du 30 mars 2016.

[43] Directive N°06/11-UEAC-190-CM-22 relative au Code de transparence et de bonne gouvernance dans la gestion des finances publiques.

[44] MBALLA OWONA (R), « Emergence de la gestion financière axée sur les résultats et reconnaissance d'une obligation d'exécution intégrale des budgets des administrations publiques en droit CEMAC »,

au sein de cette zone d'intégration économique et monétaire[45]. Cette insertion fait suite à l'investigation du champ d'application des organisations internationales depuis la fin des années 1990[46]. Ces directives du cadre harmonisé de gestion des finances publiques à la CEMAC poursuivent des objectifs[47] précis ; notamment la modernisation des instruments de gestion et de pilotage des finances publiques au sein de l'espace CEMAC.

La réforme budgétaire dans les pays membres de la CEMAC a entrainé, pour essentiellement, à une standardisation des procédures budgétaires et un renforcement des mécanismes de contrôle.

Les fondements des spécificités du cadre de la réforme sont ceux admis ou autorisés par le législateur communautaire. En toute clarté, il s'agit – à propos de la procédure budgétaire, spécialement visée ici – des disparités pouvant exister entre les États-membres et qui sont juridiquement autorisées par le droit communautaire. La lecture des textes communautaires combinée à la théorie du droit laisse envisager un double fondement relatif à la licéité des spécificités admises. Du point de vue juridique, le législateur communautaire admet l'existence des marges nationales d'appréciation. En effet, en posant les principes et règles qui gouvernent la procédure budgétaire applicable au sein des États-membres, le législateur communautaire a tenu compte des spécificités susceptibles d'exister. Étant conscient que les États-membres connaissent des réalités juridiques et économiques relativement identiques, il consacre l'existence des marges nationales d'appréciation. En effet, l'option des directives en lieu et place d'autres instruments qui n'auraient pas exigé une transposition en droit interne, est révélatrice de l'existence des spécificités des États membres. Les directives fixent le cadre général et chaque pays membre en assure la mise en œuvre en fonction des réalités et autres spécificités locales.

En revanche, du point de vue théorique, il s'agit d'un fondement implicite ou déductif. En effet, l'harmonisation de la procédure budgétaire – à titre d'illustration – ne saurait vider de son sens l' « *autonomie procédurale* » des États-membres qui s'adosse foncièrement sur l' «*autonomie constitutionnelle* ».

En effet, ne dit-on pas le plus souvent que : « *Si l'homme de la rue ne sait presque rien des organisations internationales du point de vue juridique, les juristes ne savent pas encore tout*

[45] En Afrique particulièrement les huit communautés économiques régionales que sont la CDEAO, le COMESA, la CEEAC, l'IGAD, la CEN-SAD, la CAE, la SADC et l'UMA ont toutes intégré la transparence et la bonne gouvernance dans leurs systèmes de gestion financière.

[46] Les institutions de Bretton Woods, en occurrence le Fonds Monétaire International et la Banque Mondiale ont investi le champ de la concurrence et de la bonne gouvernance avec deux approches qui se complètent.

[47]les objectifs des directives CEMAC de décembre 2011 sont les suivants : (i) Aligner le système des finances publiques sur les bonnes pratiques et les normes internationales; (ii) Harmoniser les règles de préparation, de présentation, d'approbation, d'exécution, de contrôle et de reporting du budget de l'Etat dans tous les Etats membres ; (iii) Promouvoir une gestion efficace et transparente des finances publiques dans tous les Etats membres ; (iv) Permettre la comparabilité des données des finances publiques pour une surveillance multilatérale efficace des politiques budgétaires nationales, et ; (v) Promouvoir le processus d'intégration en Afrique centrale.

de ce grandiose phénomène, qui occupe la scène internationale »[48]. La montée en puissance de ce phénomène exige que l'autonomie constitutionnelle des États-membres soit davantage respectée et protégée. À dire vrai, l'avancée du processus communautaire ne saurait vider l'*« autonomie constitutionnelle »* des États membres de sa signification originelle. Conscient de cela, le législateur communautaire, dans le processus d'harmonisation, permet aux États-membres soit de conserver, soit d'adopter quelques spécificités découlant généralement de leur autonomie constitutionnelle. Celle-ci peut être d'ordre institutionnel ou procédural. À titre d'illustration, le Code de transparence et de bonne gouvernance qui établit les règles et principes relatifs à la gestion des finances publiques précise qu'ils *« sont transposés au plan local avec les adaptations nécessaires, pour déterminer en matière de finances publiques, les pouvoirs respectifs des exécutifs locaux et des assemblées délibérantes, ainsi que la procédure budgétaire locale* »[49]. C'est la Constitution, véritable soubassement de l'ordre juridique étatique qui détermine les organes ainsi que la procédure relative à l'adoption de la règle juridique. En ce qui concerne la loi, acte adopté par le Parlement, on parlera de sa conformité formelle à la constitution.

En effet, c'est la Constitution qui confère aux organes étatiques leurs compétences. Ils doivent les exercer suivant les règles et procédures qu'elle a établies. Toute organisation internationale, c'est-à-dire une association d'États constituée par traité, dotée d'une constitution et d'organes communs et possédant une personnalité juridique distincte de celles des États membres, entend respecter le domaine constitutionnel des États-membres[50]. À cet effet, s'il est vrai que le système institutionnel de la CEMAC influence certainement l'ordre constitutionnel des États-membres, nécessairement, l'autonomie constitutionnelle mérite d'être prise en considération. Dans ce sens, la directive relative aux lois de finances énonce que « l*e projet de loi de finances, y compris le rapport et les annexes explicatives prévus aux articles 44 et 45 de la présente directive, est déposé au Parlement de l'État membre quinze jours avant l'ouverture de la session budgétaire, sauf disposition constitutionnelle contraire* »[51]. De cette formulation, deux observations peuvent être faites. Premièrement, on peut noter le respect communautaire de l'autonomie constitutionnelle d'un point de vue institutionnel. En effet, le législateur communautaire s'est réservé d'indiquer la chambre à laquelle le projet sera déposé en premier lieu. Cela parait logique dans la mesure où tous les parlements nationaux ne connaissent pas une configuration bicamérale. Dans les États-membres où le bicaméralisme est institué, c'est la Constitution qui règle la question. Dans certains États-membres, le projet est déposé conjointement aux

---

[48] MIELE (M.), *Les organisations internationales et le domaine constitutionnel des États*, *R.C.A.D.I.*, Volume 131 (1970-III).

[49] Cf. Section II Paragraphe 8 du *Code de transparence et de bonne gouvernance* précité.

[50] Sur cette question, lire utilement MIELE (M.),*Les organisations internationales et le domaine constitutionnel des États*, *R.C.A.D.I.*, Volume 131 (1970-III), pp. 309-391.

[51] Cf. art.53 (1) de la Directive relative aux Lois de finances *op.cit.*

bureaux des deux chambres. Dans d'autres par contre, on peut relever une certaine préséance[52].

Le contrôle est au cœur de la gouvernance qui est synonyme de transparence et de responsabilité dans la gestion des deniers publics. Dans ce contexte, il n'est pas inutile de s'interroger sur les mécanismes de contrôle des services publics dans les pays de la CEMAC à l'heure des réformes des finances publiques. Aussi, pouvons-nous remarquer une actualisation, dans le cadre de cette réforme, des contrôles administratif, politique et juridictionnel.

Le contrôle administratif est une activité permettant aux services spécialisés du pouvoir exécutif de s'assurer du respect de la régularité des opérations budgétaires, financières et du patrimoine de l'État, d'évaluer la performance des administrations et de prévenir les risques de toute nature. Il est celui assuré par des organes ou des structures propres à l'Administration, par opposition aux structures à coloration politique à l'instar du parlement, ou de type juridictionnel comme la Cour des Comptes. Le contrôle administratif signifie essentiellement le contrôle interne aux administrations publiques, que l'on appelle souvent le «*contrôle de gestion*» et que la plupart des administrations publiques mettent en place pour autocontrôler leur propre gestion.

Le contrôle classique est celui qui est exercé par les institutions traditionnelles de contrôle des finances publiques, auxquelles il est confié la mission de contrôle interne au sein de l'exécutif. À l'aune de la réforme, certaines d'entre elles ont vu leurs compétences maintenues et d'autres réaménagés. Pour le dernier cas, il est fait référence au contrôle financier dont les évolutions ont été motivées par la recherche de la soutenabilité budgétaire, au détriment du contrôle classique de la régularité qui est désormais hors de son champ d'intervention. Le contrôle classique auquel il est fait référence est à la fois un contrôle *a priori* et un contrôle *a posteriori* pouvant être mis en œuvre tant par les structures internes à l'administration que le parlement et les instances juridictionnelles[53]. Disposition qui a été reprise à l'identique par les différentes lois organiques relatives aux lois de finances dans les États membres[54]. Traiter la question du contrôle administratif de manière spécifique vise, au-delà de l'identification des structures compétentes, à préciser le contenu et les différentes modalités de sa mise en œuvre.

Le contrôle de la régularité, quant à lui, est une activité permettant de s'assurer de la conformité des opérations budgétaires, financières, et de gestion du patrimoine de l'État aux lois et règlements en vigueur. Effectué par les

---

[52] V. Infra.

[53]Article 69 de la directive N°01/11-UEAC-190-CM-22 Relative aux lois de finances *« les opérations relatives à l'exécution des lois de finances sont soumises à un triple contrôle parlementaire, administratif et juridictionnel ».*

54 Article 80 de la loi portant loi des finances du Tchad *« les opérations relatives à l'exécution des lois* de finances sont soumises à un triple contrôle : parlementaire, administratif et juridictionnel. Il en est de même de l'article 83 de la loi n°2018/012 du 11 juillet 2018 portant Régime financier de l'État et des autres Entités Publiques au Cameroun et de l'article 82 de la loi portant lois des finances au Gabon et au Congo.

comptables publics, ce contrôle porte sur la régularité et la conformité formelle de toutes les opérations de recettes et de dépenses engagées, liquidées et ordonnancées en amont par les gestionnaires des budgets publics. Ce contrôle est également réalisé lors des missions de vérification et d'inspection, menées dans le cadre de la mise en œuvre d'un plan annuel de contrôle, constitué respectivement des missions inopinées et de celle dont la programmation est connue à l'avance, y compris par les structures devant être contrôlées. Il est également fréquent que, sur la base d'une dénonciation ou de toute information nécessitant la vérification des faits sur le terrain, des missions de contrôle sur pièce et sur place soient dépêchées en urgence, en vue de s'enquérir de la réalité de la situation. Elles sont effectuées par des organes ou structures de contrôle spécifiques, internes à l'administration.

En plus du contrôle de la régularité des opérations budgétaires, le contrôle traditionnel des finances publiques en zone CEMAC a très vite intégré dans le champ institutionnel, bien avant l'avènement de la réforme de 2011, le contrôle de la performance. En effet, plusieurs cadres organiques des institutions de contrôle internes à l'administration, consacrent le contrôle de la performance, qui est exercé dans le cadre des missions de contrôle et de vérification. Le contrôle de performance porte sur la mesure et l'analyse du niveau d'atteinte des résultats par rapport aux objectifs fixés et propose les mesures correctives éventuelles devant permettre de s'assurer que les ressources sont obtenues et utilisées avec efficacité et efficience. Les missions y relatives procèdent à l'analyse des réalisations qui sont mesurées et confrontées à la prévision afin de mettre en évidence les écarts. Lesdites missions sont sanctionnées par les rapports assortis de recommandations qui sont adressées aux gestionnaires en vue de la prise des mesures d'ajustement conséquentes.

La dynamique globale de la refonte des finances publiques n'a laissé indifférent aucun secteur d'activité. Une dynamique opportune certes, mais, nécessaire. L'opportunité de la réforme est marquée par l'évolution du droit des finances publiques dans les États africains en général et ceux de l'espace CEMAC en particulier. Cette évolution est à la fois, la conséquence de la dynamique communautaire et l'émergence des acteurs locaux. Cette dynamique peut s'observer à l'harmonisation des règles et à l'uniformisation de celles-ci.

L'uniformisation des règles pose en réalité la problématique de la réception du droit communautaire dans l'ordre juridique interne des États. La réalité actuelle des organisations africaines d'intégration régionale comme la CEMAC, est fondamentalement marquée par cette prééminence du phénomène juridique dans le processus de réalisation du marché commun. La réalisation d'un tel processus nécessite un certain nombre de techniques allant de la transposition à la réception effective droit communautaire dans l'ordre juridique interne des États.

La transposition est une mesure nationale de mise en œuvre de la directive, eu égard au fait que cette dernière ne rentre pas dans la législation nationale avec la même force qu'un règlement par exemple. Pour Gérard CORNU, la transposition est le « *passage d'un ordre de réglementation à un autre moyennant parfois certaines conditions de délais, d'adaptation ou de réserves* »[55]. C'est l'action d'insérer en droit interne les normes communautaires, moyennant les vérifications et remaniements nécessaires. L'intervention des États membres est nécessaire, car ils sont les principaux acteurs du processus de transposition. Toutefois, même si les États disposent d'une réelle liberté dans le choix des instruments de transposition, cette liberté doit être conciliée avec le choix de la méthode de transposition et le respect de certaines exigences essentielles. La transposition peut donc s'appréhender comme une opération par laquelle l'État membre adapte son droit national dans le délai qui lui est imparti par la directive afin de faire produire aux dispositions communautaires leur plein effet dans l'ordre interne. Elle consiste à rédiger ou à modifier des textes du droit national afin de permettre la réalisation de l'objectif fixé par la directive et d'abroger les textes qui pourraient être en contradiction avec cet objectif. Dans ce cas, elle s'entend comme « *le passage d'un ordre juridique règlementaire à un autre moyennant parfois certaines conditions de délais, d'adaptation ou de réserves. Spécialement en Union Européenne (UE) c'est l'action d'insérer en droit interne les normes communautaires, moyennant les vérifications et remaniements nécessaires ; elle désigne principalement les tâches incombant aux départements ministériels, en vue de l'intégration des directives communautaires* ». La transposition désigne toute mesure contraignante de nature législative, réglementaire prise par toute autorité nationale compétente d'un État afin d'incorporer dans l'ordre juridique national les obligations, les droits et les devoirs prévus dans la directive communautaire.

Le Cameroun qui possédait déjà des normes dans la plupart des sujets concernés par les directives d'une part, et au vu des exigences communautaires de choix de la norme interne de transposition d'autre part ; a combiné les méthodes de transposition individuelle et détaillée. Il existe alors plusieurs méthodes de transposition, dont l'usage dépend largement de la directive, de son niveau de précision, et même des caractéristiques du système juridique national. La méthode individuelle voudrait que le contenu de la directive soit transposé par un seul texte interne, c'est la méthode la plus fréquente. La seconde voudrait que plusieurs directives soient transposées dans un même texte juridique. Le terme « *transposition globale* » désigne la transposition de plusieurs directives dans un seul instrument juridique, sans aucun lien nécessaire entre les thèmes des directives transposées, à l'exception d'un délai de transposition commun. La transposition peut se faire par « *référence* » ou par une reproduction de la directive en annexe de l'acte initial. C'est une méthode qui ne peut être utilisée que si la directive est assez précise, et ne laisse aucune marge au texte national de transposition. Une autre méthode consiste en « *la transposition détaillée* » des directives communautaires, qui vise à clarifier les ambiguïtés des directives communautaires. C'est une méthode utilisée par les pays qui possèdent déjà des

---

[55] CORNU (G), *Vocabulaire juridique*, puf, 2009, p. 932.

normes sur le sujet concerné par la directive et qui n'ont alors qu'à compléter leur législation.
Toute réception, dans l'ordre interne d'une norme, s'opère suivant une procédure propre et adaptée à la transposition. Le mécanisme de réception obéit aux exigences traditionnelles ou kelsenniennes des systèmes de normes. Ces exigences peuvent être l'émanation directe de la directive qui définit elle-même ses mécanismes de réception ou celles prévues par la législation nationale. La directive n°06/11-UEAC-190-CM-22 relative au Code de transparence et de bonne gouvernance dans la gestion des finances publiques prévoit à cet effet que toutes les autres directives doivent s'inspirer des principes mis en place par la directive portant code de transparence et de bonne gouvernance. L'article 3 se veut encore plus explicite. Il dispose que : « *Toutes les directives de la CEMAC et toutes les législations et réglementations nationales des États membres postérieures à la présente directive et touchant, directement ou indirectement, à la gestion des finances publiques devront être préparées et adoptées dans le respect des principes et règles définies par ce code* ». C'est donc une obligation pour tous les États membres d'arrimer leur législation à la nouvelle gouvernance financière issue de la directive. Le Conseil des Ministres, bien que reconnaissant la souveraineté des États Membres de la CEMAC dans ce processus, a cependant, encadré l'intégration de ce droit communautaire dérivé en distinguant les directives devant être insérer par voie législative de celles devant l'être par voie réglementaire afin d'éviter que les disparités des règlementations nationales n'impactent sur les résultats à atteindre[56].

La mise en œuvre du droit communautaire est assez indépendante de la volonté et de l'efficacité des États ; la Communauté, à travers la cour de justice, a élaboré de nombreuses règles qui empêchent les États de ne pas respecter les normes qu'ils ont approuvées. Il y a donc une sorte de balance entre les pouvoirs des États et ceux de la communauté. Chaque État est à mesure de déterminer le droit communautaire au moment de son élaboration, mais une fois qu'il a donné son vote favorable, il est lié de façon définitive au droit communautaire. Au-delà de cette obligation attachée aux États, ces derniers sont en droit d'aménager, à partir des techniques appropriées, un certain nombre d'instruments juridiques prompt à favoriser la mise en œuvre de la norme ou de la directive sur le plan national. Ainsi, la procédure de réception de la directive dans l'ordre juridique interne peut être soit législative, soit réglementaire.

Dans la CEMAC, c'est à travers les directives intervenues en 2011 que tous les pays de la sous régions ont basculé dans la réforme budgétaire à travers la transposition desdites directives dans la législation nationale de chaque État - membre. De nouvelles notions ont été consacrées dans les textes règlementaires avec l'arrivée du budget programme qui, il faut le souligner, s'inscrit dans une démarche de la performance. L'objectif majeur étant la lutte contre le gaspillage de ressources publiques et la recherche de l'efficacité dans l'action de l'État.

[56] Les six directives CEMAC de décembre 2011 ont été classé en deux blocs : les directives 01 et 06 dans le volet juridique, et les autres dans le volet réglementaire.

L'innovation majeure induite par la réforme est la substitution de l'ancienne trilogie : « *le Ministère – le Titre – le Chapitre* », par une nouvelle : « *la mission – le programme – l'action ou la dotation* ». Ce schéma consacré par la LOLF française est pratiqué à l'identique dans certains pays de la sous - région comme le Gabon.
Bien que la démarche relative à l'implémentation de la réforme budgétaire au Cameroun ait été similaire à celle observée respectivement en France et au Gabon, il y a lieu cependant d'observer que celle-ci a limité la nouvelle préparation et la nouvelle présentation des budgets publics aux programmes. Cette dimension ministérielle, ne fait pas référence aux missions qui, quant à elles, ont un périmètre interministériel.
En tout état de cause, la mutation radicale que connait la gestion publique dont la finalité est orientée vers la recherche de l'efficacité de l'action publique repose inévitablement sur un sous-bassement idéologique. Ce dernier ayant pour point d'orgue, l'utilisation de nouveaux concepts, l'avènement de nouveaux processus et de nouveaux procédés dans l'organisation budgétaire. En d'autres termes, une gestion financière axée sur les résultats, exige une refondation par rapport aux mécanismes et pratiques qui avaient cours dans l'ancien système. Ceci est mis en relief par la généralisation de la planification stratégique et de la présentation des budgets publics par programmes.

Cependant, la réforme budgétaire en zone CEMAC dont l'objectif principal est d'harmoniser le cadre normatif de gestion des finances en vue d'une convergence des politiques budgétaires entre les États membres, est aujourd'hui sujette à questionnement. Ainsi, rendre compte de l'opportunité d'une telle mutation, c'est à savoir non pas l'objectif principal mais les mobiles de ce renouveau budgétaire dans la sous-région. Pour connaitre ces mobiles, il convient de se poser la question de savoir en quoi consiste la réforme budgétaire dans les États de CEMAC ? Ne vise-t-elle pas l'arrimage des finances publiques communautaires aux standards internationaux ? Et qu'elles sont les matières sur lesquelles elle repose ? Répondre à cette préoccupation, c'est comprendre l'idée de la réforme, ses objectifs et sa finalité.

Ceci dit, il convient d'inférer de ce que la réforme budgétaire en zone CEMAC consiste principalement à l'orientation de cadre juridique de gestion budgétaire vers la performance. Une dynamique s'impose non seulement par elle-même en raison du caractère naturel de l'évolution de la matière, mais aussi en raison d'un certain nombre de contraintes à la fois socio-économique et politique. Pour mieux le comprendre, il convient de se situer dans la mouvance des changements qui s'opèrent dans le vaste ensemble qu'est le droit public financier.

Dans cette mouvance, il convient à présent de démontrer que le renouveau budgétaire dans l'espace CEMAC se traduit par une réforme des finances publiques. Pour ce faire, la première partie de notre travail sera consacrée au perfectionnement des normes budgétaires au sein des États de la CEMAC et la seconde partie au renouvellement des organes de mise en exécution du budget.

PREMIERE PARTIE
UN PERFECTIONNEMENT DES NORMES BUDGETAIRES AU SEIN DES ETATS DE LA CEMAC

Dans un mouvement d'ensemble visant l'amélioration de la gouvernance financière, les Etats de la CEMAC se sont arrimés à la mouvance de modernisation de leurs finances publiques. Il s'est agi concrètement de revoir tous les mécanismes et d'actualiser les règles y afférentes. À travers cette rénovation, l'on assiste à une véritable transformation de la finance publique dans la zone CEMAC. Cette transformation vise, de prime abord, le perfectionnement des normes, en particulier, les normes budgétaires.

Ainsi, les réformes engagées dans la zone CEMAC, notamment en matière budgétaire, ont d'une part, rénové le bloc des principes (Titre I), et d'autre part amélioré les procédures budgétaires (Titre II).

TITRE I
LA RENOVATION DU BLOC DES PRINCIPES BUDGETAIRES DANS L'ESPACE CEMAC

Par rénovation, il faut entendre les opérations par lesquelles des structures, des éléments et/ou des mécanismes voient leur condition améliorée, par l'utilisation des instruments neufs, modernes ou nouveaux en remplacement des parties endommagées, obsolètes ou vides. On peut l'observer dans le processus relatif aux principes budgétaires, notamment dans l'espace CEMAC. En effet, par le truchement de ce procédé sur le bloc des principes, on a pu faire le constat selon lequel ceux préexistants ont été rafraichis (chapitre I), concomitamment à l'introduction d'une nouvelle catégorie (chapitre II).

CHAPITRE I
LE RAFRAICHISSEMENT DES PRINCIPES BUDGETAIRES CLASSIQUES

Si le budget a rythmé l'orientation du pouvoir et la condition des peuples à travers les âges, il continue d'en aiguiller aujourd'hui le devenir. Son histoire a connu des pages sombres, écrites par le laxisme ou l'indélicatesse dans la gestion des finances publiques. La prodigalité de la Couronne en Angleterre et le refus de soumettre l'impôt au consentement du peuple avaient abouti à la Révolution de 1688, après que le ministre des finances et le roi fussent tour à tour exécutés[57]. Le refus de consentir à la création d'impôts supplémentaires, de surcroît plus coûteux, avait provoqué la Révolution américaine vis-à-vis de la Couronne anglaise en 1776, après des actes de vandalisme graves ayant dégénéré à l'épreuve de force ouverte. L'opacité dans la gestion et la réticence à instituer le principe du consentement à l'impôt avaient été à l'origine de la Révolution française de 1789 lorsque la nation prit connaissance du déficit public lors des états généraux de Versailles[58]. Ces mémoires interpellent à plus d'un titre les six pays de la sous-région d'Afrique Centrale reconnus pour leurs paradoxes et leurs travers. Dotés presque tous de ressources pétrolières, forestières, halieutiques et bien d'autres, ils sont pourtant pauvres et très endettés. Ils sont sous assistance des institutions financières internationales et de partenaires au développement. La majorité des populations vit dans des conditions précaires dues au chômage, au sous-emploi et à l'accès limité aux services sociaux de base.

Depuis les années 1990, nous assistons à une résurgence de l'intérêt accordé au processus d'intégration régionale. Ce regain d'intérêt s'est accentué, dans les pays de la Communauté Economique et Monétaire de l'Afrique Centrale, avec le débat sur la mise en place des accords de partenariat économique et les gains tirés de la mondialisation. L'intégration régionale peut être considérée comme le regroupement de plusieurs économies d'une région dans le but de réaliser des projets économiques ayant une portée commune. Elle vise donc l'intensification des échanges régionaux en offrant un marché plus vaste aux entreprises et des opportunités d'investissement[59]. Elle offre un cadre propice au développement des économies d'échelle, considérées dans la nouvelle théorie du commerce international comme l'une des principales sources d'avantages. Les Etats de la CEMAC possèdent de nombreuses ressources qui peuvent être mises à profit

---

57 DOUAT (E) et BADIN (X), *Finances publiques, finances communautaires, nationales, sociales et locales,* 3e éd, PUF, Paris, 2006, p. 6.

58 *Ibid.*

59 MOUSSONE (E), « Potentiel de marché et d'investissement des pays de la communauté économique et monétaire de l'Afrique centrale (CEMAC) », *L'Harmattan, « Marché et organisations »*, n° 14, 2011, pp. 33-56

pour bâtir une économie solide et robuste. Les différents pays sont dotés d'importants minerais tels que le fer et la potasse, qui ne sont pas encore exploités, d'une vaste superficie de terres arables, qui pourraient se révéler utiles dans le développement de l'agriculture, ainsi que d'une population jeune qui, si suffisamment instruite, pourrait constituer une main d'œuvre dynamique porteuse d'effets bénéfiques sur la croissance économique. Une bonne gestion des ressources dont disposent ces pays nécessite la bonne maitrise des principes de base des finances publiques. L'intervention de la directive n° 01/11-UEAC-190-CM-22 du 19 décembre 2011 relative aux lois de finances des Etats membres de la CEMAC se situe dans une dynamique globale de réforme des finances publiques des Etats membres. Dynamique marquée par l'évolution des finances publiques vers la bonne gouvernance financière ou les bonnes pratiques internationalement reconnues. L'article 3 de ladite directive apparaît comme une disposition pertinente pour la reconnaissance d'une obligation d'exécution intégrale du budget à la charge des administrations publiques, laquelle constitue le gage de l'effectivité de la performance ciblée. Statuant sur la présentation des budgets des administrations publiques, cet article pose à l'adresse des budgets de toutes les administrations publiques, les principes classiques d'unité, d'annualité, de spécialité et d'universalité auxquels il ajoute celui moderne de sincérité budgétaire.

Au regard d'une telle émancipation, il importe de s'appesantir, d'une part, sur le renouveau des principes impliquant une relation entre les pouvoirs (section 1) et, d'autre part, sur le renouveau des principes de présentation du budget (section 2) dans l'espace CEMAC.

Section I. Le renouveau des principes impliquant une relation entre les pouvoirs

Il faut d'entrée de jeu dire qu'en droit financier, il apparaît que si les principes sont des règles et non de simples énoncés philosophiques et moraux desquels peuvent s'inspirer les autorités normatrices, certaines règles ne peuvent pas être nécessairement érigées au rang de principes. Les principes juridiques sont nombreux en matière budgétaire sans former un ensemble toujours cohérent même si parmi eux figurent des principes à valeur constitutionnelle et des principes à portée législative.

Dans le cadre de cette analyse, il sera question pour nous d'évoquer les principes de portée législative c'est-à-dire ceux issus d'une loi organique à savoir le principe d'annualité budgétaire (I) et le principe de spécialité budgétaire (II).

I. Le principe d'annualité budgétaire.

Traditionnellement, le principe d'annualité budgétaire se présente sous deux aspects. Il signifie d'une part que l'État choisit de limiter à un an son horizon financier. D'autre part, il signifie que le gouvernement doit utiliser dans l'année les autorisations accordées[60]. Le principe d'annualité postule que l'autorisation budgétaire tienne sur une année civile, afin que le Parlement puisse exercer un contrôle régulier sur l'action gouvernementale avant d'être consulté pour l'année suivante. Aussi, importe-t-il d'évoquer l'infléchissement de l'annualité dans l'élaboration du budget (A) et l'adoucissement du principe dans l'exécution du budget (B).

A- L'infléchissement de l'annualité dans l'élaboration du budget

L'infléchissement du principe dans l'élaboration du budget implique l'allègement de la règle de l'antériorité et l'assouplissement de la périodicité annuelle du vote d'une part (1) et la pluri annualité budgétaire d'autre part (2).

1. L'allègement de la règle de l'antériorité et l'assouplissement de la périodicité annuelle du vote

Traditionnellement, cette règle se présente sous un double aspect. Elle signifie d'une part que l'État choisit de limiter à un an son horizon financier. Interprétée strictement, elle interdit d'inscrire dans la loi de finances, des autorisations portant sur plusieurs années. Elle signifie, d'autre part que le Gouvernement doit utiliser dans l'année, les autorisations accordées. Le principe a donc une double dimension, et concerne aussi bien la durée de l'autorisation budgétaire que l'exécution du budget lui-même[61].

Le problème de la pluri annualité dans le droit budgétaire congolais est présenté dans les termes suivants : « l'annualité est la règle, la pluri annualité l'exception ». Mais en réalité, il s'agit là d'une version déformée de la réalité. Ce principe connait un allégement et un assouplissement de la périodicité annuelle du vote. Conformément à l'articulation de l'annualité, le budget doit être voté avant le 1er janvier de l'année au cours de laquelle il est sensé s'appliquer. Toutefois, il convient de préciser que cette exigence a été assouplie dans la perspective d'avoir une grande flexibilité, gage de performance.

Certains Etats à l'instar du Congo, admettent des crédits additionnels et les crédits supplémentaires. Des aménagements sont indispensables durant l'exécution de la loi de finances initialement votée. Des écarts des dépenses et recettes interviennent en raison d'une conjoncture qui peut diverger par rapport aux hypothèses économiques et financières. On le sait, sauf exceptions, les crédits ouverts dans la loi de finances sont limitatifs. Les dépenses effectuées à partir de ces crédits ne peuvent donc donner lieu à engagement ou à ordonnancement que dans la limite des crédits ouverts. Il n'est pas nécessaire, dans l'exécution budgétaire, d'atteindre cette limite, « *l'autorisation de la dépense décidée par le budget [n'étant] pas un acte créateur de situations juridiques mais un acte-condition*[62] ». Ce qui est

---

60 BOUVIER (M), ESCLASSAN (M.C) et LASSALE (J.P), *Finances publiques, op.cit.*, p.284

6161 BOUVIER (M), ESCLASSAN (M.C), LASSALE (J.P), *Finances publiques, op.cit.*, p. 284.

62 TROTABAS (L.), COTTERET (J.-M.), *Droit budgétaire et comptabilité publique, op.cit.*, p. 154.

interdit, c'est la consommation des crédits au-delà du montant autorisé par le Parlement. Pour conserver à l'autorisation parlementaire toute sa portée en matière de dépenses, cette règle doit donc rester intangible. Selon une formule consacrée par la Cour des comptes française, l'autorisation législative définit un plafond, qui constitue le montant maximum de la dépense que l'administration peut effectuer pour un objet et dans un espace de temps déterminés.

En République centrafricaine, la loi organique n°18-013 du 13 juillet 2018 relative à la loi des finances consacre également ce principe d'annualité. Il dispose à cet effet que : « *chaque année, avant le 1er Aout, le Gouvernement transmet au Parlement des documents de cadrage à moyen terme définis à l'article 9, accompagnés d'un rapport sur la situation macro économique et d'un rapport sur l'exécution de l'exercice budgétaire en cours, sur la base de ces documents et rapports, le Parlement organise un débat d'orientation budgétaire, en séance publique mais sans vote* ».

Au Cameroun, s'agissant du budget de l'État, s'il est vrai qu'aucune disposition nouvelle ne consacre une dérogation, il faut tout de même souligner qu'en l'absence d'adoption dudit budget au 1er janvier, possibilité est accordée au chef de l'exécutif d'assurer le fonctionnement financier de l'État. Certes, l'ordonnance de 1962 avait prévu un tel mécanisme, mais la quête de clarté dans la nouvelle gouvernance financière a impulsé et favorisé la nécessité d'être concis et précis pour plus d'efficacité[63]. À cet effet, l'article 42 de la loi de 2007 portant régime financier de l'État dispose : « *Si la loi de finances de l'année n'est pas-adoptée avant le début de l'exercice, le Président de la République peut, par voie d'ordonnance, reconduire, par douzième, le budget de l'exercice précédent, jusqu'à l'adoption du nouveau budget* ». Il convient, néanmoins, de relever que la loi de 2018 portant régime financier de l'État et des autres entités publiques élude totalement cette disposition. En parcourant ce texte de fond en comble, on se rend bien compte que le législateur de 2018 n'a pas trouvé intéressant de la réitérer. Ceci pourrait s'interpréter comme une certitude pour ce dernier de l'impossibilité absolue d'en arriver à ce stade dans le contexte camerounais. A-t-il voulu supprimer les contenus superflus pour focaliser l'intérêt sur le plus important ou alors aurait-il marqué ainsi son originalité ? Toutes ces préoccupations mériteraient d'être étudiées en d'autres circonstances[64].

En ce qui concerne l'assouplissement de cette règle, le principe de l'annualité détermine la durée de l'autorisation budgétaire. Il n'implique pas nécessairement l'année civile car, une durée est différente du moment où elle se situe. Très fréquemment, des durées annuelles sont indépendantes de l'année civile, tant dans la vie privée que publique. Les raisons qui commandent la définition de l'année budgétaire sont d'ordre économique et politique. Comme nous le rappelle Williams GILLES, le principe d'annualité n'avait pas exclusivement pour fondement un objectif politique mais, il revêtait aussi une dimension

---

[63] MBASSA (G), *Les principes des finances publiques à l'épreuve du budget programme en droit camerounais*, *op.cit.*, p. 88

[64] *Ibid.*

économique[65]. En effet, outre la volonté d'imposer une périodicité brève dans le souci de garantir l'efficacité du contrôle parlementaire sur les finances de l'État, l'annualité budgétaire correspondait à un rythme convenant concomitamment aux activités régaliennes de l'État et à la vie socio-économique du pays. L'année doit ainsi s'ouvrir au moment le plus favorable pour permettre l'établissement correct du budget permettant d'apprécier avec un minimum de clarté des dépenses et des recettes.

En prenant le cas du Cameroun, dans le nouveau régime financier applicable et appliqué à l'État et aux entités publiques, une analyse conjointe de ses articles 29 et 34, permet de consolider ces affirmations au sein de cette nouveauté. En effet, le législateur de 2018 a non seulement réitéré la perception de 2007, mais il a également apporté des précisions d'une importance capitale pour l'amélioration de la gestion des finances publiques au Cameroun. À travers ces dispositions, on peut faire le constat selon lequel la temporalité annuelle consacrée via le vote ou l'autorisation parlementaire, est profondément aménagée.

2. La pluriannualité budgétaire

En effectuant une observation approfondie du déroulement général du processus budgétaire, on peut faire le constat selon lequel la logique pluriannuelle se retrouve partout. Cette affirmation peut être vérifiée à travers l'analyse des différentes phases budgétaires partant de l'élaboration au contrôle, en passant par l'exécution du budget. La pluriannualité est une perspective qui permet de renforcer l'efficacité et l'efficience de la dépense publique ; elle permet d'assurer une bonne visibilité des politiques publiques et une meilleure articulation des programmes par secteur. Autrement dit, la pluriannualité permet d'établir un lien indispensable entre les stratégies à long terme et le budget annuel. La programmation budgétaire définit le cheminement pour atteindre les objectifs des plans ou stratégies, tout en encadrant les adaptations du budget, nécessaires à leur mise en œuvre. De manière incidente, cette programmation renforce la discipline budgétaire dans sa globalité, incluant la pérennité des politiques budgétaires et sectorielles, tout en s'assurant de la compatibilité de l'impact des politiques budgétaires avec les ressources financières de l'État et le cadre macroéconomique. En outre, elle consolide l'efficacité de la répartition intersectorielle des ressources par le développement de méthodes et d'outils qui assurent la relation entre les stratégies des politiques publiques et leur traduction concrète à travers le budget. De surcroit, elle améliore la performance opérationnelle, en renforçant l'efficacité et l'efficience dans les prestations de services publics, en donnant aux gestionnaires une plus longue perspective pour gérer leurs projets et en leur offrant un cadre de suivi de la performance.

La pluriannualité s'étend en plusieurs années. Au Congo, l'article 9 de la loi n° 36-2017 relative aux lois de finances dispose : « *chaque année, le Gouvernement établit un cadre à moyen terme sur la base d'hypothèse économique réaliste couvrant une période*

[65] GILLES (W), op.cit., p.92

minimale de 3 ans ». À travers cette loi, la pluri annualité peut être couverte pendant trois années civiles suivant un programme réaliste qui, prend en considération les études de faisabilité. Le gouvernement est actuellement engagé dans une nouvelle phase de réformes de la GFP. Le ministre chargé des finances congolais a, à cet effet, nommé un comité technique chargé de rédiger la réforme budgétaire et financière en février 2015 afin d'amener le pays vers une budgétisation par programme ainsi qu'à réformer la chaîne de la recette. En Centrafrique, en des termes presque identiques, la loi n°17-023 du 21 décembre 2017 portant code de transparence et de bonne gouvernance dans la gestion des finances publiques en son article 20 dispose : « *le budget de l'État s'insère dans un cadre global de politique macro financière et budgétaire à moyen terme couvrant l'année à venir et au moins deux années suivantes* ». Au Gabon, la nomenclature budgétaire est assise sur la loi n°11/2005 du 25 juillet 2005 modifiant certaines dispositions de la loi n°4/85 du 27 juin 1985 relative aux lois de finances et le décret n°000414/PR/MEFBP fixant le détail de la nomenclature des ressources et le détail de la nomenclature des charges du budget général de l'État, consacrent également la pluriannualité. Au mieux, l'article 5 de la loi organique n°020/2014 relative aux lois de finances et à l'exécution du budget dispose : « *chaque année, le gouvernement établi un cadre budgétaire à moyen terme définissant, en fonction d'hypothèse économique réaliste l'évolution sur une période minimum de 3 ans* ».

En France, ce principe est constitutionnellement consacré. L'article 34 de la réforme constitutionnelle de 2008 dispose : « *des lois de programmation déterminent les objectifs de l'action de l'État. Les orientations pluriannuelles des finances publiques sont définies par des lois de programmation. Elles s'inscrivent dans l'objectif d'équilibre des comptes des administrations publiques* ». Même si le fait de faire figurer la programmation pluriannuelle dans un article de la Constitution ne suffit pas à lui donner une réelle effectivité, notons tout de même qu'il s'agit ainsi d'une véritable consécration qui modernise ainsi les institutions françaises.

Lancée par une circulaire présidentielle qui oriente de manière globale la politique financière de l'État et des entités infra étatiques, l'élaboration du budget connait également un toilettage du fait de l'avènement du budget programme. À l'observation, elle était déjà faite à partir des projections à court et moyen terme sous la cape de l'ordonnance camerounaise de 1962. Cependant, avec la consécration du budget programme par la loi de 2007, réitéré et consolidé par la loi de 2018, tout semble être différent. On assiste à un enchainement cohérent d'étapes, chacune focalisée vers une vision à moyen et à long terme. Il faut avouer que, nonobstant le vote qui sort du cadre pluriannuel, toutes les autres ne dérogent pas à la mutation évoquée ci-dessus. Ainsi, de la planification en passant par la budgétisation, faisant un arrêt sur la programmation, chacune de ces phases s'inscrit dans la perspective pluriannuelle lors de l'établissement du budget.

S'agissant de la planification qui est une organisation par les pouvoirs publics d'une politique économique, elle est un indicateur de performance stratégique. Elle est l'une des étapes indispensables de la phase prospective. En effet, cette dernière représente la porte d'entrée de l'établissement d'un budget quelconque.

Elle consiste de manière générale à projeter dans l'avenir des évolutions possibles du développement socioéconomique de la nation à un horizon donné et à élaborer un cadre d'action global. Globalement, la planification peut être synthétisée autour d'un grand axe qui est l'élaboration des prévisions macroéconomiques à long terme et, sur cette base ainsi que compte tenu de la politique du gouvernement, établissement des prévisions de recettes et dépenses globales. Le but de cette démarche est de faire ressortir la masse globale des besoins éventuels. À travers ces derniers, des objectifs globaux seront fixés. Une sorte de catégorisation de ces objectifs par le canevas d'un triptyque peut être effectuée. En effet, on a des objectifs d'efficacité socio-économique, des objectifs de qualité de service et des objectifs d'efficience ou objectifs d'efficience de la gestion ou d'efficacité de gestion[66].

Concernant la programmation, elle désigne selon le Manuel de pilotage et d'exécution du budget programme, le fractionnement voire la décomposition et l'ordonnancement des actions selon le chronogramme de leur mise en œuvre. Ce chronogramme étant établi en fonction de la disponibilité des ressources financières et de la durée de la mise en application des actions. De façon simple, la programmation se réalise par la fixation des objectifs détaillés par secteur d'activité et par l'indication des objectifs détaillés par chapitre budgétaire. Concrètement, la programmation budgétaire est faite à partie des stratégies ministérielles. Elles sont définies à partir des stratégies sectorielles par chacun des Ministères en fonction de ses missions. C'est sur elles que s'appuient les services ministériels pour l'élaboration des programmes et qui sont traduites dans le cadre budgétaire à moyen terme (CBMT) et des Cadres de Dépenses à Moyen Terme (CDMT), deux instruments consacrés par l'article 8 de la Directive relative aux lois des finances au sein de la CEMAC. Cet article dispose : *« chaque année, le Gouvernement établit un cadre budgétaire à moyen terme définissant, en fonction d'hypothèses économiques réalistes, l'évolution sur une période minimum de trois ans »*. Le CBMT est un outil d'évaluation et de programmation à moyen terme des ressources et des charges de l'État. Il tente de réconcilier les priorités intersectorielles définies dans la stratégie nationale et la disponibilité financière, en proposant une ventilation prévisionnelle des ressources aux différents secteurs et chapitres du budget de l'État. Selon le Guide didactique pour la mise en œuvre de la Directive relative aux lois de finances au sein de la Communauté économique et monétaire d'Afrique centrale, notamment son Annexe n°1 sur « *la pluriannualité dans la programmation budgétaire des Etats membres de la CEMAC* », le CBMT réalise un cadrage pluriannuel des dépenses et des recettes ainsi que du besoin ou la capacité de financement, des éléments de financement et du niveau global d'endettement financier.

Le CDMT, outil de cadrage, d'arbitrage et de programmation, identifie les ressources à moyen terme de l'État, déterminant pour chaque Ministère et

[66]MOYUM KEMGNI, « La nouvelle gouvernance financière au Cameroun », in revue africaine des sciences juridiques », vol 8, n°2, 2011, p. 305

Institution les allocations nécessaires pour les budgets par programme, en fonction des priorités des politiques publiques du gouvernement et des contraintes budgétaires

B- L'adoucissement de l'annualité dans l'exécution du budget

Contrairement à l'annualité qui enferme l'action administrative dans le court terme et ne permet pas par ailleurs de mesurer l'impact des décisions budgétaires dans le temps, la pluriannualité se situe par contre dans le long terme. Ce principe connait un adoucissement tant dans l'exécution du budget (1) que sur le contrôle du processus budgétaire (2).

1. La pluriannualité dans l'exécution du budget

Dans la nouvelle nomenclature budgétaire issue de la réforme budgétaire de 2011, le budget de l'État s'exécute désormais dans un cadre d'exercice à moyen ou à long terme. Toute chose qui consacre le principe de la pluriannualité budgétaire dans toutes les législations des pays de la sous-région. La programmation pluriannuelle constitue, ainsi, une avancée majeure dans les conceptions budgétaires. Elle permet aux décideurs de disposer du temps nécessaire pour mettre en œuvre une politique et aux gestionnaires de disposer d'une durée et d'une visibilité qui leur sont indispensables pour agir et se sentir responsable.

En effet, la stratégie budgétaire de l'État depuis la réforme de 2007 s'organise aujourd'hui sur la base d'une programmation triennale des dépenses de l'État camerounais. Cette programmation triennale, en principe, ne vient pas fatalement remettre en cause, le principe d'annualité. Il s'agit d'une continuité des prévisions de la première année qui font l'objet d'un vote des assemblées parlementaires. Son exécution doit être conforme aux exigences de la loi des finances.

S'agissant de la pluriannualité dans l'exécution du budget, notons qu'elle peut être cernée principalement au niveau des pouvoirs dont dispose l'exécutif dans le cadre classique de l'exécution administrative. En effet, dès la promulgation de la loi de finances, le budget programme est exécuté, sous la responsabilité de chaque Ministre concerné. L'exécution consiste essentiellement en la mise en œuvre opérationnelle des actions contenues dans chaque programme, l'action étant la composante élémentaire d'un programme (par nature d'activité ou de destination administrative), à laquelle sont associés des objectifs précis, explicites et mesurables par des indicateurs de performance. Cette exécution doit être guidée par la recherche constante d'efficacité et d'efficience dans le respect des lois et règlements en vigueur. Il faut relever que les programmes sont exécutés sous la coordination du responsable du programme avec une déclinaison opérationnelle tant au niveau central que déconcentré. Ce responsable exécute la stratégie de mise en œuvre du programme et s'organise pour atteindre les objectifs qui lui ont été fixés. À cet effet, il établit un cadre de gestion précisant les responsabilités et les tâches confiées à chaque service, ainsi que les objectifs qui leur sont assignés dans le cadre de leur participation à la réalisation des actions du programme. Du point de vue de l'exécution technique, le budget programme d'un Ministère est source d'obligation de résultat. Pour assurer une exécution performante des programmes, chaque responsable doit mettre en place un système d'information et de suivi. Cela nécessite l'élaboration d'un tableau de bord, instrument indispensable pour un bon pilotage des programmes. Par ailleurs, il faut en outre dire que l'exécution pratique de la majorité des programmes préalablement adoptés puis promulgués a une durée qui s'étend au-delà du cadre annuel. En effet, la philosophie prônée par le budget programme est d'apporter cette flexibilité, par conséquent d'annihiler la rigueur relative à la temporalité des programmes budgétaires. Telle est la raison pour laquelle les programmes liés à l'investissement s'étendent une pluriannualité.

Du point de vue financier, les étapes de cette exécution demeurent inchangées et comportent l'engagement, acte par lequel un organisme public décide d'engager la dépense ; le service fait, à savoir la certification de l'effectivité de la prestation ; la liquidation, c'est-à-dire le calcul et la vérification du montant de la dépense ; l'ordonnancement qui est l'acte administratif par lequel l'ordonnateur donne l'ordre de payer au comptable ; et enfin le paiement, acte par lequel un organisme public se libère de sa dette. En outre sur ce plan, il est évident de faire la preuve de sa pluriannualité. Dès lors que l'exécution technique est faite de manière pluriannuelle, il est un truisme que le cadre financier s'arrime à cette nouvelle donne. Aussi bien dans son aspect technique qu'au sein de sa sphère financière, l'exécution budgétaire donne naissance à un suivi qui débouche inéluctablement sur une évaluation. On parle plus simplement de contrôle.

2. La pluriannualité dans le contrôle du processus budgétaire

Traditionnellement, les contrôles en matière d'exécution budgétaire portaient sur la régularité des opérations de dépenses et de recettes. Mais du fait de la promotion par le budget programme de l'exigence de performance, le contrôle budgétaire a changé de paradigme. La nouvelle organisation de la gestion exige la mise en place d'un nouveau dispositif de contrôle. Chaque Ministère doit se réorganiser pour contrôler la qualité des programmes, depuis leur élaboration jusqu'à leur mise en œuvre. Selon l'article 50 de la loi de mars 2017 relative à la transparence et à la responsabilité de la gestion publique au Congo, « *toutes les opérations relatives aux recettes et aux dépenses de l'État et des autres administrations publiques sont soumises au contrôle. Ce contrôle est transparent et réalisé sur la base d'un guide de procédure connu et publié* ». Le Gouvernement et le Parlement interviennent également dans le contrôle des programmes. Ces nouveaux contrôles n'excluent pas ceux qui sont traditionnellement exercés sur la régularité. Il est d'une évidence certaine que, du fait de l'inscription d'un programme dans une logique pluriannuelle, de même que son exécution qui épouse cette perspective temporelle, le contrôle bien qu'ayant une déclinaison pratique qui se caractérise par une annualité, revêt intrinsèquement une consonance qui dépasse le cadre annuel. En effet, il parait illogique que la conception et l'exécution soient axées sur une base pluriannuelle, et qu'à contrario le contrôle ne se confine qu'à une périodicité annuelle.

II. Le principe de spécialité budgétaire

Le crédit budgétaire est l'autorisation donnée à une autorité administrative de signer un acte juridique aboutissant à engager financièrement une personne publique pour une dépense déterminée et limitée dans son montant. Pour faciliter cette autorisation, une spécialisation des crédits est mise en place. Le principe de la spécialité budgétaire voudrait que l'autorisation de dépense soit donnée pour une dépense précise et pour un montant déterminé. Cette spécialisation fixe le degré de précision que doit atteindre l'autorisation des dépenses[67].

A. Une destination précise des crédits budgétaires

La présentation budgétaire implique que les crédits soient affectés à des dépenses déterminées, sans quoi, le vote du Parlement et le principe du consentement à l'impôt perdrait tout sens, en consistant en un « *blanc seing* » donné au gouvernement pour dépenser une somme globale comme bon lui semble[68]. Ce principe implique une présentation transparente (1) et exhaustive (2) des crédits.

1. Une présentation transparente des crédits

Le code de transparence et de bonne gouvernance dans la gestion des finances publiques définit les principes et obligations que les Etats membres doivent respecter, dans leur législation comme dans leurs pratiques, aussi bien pour la gestion des fonds de l'État et de celle des autres administrations publiques que pour les fonds de l'assistance extérieure, accordés par les institutions internationales ou les états étrangers[69]. Le principe de spécialité budgétaire a un fondement politique. Il permet au Parlement d'exercer un contrôle rigoureux sur le gouvernement au moment du vote de la loi de finances. Il procède ainsi à l'examen des dépenses publiques, non par grandes masses, mais de façon détaillée. Le principe de la spécialité budgétaire impose d'indiquer clairement le montant et la nature des dépenses. Ce qui implique une nomenclature budgétaire appropriée. La justification de ce principe est qu'il permet le renforcement du

---

[67] TROTABAS(L) et COTTERET (J.M), *Droit budgétaire et comptabilité publique*, 5e éd, Dalloz, 1995, p. 61

[68] COLLET (M), *Finances publiques*, 3e éd, LDGJ, 2019, p. 451

[69] DIRECTIVE N°06/11-UEAC-190-CM-22 Relative au Code de transparence et de bonne gouvernance dans la gestion des finances publiques.

contrôle du Parlement sur l'action du gouvernement, car la spécialisation a pour but de faciliter l'exécution des dépenses publiques et d'éviter le gaspillage des crédits. Par exemple, le parlement congolais détermine chaque année le niveau de déficit soutenable et autorise le gouvernement à assurer sa couverture. Il fixe également les conditions de recours à l'emprunt. À travers la loi de règlement[70] qui est la loi de constatation de la dernière de finances exécutées, le Parlement est informé et doit contrôler la gestion des finances publiques. Au mieux, la loi de règlement est accompagnée d'un état récapitulatif et justifiant tous les mouvements des crédits intervenus en cours d'année.

En matière des crédits par exemple, la loi organique n°36-2017 relative aux lois des finances au Congo regroupe dans les dotations, les crédits couvrant les dépenses des institutions constitutionnelles avec une dotation spécifique à chacune d'entre-elles. Les crédits sont ainsi spécialisés par dotation ou par plafonds. Cette dotation spécifique cadre avec la spécialité budgétaire. Ainsi, peut-on lire : « *les crédits sont spécialisés par grande nature de dépenses ou de titres. Ils sont regroupés par programme. Les programmes peuvent être regroupés par fonction. La spécialité et le détail des crédits doivent être conformes à la nomenclature budgétaire des dépenses en vigueur* ». Dans les systèmes modernes d'élaboration du budget, la bonne pratique impose qu'un budget intégré soit présenté dans les classifications les plus importantes (habituellement les classifications administratives associées aux classifications économiques, fonctionnelles et/ou par programme). Elle impose également que la classification soit incorporée dans le plan comptable, l'objectif visé étant de s'assurer que toutes les transactions puissent être déclarées conformément à toutes les classifications utilisées, quelles qu'elles soient, et, que la classification respecte les normes internationales établies.

Le Parlement doit examiner les dépenses de l'État de façon détaillée, afin d'exercer un contrôle rigoureux sur l'action du gouvernement. De façon générale, la transparence s'identifie par la clarté, la fiabilité, la fréquence, l'actualité et la pertinence des informations présentées sur les finances publiques et le degré d'ouverture au public du processus de prise de décisions budgétaires par l'État. Selon la Commission de l'Union économique et monétaire des Etats Ouest africains (U.E.M.O.A), la transparence budgétaire peut se définir comme « *l'information claire du public sur la structure et les fonctions des administrations publiques, les visées de la politique des finances publiques, les comptes du secteur public et les projections budgétaires* ». Elle contribue à assurer que les décisions économiques prises par l'Etat sont fondées sur une évaluation partagée et exacte de la position budgétaire à la période considérée, des coûts et des avantages de toute réorientation des politiques, et des risques éventuels pour les perspectives budgétaires. Elle permet aussi aux instances législatives, aux marchés et aux citoyens d'obtenir les informations dont ils ont besoin pour prendre des décisions financières fondées et tenir les pouvoirs publics comptables de leurs résultats budgétaires et de l'utilisation des ressources publiques. Enfin, elle facilite la surveillance

[70] Voir article 60 de la loi organique n°36-2017 relative aux lois des finances au Congo.

internationale de l'évolution des finances publiques et contribue à atténuer la propagation des retombées budgétaires d'un pays à un autre. Il peut également y avoir une présentation duale des crédits. Aussi, peut-on observer que les crédits ouverts par les lois des finances sont affectés à un service ou à un ensemble de services. Ils sont spécialisés par chapitre groupant les dépenses selon leur nature ou selon leur destination[71]. Ainsi, en tant qu'impératif ou exigence, la transparence dans la gestion des finances publiques conditionne la confiance envers les gouvernants et les administrations publiques. C'est pourquoi il importe que le processus budgétaire ne laisse aucune marge à l'opacité et aux secrets budgétaires. La nouvelle présentation des crédits permet ainsi (aux parlementaires et, à travers eux, aux citoyens), d'avoir une vision plus précise et plus étayée de la dépense publique. La LOLF et la loi de 2018 portant régime financier de l'État et des autres entités publiques prévoient une présentation budgétaire totalement rénovée. Cette exigence de renforcer le contrôle démocratique relève des articles 14 et 15 de la Déclaration des Droits de l'Homme et du Citoyen sur lesquels s'appuie en partie la LOLF[72].

2. Une présentation exhaustive des crédits

L'exhaustivité renvoie à la qualité de ce qui aborde tous les éléments. Cette notion traduit le fait d'appréhender, de cerner un domaine, un sujet ou une chose généralement sur toutes ses formes. La règle de base est que la spécialité des crédits s'étend jusqu'au chapitre, qui est l'unité de crédit. Au sein de chaque chapitre, les crédits sont présentés par section, programmes, actions, articles et paragraphes.

Au regard de son article 3, la loi organique relative aux lois des finances au Congo dispose : « *Sont considérés comme des fonds publics soumis aux règles de la présente loi, quels qu'en soient l'objet et la nature, les ressources de l'État et de toute administration publique, ainsi que les financements qui leur sont accordés par les bailleurs de fonds nationaux et internationaux, Etats étrangers ou institutions financières internationales* ». Les mêmes dispositions sont identiques à la loi portant régime financier de l'État de 2018 au Cameroun qui, au sens de l'article 3, semble donner plus de clarté sur la question. En effet, il dispose que : « *Sont considérés comme des fonds publics soumis aux règles de la présente loi, quels qu'en soient l'objet et la nature, les ressources de l'État et de toute administration publique, ainsi que les financements qui leur sont accordés par les bailleurs de fonds nationaux et internationaux, Etats étrangers ou institutions financières internationales* ». Ceci signifie que doivent être présentés à la représentation nationale, toutes les ressources et charges qui devraient peser sur la nation. La fusion de ses éléments a pour but principal objectif, la performance. Elle est une notion synthétique qui mesure à la fois l'atteinte des objectifs programmés et la qualité du processus de production des résultats réalisés. À cause de la complexité de la détermination

---

71 Ordonnance n°59-2 du 2 janvier portant loi organique relatives aux lois de finances.

72 Ministère de l'économie et des finances, « Guide pratique de la LOLF : comprendre le budget de l'Etat », édition 2012, p. 14

d'une variable rendant compte à la fois des deux tendances sus-évoquées, il est par conséquent plus aisé d'évaluer la performance de la gestion publique suivant trois axes essentiels : l'efficacité, l'efficience et la qualité du service rendu à l'usager du service public.

Cette néo présentation établit donc une certaine exhaustivité du budget et ses contours. En effet, elle prend en considération et met en évidence tous les aspects primordiaux et accessoires du budget. Il s'agit du respect scrupuleux, d'une part des principes budgétaires, d'autre part du triptyque : budget général, budgets annexes et comptes spéciaux. La fusion de ses éléments a pour but principal objectif, la performance. Elle est une notion synthétique qui mesure à la fois l'atteinte des objectifs programmés et la qualité du processus de production des résultats réalisés. À cause de la complexité de la détermination d'une variable rendant compte à la fois des deux tendances sus-évoquées, il est par conséquent plus aisé d'évaluer la performance de la gestion publique suivant trois axes essentielles : l'efficacité, l'efficience et la qualité du service rendu à l'usager du service public.

B. Du caractère indicatif de la répartition des crédits budgétaires

Dans la spécialité, l'autorisation budgétaire des dépenses n'est pas donnée en bloc mais elle est spécialisée par catégorie de crédits ; le crédit autorisé pour une dépense donnée ne pouvant être utilisé à d'autres fins. Les crédits sont spécialisés par programmes et non plus par articles et paragraphes comme par le passé. Le principe de spécialité connait quelques dérogations qui concernent non seulement la spécialité des crédits (1) mais aussi la fongibilité des crédits (2).

1. Les dérogations à la spécialité des crédits

Les dérogations au principe de spécialité concernent les provisions et fonds spéciaux. Jadis prévue, aussi bien par l'ordonnance de 1959 en France, que par celle de 1962 au Cameroun, la fracture de la stricte application a été réitérée et aménagée par le fondement juridique de la gestion des finances publiques des deux Etats respectivement. L'introduction des réserves dans le budget constitue une dérogation au principe de la spécialité dans la mesure où les réserves constituées n'ont pas d'affectation précise. Le recours à des réserves s'explique par le fait qu'au moment du vote du budget, les modalités pour lancer une action n'ont pas été complètement définies. Elles se justifient en outre par l'éventuel besoin d'augmenter en cours d'exercice, les crédits autorisés pour faire face à des situations imprévues.

Pour ce qui concerne les provisions ou crédits globaux, elles reflètent les charges probables qu'il convient de rattacher à l'exercice en cours afin de dégager un résultat aussi fidèle que possible. Autrement dit, ils se perçoivent comme des crédits-réservoirs dans lesquels il est possible de puiser pour abonder en cours d'année tel ou tel chapitre. Au Cameroun, l'article de l'ordonnance de 1962 organisait les crédits globaux autour d'une idéologie d'ensemble, les dépenses imprévues. Elles ont été rénovées depuis la consécration du budget programme au Cameroun. Ceci a été le cas, d'une part à travers l'article 54 de la loi portant régime financier de l'État. Ici c'est la notion d'urgence qui est utilisée. Ainsi, des décrets d'avance peuvent ouvrir, en cas d'urgence, des crédits supplémentaires sans bouleverser l'équilibre budgétaire arrêté par la dernière loi de finances, en annulant des crédits ou en constatant de nouvelles recettes. Ces crédits sont autorisés dans le cadre d'un plafond cumulé des crédits ouverts qui ne peut excéder 5 % des crédits ouverts par la loi de finances de l'année. La ratification, par le parlement, des modifications apportées aux crédits, doit intervenir dans le prochain projet de loi de finances afférent à l'année concernée.

En France, réunit sous le vocable crédits globaux, l'ordonnance de 1959 en avait institué trois types : le crédit global pour dépenses accidentelles, les crédits globaux pour dépenses indéterminées, et le crédit global pour dépenses éventuelles. La LOLF quant à elle réaménage cette catégorisation en disposant qu'une mission spécifique regroupe deux dotations : « *une dotation pour dépenses accidentelles, destinées à faire face à des calamités, et pour dépenses imprévisibles. Une dotation pour mesures générales en matière de rémunérations dont la répartition par programme ne peut être déterminée avec précision au moment du vote des crédits*[73] ». Les crédits de ces deux dotations peuvent être répartis par programmes, par décret pour la première, par arrêté du ministre des finances pour la seconde.

En ce qui concerne les fonds spéciaux, il existe dans le budget de l'État des crédits qui obéissent aux règles particulières. Il s'agit en quelque sorte des fonds secrets dont il est impossible de ne pas les laisser à la libre disposition du gouvernement. Tel peut être le cas de certains organes constitutionnels à savoir le Président de la République et le Parlement. Ils jouissent d'une autonomie financière. Ils doivent jouir d'une liberté totale pour exercer leur souveraineté. Si les crédits nécessaires pour assurer leur fonctionnement sont fixés en dehors de leur décision, et si l'emploi de ces crédits est soumis à toutes les limitations qu'implique la spécialisation, leur indépendance n'est pas assurée[74]. La loi portant régime financier de l'État ne traite pas explicitement des fonds spéciaux. La thèse des crédits évaluatifs est préférée.

A cet effet, l'alinéa 1 de l'article 17 dispose : « *ont caractère évaluatif, les crédits relatifs aux charges et au remboursement de la dette de l'État, aux réparations civiles, à la mise en jeu de garanties accordées par l'État et aux catastrophes et calamités naturelles*». L'alinéa 2 consacre la dérogation à la spécialité des crédits budgétaires : « *les dépenses auxquelles s'appliquent les crédits évaluatifs s'imputent, si nécessaire, au-delà de la dotation inscrite. Dans ce cas, le gouvernement informe le parlement des motifs du dépassement et des perspectives d'exécution pour le reste de l'année* ». L'article 28 vient circonscrire ce domaine. Ainsi, il stipule que, les prévisions de dépenses ont un caractère évaluatif conformément à l'article 17 de la loi de 2007 portant régime financier de l'État. Il nous revient d'évoquer la fongilibilité des crédits.

---

[73] Article 7

[74] TROTABAS(L) et COTTERET (J.M), *Droit budgétaire et comptabilité publique,* op.cit., p. 62

2. La fongibilité des crédits

L'avènement de la nouvelle gestion financière a sonné l'arrêt de cette gestion des crédits budgétaires caractérisée par une certaine rigidité. En effet, bien que théorisé par l'article 14 de l'ordonnance de 1959 en France, et par celle de 1962 au Cameroun, dans la pratique, on a souvent eu l'impression que les mouvements de crédits étaient proscrits. Qu'il fallait les exécuter tel quel. La programmation budgétaire est donc venue consacrer explicitement la règle, en redéfinissant le processus de mouvements des crédits.

En France, la LOLF institue le principe d'une fongibilité des crédits budgétaires dans le cadre d'un programme. À cet effet, l'article 7 de la LOLF précise que « *les crédits sont spécialisés par programme ou par dotation* » et, dans ce domaine, « *la présentation des crédits par titre est indicative*». Ceci signifie que le plafond de l'autorisation de dépense donnée par le parlement englobe un programme ou une dotation. Le gestionnaire a autorité pour l'affectation des crédits votés à l'intérieur de cette enveloppe globale. Il est libre de les redéployer, leur ventilation par titre n'étant qu'une indication.

De manière synthétique, la fongibilité est donc la liberté offerte à chaque gestionnaire d'utiliser librement les crédits et de modifier leur répartition afin de mettre en œuvre le programme de manière performante. Le Cameroun va se distinguer en la matière en rompant considérablement l'application sus présentée de la fongibilité. Ainsi, la mobilité des crédits budgétaires dans cet environnement fait l'objet de tout un chapitre dans la loi 2007. En effet, le chapitre 4 du titre 6 de ladite loi, traite de la modification des crédits ouverts. Sur la base de ces dispositions, on peut faire le constat selon lequel, lorsque le budget est voté par nature, les chapitres budgétaires sont en principe définis selon la nature de la dépense ou de la recette issue de la nomenclature des comptes par nature.

Cependant, des assouplissements ont été introduits afin de dépasser ce cadre qui peut apparaître trop limitatif et permettre ainsi une plus grande fongibilité des crédits. De même, le vote par fonction permet de mettre en valeur la présentation et l'exécution du budget selon les grandes catégories de politiques publiques menées. Les fonctions regroupent des crédits destinés à mettre en œuvre une action ou un ensemble cohérent d'actions dans le cadre d'une politique publique. L'exécutif dispose d'un large pouvoir de gestion car la fongibilité des crédits au sein d'un chapitre fonctionnel est importante. Enfin, s'agissant des modalités de gestion des crédits et indépendamment du fait que le budget soit voté par nature ou par fonction, il est rappelé que lorsque le budget est voté par chapitre, l'exécutif peut effectuer des virements d'article à article au sein du chapitre. Dans ce cas, il s'agit exclusivement d'une fongibilité asymétrique. On parle de fongibilité asymétrique lorsque les mouvements de crédits entre catégories de dépenses ne peuvent se faire que dans un sens. En principe, les crédits se fondent d'une action à l'autre à l'intérieur d'un même programme. Cependant, ce mouvement, notamment en ce qui concerne les dépenses de personnel et celles d'investissement est effectué unilatéralement conformément à l'article 19 de la directive CEMAC. Cela veut dire qu'il n'est pas possible d'abonder les dépenses de personnel à partir de dépenses d'autres natures, mais l'inverse est autorisé. Cette contrainte répond au souci de ne pas engager, hors de l'autorisation parlementaire, des dépenses qui, en fait, ont un caractère de très long terme, s'agissant des recrutements dans la fonction publique. De même, il est possible d'abonder les dépenses d'investissement à partir des autres catégories de dépense, l'inverse ne l'est pas. La protection des investissements ainsi établie est à l'évidence un avantage. Comme le souligne MATHIS Jean, en effet, on peut penser qu'un directeur d'administration, ou tout autre responsable de programme, toujours en place pour une durée limitée, est tenté d'éviter les investissements, dont les effets s'étalent sur une période bien supérieure à sa durée de vie dans son poste, mais dont il supporte le coût budgétaire. Ainsi un directeur qui souhaite loger son personnel peut être conduit à préférer systématiquement la location de nouveaux locaux à leur achat, beaucoup plus cher sur un horizon de quelques années[75].

À l'évidence, il n'est pas difficile de constater que ce procédé est complexe. Par conséquent, il n'optimise pas le rendement prôné par la nouvelle gestion budgétaire. Fort de cela, le législateur camerounais a pris des mesures pour adopter un processus simple à l'image de celui de la France. En effet, relativement à cette préoccupation, la loi de 2018 portant régime financier de l'État et des autres entités publiques se caractérise par une concision et une précision. Elle prévoit à l'article 32 alinéas 2 et 3 que : « *A l'intérieur de chaque programme ou dotation, les crédits sont fongibles et leur présentation par titre n'est qu'indicative et ne s'impose ni aux ordonnateurs, ni aux comptables dans les opérations d'exécution du budget. Toutefois, au sein d'un programme, les crédits ouverts : au titre des dépenses de personnel, ne peuvent être augmentés ; au titre des dépenses d'investissement, ne peuvent être diminués* ». Ceci emporte la même incidence que dans le cas français mis en lumière tout à l'heure. Il nous convient en dernier ressort d'évoquer le renouveau des principes de présentation du budget.

Section II. Le renouveau des principes de présentation du budget

La Communauté économique et monétaire de l'Afrique centrale expérimente effectivement depuis quelques années la coordination de ses politiques budgétaires. De prime abord, notons que le budget de l'État n'obéit pas seulement à des principes juridiques de base. Il se contente aussi d'obéir aux principes techniques qui regroupent le principe d'unité et le principe d'universalité (I). Aux côtés de ces règles techniques, nous avons également le principe de l'équilibre budgétaire (II).

I. Les principes d'unité et d'universalité budgétaire

---

75 MATHIS (J), « Gestion et Finances publiques en Afrique Francophone », version 2012, p. 9

Nous aborderons le principe de l'unicité (A) et d'universalité budgétaire (B).

A. Le principe d'unité budgétaire

D'entrée de jeu, la règle de l'unicité s'énonce clairement en ce sens : toutes les dépenses et toutes les recettes de l'État doivent figurer dans un document soumis à l'approbation du Parlement. Pour que cette règle soit respectée, il faut que certaines conditions soient remplies notamment le budget qui doit recenser l'ensemble des recettes et des dépenses de l'État et ces recettes et dépenses doivent être rassemblées dans un projet de loi unique sur lequel devra se prononcer le parlement. Il sera question pour nous de parler de la rationalisation de la pluralité au sein de l'unité budgétaire (1) et le renforcement du principe d'unité budgétaire (2) tout au long de cette partie.

1. La rationalisation de la pluralité au sein de l'unité budgétaire.

Evoquer une rationalisation de la pluralité en rapport avec le principe de l'unité budgétaire implique donc une consécration rationnelle de la structure plurale des budgets publics et un regroupement des multiples documents budgétaires. Ce principe vise à rassembler les dépenses et les recettes de l'État dans un seul document budgétaire.

Une double approche a été prise afin de venir à bout de cette préoccupation. D'une part, on s'intéresse à l'altération de l'unité budgétaire causée par voie législative. S'agissant du budget de l'Etat à proprement parlé, la loi de finances annuelle n'est pas toujours l'unique document qui le concerne. En effet, il peut arriver qu'en cours d'année budgétaire, les prévisions initiales s'avèrent erronées, sous-estimées ou surestimées, il s'avère donc nécessaire d'élaborer et de faire voter une ou plusieurs lois de finances complémentaires ou rectificatives, qui viendront autoriser des fractions supplémentaires de ressources et de charges. Pour avoir une vue d'ensemble de la situation financière de l'État, et exercer un contrôle efficace, les parlementaires devront alors examiner la loi de finances initiale et la ou les éventuelles lois de finances supplémentaires. Toutefois, la remise en cause de l'unité budgétaire du fait de cette pluralité d'actes est à relativiser, dans la mesure où elle est rendue nécessaire par les besoins des ajustements budgétaires dans le temps, et que les documents complémentaires sont adoptés dans les mêmes formes et selon les mêmes procédures que la loi de finances initiale.

Notons que toutes les lois de finances en général ont un caractère pluriel. Selon l'article 4 de la loi n°36-2017 relative aux lois de finances au Congo, « *le budget d'une administration publique détermine, pour chaque année dans un document unique, l'ensemble de ses recettes et de ses dépenses présentées pour leur montant brut* ». Ces dispositions formalisent ainsi la consécration du principe de l'unité budgétaire. Suivant les termes de ces dispositions, il est évident de dire que ce principe oblige que les budgets publics, notamment celui de l'État, doivent être présentés dans un document unique. Ceci suppose que l'existence d'une présentation budgétaire autre que celle du budget de l'Etat, se positionnerait comme une entorse au principe. De ce fait, il apparaissait suivant l'article 4 de la loi sus-évoquée, qu'il existe plusieurs lois de finances. De manière incidente, cet état de chose impliquerait nécessairement une pluralité de documents relatifs à la présentation budgétaire. Il va donc de soi que, nonobstant la loi de finances initiale au sein de laquelle est contenu le budget de l'État, on retrouve quatre outils par le canevas desquels le budget pourrait être présenté et contrôlé. Cependant, il est à noter que leur existence n'altère pas automatiquement le principe de l'unité budgétaire. En effet, alors que les unes viendraient remplacer la loi de finances initiale, les autres notamment la loi de règlement établissent un bilan de l'exécution des prévisions budgétaires.

Pour exécuter le budget, le pouvoir réglementaire adopte généralement une série de décrets dits de répartition des crédits, qui mettent en œuvre le budget de l'État, l'ensemble étant complété par des arrêtés ministériels, et enfin par les décisions de chaque ordonnateur de dépenses. En principe, ces actes se contentent de mettre en application les autorisations de recettes et de dépenses votées par le législateur. Toutefois, des mécanismes de modification des crédits ont été établis. Il s'agit des hypothèses où le pouvoir exécutif peut modifier ce qui a été voté par le Législatif. D'un côté, c'est le cas des interversions de crédits qui peuvent être appréhendées comme des opérations effectuées à l'intérieur du budget de l'État, sans modification de l'enveloppe budgétaire globale. Elles sont au nombre de trois : les virements de crédits, les transferts de crédits, et les crédits complémentaires. De l'autre, il est question de l'ouverture de crédits supplémentaires.

2. Le renforcement du principe d'unité budgétaire

Il faut de prime abord dire que le principe d'unité budgétaire entraine une exigence d'exhaustivité dans l'information documentaire et une amélioration du contrôle budgétaire au sein de l'État. Le principe de l'unité budgétaire, au sens strict, avait un sens à une époque où la vie financière de l'État se déployait dans des proportions modestes. Par la suite, Il a subi d'énormes chambardements, causés par l'accroissement exponentiel des allégements et dérogations notamment avec les multiples opérations de débudgétisations faisant sortir du budget de l'État, la plupart des opérations financières des entreprises publiques. La conséquence inéluctable de cet état de chose est la remise en question du principe.

Le principe d'unité budgétaire oblige à rassembler toutes les données des finances publiques dans un document unique. L'article 4 de la loi n° 36 de 2017 relative aux lois de finances prévoit que « *le budget d'une administration publique détermine ; pour chaque année dans un document unique l'ensemble des recettes et des dépenses* ». De cet article, à travers la consécration du principe d'unité, toutes les recettes et les dépenses publiques doivent être inscrites dans un document intitulé budget de l'État. Seules les ressources et les charges de l'État, personne morale, sont ici concernées à l'exclusion de celles des différents de démembrements de l'État ou des collectivités locales. Ce principe s'applique au seul périmètre des ressources et des charges qualifiées de budget de l'État. Découlant des articles 14 et 15 de la Déclaration des droits de l'homme et du citoyen du 26 août 1789, l'impératif d'information budgétaire se pose comme une exigence universelle. De ce fait, tout État qui se réclame démocratique, est donc dans l'obligation de produire, pour les citoyens et leurs représentants, les documents d'information budgétaire justifiant la gestion qui est faite des finances publiques. C'est sur cette base que ladite information pourrait émaner de diverses sources à l'instar du Gouvernement, du Parlement ou encore des instances juridictionnelles et, même des institutions internationales.

Le législateur financier camerounais de 2007 a consacré l'exigence d'exhaustivité, en formalisant et en enrichissant l'information documentaire. L'article 18 de la loi portant régime financier de l'État dispose : « *(1) La loi de finances de l'année comprend deux (02) parties distinctes. (2) Dans la première partie, la loi de finances de l'année : 1)- autorise pour l'année, la perception des ressources de I 'État et des impositions de toute nature affectées à des personnes morales autres que l'État ; 2)- comporte les dispositions relatives aux ressources de l'Etat qui affectent l'équilibre budgétaire ; 3)- comporte toutes dispositions relatives aux affectations de recettes prévues à l'article 23 ; 4)- comporte l'évaluation de chacune des ressources budgétaires visées à l'article 12 ; 5)- fixe les plafonds des dépenses du budget général et de chaque budget annexe, ainsi que ceux de chaque catégorie de comptes spéciaux ; 6)- arrête les données générales du budget, présentées dans un tableau ; 7)- comporte les autorisations relatives aux emprunts et à la trésorerie de l'État 8)- comporte des dispositions relatives à l'assiette, au taux et aux modalités de recouvrement des impositions de toute nature* ». Cette dernière énumère avec précision et concision la quintessence de la loi des finances. De plus, une pléiade de documents est obligatoirement requise pour accompagner le projet de loi de finances.

Pour ce qui est du contrôle, de manière globale, il est admis que le contrôle budgétaire représente un mécanisme fondamental dans la bonne conduite des budgets publics. La nouvelle gouvernance budgétaire se situant dans un univers où la priorité est donnée à la recherche de la performance, un accent spécifique a été mis sur cet outil de gestion. Ceci peut être observé par le truchement d'une approche duale. D'une part en ce qui concerne le cadre étatique, la philosophie de la programmation a conduit le législateur financier de 2007 et celui de 2018 à attribuer la prérogative de contrôle à trois organes : le Gouvernement, le Parlement et les instances juridictionnelles. Relativement à ce pan, l'action de la nouvelle gestion financière est triple. De prime abord, elle rend plus fluide l'activité de contrôle par la clarté et la transparence des documents budgétaires. Ensuite, elle multiplie les structures intervenant en matière de contrôle. In fine, elle densifie la consistance du contrôle.

En effet, en dépit de l'obligation de réunir l'ensemble des recettes et des dépenses au sein du budget général pour l'État, dans le budget local pour les collectivités territoriales décentralisées, il existe tout à côté, d'autres comptes budgétaires. En ce qui concerne le regroupement des multiples documents budgétaires, la pluralité de documents budgétaires pourrait en quelque sorte, sur le plan formel, relativiser le principe d'unité. Au Cameroun par exemple, en effectuant une analyse basée sur les régimes financiers de 2007 et 2009, il est aisé de faire le constat selon lequel la loi de finances annuelle, au sein de laquelle on retrouve le budget général ne peut contenir toutes les recettes et toutes les dépenses de l'État et de ses démembrements réels et fictifs. Une fois de plus, le législateur camerounais a opté pour une perspective méliorative. La logique qui a guidé sa tâche, a été de consacrer une diversité dans l'unité. Un savant mélange a été mis en place pour regrouper les divers actes budgétaires autour d'un ensemble.

Le principe de l'unité budgétaire est un principe purement politique. Il conditionne l'efficacité du contrôle budgétaire. En revanche, ce principe souffre de véritables exceptions. Les unes sont conjoncturelles et les autres structurelles. Conjoncturelles dans la mesure où elles consistent à transférer hors du budget des charges qui normalement devraient y figurer. Structurelles dans la mesure où l'État s'est aujourd'hui démultiplié avec des budgets autonomes qui, sont des budgets personnes publiques distinctes de l'État. Leurs comptes prévisionnels ne sont pas intégrés dans la loi de finances annuelles.

B. Le principe d'universalité budgétaire

Si le principe de l'unité vise à rassembler les projets financiers en un seul document et vise un certain contrôle parlementaire, le principe d'universalité quant à lui suppose tout d'abord que soient inscrites dans le budget toutes les dépenses et les recettes de l'État sans qu'il puisse y avoir contradiction entre les unes et les autres : c'est la non-compensation (1) d'une part. D'autre part, ce principe exige qu'à l'intérieur du budget, les recettes et les dépenses soient autonomes de telle sorte qu'elles soient isolées l'une de l'autre : c'est la non affectation (2).

1. La règle de la non-compensation

L'universalité du budget complémentaire de l'unité du budget impose une certaine manière de présenter les autorisations budgétaires. Le principe de la non compensation s'applique à deux niveaux de l'opération budgétaire. Il a un aspect politique et technique. Cette règle s'apparente à la formule du produit brut opposée à celle du produit net. Le produit brut exige que toutes les dépenses et toutes les recettes soient autorisées par le budget pour leur montant intégral. Elle interdit donc toute contraction de dépenses et de recettes ne laissant figurer dans le budget qu'un solde[76]. Cette règle a un contenu politique et technique.

Sur le plan politique, elle est fondamentalement du rôle des assemblées délibérantes. En tant qu'acteur essentiel dans l'ensemble du processus budgétaire, de même que dans la définition des politiques publiques plus globalement, le Parlement puisqu'il s'agit de lui, se trouve être impacté par la règle

[76] TROTABAS(L) et COTTERET (J.M), *Droit budgétaire et comptabilité publique*, op.cit., p. 59

de non-compensation. En effet, la règle de non-compensation conditionnerait l'efficacité du contrôle du Parlement. Elle garantit qu'aucune dépense et qu'aucune recette ne pourrait être soustraite à l'autorisation des parlementaires par dissimulation de son montant réel à la suite d'une compensation. En permettant aux citoyens et à leurs représentants d'avoir une information détaillée concernant les recettes et les dépenses, la règle de non-compensation garantit ainsi un bon suivi de la gestion financière publique.

Tout ceci participe amplement à la stratégie de renforcement et d'amélioration de la gestion des finances publiques notamment en ce qui concerne la clarté et l'enrichissement des informations communiquées par le Gouvernement au Parlement. Ce dernier surfe sur le renforcement de ses attributions en matière de contrôle, ainsi que relativement au suivi de la gestion des deniers publics.

Sur le plan technique, les services de l'État ne peuvent se procurer par eux-mêmes des recettes en dehors des crédits qui leurs sont alloués par le budget. Ceci signifie simplement que la non-compensation empêche indubitablement que lesdits services ne se constituent des recettes qui n'auraient pas été autorisées par la Loi de finances. Par conséquent, tout produit d'une recette perçue par un service doit impérativement être reversé au budget général de l'État. De ce fait, il ne peut donc être utilisé directement par ce service. En outre, toute opération de dépense doit être liée à l'existence de crédit budgétaire. Sur cette base, la non-compensation interdit une administration de l'État qu'elle puisse augmenter ses crédits par des opérations de compensation. Il en est ainsi de tout mécanisme visant à sortir du cadre légal relatif à la gestion budgétaire notamment l'obligation d'inscrire au sein des budgets publics toutes les recettes et toutes les dépenses.

La règle de non-compensation conditionne l'efficacité du contrôle du Parlement. Elle garantit qu'aucune dépense et qu'aucune recette ne pourrait être soustraite à l'autorisation des parlementaires par dissimulation de son montant réel à la suite d'une compensation. En permettant aux citoyens et à leurs représentants d'avoir une information détaillée concernant les recettes et les dépenses, la règle de non-compensation garantit ainsi un bon suivi de la gestion financière publique. Tout ceci participe amplement à la stratégie de renforcement et d'amélioration de la gestion des finances publiques notamment en ce qui concerne la clarté et l'enrichissement des informations communiquées par le Gouvernement au Parlement. Ce dernier surfe sur le renforcement de ses attributions en matière de contrôle, ainsi que relativement au suivi de la gestion des deniers publics.

De ce fait, aussi bien en amont, en cours d'exécution, ou en aval de la procédure budgétaire, l'information qui lui parvient doit être très bien détaillée. Ceci consolide fortement le droit des parlementaires à l'information de qualité au sujet de la gestion des finances publiques, renforce par la même occasion leurs attributions en matière de contrôle de l'action du Gouvernement.

L'exigence de la règle de non-compensation empêche considérablement l'existence et la prolifération de telles pratiques. Ceci entre en accord avec la philosophie drainée par le budget programme, la promotion d'une gestion saine, clairvoyante et performante des finances publiques au Cameroun notamment. Le respect d'une telle règle éviterait ou amoindrirait substantiellement les détournements ou les distractions de deniers publics qui ont cours en Afrique en général, au Cameroun en particulier. Comme toute règle qui se veut productive, des dérogations ont été prévues pour éviter de s'enfermer dans une régulation sans flexibilité.

2. La règle de la non-affectation

La non-affectation des recettes résulte de l'autorisation de recettes donnée par la loi de finances. Certes, cette autorisation distingue les recettes catégorie par catégorie et la création d'une recette fiscale nouvelle peut être autorisée en vue de la couverture d'une dépense nouvelle parfaitement identifiée. Mais une fois que la recette est créée, elle se fond parmi toutes les autres et chacune d'elle doit faire face à l'ensemble des dépenses. Ce principe peut être perçu tant sur le plan politique que pratique.

Sur le plan politique, en observant la logique développée sur le fonctionnement de l'affectation des crédits budgétaires, il est possible d'effectuer une analyse selon laquelle les pouvoirs du Parlement se verraient ainsi substantiellement diminués. En effet, on se retrouverait dans cette situation où chaque année son rôle ne se confinerait qu'à l'approbation d'un nouveau budget ayant été en vigueur l'année d'avant ou à son amendement afin de changer l'affectation de certaines recettes à d'autres dépenses. Visiblement, on peut d'affirmer que la règle de non-affectation permet à au Parlement de conserver son pouvoir de décision et de structurer la gestion des fonds public en respectant les notions de solidarité et d'unité nationale. Concrètement, il est question des prérogatives qui sont dévolues audit Parlement lui garantissant la latitude de réaliser un véritable arbitrage global conforme à l'intérêt général et de s'intéresser régulièrement sur la pertinence de chaque dépense. À quelques exceptions prêtes, la règle de la non-affectation confère au Parlement le pouvoir de contrôler toutes les dépenses qui sont financées par prélèvements obligatoires. De cette façon, la gestion des fonds publics est intrinsèquement transparente du fait notamment de l'immense lisibilité qu'offre la non-affectation d'une recette déterminée à une dépense précise.

En effectuant une analyse approfondie de cet état de chose, il est possible de faire le constat suivant lequel la règle de non-affectation conforte considérablement le principe de séparation des pouvoirs. En effet, éludant cette règle c'est-à-dire procédant exclusivement par l'affectation des recettes, il est indéniable que les pouvoirs du Parlement seraient annihilés accentuant ainsi l'extrême domination du Gouvernement. Le Parlement afficherait dès lors le visage d'un organisme d'enregistrement et de simple validation des politiques publiques mises en place par le Gouvernement. Toutes choses ne pouvant contribuer à une gestion méliorative des finances publiques voulue et enclenchée par l'État congolais.

Sur le plan pratique, l'affectation d'une recette déterminée à une dépense particulière pourrait générer un déséquilibre capable d'impacter sur l'intérêt général.

Au Cameroun, la non-affectation a été consacrée par le passé à travers les dispositions de l'article 6 relatif à l'Ordonnance de 1962 susmentionnée, reconduite par l'article 5 alinéa 2 de la LRFE, et entérinée par l'article 4 alinéa 3 de la loi de 2018 portant régime financier de l'État et des autres entités publiques. Elle représente une notion fondamentale qui établit l'interdiction de confiner une recette donnée à une dépense précise. En d'autres termes, l'ensemble des recettes doit couvrir l'ensemble des dépenses sans qu'il n'existe une quelconque distinction. Dans le dessein d'être plus explicite, on peut rejoindre le dictionnaire Larousse qui abonde dans le même sens, affirmant que, la non-affectation des crédits budgétaires est une règle où l'ensemble des recettes budgétisées doit pourvoir d'une façon indivise à la totalité des dépenses. Bien avant la législation camerounaise en la matière, la LOLF française l'a préalablement définie à l'article 6 qui dispose que : « *l'ensemble des recettes assurant l'exécution de l'ensemble des dépenses, toutes les recettes et toutes les dépenses sont imputées dans un compte unique, intitulé budget général* ».

Au regard de tout ce qui précède, les principes d'unité et d'universalité ne sont pas différents. Ils sont l'expression d'une même idée sous deux aspects différents à savoir l'autorisation budgétaire qui doit porter sur le total des dépenses et des recettes. Conçus pour satisfaire un souci de clarté, de transparence et d'exhaustivité, les principes d'universalité et d'unité débouchent sur celui émergent de la sincérité budgétaire, car l'indissociabilité des principes d'unité et d'universalité s'explique par le fait que sans eux, il ne peut y avoir de document budgétaire sincère. Que dire du principe de l'équilibre budgétaire ?

II. Le principe d'équilibre budgétaire.

Il faut observer de prime abord que le principe de l'équilibre budgétaire était fondé sur un raisonnement qui transposait purement et simplement dans les finances publiques, les idées reçues dans la gestion des finances privées, ce qui est contraire à la nature des choses[77]. Nous étudierions l'amélioration de ce principe dans son appréhension théorique (A) et pratique (B).

A. L'amélioration du principe dans son appréhension théorique

L'amélioration du principe de l'équilibre budgétaire prend en compte l'intégration du respect des exigences internationales et communautaires en matière de politique budgétaire (1) et une consécration explicite et clairvoyante de l'équilibre budgétaire (2).

---

[77] TROTABAS(L) et COTTERET (J.M), *Droit budgétaire et comptabilité publique*, 5e éd, Dalloz, 1995, p.47

1. L'intégration et le respect des exigences internationales et communautaires en matière de politique budgétaire

Le nouveau traité de la CEMAC prévoit d'élargir la coopération, et plus particulièrement de la rendre effective au-delà de la sphère monétaire. La coordination des politiques budgétaires, qui apparaît comme une composante essentielle dans ce nouveau dispositif, constitue dans cette perspective un défi majeur. Défi parce qu'elle intervient dans un environnement de très faibles gouvernances nationales et régionales, et ceci malgré les programmes de gouvernance mis en place avec le soutien de la communauté internationale dans la plupart de ces pays[78].

Le principe d'équilibre budgétaire renvoie à la nécessité d'équilibrer les comptes de manière à éviter la présence de déficit dans le budget de l'État. La notion d'équilibre apparait ainsi plus économique que budgétaire. Les exigences internationales et communautaires en matière d'équilibre budgétaire ont été synthétisées par la loi organique n°36-2017 du 03 octobre 2017 relative aux lois de finances au Congo. L'article 8 de cette loi dispose : « *le budget de toute administration notamment celui de l'Etat est établi et financé dans les conditions qui garantissent la soutenabilité de l'ensemble des finances publiques. La politique budgétaire doit éviter tout déficit public excessif et se conformer à la discipline budgétaire qu'implique la monnaie commune au sein de la communauté économique et monétaire de l'Afrique centrale* ». Au Cameroun, c'est la loi n°2018/012 du juillet 2018 portant régime financier de l'État et des autres entités publiques qui intègre cette exigence. Ainsi, peut-on lire à l'article de 9 de cette loi : « *la politique budgétaire (…) doit prendre en compte les exigences de convergence des politiques économiques et financières résultant des conventions internationales et régionales auxquelles la République du Cameroun adhère. À cette fin, le Gouvernement définit une politique budgétaire à moyen terme conforme aux critères fixés par les conventions sous-régionales régissant la Communauté Economique et Monétaire de l'Afrique Centrale. Il en assure également la bonne mise en œuvre et se prête aux obligations de surveillance multilatérale*». Pour être en conformité avec cette loi, de nombreuses directives dans la zone communautaire. En France, ce principe a été inscrit avec la révision constitutionnelle de 2008. Il se trouve inscrit à l'article 34(c) en ces termes : « *les orientations pluriannuelles des finances publiques sont définies par des lois de programmation. Elles s'inscrivent dans l'objectif d'équilibre des comptes des administrations publiques* ». Depuis 2008, les lois de programmation remplacent les anciennes de programmation à caractère économique et social et visent à permettre une meilleure gouvernance des finances publiques. Elles renforcent la maitrise de l'État sur ces dépenses. Au Gabon, l'article 10 de la loi organique de 2014 en son article 10 prescrit également le principe de l'équilibre budgétaire.

En effet, des nouvelles directives ont été signées dont la particularité est d'introduire de nouveaux instruments dans la gestion des finances publiques.

---

[78] AVOM (D), « La coordination des politiques budgétaires dans une union monétaire : l'expérience récente des pays de la CEMAC », Revue Tiers Monde, 2007/4 n° 192, pp 871-893

Elles ont été approuvées par le Conseil des Ministres de la CEMAC et signées à Brazzaville le 19 décembre 2011. La dernière directive en vue a été celle de 2017. Elle va dans la même optique du cadre de convergence régionale vise à amener les États membres à la mise en œuvre de politiques budgétaires contra cycliques. Ce dernier sert désormais pour l'évaluation de la convergence des politiques macroéconomiques et budgétaires des États membres. Tous les pays de la CEMAC s'engagent à être conformes à de telles exigences[79].

En ce qui concerne les exigences sur le plan international, il revient de dire que la tâche incombe inéluctablement au FMI et à la Banque Mondiale. Ces deux grandes structures financières veillent à la mise en application effective et efficiente d'une bonne gouvernance financière. Chaque État se voit donc astreint aux respects de certaines règles dans la structuration de ses finances publiques en général, mais plus spécifiquement de sa gestion budgétaire, notamment le respect du principe de l'équilibre budgétaire qui s'avère d'une importance capitale

2. La consécration explicite et clairvoyante de l'équilibre budgétaire

L'équilibre budgétaire se rapporte à l'action réelle et globale du budget sur l'économie. Et l'on comprend qu'un budget ne méconnait pas nécessairement cet équilibre quand il comporte un découvert si celui-ci est nécessaire pour rétablir une situation économique troublée. Grand principe de droit budgétaire à l'époque classique, l'équilibre était conçu en termes purement comptables. Il s'agissait simplement de prévoir l'ajustement des dépenses aux recettes. La conception des finances publiques est calquée sur celle des finances privées. À l'époque classique, les finances publiques sont neutres par rapport à l'économie. Cette neutralité s'appréciant dans les deux sens. Ainsi, elles doivent être inactives c'est-à-dire qu'elles ne peuvent influencer l'économie. Mais elles doivent aussi être insensibles : l'économie ne devant pas influencer les finances. Le déséquilibre romprait cette neutralité. L'État doit gérer son budget comme un « bon père de famille ». Il ne peut donc dépenser plus qu'il n'a. Ce serait immoral. Le passage des finances publiques classiques aux finances publiques modernes va entraîner un élargissement de la notion d'équilibre, puis un dépassement de celle-ci. Sous son aspect financier, ce principe s'établit en confrontant la somme de dépenses et la somme des recettes prévues et autorisées pour une période déterminée. La technique financière doit respecter cette conception comptable de l'équilibre en assurant une présentation correcte du budget, notamment dans l'évaluation des dépenses et des recettes.

Le principe de l'équilibre budgétaire fait l'objet d'un aménagement infra constitutionnel. Il est aménagé par une loi organique. Le Congo évoque le terme « déficit » pour prescrire l'équilibre budgétaire. La loi organique n°36-2017 du 03 octobre 2017 relative aux lois de finances prescrit l'équilibre budgétaire. L'article 8 de cette loi dispose : « *La politique budgétaire doit éviter tout déficit public excessif* ».

---

[79] Voir article 21 de la loi du 21 décembre 2017 portant code de transparence dans la gestion des finances publiques en RCA.

Au Cameroun, la loi portant régime financier de l'État et des autres entités publiques prescrit ce principe. Les articles 12 et 18 de cette loi disposent respectivement : « *Les lois de finances ont pour objet de déterminer les recettes et les dépenses de l'État, de définir les conditions de l'équilibre budgétaire et financier* » ; « *En cours d'exercice, un projet de loi de finances rectificatives doit être déposé par le Gouvernement : si les grandes lignes de l'équilibre budgétaire défini par la loi de finances initiale se trouvent bouleversées, notamment en raison de l'évolution de la conjoncture, de l'intervention d'ordonnances ou d'arrêtés d'annulation de crédits ; si les recettes constatées dépassent sensiblement les prévisions de la loi de finances initiale* ».

B. L'amélioration du principe dans sa perception pratique

La notion d'équilibre budgétaire renvoie à l'équivalence entre les recettes et les dépenses engagées au cours d'un exercice budgétaire[80]. Appliquer le principe selon lequel le budget doit être en équilibre constituait jadis un moyen efficace de maintenir les dépenses à un niveau peu élevé. L'aversion du gouvernement envers une augmentation des impôts conduisait à restreindre les dépenses. Les déficits étaient tolérés en matière de crise, guerre ou récession[81]. Ce principe s'intéresse à la relation entre des flux de ressources d'une part et de charges d'autre part sur une période donnée[82]. Les ressources doivent être bien utilisées (1) par une exigence de soutenabilité (2).

1. L'assurance quasi absolue d'une bonne utilisation des fonds publics

Il convient de souligner que la gestion des ressources mais aussi la bonne prise en compte des contraintes, représente un impératif majeur pour les sociétés contemporaines, quel que soit leur degré de développement et quel que soit le lieu géographique où elles se situent, en raison des interdépendances économiques des systèmes nationaux. Cet impératif concerne tous ceux qui sont chargés d'administrer et de piloter le développement. La possibilité pratique d'exécuter le budget dépend évidemment de l'exactitude de l'équilibre budgétaire. Bien que la légitimité de la prise de décision budgétaire continue à reposer sur le Parlement, désigné comme le centre ultime du pouvoir des Etats démocratiques, on constate, à travers les évolutions contemporaines des systèmes financiers publics que ces derniers constituent le socle dans lequel s'enracinent, se cherchent et tentent de prendre forme des idéaux d'organisation de la société qui mettent en avant l'efficacité de l'action et notamment le contrôle de la gestion et de la performance, et qui placent parfois au second plan le pouvoir d'initiative traditionnellement attribué à la sphère politique.

---

[80] Voir article 10 de la loi n°42-2019 du 30 juillet 2019 portant loi de finances pour l'année 2000 au Congo.

[81] AARON WILDASKY, « Maitriser les dépenses publiques : la théorie de la limitation des dépenses », Revue de l'OCDE sur la gestion budgétaire, Vol. 2, n° 4, 2003, pp.29-54

[82] COLLET (M), *Finances publiques*, 3e éd, LDGJ, 2019, p.199

L'équilibre budgétaire est une règle de bonne gestion en ce sens qu'elle oblige l'État à intervenir de façon modérée dans l'économie et la gérer de façon équitable. Elle correspond à la maxime « *pas trop pas moins* ». D'ailleurs même un budget équilibré peut avoir un effet de relance. L'équilibre budgétaire va permettre d'éviter divers effets pervers dus au déficit budgétaire : inflation, effet d'éviction, déficit commercial, dévaluation de la monnaie, hausse des impôts qui suivra inévitablement et qui entrainera des incitations négatives. L'équilibre budgétaire empêche de se lancer dans des politiques de relance inefficace. Ce principe évite toute forme de gestion de la part des ordonnateurs[83].

En effet, en appliquant les critères de convergence budgétaire la viabilité et la durabilité des Etats se trouvent être garanties, parce qu'en veillant à ce qu'aucun Etat-membre n'accuse des déficits ou des taux d'inflation plus élevés que ses voisins, on protège les Etats membres des effets contagieux d'une éventuelle instabilité macroéconomique dans l'un ou l'autre État membre. Ces critères garantissent aussi que les Etats membres conservent leur compétitivité relative au sein de la communauté.

Au Congo, deux lois majeures ont été votées dans l'optique de voir les finances publiques être bien gérées. Nous avons la loi n°10-2012 du 9 mars 2012 portant code relatif à la transparence et à la responsabilité dans la gestion des finances publiques. Son article 50 élabore tous les modes de contrôle pouvant favoriser une gestion saine des finances de l'État. La loi n° 18-2019 du 24 mai 2019 portant création, attributions, composition et fonctionnement de la commission nationale de transparence et de responsabilité dans la gestion des finances publiques en son article 3 quant à elle dispose : « *La commission nationale de transparence et de responsabilité dans la gestion des finances publiques a pour missions de :- veiller à la stricte application du code relatif à la transparence et à la responsabilité dans la gestion des finances publiques, recueillir et diffuser les meilleures pratiques en matière de transparence et de responsabilité dans la gestion des finances publiques ; requérir toute expertise pour la validation des informations relatives aux recettes et aux dépenses publiques ; entreprendre des études, des analyses et des diagnostics sur la gestion des finances publiques ; diligenter toute enquête en cas de violation de la transparence et de la responsabilité dans la gestion des finances publiques* ». Il est question en quelque sorte de créer des principes dissuasifs de bonne gestion. Ces critères constituent une référence dans la création de programmes nationaux de convergence à moyen terme, indiquant les politiques et échéanciers que chacun doit suivre pour assurer la convergence budgétaire avec les autres membres, tout en améliorant potentiellement le contrôle national sur le projet d'union monétaire. Ils peuvent aussi permettre d'identifier et de mettre en œuvre des réformes spécifiques et de modifier les politiques. En général, les règles budgétaires nationales doivent être plus strictes que les critères régionaux de convergence afin de laisser aux autorités nationales, une marge de manœuvre pour faire face aux imprévus budgétaires. Les efforts

[83] AKONO ONGBA (S), « La distinction entre la faute de gestion et le détournement de deniers publics en droit camerounais », RASJ, Vol 11, n°1 , 2014, pp. 249-287

visant à atteindre et à respecter les critères de convergence encouragent les réformes économiques et institutionnelles au sein des pays membres, durant et après le processus d'intégration.

Au niveau régional, ces critères permettent une surveillance étroite des changements au niveau national, et peuvent mettre au jour des lacunes justifiant une intervention régionale dans la mise en œuvre des programmes nationaux de convergence, garantissant ainsi la convergence économique des pays membres. Ils peuvent aussi fournir des renseignements pertinents aux marchés, ce qui leur permet d'élaborer des stratégies pour intervenir au sein d'une grande région unifiée. Le Congo s'adapte ainsi progressivement à ce principe de bonne gouvernance. En effet, en dépit de l'adoption d'une nouvelle loi organique sur le régime financier de l'État en 2012[84], revue et corrigée en 2017[85] pour être complètement en phase avec la directive n° 1/11-UEAC-190-CM-22 du 19 décembre 2011 relative aux lois de finances au sein de la Communauté économique et monétaire de l'Afrique centrale (CEMAC), qui tend à moderniser la gestion publique, avec, en toile de fond, un Parlement aux compétences élargies, force est de constater que, dans la pratique, les compétences financières du Parlement ne sont pas toujours respectées. La pratique des dépassements de crédit en matière de dépenses de fonctionnement est, à ce propos, riche d'enseignements. Cela peut garantir une soutenabilité des finances publiques.

2. La garantie du respect de l'exigence de soutenabilité des finances publiques

Les budgets des administrations publiques, notamment celui de l'État, doivent être établis et financés dans des conditions qui garantissent la soutenabilité de l'ensemble des finances publiques. Conformément aux engagements internationaux pris dans le cadre de la Communauté Economique et Monétaire de l'Afrique Centrale, la politique budgétaire doit éviter tout déficit public excessif et se conformer à la discipline budgétaire qu'implique la monnaie commune. À cette fin, le Gouvernement définit une politique budgétaire à moyen terme conforme aux critères fixés par les conventions régissant la Communauté Economique et Monétaire de l'Afrique Centrale, en assure la bonne mise en œuvre et se prête aux obligations de la surveillance multilatérale[86]. La soutenabilité des finances publiques évite tout déséquilibre budgétaire.

Un budget déséquilibré se traduit soit par un déficit, soit par un excédent, soit par une réduction. Toutefois, pratique, la manière dont le droit envisage cette question de l'équilibre budgétaire ne peut être distinguée de la question de la dette de l'entité concernée. C'est-à-dire de la somme d'argent qu'elle doit à ses

[84] Loi n° 20-2012 du 3 septembre 2012 portant loi organique sur le régime financier de l'État. Sur cette loi, voir DZOUMA NGUELET (H. M), « La réception de la directive CEMAC dans le droit financier congolais », Annales de l'Université Marien NGOUABI, vol. 14, n° 3, 2013, pp. 22-47

[85] Loi organique n° 36-2017 du 3 octobre 2017 relative aux lois de finances

[86] Voir article 7 de la directive n°01/11-UEAC-190-CM-22 relative aux lois de finances.

créanciers à un moment donné. Pour le dire autrement, le droit réglemente généralement les différences de niveau entre les recettes et les dépenses en interdisant par exemple les déficits excessifs au regard de leur conséquence. De façon synthétique, il est évident que l'équilibre budgétaire évite la montée dangereuse de la dette publique.

Les déficits budgétaires entrainent la hausse de la dette publique et des charges d'intérêt, la hausse des taux d'intérêt, des défauts de paiement, des transferts intergénérationnels non souhaités, une crise de la dette dans certains cas. Les conséquences d'un endettement excessif sont particulièrement coûteuses pour les finances publiques et la maîtrise de celui-ci est devenue un enjeu majeur de la politique budgétaire en général. L'endettement constitue notamment un puissant frein à l'utilisation du budget pour des actions publiques nouvelles, et comme instrument de régulation conjoncturelle. La dérive de l'endettement comporte, de plus, un effet de transfert négatif entre les générations présentes et futures. Les effets négatifs à long terme d'une augmentation de l'endettement sur la croissance et l'inflation. À long terme, l'incidence sur le capital productif est à l'origine d'une réduction du taux de croissance potentiel, en induisant une éviction de l'investissement productif.

L'accent mis sur la dette se justifie donc par le fait que la dérive des finances publiques vers un endettement insoutenable constitue une menace réelle pour l'union monétaire. La coordination a alors pour objet de traiter le poids que représente le surendettement d'un pays pour les pays partenaires, grâce à l'arbitrage de la Banque centrale. C'est-à-dire la capacité des États à éviter dans le long terme des dérives non maîtrisables. Ce critère vise justement à limiter le niveau d'endettement excessif, ainsi que l'effet « *boule-de-neige* » qu'il peut provoquer.

La soutenabilité de la dette peut être appréhendée de trois manières au moins. Tout d'abord, d'un point de vue dynamique en définissant la contrainte budgétaire de l'État en termes réels. Une dette sera alors dite soutenable si le taux de croissance économique est supérieur au taux d'intérêt des obligations publiques. On peut ensuite adopter une approche en termes nominaux, en imposant que le rapport dette/ressources (ou recettes) permettant d'assurer le service de la dette tende à long terme vers zéro. Enfin, on peut adopter une approche statique en considérant qu'une dette est soutenable quand l'État peut en assurer le service tout en contenant le déficit dans des proportions raisonnables. C'est la dernière approche qui semble avoir été privilégiée dans la CEMAC. En se référant à l'initiative des pays pauvres très endettés (PPTE) où sont éligibles uniquement les pays dont la dette à long terme est considérée comme insoutenable, il apparaît que le problème de la dette demeure une préoccupation importante de politique économique de la CEMAC. En effet, trois pays de la CEMAC à savoir le Cameroun, le Tchad et le Congo ont déjà été éligibles à ce programme. Seul le Cameroun a atteint le point d'achèvement, avec pour conséquence à court et moyen termes, une réduction substantielle de la charge de sa dette.

Le dernier critère lié à la soutenabilité concerne la non accumulation des arriérés intérieurs et extérieurs sur la gestion de la période courante. Ce critère, encore appelé critère de structure, se situe dans le prolongement des efforts de restauration de la discipline budgétaire, pour respecter les exigences imposées par le FMI en matière de gouvernance publique et éviter les effets nocifs d'une accumulation des arriérés sur la croissance économique. Il est également guidé par le souci d'assainir le circuit de financement des économies et de préserver la viabilité du système bancaire. Le système bancaire doit en effet devenir réactif à l'égard des instruments de politique monétaire, de manière à permettre la propagation des impulsions à travers un canal monétaire et/ou de crédit[87].

Au Congo, la loi organique n°36-2017 du 03 octobre 2017 relative aux lois de finances prescrit l'exigence de soutenabilité. L'article 8 de cette loi dispose : « *le budget de toute administration notamment celui de l'Etat est établi et financé dans les conditions qui garantissent la soutenabilité de l'ensemble des finances publiques. La politique budgétaire doit éviter tout déficit public excessif et se conformer à la discipline budgétaire qu'implique la monnaie commune au sein de la communauté économique et monétaire de l'Afrique centrale* ».

Au Cameroun, la loi n°2018/012 portant régime financier de l'État et des autres entités publiques énonce en son article 9 alinéa 1 que : « *Les budgets des administrations publiques, notamment celui de l'État et des autres personnes morales de droit public, doivent être établis et financés dans des conditions qui garantissent la soutenabilité de l'ensemble des finances publiques* ». Cette soutenabilité budgétaire appliquée à l'ensemble du budget de l'État se traduit par la capacité de celui-ci à payer les dépenses obligatoires et inéluctables avec les crédits inscrits dans la loi de finances initiales.

Au regard de ce qui précède, il était question pour nous de parler des principes techniques qui regroupent le principe d'unité, le principe d'universalité et le principe d'équilibre budgétaire. Les deux premiers principes sont l'expression d'une même idée sous deux aspects différents à savoir l'autorisation budgétaire qui doit porter sur le total des dépenses et des recettes. Conçus pour satisfaire un souci de clarté, de transparence et d'exhaustivité, les principes d'universalité et d'unité débouchent sur celui émergent de la sincérité budgétaire, car l'indissociabilité des principes d'unité et d'universalité s'explique par le fait que sans eux, il ne peut y avoir de document budgétaire sincère. En ce qui concerne l'équilibre budgétaire, il est au cœur des finances publiques. Il proscrit tout excédent et prescrit la soutenabilité.

---

87 AVOM (D.), « La coordination des politiques budgétaires dans une union monétaire : l'expérience récente des pays de la CEMAC », op.cit.,

CHAPITRE II
L'ADOPTION DE NOUVEAUX PRINCIPES BUDGETAIRES

Il a longtemps été admis que les pays riches en ressources naturelles étaient ceux qui disposaient également d'un potentiel de développement élevé. Cette assertion reposait sur l'idée selon laquelle les pays qui doivent leur avantage comparatif aux produits de base peuvent augmenter leur revenu grâce à l'échange international et accélérer conséquemment leur marche vers le progrès économique et social. Les Etats d'Afrique centrale ne sont pas loin d'une telle assertion. Malheureusement, l'absence de coopération va entrainer des flux des capitaux, d'où la nécessaire harmonisation des différentes législations aux directives communautaires. Cette exigence prescrit l'arrimage des Etats aux nouveaux principes de droit budgétaire que sont : le principe de la sincérité budgétaire (Section 1) de celui de la transparence (Section 2).

Section I. La résurgence de la sincérité budgétaire

Le principe de sincérité budgétaire est relativement embryonnaire dans le droit budgétaire et en matière de comptabilité publique en vigueur dans les Etats de l'Afrique centrale. Sous d'autres cieux, il est même souvent considéré comme « *le dernier né des principes financiers* »[88]. L'histoire révèle pourtant que sa mise en œuvre aura précédé sa construction théorique. S'il apparait comme un emprunt au droit français des finances publiques, il ne conserve pas moins des particularités dans l'ordre juridique camerounais. À la différence du droit français, la sincérité budgétaire au Cameroun est l'œuvre du législateur qui l'a consacrée dans la Loi n° 2007/006 du 26 décembre 2007 portant régime financier de l'État notamment en ses articles 3 alinéa 1[89] et article 7 à propos précisément des prélèvements au bénéfice des Collectivités Territoriales Décentralisées[90].

---

[88] FOYE (J-F), « La sincérité, premier principe financier », *RFFP*, 2010 n° 111, p. 1.

[89]Article 3 alinéa 1 : « *La loi de finances présente de façon sincère l'ensemble des ressources et charges de l'Etat. Ce principe implique que les informations fournies soient claires, précises et complètes, au regard des données disponibles, au plan national et international, au moment de l'élaboration des prévisions* ».

[90] « (…) Ils doivent être dans leur destination, leur objet, leur bénéficiaire et leur montant, définis et évalués de façon précise, sincère, et distincte pour que soient satisfaits les objectifs de clarté des comptes et d'efficacité du contrôle parlementaire ».

Dans le cadre de ce travail, il importe de s'appesantir sur, d'une part, la consistance (I) et d'autre part, la portée de ce principe (II).

I. La consistance de la sincérité budgétaire

Pour révéler la consistance de la notion de sincérité budgétaire, il nous semble judicieux de partir de la définition littérale voire a-juridique de la sincérité avant de rendre compte de sa charge sémantique lorsque l'on l'appréhende dans le cadre des finances publiques, notamment dans sa partie relative au droit budgétaire.

Du latin « *sincerus* », la sincérité désigne le caractère d'une personne ou d'une chose sincère[91], c'est-à-dire qui s'exprime sans déguiser sa pensée ou qui est senti, éprouvé[92]. Elle apparait alors comme une vertu, du moins d'après Jean Jacques ROUSSEAU. Pour ce dernier, la sincérité « *présuppose un rapport à soi permettant de retrouver, par le sentiment, une vérité individuelle et universelle, et consiste en un rapport à l'autre par lequel sont transmises à autrui ces deux dimensions de la vision de soi* »[93]. Cependant, une frange de la doctrine indique qu'il n'est pas toujours aisé d'appréhender la sincérité notamment d'un point de vue juridique. C'est ce qui ressort de *La sincérité en droit*[94]. Cet ouvrage révèle que la notion en cause est omniprésente en Droit. Ici, elle apparait tour à tour comme un déterminant des conduites, une méthode d'établissement de la réalité et enfin comme garante de l'intégrité de la volonté. Sous ce rapport, l'on est en droit d'affirmer que la sincérité est non seulement requise dans un État démocratique, mais il s'agit davantage d'une exigence saisie par le droit d'une manière générale.

Appréhendé strictement dans le cadre du droit budgétaire, le principe de sincérité a une double dimension c'est-à-dire budgétaire et comptable. Elle désigne alors un : « *principe de valeur constitutionnelle, inspiré de la comptabilité commerciale, selon lequel les diverses catégories de lois de finances doivent présenter l'ensemble des ressources et des charges de l'État de manière complète, exacte et cohérente compte tenu des informations disponibles et des prévisions qui peuvent raisonnablement en découler lors de leur adoption, sans intention de fausser les grandes lignes de leur solde* »[95].

Le principe de sincérité budgétaire irrigue le processus budgétaire notamment dans ses étapes relatives à l'élaboration (A) et à l'exécution (B).

A. La sincérité dans l'élaboration du budget

---

[91] *Dictionnaire Larousse Poche 2012*, p. 754.

[92] *Ibid.*

[93] MINEAU Caroline (L), « La signification morale du projet de sincérité de ROUSSEAU », *In* TREMBLAY Jean-Marie, *Les classiques des sciences sociales*, 2007, pp. 14-15.

[94] LE BOT (O), *La sincérité en droit, Nice*, Larcier, 2011, 282 p.

[95] GUINCHARD (S) et DEBARD (T), *Lexique des termes juridiques*, Paris, Dalloz, 25ème éd, 2017

Relativement à l'élaboration du budget, la sincérité intervient à deux niveaux. D'abord dans la phase préparatoire (1) ensuite dans la phase d'adoption des budgets publics (2).

1. La sincérité dans la phase préparatoire du budget

La phase préparatoire est une étape sensible. Elle est étroitement liée à l'efficience des politiques publiques ; des prévisions erronées pouvant compromettre les aspirations des pouvoirs publics. C'est la raison pour laquelle une attention particulière est généralement accordée aux étapes qui jalonnent la préparation du budget à savoir : la planification, la programmation et la budgétisation.

La première encore appelée planification stratégique « *consiste à projeter dans l'avenir des évolutions possibles du développement socioéconomique de la nation à un horizon donné et à élaborer un cadre d'action global* »[96]. Elle donne lieu à une analyse approfondie des options possibles à soumettre à la décision des autorités compétentes.

La seconde c'est-à-dire la programmation correspond à une répartition d'actions à accomplir dans un certain ordre.

Enfin la budgétisation suppose une dotation financière en vue de l'accomplissement ou de la mise en œuvre d'un programme.

Le spectre de la sincérité dans la phase préparatoire, au sens des lois n° 2018/011 et n° 2018/012 du 11 juillet 2018 portant respectivement Code de Transparence et de Bonne Gouvernance dans la gestion des finances publiques au Cameroun et Régime financier de l'État et des autres entités publiques, se traduit dans les termes suivants : « *Les budgets annuels sont réalistes et sincères tant dans leurs prévisions de dépenses que de recettes. Pour le budget de l'État, les principaux risques budgétaires sont identifiés et évalués dans un rapport qui doit accompagner les documents budgétaires au Parlement* »[97] ; « *Les budgets des administrations publiques, notamment celui de l'État et des autres personnes morales de droit public, doivent être établis et financés dans les conditions qui garantissent la soutenabilité de l'ensemble des finances publiques* »[98]. Il en résulte que la sincérité est non seulement consubstantielle mais aussi un vecteur de choix de la soutenabilité du budget.

2. La sincérité dans l'adoption des budgets publics

[96] Ministère des finances, « Manuel de pilotage et d'exécution du budget-programme », Reformes des finances publiques du Cameroun, janvier 2013, 144 p.

[97] Article 25 de la Loi n° 2018/011 et n° 2018/012 du 11 juillet 2018 portant respectivement Code de Transparence et de Bonne Gouvernance dans la gestion des finances publiques au Cameroun

[98] Article 9 de la Loi n° 2018/012 du 11 juillet 2018 portant régime financier de l'Etat et des autres entités publiques.

Au Cameroun, depuis 2007, avec notamment l'entrée en vigueur de la loi n°2007/006 du 26 décembre 2007 portant régime financier de l'État[99], le pouvoir législatif est notamment astreint à deux obligations. Il doit d'abord observer attentivement et de manière chronologique le projet de loi de finances à travers les programmes et les moyens de leur exécution. Ensuite, le Parlement doit organiser le vote du budget de l'État dans un climat empreint d'exactitude, de concision et de clarté des informations émanant du pouvoir exécutif. Cette méthodologie marque un point d'honneur sur la vérification de l'exactitude et de la clarté des informations avant l'autorisation du pouvoir législatif. À partir du moment où la sincérité des informations gouvernementales est établie, le législateur vote et adopte le budget ainsi que la loi de finances tandis que le Président de la République procède à leur promulgation.

Au Gabon par exemple, ce principe est également consacré. L'article 2 de la loi n°021/2014 du 30 janvier 2015 relative à la transparence et à la bonne gouvernance dans la gestion des finances publiques définit le principe de sincérité budgétaire, comme l'intégration de toutes les ressources et de toutes les charges dans le budget sans sous-estimer les charges ou surestimer les ressources. Il s'agit dans le droit gabonais, d'un principe imposant, dans les lois de finances, une présentation complète, exacte et cohérente de l'ensemble des ressources et des charges de l'État, compte tenu des informations disponibles et des prévisions raisonnables qui peuvent en découler.

B. La sincérité dans la phase exécutive du budget

L'exécution du budget suit naturellement l'accomplissement de l'ensemble des opérations inhérentes à sa préparation, du Parlement à la Présidence de la République. Elle obéit désormais à une procédure inspirée par la gestion axée sur les résultats. Ainsi, l'on peut distinguer l'exécution comptable de l'exécution budgétaire *stricto sensu.*

Au vu de l'article 73 alinéa 3 de la Loi N°2018/012 portant régime financier de l'État et des autres entités publiques[100], au Cameroun, la sincérité dans l'exécution comptable du budget trouve son fondement juridique à l'article 107 du décret n° 2013/160 portant règlement général de la comptabilité publique aux termes duquel : « *Les comptes publics doivent être réguliers, sincères, et donner une image fidèle de l'exécution du budget, de l'évolution du patrimoine et de la situation financière* ».

Parce qu'elle donne « *connaissance précise de la situation financière de l'État, au travers des flux de créances et de dettes et donc d'apprécier la sincérité des comptes de l'État* »[101], la

---

[99] Totalement applicable depuis le 1er janvier 2013. V. KANKEU (J), « La performance : un nouveau cadre de gestion financière pour reformer l'Etat au Cameroun », *Solon,Revue africaine de parlementarisme et de démocratie*, n° 15, 2016,p. 1.

[100] Ce dernier dispose : « Les comptes de l'Etat comprennent les résultats de la comptabilité budgétaire et ceux de la comptabilité générale : ils doivent être réguliers, sincères et donner une image fidèle de l'exécution du budget et de l'évolution du patrimoine de l'Etat et de sa situation financière ».

[101]MIGAUD (D) et LAMBERT (A), Rapport Assemblée Nationale N°2908, Septembre 2005.

comptabilité générale est soumise à une réglementation rigoureuse ainsi qu'en témoigne l'article 112 du décret portant règlement général de la comptabilité publique : « *La comptabilité générale de l'État, tenue par les comptables publics est fondée sur le principe de la constatation des droits et obligations conformément au plan comptable général de l'État. Les recettes obéissent au principe de la gestion ; elles sont prises en compte au titre du budget de l'année au cours de laquelle elles sont encaissées par le comptable public. Les dépenses obéissent au principe de l'exercice ; elles sont prises en compte au titre du budget de l'année au cours de laquelle elles sont prises en charge par le comptable public. La comptabilité générale de l'État est tenu en partie double sur la base du plan comptable générale. Elles sont décrites dans le compte Générale de l'État* ».

Cette comptabilité se distingue de la comptabilité budgétaire vouée en ce qui la concerne au respect de l'aval du législateur. Cette dernière concourt à la matérialisation de la sincérité. C'est le sens de l'article 113 du décret N°2013/160 portant règlement général de la comptabilité publique : « *Les comptables publics sont responsables de la tenue des règles de la profession comptable. Ils s'assurent notamment de la sincérité des enregistrements comptables et du respect des procédures comptables* ».

L'Exécutif est astreint au respect d'un certain nombre d'exigences inhérentes à l'exécution du budget, selon qu'il s'agit des recettes ou des dépenses. Relativement aux recettes, en l'occurrence celles qui ne sont pas issues des impôts, le gouvernement a quasiment une compétence liée. Celui-ci est tenu au respect des prévisions de la loi de finances. Il en va autrement en matière de ressources non fiscales où il a la faculté de modifier les recettes prévues.

En vertu du pouvoir discrétionnaire qui lui est reconnu, non seulement le gouvernement peut ne pas dépenser[102], il a également la possibilité, dans une perspective d'amélioration de la dépense publique, varier l'utilisation des crédits prévue par la loi de finances.

Dans ces conditions, la mesure de la sincérité est l'œuvre d'un audit particulier dont l'esprit est notamment perceptible à l'article 23 du décret n° 2013/159 fixant le régime particulier du contrôle administratif des finances publiques. Il en ressort que : « *L'audit consiste en un examen approfondi et systématique de la performance d'une administration, d'un programme, d'une action ou d'une activité aux plans financiers et opérationnels, orientés vers l'identification des opportunités permettant de réaliser plus d'économie, d'efficacité et d'efficience (...) L'audit permet notamment de : vérifier, à posteriori, le caractère sincère des prévisions des dépenses et des recettes présentées par les responsables de programmes, ainsi que leur comptabilité avec les objectifs des politiques publiques ; mesurer et améliorer la fiabilité des systèmes d'information existant* ».

Le principe consiste donc à tout le moins à respecter les prévisions globales de la loi de finances afin d'assurer l'équilibre des finances publiques. D'où l'intervention *à posteriori* de la loi de règlement pour constater l'exécution du budget de l'État.

II. La portée de la sincérité budgétaire

[102] En effet, si la loi de finances autorise les dépenses, elle ne les impose pas pour autant.

Nonobstant les difficultés inhérentes à sa mise en œuvre voire à son effectivité (B), il y a lieu d'admettre que la sincérité budgétaire irrigue à bon escient les finances publiques (A).

A. L'apport de la sincérité budgétaire

Cet apport sera analysé d'un point de vue organique précisément sous le prisme des rôles repartis entre le Parlement (1) et le pouvoir judiciaire (2) en matière budgétaire.

1. La consolidation des attributions du Parlement

Le pouvoir législatif jouit d'un renforcement de pouvoirs en matière budgétaire aussi bien dans la phase préparatoire qu'au niveau de l'adoption du budget[103].

En ce qui concerne le premier point, grâce à l'avènement du débat d'orientation budgétaire, il faut relever d'emblée que la préparation du projet de loi de finances n'est plus l'apanage du gouvernement. Ce « débat » associe désormais le Parlement à l'examen des prévisions budgétaires de l'année n+1. Sa tenue vise l'amélioration de l'information reçue par le pouvoir législatif qui pourra donc se prononcer en toute connaissance de cause sur les autorisations budgétaires[104]. Par voie de conséquence, il en résulte une amélioration du pouvoir de contrôle budgétaire du Parlement. Le droit positif camerounais faisant suite à la Directive n° 01/11-UEAC-190-CM-22[105]consacre le fondement juridique du débat d'orientation budgétaire dans la loi n°2018/012 du 11 juillet 2018 portant régime financier de l'État et des autres entités publiques.

Le Parlement prend cause et effet pour le Peuple. Il lui appartient de veiller à l'établissement d'un ratio optimal entre les objectifs de politique publique et les ressources disponibles. Dans cet ordre d'idées, il se montrera davantage soucieux de la sincérité des informations contenues dans le projet de loi de finances. Le rôle du pouvoir judiciaire s'est également vu consolidé.

---

[103] Son régime juridique est l'objet des articles 57 à 61 de la loi n°2018/012 portant nouveau régime financier de l'Etat et des autres entités publiques.

[104] MOINDZE (M), « Le Parlement et le processus budgétaire dans les pays en développement », Rapport, 2011, pp 6-7

[105] Dont l'article 45 dispose : « *Chaque année, avant le 1er juillet, le Gouvernement transmet au Parlement les documents de cadrage à moyen terme définis à l'article 10 ci-dessus, accompagnés d'un rapport sur la situation macro-économique et d'un rapport sur l'exécution du budget de l'exercice en cours. Sur la base de ces documents et rapports, le Parlement organise un débat d'orientation budgétaire, en séance publique, mais sans vote. Les lois annuelles doivent être conformes à la première année du cadrage à moyen terme du budget de l'Etat, qui est arrêté définitivement à la suite du débat d'orientation budgétaire* ».

2. La consolidation des attributions du pouvoir judiciaire en matière budgétaire

Les juges sont garants de l'indépendance des pouvoirs. De manière incidente, leurs pouvoirs se sont vus renforcés à la faveur de la promotion de la sincérité en matière budgétaire. L'on peut s'en rendre compte à travers les juges constitutionnels et des comptes.

D'une part, le caractère constitutionnel de la sincérité budgétaire apparait à la lecture d'un certain nombre de dispositions de la loi n°2004/004 du 21 avril 2004 portant organisation et fonctionnement du Conseil constitutionnel. C'est le cas des articles 19[106] et 32[107]. Le Conseil Constitutionnel a effectivement reçu compétence en vue d'assurer la sincérité du projet de loi de finances. Si la mise en œuvre de cette dernière n'est pas suffisamment visible au Cameroun, l'on peut regarder à la pratique de son homologue français pour s'en faire une idée. Ce dernier révèle que dès l'introduction du recours en contestation de la recevabilité des projets de loi de finances, « *la date d'appréciation est celle du dépôt du projet de texte. Le Conseil Constitutionnel tient compte des aléas inhérents aux prévisions économiques. Le Conseil constitutionnel recherche si le Gouvernement a eu l'intention ou non de fausser les grandes lignes de l'équilibre. On mesure d'ores et déjà que la censure sera difficile. Le grief ne sera pas retenu en cas d'erreurs matérielles involontaires ayant une incidence financière limitée* ». En somme, le juge constitutionnel opère un contrôle dont la finalité est de corriger les erreurs manifestes d'appréciation.

D'autre part, les attributions du juge des comptes de la Cour Suprême ont connu une extension du fait de l'avènement de la programmation budgétaire. Désormais, il s'intéresse davantage à l'appréciation de l'efficacité, de l'efficience voire de l'économie des politiques publiques ainsi qu'à la certification des comptes de l'État[108]. C'est ce que confirment les articles 125 alinéa 3 du décret

---

[106] « (1) Conformément à l'article 47 (2) et (3) de la Constitution, le président de la République, le président de l'Assemblée nationale, le président du Sénat, un tiers des députés ou un tiers des sénateurs, les présidents des exécutifs régionaux lorsque les intérêts de leur région sont en cause, peuvent saisir le Conseil constitutionnel par simple requête datée et signée du requérant pour le contrôle de constitutionnalité des lois en instance de promulgation. (2) Cette requête doit être motivée et comporter un exposé des moyens de fait et de droit qui la fondent. (3) Avis de la saisine est donné sans délai par le Conseil constitutionnel au président de la République, ainsi qu'aux présidents des chambres du Parlement. Ceux-ci en informent les membres de leur chambre et des organes en question. (4) Le Conseil constitutionnel doit se prononcer dans un délai de quinze (15) jours. Toutefois, à la demande du président de la République, ce délai peut être ramené à huit (08) jours. (5) Il peut, en vertu de l'article 46 de la Constitution, se prononcer sur l'ensemble de la loi déférée tant sur son contenu que sur la procédure d'élaboration. (6) Lorsque le Conseil constitutionnel soulève d'office un moyen d'ordre public, l'autorité de saisine doit en être informée. (7) La saisine du Conseil constitutionnel par le président de la République ne fait pas obstacle à sa saisine par les autres autorités habilitées et inversement ».

[107] « La saisine du Conseil constitutionnel dans tous les cas prévus aux articles 18 (3) b et 23 (3) b de la Constitution, suspend immédiatement la discussion du texte de loi litigieux ».

[108] Il s'agit d'une opération qui vise à attester la régularité et la sincérité des comptes de l'Etat ainsi qu'à donner une image de son patrimoine et de sa situation financière. La certification peut encore être entendue comme une mission d'audit externe des comptes qui consiste à exprimer une opinion

portant règlement général de la comptabilité publique et 86 alinéa 3 de la loi de 2018 portant régime financier de l'État et des autres entités publiques[109]. Ceci est de nature à favoriser une assurance des autres acteurs majeurs du processus de la budgétisation en termes de fiabilité de la comptabilité générale notamment. La Chambre des Comptes a mené ses vérifications dans le cadre des dispositions de la loi n° 2003/005 du 21 avril 2003 fixant les attributions, l'organisation et le fonctionnement de la Chambre des Comptes de la Cour Suprême et de la loi n°2006/016 du 29 décembre 2006 fixant l'organisation et le fonctionnement de la Cour Suprême, et en se référant aux normes internationales généralement reconnues en matière d'audit des finances publiques, notamment les normes ISSAI.

Pour autant, il convient de reconnaitre que le principe de la sincérité budgétaire est assorti d'un certain nombre de bémols qui, en tant que tels, relativisent son effectivité.

B. Les limites de la sincérité budgétaire

Malgré la propension méliorative du principe de la sincérité budgétaire, sa mise en œuvre n'est pas toujours aisée. Au-delà de sa difficile application proprement dite (1), il semble impossible de sanctionner l'insincérité budgétaire (2).

1. La difficile application du principe de sincérité

Soutenir alors le caractère relatif du principe de sincérité reviendrait à le concevoir d'après le contexte et à considérer qu'il ne peut être affirmé sans restriction ni réserve[110]. En effet, le cursus étymologique, même raccourci, donne au concept une valeur significative puisque la cire servait aux anciens à se maquiller. On peut en déduire, dans une acception générale, que la sincérité sert à qualifier « *ce qui s'exprime avec vérité ou authenticité* ». Elle ne vaut que pour un comportement relevant de la bonne foi, c'est-à-dire « u*ne intention droite, sans ruse*[111]

---

sur la conformité des comptes par rapport au référentiel comptable qui leur est applicable. V. Directive n° 03/11-UEAC-195-CM-22 relative au plan comptable de l'État. Dans le rapport de la Cour des Comptes française sur la certification des comptes de l'Etat, exercice 2009, cette notion correspond à : « *une opinion écrite et motivée que formule, sous sa propre responsabilité, un organisme indépendant sur les comptes d'une entité. Elle consiste à collecter les éléments nécessaires à l'obtention d'une assurance raisonnable sur la conformité des états financiers, dans tous leurs aspects significatifs, à un ensemble de règles et de principes* ».

[109]La Chambre des Comptes : *« a pour mission de certifier la régularité ; la sincérité et la fidélité du compte général de l'Etat ; de juger les ordonnateurs, les contrôleurs financiers et les comptables publics dans les conditions prévues aux articles 87 et 88 ci-dessous* ».

[110] Voir LALANDE (A), *Vocabulaire technique et critique de la philosophie*, Paris, Quadrige, 2013, p. 910. Le terme "relativité" est également utilisé dans d'autres sciences, notamment en physique où l'expression "théorie de la relativité" renvoie à deux théories complémentaires d'Albert Einstein. Louis-Marie MORFAUX, Vocabulaire de la philosophie et des sciences humaines, Paris, Armand Colin, 1980, p. 313

[111] Le nouveau Littré, Le dictionnaire de référence de la Langue française, Paris, Garnier, 2004, p. 1302

». Ce qui implique une appréciation de l'intention de son auteur, ou du moins de sa conduite. Du point de vue juridique, la notion de sincérité est largement connue dans l'univers du droit des sociétés. Par la suite, elle est consacrée en droit des collectivités locales avant d'être accueillie, avec subtilité et prudence, dans le cadre du budget de l'État par la jurisprudence. Ainsi qu'il ressort de la jurisprudence du Conseil constitutionnel français, la sincérité des comptes publics s'apprécie au regard de l'absence d'intention de fausser les grandes lignes de l'équilibre déterminé par la loi de finances. Il s'entend également de l'exactitude des comptes dans la loi de règlement[112].
D'une manière générale, cette application difficile peut être liée à des prédispositions voire attitudes peu fiables ou non recommandables en vigueur dans notre contexte. Au-delà des limites consubstantielles à la sincérité budgétaire, cela peut s'observer dans la gestion des fonds publics au Cameroun.

La définition approximative de la sincérité ne facilite pas sa mise en œuvre. Il n'est pas surprenant que cet état des choses induise en erreur les justiciables, ainsi qu'en témoignent les Décisions du Conseil Constitutionnel français n° 2001-453 DC du 18 décembre 2001 à propos de la loi de financement de la sécurité sociale et n° 2001-456 DC du 27 décembre 2001 relative à la loi de finances 2002. Relativement à l'affaire ayant donné lieu à cette dernière décision, les demandeurs avaient trois prétentions. Tout d'abord, ils estimaient que le niveau des recettes fiscales serait « *manifestement surévalué* » du fait d'une estimation trop optimiste de la croissance économique. Ensuite, ils soutenaient également que le déficit budgétaire prévu serait « *manifestement erroné* », notamment du fait que ne seraient pas pris en compte les crédits destinés à couvrir des engagements nouveaux annoncés par le gouvernement. Finalement, ils estimaient que les dispositions du tableau d'équilibre auraient été « *manifestement erronées* ».
La gestion de l'argent public au Cameroun est émaillée de nombreuses prévarications de la part de certains gestionnaires publics. Un nombre assez important de décisions de justice en offre une illustration éloquente[113].Pour y remédier ou à tout le moins dissuader cette forme de criminalité, le Cameroun a

---

[112] GILLES (W), Les principes budgétaires et comptables publics, Paris, LGDJ, 2009, p. 28. La définition de l'auteur est logique car la notion de "principe", isolément considérée, renvoie à une « règle juridique établie par un texte en termes généraux destinée à inspirer diverses applications et s'imposant avec une autorité supérieure ».CORNU (G), Vocabulaire juridique, Paris, Quadrige/PUF, 2016, p. 806.
[113]CfArrêt n°001/CRIM/TCS du 21 novembre 2012. Affaire MP et Etat du Cameroun (CAMTEL) contre DJIBRIL TRAORE. Arrêt n°002/CRIM/TCS du 31 janvier 2013. Affaire MP et Etat du Cameroun (Cameroon Civil Aviation Authority) contre NTONGO ONGUENE Roger et FOTSO Yves Michel. Arrêt n°003/CRIM/TCS du 14 février 2013. Affaire MP et MINFI) contre NJABA Martin. Arrêt n°004/CRIM/TCS du 26 février 2013. Affaire MP contre MBA OTYE Etienne, NGOUONGO Célestin. Arrêt n°005/CRIM/TCS du 07 mars 2013. Affaire MP et Caisse de Stabilisation des Prix des Hydrocarbures (CSPH) contre NGUE NLEND Flaubert Stève et ONANA MVOGO Abdon. Arrêt n°007/CRIM/TCS du 05 avril 2013. Affaire MP et Ministère de la Justice contre TIKELA Née FANTA Elisabeth Marie et AKONO OUSMANOU Francis. Arrêt n°10/CRIM/TCS du 17 mai 2013. Aff MP et Etat du Cameroun (MINFOPRA) c/ FOMEKONG Josué et autres.

dû renforcer son dispositif répressif en créant de nouveaux textes et organismes à caractère administratif, juridictionnel voire quasi-juridictionnel[114].

2. L'apparente impossibilité de sanctionner l'insincérité budgétaire

L'insincérité dans la gestion des deniers publics est difficile à sanctionner sur la base de plusieurs fondements. De prime abord, il est admis que si le Conseil constitutionnel juge un budget « insincère », il peut l'invalider. Mais dans la pratique hexagonale cette invalidation n'a jamais été faite[115]. Le Conseil est toujours très prudent car la prévision de croissance est très aléatoire. Elle dépend de multiples facteurs, propres à l'économie du pays, mais aussi à la situation politique et économique mondiale. Il n'est donc pas évident de dire de manière péremptoire que le Gouvernement en général, ses agents préposés au maniement des deniers publics en particulier ont agi volontairement. La responsabilité des uns et des autres est ardue à mettre en jeu dans cette hypothèse parce que le fait intentionnel qui constitue le socle de l'insincérité est revêtu d'une complexité quant à sa démonstration.

Reconnaissons avec le Professeur Jean-Luc ALBERT que « *Le juge financier français, ici pris dans son acception étroite, c'est-à-dire la Cour des comptes, la Cour de discipline budgétaire et financière et les chambres territoriales et régionales des comptes, n'est qu'indirectement impliqué dans le respect de la sincérité budgétaire. Son rôle est nettement plus significatif sur le terrain de la sincérité comptable* »[116]. En effet, concernant spécifiquement la Cour des comptes lorsqu'elle qualifie les prévisions budgétaires ou les informations de la loi de règlement d'« *insincères* », son avis n'a aucune conséquence juridique[117]. Mais, il peut toutefois agiter la sphère politico-médiatique et peut avoir éventuellement des conséquences sur les décisions qui seront prises à l'avenir[118]. A contrario, dans sa phase comptable, l'exigence de sincérité impose l'exactitude des comptes de l'État, ce qui peut être vérifié avec plus de précision que le principe de sincérité budgétaire. Le respect de ce principe relève d'une obligation de résultat. On ne tolère aucune erreur, le contrôle par la cour de comptes ne concerne plus une erreur manifeste mais l'erreur simple. Ce respect de la sincérité apparaît lors du contrôle de la loi de règlement.

---

[114] A titre non exhaustif, il s'agit de la Commission Nationale Anti-corruption régie par le décret n° 06/088 du 11 mars 2006, l'Agence Nationale d'Investigation Financière organisée par le décret n°2005/187 du 31 mai 2009, le Contrôle Supérieur de l'Etat sous l'empire du décret n° 2005/374 du 11 octobre 2005, l'Agence Nationale de Régulation des Marchés Public, la Chambre des Comptes de la Cour Suprême (CCCS), le Conseil de Discipline Budgétaire et Financier, le Tribunal criminel spécial créé par la loi n°2011/028 du 14 décembre 2011 portant création et organisation d'un tribunal criminel spécial, et le paragraphe 5 de l'article 184 de la loi n°2016/007 du 12 juillet 2016 portant Code Pénal, qui réprime le détournement des biens publics .

[115] Une fois, en 1997, le Conseil constitutionnel a jugé des prévisions budgétaires «insincères». Mais il n'en n'a jamais tiré de conséquences.

[116] ALBERT (J-L), « La sincérité devant le juge financier », in *RFFP*- N°111, p. 105, 2010, p. 105.

[117] *Ibid.*

[118] Voir les raisons qui ont poussé à l'activation de la procédure d'impeachment ayant abouti à la destitution de la Présidente brésilienne Madame Dilma ROUSSEF.

Au Cameroun la loi n°2018/012 portant régime financier de l'État et des autres entités publiques donne la possibilité à la Chambre des comptes de la Cour Suprême de prononcer des sanctions à l'encontre de tout agent public préposé au maniement des ressources publiques[119]. En disséquant la caractérisation qui est faite sur la faute de gestion, on se rend bien compte que le périmètre des sanctions s'étendent aussi bien sur des actes prévisionnels que sur ceux exécutés[120]. Ainsi, serait sanctionné d'une amende fixée par la Chambre des comptes, tout agent public rendu coupable de « *l'imprévoyance caractérisée résultant de la consommation des crédits pour des dépenses d'intérêt secondaire au détriment des dépenses indispensables et prioritaires du service (…) la mise en œuvre des moyens manifestement disproportionnés ou inadaptés aux objectifs poursuivis par le service* ». Il faut souligner que ces sanctions interviennent à la suite des contrôles effectués en cours d'exercice ou à postériori de l'exécution des budgets publics. Son implication dans le contrôle de la sincérité budgétaire à proprement parlé n'est que la résultante d'un appel à contribution actionner soit par le Gouvernement, soit par le Parlement[121]. Par conséquent, les conclusions de cette vérification ne sont que des avis. Plus simplement, l'immixtion de la Chambre des Comptes dans le processus d'élaboration de la loi de finances de l'année n'est qu'à titre consultatif, ne produisant aucun effet juridique direct.

En finances publiques des Etats de la CEMAC, la sincérité, tant en prévision qu'en exécution, est un concept consacre, mais n'a pas un caractère suffisamment opératoire. Malgré les évidences, la compréhension du principe de sincérité n'est pas une donnée immédiate de la conscience. Elle n'est qu'une donnée construite de la pensée. C'est un concept en construction. Sous cet angle de vue, la sincérité connaît un problème de vocabulaire et un problème de statut, tenant non seulement à la force juridique mais également à la portée pratique.

Le caractère globalement inopérant des mécanismes de contrôle parlementaire et juridictionnel des finances publiques fragilise aussi l'application du principe de sincérité. Avec une vue frappante, les institutions par lesquelles le contrôle des finances publiques trouve sa raison d'être font état d'une inefficacité dans le contrôle de la sincérité budgétaire et comptable. Néanmoins, il convient d'admettre que « *s'il est […] illusoire de faire jouer au principe de sincérité un rôle d'arme absolue, consistant à en faire un instrument de mesure de la soutenabilité budgétaire, son invocation fait cependant progresser la présentation sincère des lois de finances*». Pourvu que cette invocation soit convenablement éclairée. Il nous reste à faire état du principe de la transparence budgétaire[122].

Section II. L'introduction de la transparence budgétaire

119 Voir article 86 alinéa 3 de la Loi portant régime financier de l'Etat et des autres entités publics.

120 Voir article 88 de la Loi portant régime financier de l'Etat et des autres entités publics.

121 Voir article 86 alinéa 4…

122 CAMBY (J.P), « Pour le principe de sincérité budgétaire », », op. cit., p. 159

La performance dans les administrations est une idée neuve, car à force d'avoir privilégié la vision économique du budget, et d'en justifier la modulation par les considérations de politique conjoncturelle, les Etats d'Afrique centrale avaient presque perdu de vue qu'ils étaient d'abord un mode d'allocation de ressources pour faire fonctionner un énorme appareil destiné à produire des services à la population. Les résultats attendus sont tributaires des modes d'organisation des administrations, de la déontologie de ses agents et du contrôle des élus, des juridictions compétentes ou des administrations elles-mêmes. Le régime financier n'ayant pas visiblement été conçu pour parvenir aux résultats. Le principe de transparence sera ainsi recommandé à travers la directive CEMAC précitée.

Ainsi, il est important, dans un premier temps, de s'atteler sur l'articulation de la notion (I) et, dans un second temps, les incidences auxquelles elle donne lieu (II).

I. L'articulation de la transparence budgétaire

La transparence des finances publiques sera consacrée à l'issue de la Révolution française de 1789 à la faveur des articles 14 et 15 de la Déclaration des Droits de l'Homme et du Citoyen qui reconnaissent aux citoyens ainsi qu'à leurs représentants, un droit de regard sur l'impôt et son utilisation. L'idée était de rompre avec la pratique qui avait cours dans la gestion des affaires publiques notamment en France[123]. Pour le dire simplement, elle était essentiellement marquée du sceau du secret.

La mise en œuvre du principe de transparence budgétaire a connu du succès dans la plupart des Etats à travers le monde y compris dans les pays de la CEMAC. Elle joue un rôle fondamental non seulement dans la phase préparatoire (A) mais aussi dans celle relative à l'exécution du budget (B).

A. La transparence dans la phase préparatoire du budget

De la procédure budgétaire, ressortent deux acteurs majeurs. L'exécutif et le législatif. Le premier agit en amont dans la préparation de projet budgétaire, et le second en aval au moment de l'adoption de la loi des finances.

L'élaboration des lois de finances s'effectue sur la base d'un calendrier et des modalités fixées par voie réglementaire, telles sont les dispositions de l'article 55 alinéa 2 de la loi de 2018 portant régime financier de l'État. Elle est initiée par le Président de la République par le biais d'une circulaire, coordonnée par le Premier Ministre chef du Gouvernement, et conduite concrètement par le Ministre des

---

[123] Dans le but de montrer la forte présence du secret sous l'ancien régime français, Camille DESMOULINS déclare : « *La monarchie fait tout dans le cabinet, dans des conseils et par le seul décret ; la République, tout à la tribune, en présence du peuple et par la publicité, par ce Marat appelait faire un grand spectacle. Dans les monarchies, la base du gouvernement est le mensonge, tromper est tout le secret de l'Etat ; la politique des républiques, c'est la vérité* ». Cf. DESMOULINS. (C), « Le vieux Cordelier », N° 7, Ed. Pierre Pachet, 1987, pp. 497-498. Cité par FILLION. (S), « Du secret à la transparence : pour un Etat plus proche des citoyens », Mémoire de Master, Institut d'Etudes politiques de Lyon, 2006, p. 8.

finances. Le caractère fondamental de cette étape a poussé les pouvoirs publics à scrupuleusement l'encadrer notamment à travers l'information financière (1) et la clarification des objectifs budgétaires (2).

1. L'information financière

Le calendrier parlementaire au Cameroun institue trois sessions parlementaires d'une durée d'un mois chacune en juin, novembre et mars. Traditionnellement, la dernière session de l'année qui se tient au mois de novembre est consacrée au vote et à l'adoption du budget. Les travaux de cette session aboutissent très peu à la création de règles nouvelles.

Le principe de la transparence financière implique de prime à bord la disponibilité et la communication d'une information financière à la fois complète, pertinente et fiable de la situation et des résultats financiers des administrations publiques. Elle impose davantage que les budgets et les projections financières qui leur servent de base doivent énoncer clairement les objectifs budgétaires et politiques visées de l'administration centrale et contenir des projections exhaustives, actuelles et crédibles de l'évolution des finances publiques. Plus spécifiquement, les prévisions financières et les budgets doivent offrir une vision complète des perspectives des finances publiques. Elles doivent de ce fait, présenter d'une manière qui favorise l'analyse évidente des politiques et la reddition de comptes.

L'article 27 de la loi portant code de transparence et de bonne gouvernance dans la gestion des finances publiques au Cameroun ajoute que : « *Les données financières sont présentées sur une base brute, en distinguant les recettes, les dépenses et les opérations de financement et de trésorerie. Les dépenses de fonctionnement et d'investissement sont réunies dans un même budget et la procédure de préparation et d'adoption est unique et commune à ces deux catégories de dépenses* ». De plus, obligation est faite de décrire les mesures de dépenses et de recettes en précisant leur contribution aux politiques économiques et de leur cohérence avec chacune des grandes politiques publiques arrêtées par les pouvoirs publics[124]. Il faut également dire qu'en élaborant les lois de finances, les autorités publiques compétentes et concernées se doivent de respecter la stabilité et la clarté de la nomenclature préétablie afin de déterminer avec aisance « *l'autorité responsable de la gestion du crédit, la nature économique de la dépense et la politique publique à laquelle elle contribue* »[125]. Dans le même sillage, lors de la présentation des budgets annuels, dois absolument apparaître de façon détaillée et justifiée, le produit de toutes les sources de recettes. Au Gabon, l'article 2 prescrit la bonne gouvernance dans la loi organique. Plus précisément, elle dispose : « *Au sens de la présente loi, on entend par : bonne gouvernance, la gestion qui consiste à utiliser les finances publiques dans l'intérêt général conformément aux choix et aux actions de développement opérés et aux objectifs à atteindre. Il convient*

[124] Cf. article 29 de la loi de 2018 portant code de transparence et de bonne gouvernance dans la gestion des finances publiques au Cameroun.
[125] Cf. article 30 de la loi ci-dessus.

en outre de noter avec insistance que tout errements, toutes incongruités contenues dans les documents budgétaires présentés au Parlement doivent être accompagnés de justificatifs[126] ».

2. La clarification des objectifs budgétaires et la présentation crédible de l'évolution des finances publiques

Le principe de transparence des finances publiques impose que les budgets et les projections financières qui leur servent de base doivent énoncer clairement les objectifs budgétaires et politiques visées de l'administration centrale et contenir des projections exhaustives, actuelles et crédibles de l'évolution des finances publiques. Plus spécifiquement, les prévisions financières et les budgets doivent offrir une vision complète des perspectives des finances publiques. Elles doivent de ce fait, être présentées d'une manière qui favorise l'analyse évidente des politiques et la reddition de comptes.

En République centrafricaine par exemple, l'article 14 de la loi n°17-023 du 21 décembre 2017 portant code de transparence et de bonne gouvernance dans la gestion des finances prévoit des dispositions qui concernent implicitement le débat d'orientation budgétaire notamment la nécessité d'élaborer un cadrage macroéconomique et un cadrage budgétaire, la nature des informations budgétaires à communiquer au Parlement la publication du calendrier budgétaire.

L'article 36 de la loi de 2018 relatif au code de transparence et de bonne gouvernance dans la gestion des finances publiques au Cameroun consacre l'obligation pour les pouvoirs publics de présenter un rapport à mi-parcours résumant l'évolution de la situation macroéconomique et financière depuis le dernier budget, ainsi que les projections macroéconomiques et financières pour la préparation du budget à venir. Dans le même sillage, l'article 48 de la loi sus évoquée astreint l'administration à mettre à la disposition de tous les citoyens une synthèse claire, accessible et utile des résultats budgétaires et des perspectives économiques ainsi que des effets que les politiques financières ont sur la répartition du revenu.

B. La transparence dans l'exécution du budget

En matière d'exécution du budget, il convient de distinguer la transparence dans l'exécution proprement dite du contrôle transparent. Concernant l'exécution proprement dite des lois de finances, au-delà des règles édictées par les nombreux textes juridiques y relatifs, il y a le règlement général de la comptabilité publique du 07 juillet 2020 ou la loi de 2018 organisant le régime

[126] Loi n°021/2014 du 30 janvier 2015 relative à la transparence et à la bonne gouvernance dans la gestion des finances publique au Gabon.

financier de l'État et des autres entités publiques[127], le principe de transparence des finances publiques intègrent plusieurs exigences pour améliorer la gestion financière publique camerounaise. On peut l'observer par le canevas de ses articles 35 à 39. Ces dispositions font savoir que chaque étape du processus de gestion des finances publiques est clairement déterminée, sans confusion, ni duplication. De même, ils ajoutent que les ressources et les charges relatives aux budgets des administrations publiques sont usuellement comptabilisées dans le respect des principes, règles et pratiques comptables internationalement reconnus. Ces orientations placent l'exécution des lois de finances sur de bons rails, permettant ainsi d'améliorer considérablement le processus de mise en application des lois de finances. L'action des parlementaires dans le contrôle de l'exécution du budget est loin d'apparaître comme satisfaisante.

D'emblée, au Cameroun, il faut signaler que l'ordonnance de 1962 et les différentes lois de finances prises en application de ses principes n'a pas organisé l'information du parlement de façon optimale. Les rapports économiques et financiers qui généralement sont en annexe du projet de loi de finances sont insuffisants pour garantir l'information exhaustive à l'ensemble des députés. Par ailleurs, la loi de règlement est adoptée de façon lapidaire, ce qui fait dire que c'est un exercice de pure forme, renforcé par le fait majoritaire et la discipline du parti. Relativement au contrôle de l'exécution des lois de finances, l'article 40 de la loi de 2018 portant code de transparence et de bonne gouvernance dans la gestion des finances publiques au Cameroun dispose que : « *Toutes les opérations relatives aux recettes, aux dépenses et au financement des budgets des administrations publiques doivent être soumises à un contrôle politique, juridictionnel et administratif* ». Sur la base de ces dispositions, on constate que l'exigence de transparence construite et posée par le principe confère de la substance pour mieux évaluer les politiques publiques mises en place par l'exécutif, aux institutions telles que le Parlement, les assemblées délibérantes, les juridictions des comptes ou les structures d'audit et de contrôle de l'administration. Durant le déroulement de ces différents contrôles, la publication des rapports est requise dans l'optique d'avoir une véritable transparence[128].

I. L'incidence de la transparence budgétaire

Depuis l'avènement de la gestion axée sur les résultats avec son cheval de proue qu'est le budget programme, des mutations profondes ont été introduites dans la perspective de changer de paradigme dans la gouvernance des finances publiques dans le monde et principalement en droit communautaire. En sus de

[127]Délibérément on fait le choix de ne pas entrer dans les méandres de l'exécution proprement dite des lois de finances. Ce qu'il est nécessaire de savoir dans cette orientation est qu'elle est largement développé dans les articles 62 à 78 de la loi de 2018 portant régime financier de l'Etat et des autres entités publiques.

[128]Cf. articles 42 et 47 de la Loi portant code de transparence et de bonne gouvernance dans la gestion des finances publiques au Cameroun.

la bonne gouvernance globale (B), la transparence financière instaure et promeut davantage une bonne gestion des finances publiques (A).

A. La bonne gestion des finances publiques

La bonne gestion se traduit notamment dans la communication, l'analyse et la gestion des risques financiers d'une part et l'harmonisation de la coordination du processus budgétaire d'autre part.

Le principe de transparence contraint les pouvoirs publics à analyser et gérer les risques qui pèsent sur les finances publiques et assurer une coordination effective du processus décisionnel dans l'ensemble du secteur public.

Cependant, si l'on veut rester scotcher à la loi de 2018 portant code de transparence et de bonne gouvernance dans la gestion des finances publiques au Cameroun, tout en s'assurant du respect des dispositions internationales en la matière, on peut admettre une autre grille de lecture du principe de transparence des finances publiques. À la suite d'une étude minutieuse des mécanismes de gestion des finances publiques camerounaises, il ressort que ledit principe suppose : une définition claire des attributions et des responsabilités[129] ; un processus budgétaire ouvert, clair et performant[130] ; un accès vraiment conséquent du public à l'information[131]; et une garantie d'intégrité[132].

Ainsi, le principe de transparence des finances publiques au Cameroun donne naissance à des garanties certaines, assurant une gestion méliorative des ressources publiques. On note donc qu'à travers ce principe, obligation est faite au Gouvernement d'informer et de rendre compte des politiques publiques mises sur pied tout au long du processus financier public.

Par ailleurs, le principe de transparence des finances publiques favorise : un débat public mieux structuré; des politiques publiques plus durables et de meilleure qualité ; l'identification précoce des risques; la réduction des risques de crises ; la création de la confiance ; une meilleure appréhension des attentes ; l'élargissement de l'horizon politique ; l'amélioration de l'accès aux marchés internationaux de capitaux ; l'attrait des investisseurs ; le soutien des bailleurs de fonds ; ainsi que l'éducation des citoyens[133].

Appliquée dans le domaine camerounais, on peut la voir par le biais du contenu de la loi de 2018 portant code de transparence et de bonne gouvernance dans la gestion des finances publiques au Cameroun. Son article 11 prévoit que la répartition des compétences, des charges et des ressources publiques entre les différents niveaux d'administration publique, ainsi que les relations financières qu'ils entretiennent entre eux, soient clairement définies et fassent régulièrement l'objet d'une information globale, claire et cohérente. Les détails apportant plus

---

[129]Cf. Chapitre III de la loi de 2018 portant code de transparence et de bonne gouvernance dans la gestion des finances publiques au Cameroun.

[130]CfChapitre V et VI.

[131]Cf. Chapitre VIII.

[132]Cf. Chapitre IX.

[133] Manuel sur la transparence des finances publiques, FMI, 2007, pp. 18 et s.

de précision sur les attributions respectives de chaque organe public sont contenus dans les dispositions des articles 12 à 19 de la loi sus évoquée[134].
L'analyse de ces dispositions fait savoir que les divers organes publics retrouvés dans la gestion des finances publiques rendent compte respectivement selon les orientations légales. Sur cette base, le Parlement est responsable devant le peuple. Le Gouvernement quant à lui l'est devant le Parlement avec l'assistance des juridictions compétentes pour statuer sur les litiges et les contentieux en matière de recettes fiscales et non fiscales, en matière de dépenses, de financement, de gestion domaniale, de marchés publics et de délégation de service public.
Il est indéniable que cette règle, d'une importance capitale en matière financière, s'infiltre profondément dans les arcanes de la gouvernance globale.

B. La bonne gouvernance globale

Considérée comme un moyen d'action, la transparence des finances publiques « *constitue un levier fondamental* »[135] pour la nouvelle gestion financière publique. Cette dernière s'entend comme un ensemble de mécanismes de la sphère privée, transposé dans la gouvernance financière publique afin de l'inscrire dans une logique caractérisée par un rendement optimal. En règle générale, il est admis que « *le nouveau management public peut s'envisager à la fois sous les angles macro et microéconomiques* »[136]. En outre, il est une certitude que « *toute activité publique, ou privée, doit prouver en tout état de cause sa capacité innovatrice et managériale* »[137]. Par conséquent, il est indéniable que la responsabilisation accrue et la gestion transparente des finances publiques favoriseraient l'efficacité de l'action des pouvoirs publics. Ceci rejoint les déclarations de Michel BOUVIER : « *la bonne*

---

[135] AUDRIA. Raphael, « New Public Management et Transparence : essai de déconstruction d'un mythe actuel », Thèse n° 567 présentée à la Faculté des Sciences économiques et sociales de Genève en 2004 par R. Audria pour l'obtention du grade de Docteur ès sciences économiques et sociales. Voir plus spécialement p. 243 à 249. Cité par PIRAUX. (A), « Transparence dans le service public, une exigence plus opaque qu'il n'y paraît », Barricade, Octobre 2013, p. 3.
[136]Cf. English (L) and Skellern (M)., (2005), "Editorial of the Special Issue on the Public-Private Partnerships", International Journal of Public Policy, volume 1, n° 1-2, pp. 1-21. «Dans ce contexte, le point de vue macroéconomique concerne le fonctionnement global de l'action publique et ses dimensions budgétaires, tandis que le point de vue microéconomique porte sur l'évaluation d'un contrat public donné ou d'un service précis de l'administration. Dans son acception macroéconomique, il s'agit d'appliquer les prescriptions issues de la nouvelle économique publique (en l'occurrence la théorie des incitations) au fonctionnement de l'État et des différentes administrations publiques afin d'assurer un bon usage des deniers publics. Dans son aspect microéconomique, le nouveau management public conduit à l'adoption au sein des administrations publiques d'outils de management issus des entreprises privées, notamment en matière de contrôle et d'incitation à la performance ». Cité par MARTY. (F) « Le nouveau management public et la transformation des compétences dans la sphère Publique », in Laurence Solis-Potvin. Vers un modèle européen de fonction publique?, Bruylant, 2011, p. 7.
[137] DAMAJ. KAMAR, *La transformation des organisations publiques au Liban et son impact sur leurs performances, en lien avec la satisfaction des usagers*, Thèse de doctorat en sciences de gestion, Ecole doctorale ABBE Grégoire, 2013, p. 83.

gestion et la bonne politique ne se pratiquent bien que dans la clarté »[138]. « *Par « gouvernance », on entend généralement l'action de piloter, de diriger et de gouverner les affaires d'une organisation. Cette dernière peut être un pays, un groupe de pays, une région, une collectivité territoriale ou une entreprise publique ou privée. La gouvernance met l'accent sur les formes de coordination, de concertation, de participation et de transparence dans la décision. Elle favorise le partenariat des acteurs et la convergence des intérêts*»[139]. La gouvernance devient visiblement bonne lorsqu'elle intègre certains paramètres qui permettent de garantir de bons résultats. Alta FOLSCHER et Emilie GAY soutiennent que « *l'importance de la transparence des finances publiques en tant que pierre angulaire de la bonne gouvernance publique est reconnue depuis longtemps. Dès l'antiquité, la ville d'Athènes exigeait le contrôle civil des biens publics et des revenus de toutes les personnalités publiques* »[140]. Ils ajoutent que « *le lien entre la disponibilité des informations sur les actions du gouvernement et la gouvernance démocratique est largement reconnu. Vers la fin des années 1990, la perception du rôle des activités budgétaires douteuses et du risque budgétaire dans la crise asiatique, a contribué à faire de la transparence des finances publiques une préoccupation d'intérêt public* »[141].

Ainsi, la paternité de la notion de bonne gouvernance revient aux institutions de BrettonWoods. Ceci s'est produit à la suite du constat selon lequel il n'était pas possible de résoudre l'ensemble des problèmes des pays en voie de développement par des réformes économiques, mais qu'il convenait de redonner aux questions publiques et sociales leur place dans les stratégies de développement[142]. Un volet « *bonne gouvernance* » a donc été introduit dans les programmes des organismes internationaux de financement, notamment d'ajustement structurel, préconisant des réformes institutionnelles et la nécessité d'un service public efficace pour rendre opérants les marchés et le développement économiques[143].

1. La clarté dans les processus et procédés

La loi n° 2018/012 portant code de transparence et de bonne gouvernance contribue à la clarification des rôles impartis aux différents acteurs de la budgétisation. Le Gouvernement prépare et exécute les lois de finances, le Parlement autorise les recettes et les dépenses et en contrôle la réalisation tandis

---

138BOUVIER. (M), Editorial, « Le citoyen, la nouvelle gouvernance financière publique et la transparence budgétaire », RFFP n° 96, 2006, p. 3. Cité par SY. Aboubakry, *op. cit*, p. 151.
139 BOUTALEB. (K), « Démocratie, État de droit et bonne gouvernance en Afrique : le cas de l'Algérie », Actes du colloque international de Ouagadougou, Novembre 2013, p. 19.
140 FOLSCHER. (A) et GAY. (E), *op. cit*, p. 8.
141*Ibid.*
142BOUTALEB. (K), *op. cit*, p. 20.
143 Voir Dossier documentaire « Sommet mondial sur le développement durable », Johannesburg, 2002-fiche n°10. Cité par BOUTALEB. (K), « Démocratie, État de droit et bonne gouvernance en Afrique : le cas de l'Algérie », Actes du colloque international de Ouagadougou, Novembre 2013, p. 19.

que la Cour des comptes vérifie la conformité de ces réalisations à la réglementation en vigueur.

En principe, le Parlement devrait être un acteur essentiel dans le processus budgétaire et dans la définition des politiques publiques, car les parlementaires remontent les préférences des citoyens, adoptent les lois qui régissent la société et procèdent au contrôle de l'action du Gouvernement. Quant à la Cour des comptes, elle a pour mission d'assurer le contrôle supérieur de l'exécution des lois de finances, de veiller à la transparence et à la reddition des comptes de l'État, et des autres entités publiques. En scrutant la réalité camerounaise, on se rend bien compte que cette structuration semble être théorique. Dans les faits, on note une grande distance entre ce qui est prévu et la pratique.

L'adoption et la mise en application du principe de transparence des finances publiques au Cameroun vient restituer et consolider cette organisation en clarifiant le rôle de tout un chacun en matière financière. Ainsi, grâce à cette transparence, on fait face à un rééquilibrage des pouvoirs au sein de l'État. Au Gabon, la transparence prescrite dans la gestion des finances publiques renvoie à la publicité qui doit entourer les opérations financières de l'Etat, de la préparation à l'exécution jusqu'au contrôle du Parlement. Elle englobe également la production des rapports et les points de presse conformément à l'article 2 de la loi n°021/2014 du 30 janvier 2015 relative à la transparence et à la bonne gouvernance dans la gestion des finances publiques.

De surcroît, le principe de transparence oblige de manière duale les agents préposés au maniement de l'argent public à s'inscrire dans une gestion performante. D'une part, il offre une immense clarté quant aux attributions dévolues aux acteurs de la chaine de dépense et de recette. De la sorte, par le canevas de la transparence, les ordonnateurs, les comptables publics, les contrôleurs financiers et les gestionnaires d'avance, chacun joue respectivement sa partition, sans risque d'entraver le travail de l'autre. Grâce au principe de transparence des finances publiques, il est donc établi une relation harmonieuse entre ces organes. D'autre part, la transparence permet aux acteurs de la performance de mieux accomplir les tâches qui leur sont assignées. Il s'agit ici des responsables du pilotage, de la gestion et du suivi de la performance au niveau du programme. Concrètement on a : le responsable de programme, le responsable d'action, le responsable d'unité administrative et le responsable d'activité[144].

2. La prise en compte de toutes les strates de la société

Dans cette partie, il est délibérément choisi de s'appesantir sur les citoyens qui constituent le socle de toute organisation étatique ou non. En effet, avec la multiplication des systèmes démocratiques officiels, l'attention se porte de plus en plus sur les responsabilités de l'État envers ses citoyens d'une part, mais

144 MINFI, « Manuel de pilotage et d'exécution du budget programme », Janvier 2013, p. 11.

surtout sur le rôle des citoyens dans les processus décisionnels d'autre part, notamment dans le processus de gestion des finances publiques[145].

La transparence constitue un instrument essentiel au service des citoyens. Au nom de l'exigence de transparence érigée en principe, ces derniers doivent avoir toutes les informations requises sur les processus et mécanismes de gestion de l'argent public. L'article 50 de la loi de 2018 portant code de transparence et de bonne gouvernance dans la gestion des finances publiques au Cameroun est clair là-dessus. Il dispose que « *L'ensemble des informations et documents relatifs aux finances publiques, tel qu'il découle de la présente loi, est publié par les institutions compétentes sur leur site internet dès qu'ils sont disponibles* ». L'article 56 ajoute que « *L'État (...) veille également au respect des droits des contribuables et à l'information régulière du public sur leurs activités* ». Le principe de transparence des finances publiques au Cameroun confère donc des droits aux Citoyens. Issu de la Déclaration des Droits de l'Homme et du Citoyen, repris par les lois portant régime financier de 2007 et 2018, il est consacré que l'établissement et le recouvrement de l'impôt est assujetti au consentement des citoyens. Or « *Le consentement à l'impôt c'est le cœur même de la démocratie, le cœur de la souveraineté : D'où l'importance de la participation active des citoyens, des organisations de la société civile (OSC), des organisations non-gouvernementales et du secteur privé dans le processus d'élaboration et de contrôle de la mise en œuvre du budget. Ils jouent en effet un rôle important dans l'élaboration des politiques publiques, en faisant valoir leurs besoins et leurs priorités à travers un dialogue constant avec les gouvernants* ».

Il a été consacré et mis à la disposition du citoyen de nombreux mécanismes lui permettant de participer à la gouvernance financière publique. On peut citer comme principaux moyens dont disposent les citoyens pour demander des comptes à l'État : l'élection, le référendum, la voie judiciaire et la voie administrative. Ces divers instruments et institutions permettent à la fois de demander des comptes à l'État, mais aussi d'améliorer son sens des responsabilités. Ainsi, les citoyens et autres détenteurs de droits peuvent exiger des pouvoirs publics qu'ils respectent leurs obligations via tout un éventail d'outils et de méthodes (autres que les élections) et le gouvernement peut répondre à de telles initiatives de ses administrés[146]. Il exerce dès lors leur prérogative de contrôle social. Bola BALOGOUN appréhende ce dernier comme cet ensemble de moyens et pratiques, formels ou informels, mis en œuvre au sein d'une société ou d'un groupe social, afin que ses membres agissent conformément aux règles ou au modèle en vigueur dans la perspective de garantir l'ordre social et un bon fonctionnement de la société[147]. Son efficience repose essentiellement sur l'effectivité réelle des notions telles que la redevabilité, la transparence et l'intégrité[148]. Concrètement, se servant de leur droit de regard sur

[145] PNUD, « Encourager la responsabilisation sociale : comment passer des principes à la pratique, Note d'orientation », Août 2010, p. 1.

[146] *Ibid.*

[147] BALOGOUN. (B), « Le contrôle citoyen de l'action publique, un outil d'aide à la gouvernance », Medium, N° 5, juin 2017, p. 1

[148] *Ibid.*

la gouvernance et les processus de développement des citoyens ou de la société civile, sont menées des actions tournées vers le contrôle de l'action. Plus simplement, il est question pour les citoyens et la société civile, de demander directement des comptes à ceux qui ont reçu mandat de les gouverner.

De plus, dans le but d'intégrer pleinement les citoyens dans le processus financier public, le législateur de 2018 oblige l'administration à prendre des mesures adéquates pour la publication des informations relatives à la gestion des finances publiques. Il spécifie que ces informations doivent être exhaustives, lisibles et compréhensibles[149]. De façon explicite, il enjoint à « *La presse, les partenaires sociaux et d'une manière générale tous les acteurs de la société civile* » à participer considérablement à la diffusion des informations, ainsi qu'au débat sur la gouvernance et la gestion des finances publiques[150]. L'article 49 de la loi citée ci-dessus, couronne la consécration du rôle des citoyens dans la gestion financière publique. Il dispose ainsi qu'un guide budgétaire synthétique est diffusé, à destination du grand public, à l'occasion du budget annuel pour décomposer les grandes masses des recettes et dépenses, ainsi que leur évolution d'une année à l'autre.

---

[149] Cf. article 47 de la loi de 2018 portant code de transparence et de bonne gouvernance dans la gestion des finances publiques au Cameroun.
[150] Cf. article 48.

TITRE II : L'AMELIORATION DES PROCEDURES BUDGETAIRES

Il est un fait incontestablement admis au sein des ordres juridiques : la « *communautarisation de nos institutions comme de nos politiques publiques* »[151]. Les ordres juridiques fragmentés en zone communautaire édictent des règles juridiques supra nationales[152]. L'aménagement des règles normatives n'est plus exclusivement le fait des sources formelles nationales. Les efforts consentis s'inscrivent dans le cadre de l'intégration sous régionale dont la démarche consiste « *à rendre progressivement plus compatibles les éléments composant l'ensemble et à faire converger de plus en plus ces projets vers un optimum pour l'ensemble* »[153]. L'une des déclinaisons des réformes du budget en zone CEMAC est l'amélioration des procédures budgétaires. S'inscrivant aux antipodes des procédures budgétaires orientées par la logique des moyens, elle introduit impérativement des réformes à la mise en œuvre du budget. Elle se décline en une procédure d'élaboration du budget axée sur la performance (*chapitre I*) et la performance dans l'exécution du budget dans cette partie des États de l'Afrique noire francophone (*chapitre II*).

---

151 JACQUE (J-P)., « Les communautarisations des politiques nationales », *Pouvoirs*, n°48, 1989, pp.29-38.

152 Voy J. MOUANGUE KOBILA ; L. DONFACK SOKENG., « La CEMAC : à la recherche d'une nouvelle dynamique de l'intégration en Afrique centrale », *Annuaire Africain de Droit International*, vol. 6, 1998, pp. 65-105 ; D. AVOM, « Le Traité de la CEMAC : nouveau départ pour le processus d'intégration économique en Afrique centrale ? », *RJPIC*, n° 2, mai-août 1999, pp. 158-179 ; N. MOUELLE KOMBI., « Les aspects juridiques d'une Union monétaire : l'exemple de l'Union Monétaire d'Afrique Centrale », *Revue Générale de Droit International Public*, 2003, n° 3, pp. 521-558.M. BOUVIER, « Nouvelle gouvernance financière publique durable et conduite de la réforme budgétaire dans les pays en développement », *RFFP*, n° 98, juin 2007, pp. 159-178.

153 A. GADILLAT et E. RIMBAUX, « Impôts directs et politique fiscale européenne », *Revue d'économie politique*, mars-avril 1997, p.257.

CHAPITRE I : LA PROCEDURE D'ELABORATION DU BUDGET AXEE SUR LA PERFORMANCE

De manière générale, la performance a conduit à l'émergence de deux principes budgétaires qu'il convient de mettre sommairement en lumière : La sincérité ou l'honnête dans l'élaboration du budget et l'inscription de l'activité budgétaire dans l'ordre des prévisions objectives. De manière concrète, il ne s'agit plus de chercher *« quel type de dépenses seront réalisées mais de savoir à quoi les dépenses vont servir, quelles politiques publiques elles servent à financer, quelles actions concrètes pour atteindre quels objectifs (grâce à la démarche de performance)»*[154].Cette opération pose comme exigence une planification stratégique plus aboutie de l'activité financière de l'État, et une adoption clairvoyante du projet de loi de finances. La réforme budgétaire des Etats dans la zone CEMAC à travers la procédure d'élaboration du budget axée sur la performance laisse entrevoir d'une part, une planification stratégique (section I) et de l'autre, une adoption clairvoyante du projet de budget (section II).

Section 1 : Une planification stratégique

Au Tchad, au Congo, au Cameroun, en Centrafrique, au Gabon tout comme en Guinée équatoriale, le constat est le même : le budget est élaboré sur la base d'une planification stratégique.

Comme la plupart des Etats Africain, le Cameroun est engagé dans les chantiers de la modernisation et du développement. En effet, le Cameroun s'est fixé l'objectif d'atteindre le cap de l'émergence à l'horizon 2035, laquelle émergence est un pallier de la notion pluridimensionnelle du développement auquel aspirent les citoyens. En Afrique, le développement est un droit fondamental des peuples. Au niveau régional africain, les Etats sont *« convaincus qu'il est essentiel d'accorder désormais une attention particulière au droit au développement ; que les droits civils et politiques sont indissociables des droits économiques, sociaux et culturels tant dans leurs conceptions que dans leur universalité, et que la satisfaction des droits économiques, sociaux et culturels garantit la jouissance des droits civils et politiques »*[155]. L'activité financière de l'Etat fait partie de ses domaines sur lesquels un accent particulier doit être mis car toute autre activité est tributaire de l'existence de financement, mais aussi de la qualité du régime de la gestion de ce financement. Ceci appelle des gouvernants une attention particulière dans le choix des priorités

---

[154] CATTEAU (D), *Droit budgétaire, comptabilité publique : LOLF et GBCP*, Paris, hachette supérieur, 2014, p 41.

[155] Préambule de la charte africaine de la Charte Africaine des droits de l'homme et des peuples.

en fonction des capacités réelles offertes par les ressources disponibles. La conception objective des programmes budgétaires exigée impose dès lors une planification stratégique plus aboutie de l'activité financière de l'État.

De prime abord, il faut dire que la programmation débute au sommet de l'État par la planification. On peut percevoir la planification comme l'élaboration d'un plan économique pour une durée déterminée et à venir. Toutefois, il faut dire que cette perception de la notion de planification n'illustrerait pas exactement la conception vers laquelle nous tendons. Il faut se référer au glossaire des termes utilisés dans Le Manuel de pilotage et d'exécution du budget programme[156]pour qui, « *la planification consiste à projeter dans l'avenir des évolutions possibles du développement socioéconomique de la nation à un horizon donné et à élaborer un cadre d'action global.* »

La planification stratégique implique une accentuation de l'analyse des options possibles à soumettre à la décision des autorités compétentes. Elle facilite la tâche à ces derniers en ce sens qu'elle met en lumière les « *questions d'équilibre entre les ressources disponibles et la stratégie à réaliser, à l'adéquation entre les objectifs poursuivis aux besoins changeant de l'environnement* »[157].

Quoiqu'il en soit, la planification stratégique s'observe à travers la rédaction d'une documentation qualitative (I) et une planification emprunte d'efficacité et d'efficience (II).

I - La rédaction d'une documentation qualitative

Il n'est plus contestable de nos jours que la plupart des Etats de la sous-région CEMAC sont passés de l'obligation des moyens pour l'obligation des résultats. Cela s'est traduit par le passage du budget des moyens à celui programme. Qu'est-ce qui aura justifié cela ? Un bref historique (A) s'impose avant la présentation de la documentation quantitative en vigueur (B) dans ces Etats.

A. La redéfinition de la programmation budgétaire

L'élaboration d'un budget axé sur les résultats ou la performance apporte une plus-value managériale dans les politiques et mécanismes de conception du budget dans les Etats de l'espace CEMAC. Ainsi, la redéfinition de la logique de programmation se traduit au plan opérationnel par l'élaboration d'un cadre sincère de réalisation des programmes, et par l'inscription de la politique budgétaire dans le processus de formulation des objectifs stratégiques. Il en résulte l'abandon de la logique des moyens pour celle des résultats.

Commençons par noter que l'adoption de la gestion axée sur les résultats à travers l'introduction de la programmation budgétaire s'est faite à la suite de l'improductivité de la gestion axée sur les moyens, ce qui a naturellement rendu nécessaire la recherche de la performance.

---

156 Manuel de pilotage et d'exécution du budget-programme », Reformes des finances publiques du Cameroun, janvier 2013, 144 p.

157 Ibid., p 142.

En effet, dans la plupart des Etats francophones et dans ceux de la CEMAC en particulier, c'est un système qui a été appliqué depuis les indépendances. Toutefois, c'est un système qui n'a pas été à mesure d'impulser le développement attendu, révélant ainsi une incapacité de l'Etat à réaliser sa fonction prométhéenne de pourvoyeur de bien-être[158]. L'on a pu y voir l'expression d'un syndrome mou de l'État qui se manifeste en matière de finances publiques à travers la contre-performance de la dépense publique[159].

L'improductivité de la gestion axée sur les moyens est une réalité. Il faut pourtant reconnaitre que la réalisation de l'action publique ou de l'intérêt général nécessite que des moyens financiers soient mis à disposition des décideurs. Toutefois, on ne saurait se contenter de la mise à disposition des moyens. L'objectif pour les populations est de voir les projets de développement réalisés et non d'observer que les budgets aient toujours été consommés. L'improductivité de ce système de gestion se traduit par l'existence de pesanteurs structurelles et matérielles.

Sur le plan structurel, il faut dire que bien des éléments participent au manque de vivacité, de rigueur, d'efficacité et de performance des structures ou institutions intervenant dans la conception du budget sous les auspices du budget des moyens. On y retrouve par exemple :

- les principes budgétaires classiques à savoir les principes de l'annualité, de l'unité, de l'universalité, de la spécialité et de l'annualité budgétaire ;
- la structuration du budget de l'État en trois composantes à savoir budget de fonctionnement, le budget d'investissement et le service de la dette publique, reparties dans les chapitres budgétaires constitués des ministères, des organes constitutionnels (1) et de certaines natures d'opérations à l'instar de la dette, des réhabilitations et des restructurations ;
- la consécration du budget de moyens sur la base des services votés (1) qui représentaient sensiblement 80% de l'enveloppe globale et des mesures nouvelles (2)se situant à hauteur d'environ 20% ;
- La tenue d'une comptabilité budgétaire et comptable en basse caisse, matérialisée respectivement par le rattachement des opérations de recettes et de dépenses à leur date d'encaissement et de décaissement et non à leur exercice de rattachement ;
- le contrôle budgétaire et comptable sanctionné par la régularité des procédures par rapport à la règlementation en vigueur notamment, le respect de la liasse de la dépense, la qualité de l'ordonnateur, l'exacte imputation de la dépense, l'existence des visas règlementaires, la disponibilité des crédits budgétaires, l'existence de l'acquit libératoire lors du paiement de la dépense. À ces facteurs, s'ajoutent une relative

158 MEDE (N), « La nouvelle gestion budgétaire : l'expérience des budgets de programme au Benin », *Afrilex*n°4, p. 58.
159 Ibid.

participation du parlement dans l'élaboration et le contrôle de l'exécution du budget, de même qu'une responsabilité mitigée des gestionnaires publics.

Sur le plan matériel, les facteurs ayant conduit à la recherche de la performance sont entre autres : l'extrême bureaucratie, les mauvais choix des projets d'investissement et la corruption.

La bureaucratie est une gangrène dans le fonctionnement des administrations africaines. Pourtant, cela n'a pas toujours été le cas. En effet, il faut reconnaitre qu'a l'origine, *« la bureaucratie apparaissait comme la seule forme organisationnelle capable de lutter contre la corruption et le népotisme en introduisant d'un large spectre de règles et procédures visant à limiter les intrusions à la fois du pouvoir politique et du pouvoir managérial »*[160]. En Afrique et au Cameroun, ce mode d'organisation du fonctionnement des administrations n'a pas fait long feu ou du moins il n'a pas porté les fruits attendus. Comme tout système, le modèle bureaucratique présente des avantages et des inconvénients. Mais en zone CEMAC, ce sont les inconvénients qui ont plus été mis en avant en raison d'un certain intérêt dont se procuraient les agents. En effet, la bureaucratie procure une certaine stabilité de l'emploi en atténuant la rigueur de l'exigence de la responsabilité de la part des agents. Face à une telle situation, *« l'ensemble des avantages de l'organisation bureaucratique devient des inconvénients dans une société post-industrielle caractérisée par la globalisation, et une économie des savoirs, où la demande en termes de qualité et de choix a changé »*[161]. En matière de finances publiques ou de gestion budgétaire, cela se traduit par la légèreté dans le montage des projets d'investissements ou plus précisément par l'immaturité de ces projets. Les exigences de la nouvelle donne financière et budgétaire s'accompagne nécessairement de la participation d'agents publics aux capacités d'innovation et de créativité affirmées et pouvant conduire à la performance.

Le développement ne saurait être une notion imaginaire. Erigé en droit fondamental de la personne humaine et des communautés en Afrique, le développement nécessite la mise en œuvre des politiques devant permettre d'assurer le bien-être des populations. Ces politiques sont en réalité des projets d'investissement mais des projets d'investissement rentable. La matérialisation de ces projets et même leur conception posent un problème de cohérence économique, attisant plus encore les inquiétudes sur l'atteinte de l'émergence. Deux situations sont à relever ici. L'on a l'inadaptation entre les ressources disponibles et les besoins à satisfaire, et l'adoption des projets improductifs. Toutes choses ayant conduit à la rédaction d'une documentation qualitative.

B. La rédaction d'une documentation qualitative

160GANGLOff (F), *Le nouveau management public et la bureaucratie professionnelle.* La place de la dimension européenne dans la Comptabilité Contrôle Audit, May 2009, Strasbourg, France. p. 3.
161Ibid.

Les Etats de l'Afrique noire d'expression française ont pour la plupart opté pour une élaboration du budget axé sur la performance. Cette élaboration s'accompagne d'un certain nombre de document et donc source d'efficacité et de performance.

L'organisation de coopération et de développement économique (OCDE) est une organisation internationale d'études économiques créée par la convention du 14 décembre 1960 à Paris et entrée en vigueur le 30 septembre 1961, dont l'objectif est notamment de promouvoir des politiques visant une forte propension économique et une progression du niveau de vie des pays membres. Constituée de 34 pays membres, elle regroupe des centaines d'experts dans ses centres de recherche et publie fréquemment des études assorties de recommandations notamment dans les domaines économique, politique, l'éducation, l'emploi, l'environnement, les finances publiques… Pour ce qui est des finances publiques, l'OCDE a publié en 2002, la revue budgétaire de l'OCDE dans laquelle ladite institution encourageait les pays membres à pratiquer une gestion budgétaire axée sur les résultats. L'OCDE relevait « *qu'une place encore éminente est accordée à une conception de la gestion fondée sur les moyens…alors que beaucoup de responsables sont désormais jugés plus souvent sur leurs résultats que sur leur degré d'adhésion aux contrôles et aux procédures administratives* ». De ce fait, elle recommandait « *un ensemble d'enseignements sur les dispositions institutionnelles, les mécanismes et les instruments d'avant-garde qui permettent une affectation et une gestion efficace des ressources dans le secteur public* ». Sur le thème l'élaboration et la gestion des budgets centrés sur les résultats, Jens Kromann et Walter Groszyk développent respectivement la gestion et la budgétisation basées sur les intrants, la budgétisation axée sur les produits, la gestion et la programmation financière axée sur les résultats. En encourageant les Etats à opter pour la gestion axée sur les résultats ou à tout le moins à rechercher la performance, il souligne que celle – ci est vectrice :

- d'effectivité et d'efficacité puisque les gestionnaires vont, non plus s'intéresser en priorité à la manière dont l'organisation est administrée, mais s'ouvrir sur l'extérieur en se mettant à l'écoute de la situation des besoins et des problèmes du public
- de transparence du fait de la communication des résultats obtenus, rendant ainsi les gestionnaires de l'Etat plus responsables des résultats de leurs actions et sur le plan sociétal.
- d'optimisation dans le redéploiement des ressources grâce à l'information sur les résultats, à travers un rapprochement entre les coûts des projets et leurs effets et une appréciation comparative de leur efficacité et de leur degré de réussite.

Dans la même perspective, la directive communautaire prescrit formellement que : *« Les budgets des administrations publiques, notamment celui de l'Etat, doivent être établis et finances dans des conditions qui garantissent la soutenabilité de l'ensemble des finances publiques. Conformément aux engagements internationaux pris dans le cadre de la Communauté Economique et Monétaire de l'Afrique Centrale, la politique budgétaire doit éviter tout déficit public excessif et se conformer à la discipline budgétaire qu'implique la monnaie commune »*[162]. L'alinéa suivant poursuit : *« A cette fin, le Gouvernement définit une politique budgétaire à moyen terme conforme aux critères fixés par les conventions régissant la Communauté Economique et Monétaire de l'Afrique Centrale, en .assure la bonne mise en œuvre et se prête aux obligations de la surveillance multilatérale »*[163].

Conformément à la logique financière des Etats de la sous-région de l'Afrique centrale, les rapports annuels de performances doivent comporter dans l'ensemble, l'objectif de chaque programme et les indicateurs d'évaluation retenus pour chacun. C'est le cas notamment du Cameroun[164]. On comprend également dans ces conditions que : *« les projets de performances annuels annexés à la loi de finances initiale présentent pour chaque programme, les objectifs poursuivis et les résultats attendus, mesurés au moyen d'indicateurs d'activités et de résultats »*[165].

Pour y arriver, le projet de performance définit l'objectif du programme et en détermine les indicateurs.

Sur le premier point, et en application de l'article 8 de la loi portant régime financier de l'État, l'objectif doit être spécifique à un résultat précis, mesurable ou quantifiable ou encore observable, motivant, contrôlable et utilisable, réaliste et cohérent et enfin, mesurable dans le temps. C'est ainsi que le régime financier de l'État définit l'objectif comme le : *« résultat à atteindre dans le cadre de la réalisation d'une fonction, d'un programme ou d'une action et mesurable par des indicateurs »*[166]. C'est donc une sorte de spécialisation du budget en vue de le soumettre à l'évaluation après exécution.

Toutefois, cette opération n'est rendue possible que si elle fait également mention des indicateurs de mesure des résultats.

S'agissant du second, on doit, noter que les rapports annuels de performance font toujours mention des indicateurs de mesure des résultats de l'exécution de chaque programme pour la période sous revue. Au sens du régime financier de l'État, il s'agit d'une *« variable qualitative ou quantitative permettant de mesurer les résultats obtenus dans la réalisation des objectifs »*[167].

---

162 Article 7 alinéa 1de la Directive N°01/11-UEAC-190-CM-22 relative aux lois de finances. On retrouve des dispositions analogues dans l'article 9 alinéa 1 de la loi n° 2018/012 du 11 juillet 2018 portant régime financier de l'Etat et des autres entités publiques au Cameroun.

163Article 7 alinéa 2 de la Directive N°01/11-UEAC-190-CM-22 relative aux lois de finances. On retrouve des dispositions analogues dans l'article 9 alinéa 2 de la loi n° 2018/012 du 11 juillet 2018 portant régime financier de l'Etat et des autres entités publiques au Cameroun.

164 Article 8 de la loi n° 2007/006 du 26 décembre 2007 portant régime financier de l'Etat : *« résultat à atteindre dans le cadre de la réalisation d'une fonction, d'un programme ou d'une action et mesurable par des indicateurs »*.

165 Article 16 alinéa 1 de la loi n° 2018/012 du 11 juillet 2018 portant régime financier de l'Etat et des autres entités publiques au Cameroun.

166 Article 8 de la loi n° 2007/006 du 26 décembre 2007 portant régime financier de l'Etat. Article 30 alinéa 3 de la loi n° 2018/012 du 11 juillet 2018 portant régime financier de l'Etat et des autres entités publiques au Cameroun.

167 Article 8 de la loi n° 2007/006 du 26 décembre 2007 portant régime financier de l'Etat. Article 30 alinéa 3 de la loi n° 2018/012 du 11 juillet 2018 portant régime financier de l'Etat et des autres entités publiques au Cameroun.

Tout comme l'objectif, il doit être spécifique à un résultat précis, mesurable ou quantifiable ou encore observable, motivant, contrôlable et utilisable, réaliste et cohérent et enfin, mesurable dans le temps. Il s'agit d'une exigence de précision sans laquelle, le projet de loi de règlement, mieux le rapport annuel de performance se rendrait coupable d'infidélité en raison de l'absence de sincérité et de transparence. Pour ce faire, l'indicateur doit avoir, en plus de l'unité de mesure, une valeur cible entendue comme le niveau qu'il doit afficher au terme d'une période donnée (année cible). De même, il faudrait déterminer sa valeur, et son année de référence. Des indicateurs qui ne comporteraient pas ces cinq critères seraient en principe irréalistes et donc manqueraient de sincérité et de transparence. De plus, les indicateurs doivent être en équilibre avec leur valeur cible, notamment lorsqu'ils ne dépassent pas l'année civile.
Il faut tout de même relever que dans la mise en œuvre des programmes, les rapports annuels de performances distinguent la performance globale du programme de la performance détaillée par actions.

II - Une planification emprunte d'efficacité et d'efficience

Déjà, il faut préciser que la détermination de la masse budgétaire est précédée d'un cadre macroéconomique.

Dans les Etats de la sous-région CEMAC, on peut soutenir que la planification est empreinte d'efficacité et d'efficience. C'est alors que l'évaluation des ressources et des charges budgétaires obéit à une méthodologie précise. Certains auteurs à l'instar de MANGA Philippe opèrent une différenciation entre des méthodes classiques et des méthodes modernes[168]. Il développe l'idée selon laquelle, dans l'accomplissement des opérations d'évaluation des masses budgétaires, on se servirait d'une part « *des méthodes automatiques conçues au siècle dernier et qui continuent, aujourd'hui encore, d'inspirer bon nombre de financiers (méthodes automatiques) ou à celles qui s'adaptent à la conjoncture (méthodes directes)*»[169]. D'autre part, on a « *des méthodes rationnelles de prévision des agrégats budgétaires…le recours au plan…et la rationalisation des choix budgétaires* ». Le constat que l'on peut faire est qu'il a une approche plutôt économique.

Dans les pays de l'Afrique de l'Ouest, le cadrage macroéconomique constitue la première étape de la procédure budgétaire. La projection des principaux comptes macroéconomiques (secteur réel, balance des paiements, comptes monétaires, situations des finances publiques) permet de déterminer les perspectives de recettes, d'équilibre ainsi que le niveau global des dépenses. Le document de programmation budgétaire et économique pluriannuel (DPBEP) initial est établi sur la base du cadrage macroéconomique[170].

En France, à travers cette étape, le Gouvernement arrête les grandes masses de recettes, les grandes masses de dépenses et le montant du déficit public. Le

---

168 MANGA (P), op.cit., pp. 91 et suivants.
169 MANGA (P), op.cit., pp. 91 et suivants.
170 Cf. art.52 de la directive UEMOA relative aux lois de finances.

Ministère de l'économie et des finances par le canevas de la direction du budget définit, en s'appuyant sur le cadrage macroéconomique, les perspectives budgétaires du Gouvernement (stratégie budgétaire). Le Premier Ministre adresse aux ministres dépensiers, à partir de cette stratégie, une lettre de cadrage. Après réception des demandes de crédits ministériels, le ministre de l'économie et des finances entame des négociations avec les ministres dépensiers. Puis, la direction du budget examine et les compare avec les évaluations résultant de l'esquisse budgétaire. Ce que l'on peut retenir, dans le dessein de construire une analyse juridique, est qu'on évalue les recettes (A) et les dépenses (B).

A. L'aspect prévisionnel des recettes

Il est impossible aux autorités d'avoir un chiffrage exact des recettes pour un exercice budgétaire donné. La raison en est que le montant final des ressources dépend d'une maitrise totale des contribuables. Or, la maitrise totale des contribuables est un leurre, pour la simple raison que certains peuvent apparaitre en cours d'exercice tout comme d'autres peuvent disparaitre. Pour toutes ces raisons, les recettes ont un aspect prévisionnel. L'aspect prévisionnel des recettes peut être appréhendé comme « *une opération par laquelle le ministre de l'économie et des finances chiffre le montant des ressources dont l'encaissement est attendu* »[171]. Au niveau de la Direction du Budget, la fixation des prévisions des recettes se fait en conformité avec le cadrage macroéconomique et avec toute autre orientation relative aux Finances Publiques[172]. On peut donc observer que c'est le ministère des finances qui en a la responsabilité. Concrètement, il s'agit certes de partir sur une évaluation des recettes des années antérieures, toutefois, on y intègre d'autres aspects non budgétaires à l'instar de la tendance économique du pays, de la politique fiscale du pays, des politiques publiques.

Une fois de plus, on peut se référer aux dispositions de la circulaire N°002 CAB/PR du 09 juillet 2012 relative à la préparation du budget de l'État pour l'exercice 2013 sus-évoquée pour appréhender l'aspect prévisionnel des recettes budgétaires sous l'égide de la programmation budgétaire. Il faut reconnaitre d'emblée qu'elle est tournée vers une optimisation des recettes budgétaires. De ce fait, des mesures ont été prises pour encadrer ces aspirations. En effet, à la lecture des paragraphes 25 à 29, on peut observer à travers l'établissement d'une typologie desdites recettes, un souci de mieux cerner l'ensemble des recettes.

De prime abord, la mobilisation optimale des recettes budgétaires internes non pétrolières est et doit rester un des objectifs majeurs, dans le but de consolider la relance économique et assurer la soutenabilité des mesures d'amélioration du pouvoir d'achat et des conditions de vie des populations.

1. Les recettes fiscales et douanières

---

[171] QUEROL (Francis), op.cit., pp. 33-34.

[172] Institut national de statistique, op.cit., p. 393.

Pour la mobilisation des recettes fiscales, les objectifs préalablement existants demeurent inchangés, à savoir : la poursuite de l'élargissement de l'assiette par la rationalisation des régimes fiscaux incitatifs et un encadrement légal des conventions à portée fiscale, afin d'assurer une meilleure maîtrise des dépenses fiscales; le renforcement de la lutte contre l'évasion et la fraude fiscale à travers l'accroissement des moyens d'investigation de l'administration fiscale; l'amélioration du système d'imposition des droits d'accises sur certains produits nocifs à la santé publique; l'ajustement des taux d'imposition des activités et des bénéfices afin d'améliorer la compétitivité de notre système fiscal; la poursuite de la densification du réseau des conventions fiscales internationales dans le but de rendre notre territoire plus attractif; l'adaptation de la législation fiscale nationale au droit communautaire par la transposition de la directive TVA; la modernisation de l'administration fiscale par la poursuite de l'informatisation des procédures et des services fiscaux; l'amélioration de l'environnement fiscal des affaires par la rationalisation du contentieux fiscal ; un meilleur accompagnement des petites et moyennes entreprises par le développement des Centres de Gestion Agréés (CGA) et leur extension sur toute l'étendue du territoire national; l'allègement du coût de la discipline fiscale par la simplification des procédures et la réduction du nombre des documents fiscaux administratifs; la poursuite de la sécurisation des recettes fiscales par la généralisation du paiement par virement bancaire.

Quant aux recettes douanières, leur accroissement devra être recherché à travers : la poursuite et le suivi de l'extension des contrats de performances aux Bureaux à fort potentiel de recettes ; la consolidation du développement des contrats-objectifs dans les services centraux ; la poursuite de la signature des contrats de performances avec les opérateurs économiques ; l'optimisation des fonctionnalités du dispositif de suivi par géolocalisation des marchandises sous douane en transit ; la consolidation de la mise en œuvre de la vignette sécurisée sur certains produits manufacturés, dans le cadre de la lutte contre la contrebande, la fraude douanière et la contrefaçon; le renforcement des capacités opérationnelles des imités des douanes aux frontières dans le cadre de la police du rayon ; l'accompagnement efficient des entreprises dans le cadre du suivi des actes du forum Douane/Entreprises ; le renforcement de la gouvernance par une implication toujours plus active des personnels désignés à cet effet; la poursuite de l'implémentation des centres de négoce.

A contrario, en France, elle relève de la compétence exclusive du ministère sus cité. Elle a consisté pendant le 19e siècle à appliquer « *la règle de la pénultième année* ». Cette méthode consistait à évaluer le montant des recettes de l'année N+1, au cours de l'année N, sur la base des recettes de l'année N-1. Ainsi donc, l'année N-1 était bien l'avant dernière année (la pénultième année) par rapport à l'exercice N+1. Cette règle, qui se traduit peu ou prou par la reconduction de l'évaluation des recettes d'une année sur l'autre, est aujourd'hui abandonnée en raison de la faible fiabilité des prévisions. De nos jours, notamment depuis 2001 avec l'adoption de la budgétisation axée sur la performance, les méthodes d'évaluations des recettes sont multiples et détaillées dans un document annexé au projet de loi de finances[173]. L'idée commune à toutes ces dernières est que, certes, l'évaluation repose toujours sur les prévisions antérieures, mais celles-ci sont modifiées en fonction de nombreux paramètres (environnement économique et financier, choix de politique fiscale susceptible d'être arrêtés par le Gouvernement et le Parlement…), tant et si bien, qu'en fin de compte, les évaluations finales n'ont plus rien de commun avec les évaluations[174].

2. Les recettes non fiscales

En ce qui concerne les recettes non fiscales, une meilleure organisation et une dynamisation des dispositifs de collecte et de recouvrement des recettes devront être mises en œuvre pour permettre leur accroissement significatif, en plus de la poursuite de la réforme des programmes de sécurisation des recettes forestières, routières, domaniales et cadastrales, de l'élevage et des pêches ainsi que des mines.

Pour ce qui est des recettes parafiscales, des concertations entre l'administration fiscale et les organismes parapublics bénéficiaires, l'objectif principal est de les systématiser, en vue d'assurer la transparence du système de mobilisation et de gestion desdites recettes. En outre, il devra être procédé à un allègement des mécanismes actuels de reversement des quotes-parts dues aux organismes bénéficiaires.

B. L'aspect prévisionnel des dépenses

C'est encore à Monsieur MANGA Philippe, qu'il faut se référer, notamment dans son Cours de finances publiques pour avoir une idée beaucoup plus claire sur la question. En effet, il nous apprend que « *l'évaluation des dépenses publiques obéit aux mêmes procédés, qu'il s'agisse des dépenses de fonctionnement ou de dépenses d'investissements* ».

Il met en exergue, deux mécanismes classiques d'estimation des dépenses : les « *services votés* »[175] et les « *demandes nouvelles* »[176].

Il faut dire que ces méthodes ne parvenaient pas à juguler la croissance des marges d'erreur. Ce qui constitue l'un des objectifs majeurs de la modernisation

---

[173] Cf. article 51 de la loi organique portant loi de finances

[174] QUEROL (Francis), *op.cit.*, p. 31.

[175] Article 33 l'ordonnance française de 1959, « *les services votés représentent le minimum de dotations que le gouvernement juge indispensable pour poursuivre l'exécution des services publics dans les conditions qui ont été approuvées l'année précédente par l'Assemblée Nationale* » ; Cf. MANGA Philippe, op.cit. pp. 96-97. Pour Benjamin BIDIAS, les services votés représentent « des minima des dotations indispensables sur des autorisations budgétaires de l'année dernière ». In BIDIAS (Benjamin), *Les finances publiques du Cameroun*, Yaoundé, BB, 1982, p 205.

[176] La circulaire du 03 Janvier 1985 les appréhende comme des « *actions nouvelles déterminées à partir des priorités gouvernementales, qu'un ou plusieurs services comptent entreprendre au titre d'un exercice budgétaire donné. Il ne s'agit donc : ni de simples correctifs apportés aux services votés ; ni de l'incidence financière de l'actualisation des services votés.* » In MANGA Philippe, op.cit., pp. 97-98.

des méthodes d'évaluation des dépenses. Au Cameroun, on a d'abord opté pour une utilisation des plans de développement, autrement appelé « *plans quinquennaux* ». Ces derniers n'ont pas prospéré bien que prometteurs.

On a par la suite assisté à l'avènement de la nouvelle gestion budgétaire qui n'est pas très loin de la rationalisation des choix budgétaires. Cette dernière se proposait de n'attribuer des crédits aux ministres dépensiers qu'en fonction de l'efficacité de l'intervention menée. Elle suppose selon HUET que « *l'essence de la méthode consiste à définir des objectifs aussi complètement et précisément que possible et à comparer systématiquement tous les moyens utilisables pour atteindre* »[177]. Concrètement, c'est une « *opération qui consiste pour les ministres dépensiers (tous les ministres à l'exception du ministre de l'économie et des finances) à chiffrer le montant des crédits nécessaires au financement des interventions de leurs ministères* »[178], notamment en fonction des priorités gouvernementales au préalable, ensuite des marges de manœuvre résultant de l'environnement économique et financier retenu par le Gouvernement, enfin de l'efficacité escomptée des interventions projetées.

Tout compte fait, les objectifs répondent à plusieurs critères dont en voici six qui se regroupent sous l'acronyme SMART (simple/spécifique, mesurable, Ambitieux/Accessible, Réaliste, Temporel). Au surplus, on pourrait ajouter la transparence et la sincérité ainsi que la responsabilité des agents publics qui, de plus en plus, apparaissent comme des indicateurs de la planification empreinte d'efficience et d'efficacité dans tout État moderne en général et, en particulier dans les Etats membres de la zone CEMAC. Toutes choses qui impliquent l'adoption clairvoyante du projet de budget.

Section 2 : l'adoption clairvoyante du projet de budget

S'il est évident que la loi de finances prévoit et autorise l'exécution du budget de l'État au terme de l'approbation du Parlement, son élaboration passe indubitablement par l'adoption d'un projet de loi de finances. Ainsi, celle-ci fait l'objet d'un examen méticuleux (paragraphe 1) à travers l'instauration d'un débat d'orientation se traduisant par une adoption emprunte de sagacité (paragraphe 2).

I - L'examen du projet de loi de finances

Il est généralement connu que dans un régime à Parlement bicaméral, tout projet ou proposition de loi est examiné successivement par les deux chambres dudit Parlement en vue de l'adoption d'un texte identique. Une fois déposé, le projet de texte passe la procédure de recevabilité des textes transmis par les présidents des chambres aux différentes conférences des présidents avant son

---

177 HUET (P), « La rationalisation des choix budgétaires » ; in bulletin de l'institut international d'administration publique, janvier/mars 1969, pp 80-83 ; reproduit dans, A. Colin, *l'Administration publique*, Paris, 1971, pp 299-301.
178 QUEROL (F), op.cit., p. 28.

examen[179]. D'une chambre à l'autre, le texte subit une appréciation minutieuse. On parle de navette parlementaire. Elle met en exergue d'une part la correction du projet par les formations techniques du Parlement (A), d'autre part en séance publique (B).

A. L'examen en commission du projet de loi de finances

Suivant les dispositions de la constitution camerounaise, notamment l'alinéa 1 de l'article 29 qui dispose que « *les projets et propositions de loi sont déposés à la fois sur le bureau de l'Assemblée nationale et sur celui du Sénat. Ils sont examinés par les commissions compétentes avant leur discussion en séance plénière* ». Le dépôt concomitant sur les bureaux des deux chambres, comme on peut le constater, a pour objectif premier, sinon ultime, de censurer directement l'inconstitutionnalité d'un projet ou d'une proposition de loi qui aura pour effet, contrairement à la loi fondamentale, d'augmenter ou diminuer les ressources publiques sans toutefois augmenter ou diminuer les dépenses publiques[180]. Cette irrecevabilité tirée du déséquilibre budgétaire peut donc être soulevée d'office par les parlementaires devant la juridiction constitutionnelle.

En France, une liberté est donnée au Gouvernement de faire le choix de la chambre parlementaire. Toutefois, en ce qui concerne le projet de loi de finances et notamment en vertu du principe traditionnel de priorité financière, il est prévu qu'il soit déposé à l'Assemblée Nationale[181].

Une fois le projet de loi de finances de l'année déposé au bureau du Parlement quinze (15) jours avant le début de la session, le projet de loi est immédiatement transféré aux différentes commissions (1), qui ont une prérogative d'amendement (2).

Rappelons tout d'abord qu'avant le début de toute évaluation, le Parlement est tenu d'être informé. Le droit en vigueur laisse tout de même percevoir que la seconde partie du projet de loi de finances initiale doit *« comporter toutes les dispositions relatives à l'information et au contrôle du parlement sur la gestion des finances publiques »*[182].

En France par contre, quatre séries de documents sont indispensables. Il s'agit du rapport sur la situation et les perspectives économiques, sociales et

---

179 Article 29 de la loi constitutionnelle du 18 janvier 1996. V. aussi, article 18 de la loi n° 73/1 du 8 juin 1973 modifiée par la loi n° 2014/016 du 9 septembre 2014 portant règlement intérieur de l'Assemblée nationale.

180 Article 18 alinéa 3 (a) de la loi n° 1996/ 06 du 18 janvier 1996 portant révision de la Constitution du 02 juin 1972. Article 58 de la loi n° 2018/12 du 11 juillet 2018 portant régime financier de l'Etat et des entités publiques.

181 PEISER (G.), « La priorité de l'Assemblée Nationale sur le Sénat en matière de lois de finances », in Etude de finances publiques, Mélanges, P. M. GAUDEMET, B. BECK, G. VEDEL, 1984, P 207.

182 Article 13 de la loi n° 2018/12 du 11 juillet 2018 portant régime financier de l'Etat et des entités publiques.

financières[183] ; des annexes explicatives[184] ; des annexes d'information ; les budgets votés[185]. Il faut également intégrer les documents de politique transversale.

1. L'apport des commissions parlementaires

Si l'on se réfère principalement aux règlements intérieurs de l'Assemblée nationale et du Sénat, chaque année après l'élection du bureau définitif, les deux chambres constituent neuf (9) commissions générales[186] composées en nombre égal de parlementaire, pour l'étude des affaires qui leur sont soumises.

Il s'agit principalement des commissions des finances du Parlement, qui sont les seules susceptibles de siéger à tout moment, et en tant que de besoin[187], contrairement aux autres commissions, qui ne peuvent siéger valablement que durant les sessions, notamment de mars, juin et novembre.

Il faut reconnaitre que, le temps où Joseph BARTHELEMY pouvait faire « *le procès de la Commission des finances* », puis dénoncer une situation qui aurait dû conduire « *à lui abandonner l'entière fabrication du budget*» et « *à faire l'économie d'un ministre des finances* »[188] est bien révolu. En réalité, comme cela est très souvent le cas en matière budgétaire, on constate un passage progressif d'une situation extrême, décrite par Léon SAY en 1885 et dans laquelle « *la Commission du budget veut se mettre à la place de l'administration et préparer le budget elle-même, au lieu de se contenter de le recevoir tout préparé pour le contrôler* »[189] à une pratique mieux adaptée à l'évolution des finances publiques et au rôle joué par le budget, devenu l'expression privilégiée de la politique gouvernementale. « *C'est en raison de ses responsabilités financières que la Commission des finances dispose de pouvoirs propres qui la singularisent par rapport aux autres commissions permanentes* »[190].

On peut recourir aux dispositions communautaires pour construire une appréhension contemporaine, notamment les assertions du Guide didactique de la directive N° 01/11-UEAC-190-CM-22 DU 19 décembre 2011 relative aux lois de finances au sein de la communauté économique et monétaire de l'Afrique

---

[183] Cf. Article 50 de la LOLF française.

[184] Cf. Article 51…

[185] Cf. Article 44…

[186] Il s'agit globalement des commissions des lois constitutionnelles ; des finances et du budget ; des affaires étrangères ; de la défense nationale ; de l'éducation, de la formation professionnelle et de la jeunesse ; des affaires culturelles, sociales et familiales ; de la production et des échanges ; des résolutions et des pétitions.

[187] Voir notamment, l'article 21 alinéa 6 de la loi n° 73/1 du 8 juin 1973 modifiée par la loi n° 2014/016 du 9 septembre 2014 portant règlement intérieur de l'Assemblée nationale. La prééminence de la commission des finances est également valable en France. V. BOUVIER (Michel), ESCLASSAN (Marie-Christine) et LASSALE (Jean-Pierre), *Finances publiques*, 10ème édition, Paris, *L.G.D.J.*, 2010, 1030 p., p. 400 et s.

[188] BARTHELEMY (Joseph), « Le procès de la Commission des finances », Mélanges Carré de Malberg, 1933, p 265.

[189] SAY (Léon), Les Finances, 1885, p 24.

[190] STRAUSS-KAHN (Dominique), Président de la Commission des finances, La lettre de la Commission des finances, n° 2, juin-juillet 1989.

centrale. Elles spécifient que la discussion du budget de l'État se présente de la manière suivante, la commission des finances du Parlement doit être le lieu où le projet de loi de finances est examiné avant le débat en séance publique. Elle doit disposer d'un temps suffisant pour effectuer sa mission qui ne saurait se limiter à la durée de la session budgétaire.

En effet, les rapporteurs de cette commission doivent suivre la préparation du projet de loi en amont de son dépôt sur le bureau du Parlement par des justifications des crédits demandés par les ministères. Cet examen doit donner lieu à la rédaction de rapports destinés à éclairer les Parlementaires. Ainsi, le rapporteur général de la commission des finances peut être chargé d'établir un rapport sur l'équilibre général du budget, la qualité des informations et hypothèses qui sous-tendent la loi de finances, l'inscription du texte dans le cadre de convergence de la CEMAC.

Des rapporteurs spéciaux peuvent être désignés pour être les correspondants permanents des ministères et ainsi être en mesure d'apprécier le caractère plus ou moins réaliste des prévisions de recettes et de dépenses, de même que l'exécution des programmes antérieurs. Pour exercer leur mission, les rapporteurs de la commission des finances doivent pouvoir obtenir les informations qu'ils estiment nécessaires et adresser des questionnaires à l'administration, laquelle doit être dans l'obligation de répondre dans un délai déterminé. Ces questions peuvent être transmises avant le dépôt du projet de loi de finances par le Gouvernement sur la base de l'examen de l'exécution du budget N-1 par exemple. Elles ont aussi pour but d'éclairer la lecture des Parlementaires.

La commission des finances doit pouvoir auditionner les Ministres et les hauts fonctionnaires (gestionnaires et responsables de programmes) sur les programmes dont ils ont la charge et pour lesquels ils demandent des crédits. Afin de permettre à la commission des finances de travailler avec les ministères avant le dépôt officiel du projet de loi de finances, il serait opportun que le rapport de la Cour des comptes soit rendu dès la fin du deuxième trimestre. Pour que cela soit possible, il faut que la Cour de comptes soit en possession des rapports annuels de performance de l'année n dès la fin du premier trimestre de l'année N+1 ou qu'au minimum, elle puisse bénéficier des données d'exécution de cette même année.

En faisant une synthèse de ces affirmations, on peut dire que la Commission des finances, saisie de droit au fond, joue naturellement un rôle prépondérant, assuré grâce à une organisation spécifique caractérisée par la désignation d'un Rapporteur général et de rapporteurs spéciaux dotés d'un pouvoir permanent de contrôle. Assistés de fonctionnaires parlementaires, ces rapporteurs réunissent, notamment par la voie des questionnaires budgétaires, une masse d'informations considérable qui nourrit les rapports présentés à la Commission des finances. Celle-ci les examine selon des modalités originales dont la chronologie n'est pas celle de la procédure législative ordinaire.

Le travail d'analyse du projet de loi de finances incombe principalement aux commissions des finances des deux chambres du Parlement[191], mais aussi aux autres commissions.

2. Le rôle des autres commissions

S'agissant des autres commissions, il est possible de s'en remettre aux règlements intérieurs des différentes chambres parlementaires. À cet effet, l'article 29 du règlement intérieur du sénat nous renseigne à suffisance. Il énonce que les Commissions sont convoquées à la diligence du Secrétaire Général du Sénat. Les Sénateurs qui ne sont pas membres d'une Commission générale peuvent assister aux travaux de cette Commission sur autorisation du Président qui en assure la police. Seuls ont droit de parole et de vote lors des travaux des Commissions, les membres du Sénat désignés à cet effet en qualité de Commissaires.

Les membres du Gouvernement ont accès aux Commissions lors des discussions portant sur des textes relevant de la compétence du Gouvernement. Ils doivent être entendus quand ils le demandent. Ils peuvent se faire accompagner et assister par de proches collaborateurs. L'auteur d'une proposition ou d'un amendement peut être convoqué aux séances de la Commission consacrées à l'examen de son texte ; il se retire au moment du vote.

Les amendements des Sénateurs cessent d'être recevables en Commission dès le début de la discussion des articles. Le Rapporteur Général de la Commission des Finances doit être entendu par toute Commission qui examine un budget particulier soumis à son avis. L'article 36 ajoute que le Sénat peut constituer des Commissions spéciales pour un objet déterminé, notamment d'intérêt national majeur. La résolution portant création d'une Commission spéciale fixe également la procédure à suivre pour la nomination de ses membres. Le Sénat peut constituer des Commissions spéciales pour un objet déterminé. La résolution portant création d'une Commission spéciale fixe également la procédure à suivre pour la nomination de ses membres. »

De même, l'article 25 du règlement intérieur de l'Assemblée nationale nous renseigne sur des dispositions analogues. Ainsi, les commissions générales sont convoquées à la diligence du Secrétaire général de l'Assemblée nationale. Ceux des députés qui ne sont pas membres d'une commission générale peuvent tout de même assister aux travaux sur autorisation de son président, qui devra en assurer la coordination. Seuls ont droit de parole et de vote aux travaux des commissions, les députés désignés à cet effet en qualité de commissaires. Y ont également accès aux commissions lors de l'étude des projets de loi, les membres du gouvernement qui peuvent se faire accompagner et assister par de proches collaborateurs. L'auteur d'une proposition ou d'un amendement peut être convoqué aux séances de la Commission consacrées à l'examen de son texte ; il se retire au moment du vote. Les amendements des députés cessent d'être

[191] Cf. règlement intérieur desdites chambres.

recevables en Commission dès le début de la discussion des articles. Le Rapporteur Général de la Commission des Finances doit être entendu par toute Commission qui examine un budget particulier soumis à son avis.

En France, L'article 39 de la LOLF, apportant une dérogation limitée et justifiée par les particularités des lois de finances aux termes de l'article 43 de la Constitution, précise que le projet de loi de finances est, dès son dépôt, *« immédiatement renvoyé à l'examen de la commission chargée des finances »*. Il interdit ainsi la constitution d'une commission spéciale. Auparavant, un tel renvoi à la Commission des finances était prévu par l'article 117 du Règlement de l'Assemblée et aucun projet de loi de finances n'avait donné lieu à la constitution d'une commission spéciale. Par ailleurs, en application de l'article 87 du Règlement de l'Assemblée, les sept autres commissions permanentes se saisissent pour avis.

Le projet de loi de finances de l'année mobilise donc les huit commissions permanentes et plus particulièrement, en leur sein, plus d'une centaine de députés. Leur travail, dont les modalités diffèrent, a déjà commencé lorsqu'intervient le dépôt du projet. Sa spécificité, qui répond à celle du budget, rend nécessaire une description des rôles respectifs de la Commission des finances et des commissions saisies pour avis.

À la suite de ces travaux, le rapporteur général de la commission des finances élabore un rapport et dresse une liste d'amendements retenus.

L'on admet de façon générale que plusieurs incidents peuvent émailler la procédure législative, au nombre desquels figure l'amendement. Cependant, ce droit reconnu au Parlement lui permet de ne pas jouer exclusivement un rôle d'enregistrement, mais encore de contrôle et de vérification. L'on peut comprendre pourquoi notre constituant l'a inséré dans la procédure législative ; de telle manière que son non usage ne doit pas le faire considérer comme inconstitutionnel ou inexistant. Il se présente alors comme une arme redoutable entre les mains du parlement qui, nonobstant le fait majoritaire, doit pouvoir défier l'exécutif en modifiant le projet de loi de finances inconstitutionnel et donc contraire à la politique financière et budgétaire nationale.

Il nous vient en esprit de construire au préalable son étendue, mais aussi de faire ressortir son objectif.

Littéralement, la notion d'amendement renvoie à une proposition de modification d'une loi par un parlementaire. Il faut faire la remarque selon laquelle les amendements peuvent intervenir dans tous les domaines inhérents à la compétence législative en matière d'adoption des lois.

De manière générale, comme pour l'initiative des lois, le droit d'amendement, perçu comme la prérogative de présenter des modifications aux projets et propositions de lois, est reconnu à l'égalité aux parlementaires et au Gouvernement. Il faut préciser que l'initiative parlementaire quant à elle est restreinte par l'article 18 (3) de la constitution camerounaise.

En ce qui concerne les lois de finances, interdiction leur est faite, d'émettre des amendements allant dans le sens d'augmenter les dépenses ou de diminuer les recettes. Cette interdiction a été consacrée par l'ordonnance de 1962 notamment par l'article 53, et réitérée aussi bien par les règlements intérieurs des Assemblées parlementaires[192], que par la loi de 2007[193], pour s'affirmer avec force sous l'empire de la loi de 2018[194]. Cette dernière stipule qu' « *aucune proposition d'amendement à une loi de finances ne peut être présentée par un parlementaire si elle a pour effet, soit une diminution des ressources publiques, soit l'aggravation des charges publiques…* ». Il faut indiquer que ces amendements sont effectués à dessein.

Le but immédiat des propositions d'aménagements est de contribuer à la préservation de l'équilibre budgétaire. C'est une question qui prévaut en matière de prévision budgétaire. Elle traduit un souci de mettre les ressources et les charges de l'État sur une équation égalitaire. Pour ce faire, elles contrôlent l'efficience et la perspicacité des programmes arrêtés.

Au Sénégal, le projet de loi de finances est obligatoirement soumis pour avis aux commissions générales du Parlement instituées au début de chaque législature conformément aux dispositions du règlement intérieur de l'Assemblée nationale. Ces commissions sont spécialisées par secteurs d'activité (finance, économie et plan, travaux publics, communication et culture etc…). Les discussions en commission se font en présence du ministre concerné pour répondre aux questions orales et ou écrites formulées par les parlementaires. À l'issue de ces travaux, chaque commission établit un rapport qui est intégré au rapport général dressé par la commission des finances. En parcourant la loi organique relative aux lois de finances de 2011, on peut faire le constat selon lequel, aucun traitement particulier, aucune attention n'est prêtée à la discussion du projet de loi de finances. En effet, aucune disposition ne lui est accordée. Il faut recourir aux dispositions de la directive UEMOA relative aux lois de finances notamment l'article 58. L'article 59 quant à lui dispose qu' « *Aucun article additionnel, aucun amendement à un projet de loi de finances ne peut être proposé par le Parlement, sauf s'il tend à supprimer ou à réduire effectivement une dépense, à créer ou à accroître une recette. De même, le Parlement ne peut proposer ni la création ni la suppression d'un programme, d'un budget annexe ou d'un compte spécial du Trésor. Tout article additionnel et tout amendement doit être motivé et accompagné des développements des moyens qui le justifient. La disjonction d'articles additionnels ou d'amendements qui contreviennent aux dispositions du présent article ou à l'objet des lois de finances défini à l'article 3 de la présente Directive est de droit.* »

Il en est de même au Gabon où le projet de loi de finances est d'abord discuté en commission[195].

---

[192] Cf. Article 18 alinéa 3 (a) du règlement intérieur de l'Assemblée Nationale ; et l'article 23 alinéa 3 (a) de la loi n°2013/006 du 10 juin 2013 portant règlement intérieur du Sénat.

[193] Cf. Article 44

[194] Article 58 de la loi n° 2018/12 du 11 juillet 2018 portant régime financier de l'Etat et des entités publiques.

[195] L'article 35 dispose que « *les commissions sont saisies, à la diligence du Président de l'Assemblée, de tous les projets ou propositions de loi de leur compétence. Le président de chaque commission peut demander l'audition d'un membre du Gouvernement ; sa demande est transmise par le Président de l'Assemblée nationale au Premier ministre.* »

L'examen en commission donne lieu, lorsqu'il est achevé, à une discussion en assemblée plénière.

B. La discussion en assemblée plénière

Encadrée par des délais stricts assortis de sanctions dissuasives, la discussion budgétaire permet, grâce à une pratique empreinte de souplesse, de concilier ces exigences constitutionnelles avec l'exercice normal de son pouvoir budgétaire par l'Assemblée nationale. Elle consiste concrètement en un examen général (1), et une investigation plus approfondie (2)[196].

1. Le cadre général de l'examen du projet de loi de finances

La généralité de l'examen du projet de loi de finances en assemblée plénière met en exergue l'ordre de présentation orienté par le Président de la séance. Elle laisse entrevoir que, la discussion du projet de la loi de finances occupe traditionnellement la première semaine des débats. Elle obéit à des règles quasi identiques à celles suivies pour les autres projets de loi. Elle débute par l'intervention du ministre chargé de l'économie et des finances, ou exceptionnellement par celle du Premier ministre. Le Rapporteur général de la Commission des finances puis, le cas échéant, son Président, interviennent ensuite. Ainsi, priorité est accordée au Gouvernement, au détriment de la commission des finances.

En principe, c'est le chef de l'exécutif qui devrait présenter le projet de loi de finances. Toutefois, grâce à son statut du, d'une part aux prérogatives constitutionnelles qui lui sont dévouées, d'autre part par un souci de consolider sa posture devant les parlementaires, cette tâche est déléguée au MINFI[197]. Ce dernier représente la cheville ouvrière du processus d'élaboration du budget de l'État.

Toutefois, précisons d'abord avec les dispositions du règlement intérieur du Sénat, notamment aux articles 45 et 46 que, le Président de la République peut, sur sa demande, être entendu par le Sénat conformément aux dispositions de l'article 32 de la Constitution. Il peut également lui adresser des messages. Ces communications ne donnent lieu à aucun débat en sa présence. Les membres du Gouvernement assistent aux séances à l'ordre du jour desquelles sont inscrites des affaires qui relèvent de leurs compétences. En cas d'empêchement, ils peuvent se faire suppléer par un autre membre du Gouvernement. Les membres du Gouvernement peuvent se faire assister par des proches collaborateurs.

---

[196]Cf. CHAPITRE XIII du règlement intérieur du Sénat intitulé « *De la procédure de discussion en séance plénière* » ; et CHAPITRE XI du règlement intérieur de l'Assemblée nationale, « *Procédure de discussion en séance plénière* ».

[197] L'on comprend dans ces conditions que le ministre des finances conduise la préparation du budget annuel de l'Etat et des projets de lois de finances arrêtés en conseil de cabinet, sous l'autorité du Président de la République et la coordination du Premier Ministre, Chef du Gouvernement.

Dans la réalisation de sa tâche, le MINFI reprécise les orientations de la politique budgétaire, présente les grands axes budgétaires, précise le contexte économique dans lequel s'inscrit le budget. Il faut tout de même rappeler que cette façon de procéder n'est pas une invention de la nouvelle gestion des finances publiques, elle avait cours même à l'époque de l'ordonnance de 1962, et donc du budget de moyens, mais s'est progressivement accentuée avec la loi de 2007, pour s'amplifier à la faveur de la dernière réforme de 2018.

Dans le cadre du budget programme au Cameroun, 02 types de programmes ont été retenus à savoir les programmes opérationnels et les programmes supports. Les programmes opérationnels visent la production d'un bien, d'un service en vue de la satisfaction d'un besoin spécifique, de la mise en œuvre d'un politique publique dans un domaine d'intervention bien précis. Les programmes supports quant à eux visent la réalisation des pré-requis sans lesquels la mise en œuvre des programmes opérationnels serait compromise. Il s'agit notamment des programmes d'appui institutionnel au bénéfice des structures chargées de la définition de la politique de l'État et de la gestion des ressources humaines, matérielles et financières, etc. Dans les exemples sus cités, nous avons dénombré un programme opérationnel par ministère.

Le nombre de programmes ministériels, en l'occurrence trois programmes opérationnels et un programme support, ont été arrêtées lors des assises du Comité Interministériel d'Examen des Programmes dans l'optique d'homogénéiser la pratique, de rendre exploitables et comparables, les divers documents budgétaires produits par les départements ministériels.

2- L'examen approfondi du projet de loi de finances en séance publique

Il est question d'examiner dans un premier temps le projet de loi de finances dans son intégralité, puis on examine les propositions d'amendements.

De manière générale, les textes faisant l'objet des débats en séance plénière sont ceux qui n'ont pas été rejetés, c'est-à-dire ceux qui ont reçu un avis favorable de la commission compétente et ont été inscrits à l'ordre du jour. La satisfaction à cette double condition entraîne l'ouverture des discussions publiques. À ce stade, des exemplaires des textes sont distribués à tous les députés[198] en français ou en anglais. À ce niveau, le travail législatif se fait de façon méthodique sous la supervision du Président de l'Assemblée Nationale qui est en même temps le modérateur et Président de séance. Il mène les débats avec rigueur et doit éviter tout débordement du temps de parole accordé aux députés.

L'étude d'un texte en Assemblée plénière commence par la discussion générale et se termine par la discussion sur les articles du texte.

S'agissant de la discussion générale, elle est organisée avec rigueur afin d'éviter les débordements du temps de parole des députés et autres intervenants dans

[198] De même, la multiplication des exemplaires de texte par le nombre des élus de l'hémicycle et leur traduction dans les deux langues officielles occasionnent les lenteurs observées dans le travail législatif.

l'hémicycle. C'est pour cela que les diverses interventions sont strictement réglementées par le règlement intérieur de l'Assemblée Nationale. En Assemblée plénière, en dehors du Président qui est généralement, président de séance, il existe d'autres catégories d'intervenants à savoir les gouvernements, les rapporteurs, les représentants des groupes parlementaires et les non apparentés[199].

S'agissant de la discussion par articles, il faut spécifier la particularité des lois de finances qui sont discutées par programme sur la base de la spécialisation des crédits budgétaires.

L'examen du projet de loi de finances sous l'ère de la programmation est effectué en deux parties. La discussion de la première partie est effectuée par article. En France, après l'adoption de la première partie, la discussion budgétaire est interrompue par l'examen du projet de loi de financement de la sécurité sociale, puis s'ouvre la discussion de la seconde partie, qui débute par celle des différents fascicules budgétaires. C'est la phase la plus longue du débat.

Au Cameroun par exemple, l'article 44 de la loi de 2007 d'abord, puis récemment encore l'article 58 de la loi n°2018/12 du 11 juillet 2018 portant régime financier de l'État et des entités publiques dispose qu'aucune proposition d'amendement à une loi de finances ne peut être présentée par un parlementaire si elle a pour effet, soit une diminution ressources publiques, soit l'aggravation des charges publiques sans réduction à due concurrence d'autres dépenses ou création de recettes nouvelles d'égale importance. Toutefois, ce principe n'est pas toujours d'application stricte en ce qui concerne les ressources publiques, puisqu'il peut être toléré le fait que les parlementaires proposent une diminution d'une ressource, pourvu qu'ils proposent en contrepartie la majoration d'une autre. De même, en cas de projet de loi majorant l'impôt, le parlement peut se borner en vertu du principe fondamental de la légalité fiscale, réduire le montant pour stabiliser l'impôt et rester dans le cadre du système fiscal existant. Au demeurant, une recette mais pas une dépense, peut être réduite ou augmentée, par la seule volonté parlementaire sur le fondement de la légalité fiscale, qui suppose que le parlement dispose des pouvoirs les plus étendus en matière de création, modification et suppression de l'impôt[200].

D'emblée, il faut reconnaitre que pour qu'un amendement soit soumis à un examen, il est nécessaire que la conférence des présidents juge de sa recevabilité[201]. L'examen de recevabilité à ce stade porte sur la conformité de la proposition d'amendement à la loi fondamentale, qui le cas échéant, est soulevée d'office par l'hémicycle ou soumis par celle-ci à la connaissance du juge constitutionnel.

---

[199] NTONGA BOMBA (Serge Vincent), « La Procédure législative devant l'Assemblée Nationale du Cameroun », in Centre Africain de Formation et de Recherche Administratives pour le Développement, Tanger 2002, P 13.

[200] BOUVIER (Michel), ESCLASSAN (Marie-Christine) et LASSALE (Jean-Pierre), *Finances publiques*, *op.cit.*, p. 408.

[201] Cf. Article 46 de la loi portant règlement intérieur de l'Assemblée nationale.

Il en est de même du Sénat et de l'Assemblée nationale qui réitèrent ces propos. Après que le passage à la discussion des articles a été décidé, il est éventuellement procédé à l'examen des contre-projets ou même encore des actes additionnels.

Les contre-projets constituent des amendements à l'ensemble du texte en discussion. Ils ne sont appelés en séance plénière que s'ils ont été jugés recevables par la Conférence des Présidents et antérieurement soumis à la Commission compétente. Le Sénat ne peut être consulté que sur leur prise en considération ; si elle est prononcée, le contre-projet est renvoyé à la Commission qui doit le prendre comme base de discussion et présenter un nouveau rapport dans le délai que le Sénat peut impartir[202].

Très rarement, l'on admet, qu'en matière financière et budgétaire, un projet ou une proposition de loi de finances ne peut comporter une disposition unique, l'acte additionnel ne consistant qu'à l'ajout d'un article à un projet ou proposition de loi ayant un seul article, il doit sous peine d'illégalité être jugé recevable par la conférence des présidents après avoir été soumis à l'examen de la commission compétente, pour être inscrit en séance plénière.

En France, le constituant de 1958 a tenu à inscrire une disposition limitant la possibilité pour le Parlement de procéder en cours de débat à une augmentation des dépenses[203]. L'objectif est dual en ce sens qu'il vise à éviter que le projet de l'exécutif ne soit profondément modifié voire dénaturé d'une part, d'autre part il faut restreindre les mesures trop électoralistes et mal financées[204]. L'article 47 de la LOLF, remplaçant l'article 42 de l'ordonnance de 1959, fixe les conditions dans lesquelles doit s'exercer le droit d'amendement sur les projets de loi de finances, tout en maintenant l'exigence de motivation des amendements, il assouplit les conditions d'application de l'article 40 de la Constitution pour les seuls amendements portant sur les crédits et étend à la méconnaissance de l'ensemble des règles organiques les motifs d'irrecevabilité. L'objet essentiel de l'article 47 est de préciser que, dans le cadre de la nouvelle nomenclature budgétaire mise en place par la LOLF, la « *charge* » dont l'article 40 de la Constitution interdit toute augmentation, s'entend de la mission. Élément de la revalorisation du rôle du Parlement, cette disposition autorise les parlementaires à proposer des transferts de crédits entre les programmes d'une même mission, sans, bien entendu, que cela ait pour effet d'augmenter le total des crédits de la mission concernée.
Considéré comme la contrepartie principale de la fongibilité des crédits (article 7. II de la LOLF) qui accorde aux gestionnaires une très grande liberté d'action, cet élargissement limité (un amendement parlementaire ne peut pas créer une mission ni proposer un transfert de crédits entre deux missions différentes) du droit d'amendement reste encore trop récent (il s'est appliqué pour la première fois au projet de loi de finances pour 2006) pour que l'on puisse en apprécier la portée réelle. Comme tous les amendements, ceux qui portent sur les crédits doivent être motivés. Reprenant mot pour mot le texte de l'article 42 de

---

202 Cf. Alinéa 6 de l'article 61 du règlement intérieur du Sénat.

203 Cf. article 40 de la constitution française de 1958.

204 PECHILLON (Eric), op. Cit, P 130.

l'ordonnance de 1959, l'article 47 de la LOLF (2e alinéa) prend une importance particulière pour les amendements parlementaires portant sur les crédits puisque son application permet, comme l'a souligné le Conseil constitutionnel, de vérifier, dans le cadre des procédures d'examen de la recevabilité financière, la réalité de la compensation entre les mouvements de crédits proposés[205].

En conséquence, « *chaque mouvement de crédit doit être expliqué pour soi-même, à la hausse comme à la baisse. En particulier, la diminution du montant d'un programme doit renvoyer à une réalité et à une imputation précise et être la traduction d'un choix du parlementaire qui estime que des crédits seraient plus utiles pour financer telle politique plutôt que telle autre* »[206].

Une fois les amendements disséqués et adoptés, on peut passer à la phase d'acceptation du projet de loi de finances.

II - L'instauration d'un débat d'orientation

Dès lors que le projet a été adopté en première lecture en séance plénière, par l'une des assemblées, il est transmis à l'autre chambre pour qu'il le vote dans des termes identiques. Il est aisé de penser que l'Assemblée nationale soit la première à l'examiner, puis le transfert au Sénat. Il peut arriver que les deux chambres parlementaires ne soient pas immédiatement d'accord, on assiste par conséquent à une navette parlementaire (A). Ceci pourrait nécessiter la mise sur pied d'une commission pour concilier les différentes parties (B).

A. La navette parlementaire

Elle ne doit pas être confondue ou assimiler à la navette budgétaire qui a également cours dans le milieu entrepreneurial. L'encyclopédie *Encarta* appréhende juridiquement la navette comme les « *aller et retour d'un projet de loi entre le Sénat et l'Assemblée nationale afin d'obtenir un vote identique.* »

Elle peut s'opérer dans notre droit positif de trois manières : la première résulte du désaccord du Sénat consécutif au rejet total ou partiel du texte à adopter. Le texte ainsi amendé est retourné à l'assemblée nationale qui l'examine à nouveau et l'adopte ou le rejette à la majorité simple des députés. Une autre hypothèse consiste en le rejet total ou partiel du texte par le Sénat, à la majorité absolue des sénateurs et par suite de l'exposé des motifs de rejet. Ce qui entraine le retour du texte à l'Assemblée nationale pour adoption après délibération à la majorité absolue des députés. En dernier lieu, l'absence de majorité absolue est susceptible d'entrainer la mise sur pied d'une commission mixte paritaire composée de sept (7) membres par chambre[207]. Celle-ci devra proposer un texte

---

205 Décision n° 2001-448 DC, considérant 98.

206 Rapport de M. MEHAIGNERIE (Pierre) sur la recevabilité financière dans la procédure législative à l'Assemblée nationale, n° 3247 (5 juillet 2006), p 87.

207 Article 33 alinéa 1 de la loi portant règlement intérieur de l'Assemblée nationale.

commun sur les dispositions rejetées par la chambre haute et qui devra être soumis à l'approbation des deux chambres sans pouvoir d'amendement, sauf dispense du Président de la République. À l'issue, tout désaccord oblige le Président de la République à demander au président de la chambre basse, de statuer définitivement, ou encore il déclare par ses soins le texte caduc.

Constitutionnellement et au regard de ces analyses éclairées, on peut faire aisément le constat selon lequel, priorité est accordée à l'Assemblée nationale au détriment du Sénat. En effet, les alinéas 1 et 2 de l'article 30 disposent que « *les textes adoptés par l'Assemblée nationale sont aussitôt transmis au président du Sénat par le président de l'Assemblée nationale. Le président du Sénat, dès réception des textes transmis par le président de l'Assemblée nationale, les soumet à la délibération du Sénat.* »

Il faut lire les dispositions des règlements intérieurs desdites chambres, notamment celui du Sénat, pour comprendre le mécanisme de navette parlementaire. En effet, son article 67 stipule que les textes adoptés par le Sénat sont retournés au Président de l'Assemblée Nationale dans les conditions prévues par l'article 30 de la Constitution. À cet effet, le Président du Sénat, dès réception des textes transmis par le Président de l'Assemblée Nationale, les soumet à la délibération du Sénat. Le Sénat, dans un délai de dix (10) jours à partir de la réception des textes ou dans un délai de cinq (05) jours pour les textes dont le Gouvernement déclare l'urgence, peut adopter le texte. Dans ce cas, le Président du Sénat retourne le texte adopté au Président de l'Assemblée Nationale qui le transmet dans les quarante-huit (48) heures au Président de la République aux fins de promulgation. Apporter des amendements au texte.

Les amendements, pour être retenus, doivent être approuvés à la majorité simple des Sénateurs. Dans ce cas, le texte amendé est retourné à l'Assemblée Nationale par le Président du Sénat pour un nouvel examen.

Il peut également avoir un rejet total ou partiel du texte. Le rejet doit être approuvé à la majorité absolue des Sénateurs. Dans ce cas, le texte en cause, accompagné de l'exposé des motifs du rejet, est retourné par le Président du Sénat à l'Assemblée Nationale, pour un nouvel examen et une éventuelle adoption à la majorité absolue des Députés.

Cette navette parlementaire a pour but principal d'assurer une adéquation des politiques publiques, et de parvenir à établir un équilibre budgétaire adéquat, obtenu nécessairement à travers un vote similaire entre les deux assemblées parlementaires.

Au Cameroun, on parvient généralement à un accord dès la première relecture effectuée par le Sénat. Toutefois, en cas de désaccord longtemps entretenu, possibilité est donnée au Gouvernement de mettre la pression au Parlement. Ce dernier peut donc opter pour une conciliation.

En France[208], à défaut d'accord entre les deux assemblées, après une première lecture, il est procédé à une transmission du texte à la première assemblée saisie.

---

208 LICRA, « Le parcours d'une loi et la "navette parlementaire" », in Démocratie et citoyenneté, Mallette pédagogique 2006

On procède à un nouvel examen en commission, puis une discussion en séance publique et le vote. On assiste à une nouvelle transmission à l'autre assemblée. La poursuite de la "navette" (nouvelles lectures successives par les deux Assemblées), marquée par des examens, des votes et nouvelles transmissions, s'observe jusqu'à l'adoption du texte. Dans l'hypothèse contraire, une conciliation est organisée.

B. La conciliation

Une fois saisi par le Gouvernement, notamment par le Président de la République, le Parlement met sur pied une commission mixte paritaire qui sera chargée d'établir une ligne de conciliation.

En effet, à la lecture de l'alinéa 4 de l'article 67 du règlement intérieur du Sénat, il est noté qu' «*en cas d'absence de majorité absolue, le Président de la République peut provoquer la réunion d'une Commission Mixte Paritaire chargée de proposer un texte commun sur les dispositions rejetées par le Sénat. Le texte élaboré par la Commission Mixte Paritaire est soumis par le Président de la République pour approbation aux deux Chambres. Aucun amendement n'est recevable, sauf accord du Président de la République.* »

Toutefois, si la Commission mixte paritaire ne parvient pas à l'adoption d'un texte commun, ou si ce texte n'est pas adopté par l'une et l'autre Chambres, le Président de la République peut :

- soit demandé à l'Assemblée Nationale de statuer définitivement ;
- soit déclaré caduc le projet ou la proposition de loi.

Lorsqu'il n'y a pas de désaccord, après la discussion du projet de loi de finances, l'on procède automatiquement à son vote.

En France, après deux lectures dans chaque assemblée, à la demande du Premier ministre, il est mis sur pied, une commission mixte paritaire (CMP), composée de 7 députés et 7 sénateurs (si l'urgence a été déclarée, la CMP peut être réunie après une seule lecture par chacune des assemblées). Le texte élaboré par le CMP est examiné et voté par chacune des assemblées parlementaires. En cas d'échec de la CMP ou de rejet du texte de la CMP, nouvelle lecture est organisée par chaque Assemblée.

Après une nouvelle lecture par chacune des assemblées, le Gouvernement peut demander à l'Assemblée nationale de statuer définitivement. Le texte définitif est adopté dans les mêmes termes par les deux assemblées ou voté par l'Assemblée nationale statuant à titre définitif.

CHAPITRE II : LE REAMENAGEMENT DE LA PROCEDURE D'EXECUTION DU BUDGET PAR LA PERFORMANCE

Les contraintes budgétaires irriguent les règles internes en matière budgétaire et font partir « *de ce qui fait sa raison d'être* »[209] dans le renouveau des finances publiques. Celles-ci renforcent les exigences sur le maniement du budget par le fait de la budgétisation par programme[210]. Les principes fondamentaux à l'exécution du budget sont atténués dans leur portée. L'ordonnateur, le comptable public et le contrôleur financier sont tenus par les nouvelles exigences du budget par programme en zone CEMAC. Certains organes bénéficient d'une extension matérielle de compétence. Ainsi, le renforcement de la responsabilisation desdits acteurs en zone CEMAC apparait comme l'un des aspects majeurs de la réforme (section I). La relativisation de la séparation rigide des organes dans l'exécution de la dépense publique (section II) se pose sans ambiguïté.

Section I : La responsabilisation des acteurs de l'exécution de la dépense publique

L'influence des directives CEMAC sur le droit budgétaire des États de cette partie de l'Afrique noire francophone a été le réaménagement des prérogatives des ordonnateurs publics dans le circuit de la dépense publique. *« Signe des temps, aujourd'hui, même le législateur communautaire est conscient de la nécessité d'une gestion orthodoxe des fonds publics »*[211]. L'exécution du budget connait comme unité élémentaire ou de base, la budgétisation par programme (I). Celle-ci débouche sur la déconcentration de l'exécution du budget en zone CEMAC (II).

I - La consécration de l'exécution du budget par programme

Le fondement juridique à la gestion performante du budget est l'unité élémentaire consacrée par les législations nationales en zone CEMAC. L'internalisation de cette source exigence a nécessité la contribution des sources formelles du droit et non des sources matérielles du droit. Cela efface le « *fondement juridique discutable* »[212] sur ce mécanisme. Davantage, « *la mise sous tutelle internationale des économies africaines et le durcissement des conditionnalités inscrites dans les*

---

[209] J.-M RAINAUD., « L'incidence du droit communautaire sur le droit public français », *in* RIDEAU (Joël) (Dir.), *LaFrance et les communautés européennes*, Paris, L.G.D.J, 1975, p. 841

[210] T. MACRA, « Les caractéristiques des finances publiques des pays en voie de développement », *Revue juridique et politique*, 2010 n°3, p.337 et s.

[211] S.-E KOUA., « La prescription de la CEMAC pour la création d'une Cour des comptes : le cas du Cameroun », *in Gestion & Finances Publiques* n° 6, 2020/6, p.113.

[212] B.-R-M BIKOUMOU., « Les institutions constitutionnelles du Congo : une indépendance compromise », *Revue Juridique et Politique*, 2005, n° 2, pp. 185-204 (notamment pp. 190-194).

politiques bilatérales sont devenus source de contraintes croissantes sur la gestion des affaires publiques »[213]. Dans ce sens, « *Rares sont les États africains où l'exercice des compétences régaliennes n'en est pas sérieusement malmené au quotidien* »[214]. Ce n'est donc pas de manière supposée mais plutôt de manière posée que l'on perçoit la réforme budgétaire impulsée par l'ordre CEMAC au sein des États. Compte tenu du fait, « *la Cour constitutionnelle statue obligatoirement sur la constitutionnalité de toutes les lois (ce qui inclut les lois de finances) avant leur promulgation* »[215], les sources formelles du droit des finances publiques déclinées en Constitutions (A). Par ailleurs, lois et règlements (B) formalisent la nouvelle philosophie budgétaire.

A. La dérivation de la Constitution

L'exécution du budget par programme est une réforme de la gestion des finances publiques en zone CEMAC et au sein des autres zones d'intégration régionale et sous régionale. Cette nouvelle forme de gestion des finances publiques introduit l'abrogation de l'exécution du budget selon la logique des moyens. Au regard de l'activité du juge constitutionnel en la matière[216], l'on peut réellement parler de l'émergence d'un droit constitutionnel des finances publiques[217]. Dans ce cadre, la Constitution apparait comme la source primaire (1) et le contrôle de constitutionnalité son mécanisme d'affermissement (2).

1 L'affirmation de la Constitution comme la source primaire

« *Le droit constitutionnel nous était apparu comme la mère de tous les doits : tout part de la Constitution et tout se rattache à elle. Elle a un contenu matériel et une position hiérarchique formelle* »[218]. Davantage, « *en droit positif contemporain, le droit public est le droit de l'État, il en dit l'existence, les droits et les devoirs. C'est là qu'il trouve son unité fondamentale* »[219]. De manière directe, « *Dans cette perspective, le lien entre constitution et finances publiques permet de rendre compte de l'organisation constitutionnelle des finances publiques au Cameroun* »[220] et dans les autres États de la CEMAC. La réception de l'exécution

---

213 D. BACH., *Régionalisation, mondialisation et fragmentation en Afrique subsaharienne*, Paris, Karthala, 1998, p. 7.

214 *Idem.*

215 A. BANGO., *L'élaboration et la mise en œuvre de la fiscalité dans les pays de la communauté économique et monétaire de l'Afrique centrale (CEMAC)*, thèse de doctorat *op.cit.*, p.61.

216 Voy oir par exemple Décision n° 1/CC du 17 janvier 2001, Hebdo informations, n° 433, 13-27 janvier 2001, pp. 5-6 ; Décision n° 144/CC du 28 octobre 2002, Hebdo informations, n° 464, 28 décembre 2002, pp. 225-226 ; Décision n° 25/CC du 31 décembre 2004, Hebdo informations, n° 500, 26 mars-9 avril 2005, pp. 56-57 ; Décision n° 3/CC du 12 janvier 2006, Hebdo informations, n° 514, 28 janvier-11 février 2006, pp. 21-22.

217 Voy T. ONDO., « Vers un droit constitutionnel gabonais des finances publiques », *Hebdo informations*, Libreville (Gabon), n° 534, 31 mars 2007, pp. 53-58 et n° 537, 26 mai 2007, pp. 93-97.

218 J. OWONA., *Droits constitutionnels et institutions politique du monde contemporain. Etude comparative*, Yaoundé, L'Harmattan, 2010, p.71.

219 D. TRUCHET., *Le droit public*, 3ème éd., mise à jour, Paris, PUF « Que sais-je ? », 2016, p.8.

220 J. BIAKAN., « Constitution et les finances publiques au Cameroun », *RAFIP* n°2, 2017, p.13.

du budget par programme est d'abord le fait du pouvoir constituant des États de la CEMAC.

Le pouvoir constituant, par son activité normative formalise l'existence de l'unité d'exécution du budget. L'idée est davantage approfondie par la théorie des normes dérivées de la Constitution. Et celle touchant aux normes d'habilitation[221]. Découlant du produit du constituant, la budgétisation par programme tire ses fondements des règles situées à un niveau plus élevé dans la hiérarchie des normes. La référence au principe de la hiérarchie de la norme posée par Hans Kelsen[222] affermi par Carré de Malberg dans la formation du droit par degré[223], conduit à observer la conformité de la loi aux normes qui lui sont supérieures. En ce sens, « *la norme supérieure est en effet un acte de législation c'est-à-dire d'édiction et de création d'une règle inférieure* »[224]. Davantage, *« ce droit est principalement inscrit dans la Constitution, qui est la norme suprême et que les normes inférieures doivent respecter* »[225]. La Constitution est la première source matérielle du droit des finances publiques. Elle est la norme fondamentale de part laquelle tout part et se rattache à l'ordonnancement juridique. Elle est le cadre formel et matériel de diffusion des règles juridiques sur les finances publiques. Par ce fait, l'exécution du budget par programme dérive de la Constitution. C'est davantage l'occasion de valoriser la théorie des normes dérivées et de normes d'habilitation de la Constitution. Dans ce sens, « *l'unité du droit public repose sur une conception d'ensemble touchant la fonction assignée aux règles du droit public* »[226].
« *Il s'agit en fait de l'introduction dans la pratique budgétaire d'une nouvelle philosophie de gestion caractérisée par le passage d'une logique de moyens centrée sur la recherche de la régularité budgétaire à une logique de performance intégrant davantage les préoccupations d'efficacité de l'action publique* »[227]. La performance dans l'exécution du budget en zone CEMAC résulte de l'unité élémentaire consacrée en la matière. L'attribution d'une destination utilitaire et aux investissements à forte propension économique et financière est le fait de l'unité technique de référence. Au regard du cadre juridique réforme des États de la CEMAC, la constatation de la performance découle du recours à la budgétisation par programme. De l'exégèse des textes de

---

[221]G. TUSSEAU, *Les normes d'habilitation*, Paris, Dalloz « nouvelles bibliothèques de thèses inv 4427 » 2006 p.3 et s.

[222] H. KELSEN, *Théorie pure du droit*, 2ème éd., traduit en Français par Charles Eisenmann, Paris, Dalloz, 1962, p.258 et s

[223] R. CARRÉ DE MALBERG., *Confrontation de la théorie de la formation du droit par degrés avec les idées et les institutions consacrées par le droit positif français relativement à sa formation* Paris, Librairie du recueil Sirey, 1933, 192p.

[224]J.-F WANDJI K., « Le contrôle de constitutionnalité au Cameroun et le modèle africain de justice constitutionnelle », *Politeia* n° 11, 2007, p.306.

[225]A. LEGRAND., C. WIENER., *Le droit public*, Paris, La documentation française, 2017, p.6.

[226] M. GOUNELLE., *Introduction au droit public. Institutions. Fondements. Sources.* 2ème éd., Paris, Montchrestien, 1989, p.6.

[227] J. BIAKAN., « La réforme du cadre juridique des finances publiques au Cameroun : la loi portant régime financier de l'État », *in* M. ONDOA (s.dir), *L'administration publique camerounaise à l'heure des réformes*, Yaoundé, L'Harmattan, 2010 p.19.

ces États de l'Afrique noire francophone, l'exécution par programme du budget constitue la nouvelle exigence de la gouvernance financière.

Toutefois, la dérogation à l'idée de Constitution sur la budgétisation par programme restaure le contrôle de constitutionnalité et partant la décision de constitutionnalité. Les institutions échappent généralement *de jure* à la volonté de leur créateur. Cet effacement est « *héritière de la tradition constitutionnelle française* »[228]. « *Il faut, au risque de rappeler des évidences, revenir à 1789, à la Déclaration, et à travers elle, à Rousseau* »[229]. Consacrée formellement dans la déclaration française des droits de l'homme et du citoyen du 26 août 1789[230], puisant dans les écrits de Jean Jacques Rousseau[231], la loi était l'expression de la volonté générale. De l'histoire constitutionnelle, contrôlée la loi revient simplement à contrôler le peuple, chose irrecevable dans la démocratie directe. Cette confiance absolue et inconditionnelle à la vertu libérale de la loi s'effrita dans le temps. Par le fait du principe de constitutionnalité, l'affirmation de la fin de l'absolutisme de la loi ne posait sans ambiguïté. C'est dans ce cadre que le contrôle de constitutionnalité des lois et le contrôle de légalité se pose sans ambiguïté. L'accent sera exclusivement sur le contrôle de constitutionnalité des lois touchant aux finances publiques en zone CEMAC.

2. L'instauration du contrôle de constitutionnalité pour affermir l'idée de Constitution

Les systèmes juridiques contemporains consacrent le contrôle de constitutionnalité des actes juridiques comme le mécanisme de protection de l'intégrité matérielle et l'affermissement de la hiérarchie des normes dans l'ordonnancement juridique interne. Par ce mécanisme, aucune norme ne peut déroger irrégulièrement à la Constitution. « *Le principe de légalité est désormais complété, sinon remplacé par ce que nous appelons le « principe de constitutionnalité* »[232]. Davantage, « *les sociétés politiques et civiles africaines ne pouvaient éviter de donner toute sa signification et son effectivité au fait constitutionnaliste* »[233]. Sur ces points, le contrôle de constitutionnalité diverge suivant les mécanismes consacrés par les constituants des États de la zone CEMAC[234]. Les juges constitutionnels bénéficiant de l'attribution de compétence, contrôle la conformité à la Constitution d'une catégorie d'acte juridique.

---

[228] B.-R GUIMDO DONGMO., "Constitution et démocratie dans les États francophones d'Afrique », *in* O. NAREY (s.dir), *La Constitution*, Paris, L'Harmattan, 2018, p.160.

[229] J. RIVERO., « Fin d'un absolutisme » *op.cit.*, p.6.

[230] Voy article 6 de la Déclaration française des Droits de l'Homme et du citoyen du 26 août 1789.

[231] Voy J.-J ROUSSEAU, *Du contrat social, ou principes du droit politique*, Paris, Union Générale d'Éditions, 1963, 373p.

[232] L. FAVOREU., « L'apport du Conseil constitutionnel au droit public », *in Pouvoirs* n°13, 1991, p.18.

[233] A. CABANIS., M.-L MARTIN., *Le constitutionnalisme de la troisième vague en Afrique francophone*, Bruxelles, Bruylant, PUR, 2010, p.7.

[234] Cf. Ph. LOSAPPIO., « Droit communautaire, droit national et régime fiscal : quelques illustrations pratiques », *Recueil Dalloz*, 1999, 13ème Cahier, Chr. p. 135

Au Cameroun, le juge constitutionnel resté longtemps transitoire[235] car exercé par la Cour suprême jusqu'en 2018 est juge de la Constitution de la loi ordinaire, des traités et accords internationaux et du règlement intérieur des assemblées parlementaires avant leur mise en application[236]. Il s'agit d'un contrôle de constitutionnalité *à priori* et dont le cadre de saisine est limité aux autorités politiques et au président du Conseil régional dans l'optique de défendre les intérêts de la région[237]. Ce cadre du contrôle de constitutionnalité n'a pas été abrogé par la révision constitutionnelle du 14 avril 2008[238]. Au Congo Brazzaville, la Cour constitutionnelle est juge de la constitutionnalité des lois, des traités et accords internationaux et du règlement intérieur des assemblées parlementaires[239]. Mais force est de constater que ce contentieux n'admet la participation du citoyen devant le juge constitutionnel. C'est le sens de « *l'exclu de la saisine du juge constitutionnel : l'impossibilité pour le citoyen de déclencher un contrôle de constitutionnalité en tant que garantie de ses droits et libertés* »[240]. L'exclusion du citoyen est également le fait du constituant malien[241]. Que l'on soit au Bénin[242], au Burkina Faso[243], au Congo Brazzaville[244], en Côte d'Ivoire[245], au Gabon[246], au Niger[247], en république centrafricaine[248] et au Togo[249], le citoyen jouit de la qualité contentieuse de saisir la juridiction constitutionnelle d'un recours direct ou indirect en contestation de l'inconstitutionnalité de la loi. Au Gabon, la Cour constitutionnelle statue sur les lois, les traités et accords internationaux, les règlements intérieurs des assemblées parlementaires avant leur mise en application[250]. Elle statue également sur les autres catégories de loi ainsi que les

[235] L.-P GUESSELE ISSEME., « La protection du droit de vote par les juges constitutionnels béninois et camerounais. Réflexions sur la garantie des droits fondamentaux dans les États d'Afrique noire francophone », *RADSP*, vol III n°5 jan-juin 2015, p.44 : « *la juridiction constitutionnelle spécialisée existante dans cet exemple Ouest africain (...), pourtant consacrée au Cameroun n'y est pas encore matériellement présente. C'est la Cour suprême qui statue en réalité en lieu et place du Conseil constitutionnel, en attendant son entrée en vigueur effective par la création physique réelle de ses locaux nécessaires à son fonctionnement* ».

[236] Article 47 alinéa 1 et 3 de la loi n°96-06 du 18 janvier 1996 portant révision de la Constitution du 02 juin 1972.

[237] J.-F WANDJI K., *La justice constitutionnelle au Cameroun*, Paris, éd MENAIBUC, 2015, p.119.

[238] Voy article 1er de la Loi n° 2008/001 du 14 avril 2008 modifiant et complétant certaines dispositions de la loi n° 96/06 du 18 janvier 1996 portant révision de la constitution du 02 juin 1972 (Cameroun).

[239] Article 175 de la Constitution du 6 novembre 2015 (Congo Brazzaville).

[240] J.-F WANDJI K., *La justice constitutionnelle au Cameroun*, *op.cit.*, p.128.

[241] Article 88 de la Constitution du Mali

[242] Article 122 de la Constitution du Bénin

[243] Article 157 de la Constitution du Burkina Faso

[244] Article 160 de la Constitution du 06 novembre 2015 du Congo Brazzaville

[245] Article 135 de la Constitution de Côte d'Ivoire de 2016

[246] Article 86 de la Constitution du Gabon

[247] Article 131 de la Constitution du Niger

[248] Article 100 de la Constitution de la République de Centrafrique.

[249] Article 104 de la Constitution du Togo.

[250] Article 84 de la Loi n°47/2010 du 12 janvier 2011 modifiant et complétant la loi N°3/91 du 26 Mars 1991 portant Constitution de la République du Gabon.

actes règlementaires[251]. Par ce fait, le juge constitutionnel est également le juge de la constitutionnalité des actes règlementaires lequel le rapproche de son homologue le juge constitutionnel béninois[252]. « *Mais la justice constitutionnelle n'est, par principe, chargée de contrôler la constitutionnalité des actes administratifs* »[253]. Au Tchad, c'est la Chambre constitutionnelle de la Cour suprême qui s'assure du contrôle de constitutionnalité des actes juridiques[254]. En Guinée Equatoriale, c'est le tribunal constitutionnel qui connait du recours de la constitutionnalité de la loi[255]. En procédant par un rapprochement, le juge constitutionnel en zone CEMAC connait de manière empirique de constitutionnalité d'une diversité d'acte juridique. Cette « *instauration d'un contrôle régulier des lois de finances a en effet suscité une véritable culture de la constitutionnalité des lois fiscales, aussi bien à l'intérieur de l'administration qu'au sein du Parlement* »[256]. Son office ne se confine pas au contrôle de constitutionnalité de la loi. Il connait du contrôle de constitutionnalité des traités et accords internationaux, de la loi organique, de la loi ordinaire, des règlements intérieurs des assemblées parlementaires. Il en est aussi d'autres textes de valeur constitutionnelle. C'est une activité prétorienne riche et diversifiée en zone CEMAC. Les constituants ont aménagé une diversité d'actes juridiques justiciables devant le juge de la constitutionnalité. Ainsi, « *en organisant un contrôle de validité des normes au plus haut niveau de la hiérarchie juridique, la juridiction constitutionnelle assure l'effectivité réelle de la norme fondamentale c'est-à-dire la Constitution* »[257]. C'est dans ce cadre que la Constitution organise les règles relatives à la protection des mécanismes d'exécution du budget en zone CEMAC. L'occasion est donnée de procéder par un contrôle de constitutionnalité des actes juridiques.

Par ce fait, « *la garantie de la Constitution repose principalement sur la possibilité d'annulation des actes qui lui sont contraires* »[258].C'est donc dans ce cadre que le juge constitutionnel en zone CEMAC s'assure de la constitutionnalité externe et de la constitutionnalité interne des actes juridiques justiciables devant son office. « *Toutes les lois que le parlement adopte peuvent être soumises au contrôle de constitutionnalité. En principe, la constitutionnalité d'une loi tient à des conditions aussi bien internes qu'externes. Les conditions externes de constitutionnalité sont celles qui touchent la compétence et les vices de*

---

[251] Article 85 de loi n°3/91 du 26 Mars 1991 modifié et complétée (Gabon).

[252]Voy P. MOUDOUDOU., « Réflexions sur le contrôle des actes règlementaires par le juge constitutionnel : cas du Bénin et du Gabon », *Annales de l'université Marien Ngouabi*, 20112012 ; 12-13 (3), pp.65-91 ; C. KEUTCHA TCHAPNGA., « Le juge constitutionnel, juge administratif au Bénin et au Gabon ? », *RFDC*, n°3, 2008, p.553 et s.

[253] P. MOUDOUDOU., « Réflexions sur le contrôle des actes règlementaires par le juge constitutionnel : cas du Bénin et du Gabon », *op.cit.*, p.68.

[254] Article 157 de la Constitution du 04 Mai 2018 du Tchad.

[255] Article 95 alinéa a de la loi constitutionnelle n°1/1995 du 17 janvier 1995 de la Guinée Equatoriale.

[256] L. PHILIP., « Le contrôle de la constitutionnalité des lois fiscales en France », *op.cit.*, p. 160.

[257] G. DRAGO., *Contentieux constitutionnel*, 2ème éd., refondue *op.cit.*, p.63.

[258] L. FAVOREU., M. WANDA., *Les Cours Constitutionnelles*, éd., refondue, Paris, Dalloz, 2011, p.16

procédure. S'agissant des conditions internes, elles englobent la violation de la constitution et le détournement de pouvoir »[259].

Le traitement de l'inconstitutionnalité repose sur l'établissement d'une diversité de décisions de constitutionnalité dans les systèmes juridiques contemporains. Restée pendant sans critère de systématisation, il a fallu se référer à l'effort de catégorisation Louis Favoreu. En s'appropriant son œuvre, nous pouvons retenir que l'« *on distingue quatre grands types de décisions du Conseil constitutionnel : les décisions de qualification, les décisions d'annulation partielle ou totale, les décisions de rejet simple et les décisions de conformité sous réserve* »[260].

Ces catégories de décisions de constitutionnalité renseignent sur le maniement prétorien de l'inconstitutionnalité dans les systèmes juridiques contemporains. Les États ne les réalisent tous mais opèrent généralement des choix au sein de celles-ci. C'est notamment le cas en droit constitutionnel des États de la CEMAC. Les décisions de justice n'illustrent aisément les cas de décision de requalification. Il est aisément constaté les décisions de conformité sous réserve, d'annulation partielle ou totale ou de rejet. « *S'il est avéré que la technique des réserves d'interprétation se révèle comme un véritable outil de dialogue avec les institutions, en l'occurrence le parlement et le gouvernement, il est à se demander si sa fréquente utilisation n'aboutit pas finalement à une usurpation de la fonction législative* »[261]. C'est une décision qui permet au juge constitutionnel de restaurer la constitutionnalité en imposant certaines directives à l'auteur du texte. Il s'érige en colégislateur et produit des normes de valeur législative. Son action affecte la formulation du texte initial. La technique des réserves d'interprétation permet justement au juge constitutionnel de s'affranchir « *du carcan du schéma décisionnel binaire, pour agir directement sur la substance normative de la loi afin de la mettre en harmonie avec les exigences constitutionnelles* »[262].

Par ailleurs, l'actualité en zone CEMAC renseigne sur les décisions de rejet simple qui « *s'analysent soit en décision d'irrecevabilité, soit en décisions de conformité* »[263]. Le Conseil constitutionnel s'est majoritairement illustré par l'édiction de cette qualité de décision de constitutionnalité[264]. Il est aussi des décisions d'annulation partielle. Dans ce cas « *il faut distinguer trois situations : soit la disposition annulée est jugée inséparable de certaines dispositions auxquelles elle se rattache, et alors ces dispositions elles-mêmes sont invalidées même si elles sont inconstitutionnelles ; enfin les dispositions annulées sont*

---

[259] S. DAKO., « La résolution juridictionnelle des conflits entre le Gouvernement et le Parlement au bénin », *in* F.-J AIVO (dir), *La Constitution béninoise du 11 décembre 1990 : un modèle pour l'Afrique ? Mélanges en l'honneur de Maurice Ahanhanzo Glèglè*, Paris, L'Harmattan, 2014, p.345.

[260] L. FAVOREU., « La décision de constitutionnalité », *op.cit.*, p.619.

[261] C.-P TCHIHOUNGNAN SOGLOHOUN., *Le rôle du juge constitutionnel dans le processus de démocratisation en Afrique. Les cas du Bénin, du Mali, du Sénégal et du Togo*, Thèse de Doctorat en droit public, Université D'Abomey Calavi, 2011, p.348.

[262] T. DI MANNO., « L'influence des réserves d'interprétation », *op. cit.*, pp. 189-190 ; G. TIMSIT., Gouverner ou juger. Blasons de la légalité, *op.cit.*, p. 71, souligne que c'est « *un progrès pour le contrôle juridictionnel que d'échapper à la rigidité des choix binaires* ».

[263] L. FAVOREU., « La décision de constitutionnalité », *op.cit.*, p.621.

[264] Décision n°01/CC/02-03 du 28 novembre 2002, *Président de l'Assemblée nationale op.cit.*

inséparables de l'ensemble de la loi »[265]. Formellement, « *Lorsque le Conseil constitutionnel déclare que la loi contient une disposition contraire à la Constitution et inséparable de l'ensemble de cette loi, celle-ci ne peut être ni promulguée ni mise en application* »[266]. Cette disposition est consacrée au Congo Brazzaville[267], au Gabon[268], en Guinée Equatoriale[269] et au Tchad[270].

Ainsi, le traitement de l'inconstitutionnalité touchant aux textes qui n'aménagent pas l'idée de Constitution sur la budgétisation par programme est susceptible de connaitre les déclinaisons de la décision de constitutionnalité. Effritée l'idée de Constitution reviendrait simplement pour un texte d'aménager les règles devant conduire à l'exécution performante du budget. Ainsi, le droit constitutionnel mobilise des techniques afin de mieux diffuser le discours du législateur dans l'ordre juridique interne. Le fondement juridique de l'exécution performante du budget en zone CEMAC est l'assise en catalogue de la notion de programme dans la Constitution. Au regard de la théorie des normes dérivées et des normes d'habilitation, les normes infra constitutionnelles s'en sont appropriées. Le contrôle de constitutionnalité et le contrôle par le juge administratif ont permis de consolider l'idée de Constitution sur la nouvelle gouvernance financière en zone CEMAC. Ces contrôles raffermissement l'idée de Constitution sur les normes qui lui sont dérivées dans cette partie de l'Afrique noire francophone.

B. La déduction de la dérivation de la Constitution

La Constitution renvoie aux lois organiques, aux lois ordinaires, aux règlements intérieurs d'assemblée parlementaire, le soin d'aménager les règles sur l'exécution par performance du budget en zone CEMAC. La norme fondamentale a, par la théorie des normes dérivées, habilité aux normes infra constitutionnelles l'aménagement des règles sur le budget programme et ses implications. Elle les a donc insérés dans les normes visées (1). Les États les insèrent dans les principes fondamentaux de l'exécution du budget en zone CEMAC (2).

1. L'insertion dans les normes visées par la Constitution

L'aménagement des règles sur la budgétisation par programme s'insère dans les matières visées dans la Constitution par le pouvoir constituant camerounais. L'œuvre constituante ne procède par un renvoi, ni hors de la Constitution, ni dans le préambule de la Constitution. En l'espèce, on ne s'y réfère, mais il y est simplement renvoyé. Dès lors, « *les normes sont « visées » non pas au sens des visas du*

---

[265] *Idem*, p.620.
[266] Article 25 de la loi n°2004/004 *op.cit.*
[267] Article 181 de la Constitution du 06 novembre 2015 du Congo Brazzaville.
[268] Article 85 de la Constitution du Gabon
[269] Voy article 94 et s de la loi constitutionnelle n°1/195 du 17 janvier 1995 *op.cit.*
[270] Voy Constitution du 04 Mai 2018 (Tchad).

vocabulaire du contentieux, (…). Elles sont à la fois en dehors et dans la Constitution »[271]. La Constitution a vocation à ne détailler le contenu de ses dispositions et à laisser le soin à certaines normes le développement de l'œuvre constituante. Ces normes infra constitutionnelles approfondissent le régime juridique de l'exécution du budget par programme dans les États CEMAC. La réforme financière amorcée au niveau supra national est habilitée sans concession par l'œuvre constituante au sein de ces États. Ainsi, « *les pouvoirs publics expriment dans les Etats d'Afrique noire francophone, la nécessité d'aménager les dispositions du texte fondamental. Ils recourent aux normes dérivées de la Constitution, comme des relais permettant de la prolonger* »[272]. « *Fondées sur la suprématie de la loi, les Chartes de 1814 et de 1830 se contentent de renvoyer au législateur le soin de compléter certaines dispositions constitutionnelles* »[273].

Dans cette logique, la loi organique, la loi ordinaire, le décret pris par les sources formelles des États de la CEMAC ont simplement aménagé l'idée de Constitution tant sur la spécialisation que sur l'exécution du budget. Ils ne heurtent pas la formulation des règles du pouvoir constituant. Ils viennent simplement les approfondir. La démonstration en cause tient compte du pan formel et du pan matériel. Par ailleurs, l'habilitation constitutionnelle est le fondement à l'aménagement de cette exigence par la diversité des sources formelles susmentionnées. « *L'habilitation se manifeste d'abord dans le langage des acteurs. C'est à ce niveau qu'il est possible d'identifier les énoncés habilitants. Ceux-ci font ensuite l'objet d'une appréhension originale de la part des disciplines juridiques* »[274]. La capacité normative des sources formelles infra constitutionnelles est l'habilitation du constituant et par ce fait, l'aménagement formel diversifié de la budgétisation par programme au sein des États de la CEMAC. En se référant à la hiérarchie des normes, certains États ont opté pour un acte juridique supra décrétale et les autres un acte juridique infra décrétale. En plus, l'aménagement juridique de l'exécution du budget par programme est soit le fait des actes législatifs[275], soit des actes administratifs unilatéraux[276].

Les sources formelles infra constitutionnelles aménagent l'idée de programme en droit public financier en zone CEMAC. Formalisée implicitement dans la

---

[271] M. VERPEAUX., « Préface », *in* A. ROBLOT TROIZIER., *Contrôle de constitutionnalité et normes visées par la Constitution française. Recherches sur la constitutionnalité par renvoi*, Paris, Dalloz, « Nouvelle Bibliothèque de Thèses », 2007, p.xii.

[272]L.-P GUESSELE ISSEME., « Les normes dérivées de la Constitution dans les États d'Afrique noire francophone », *RADSP* Vol V, n° IX- jan.- juin 2017 p.95.

[273] S. VELLEY., « Compléter la Constitution ? », *in* D. DE BECHILLON., V. CHAMPEIL DESPLATS., P. BRUNET., (dir), *L'architecture du droit, Mélanges en l'honneur Michel TROPER.*, Paris, ECONOMICA., 2006, p.991.

[274]G. TUSSEAU, *Les normes d'habilitation op.cit.,* p.3.

[275]Voyla loi I/2012/n°012/CNT portant loi organique relative aux lois des finances (Guinée Equatoriale) ; voy loi n°2018/012 du 11 juillet 2018 *op.cit.* (Cameroun).

[276]VoyDécret n° 2018-67 du 1er mars 2018 portant règlement général de la comptabilité publique (Congo Brazzaville) ; Décret n°0094/PR/MBCP du 8 février 2016 portant Règlement Général sur la Comptabilité Publique ; voy le décret n°193/PR/MBCPFP du 22 mai 2012 portant création et organisation des fonctions de responsable de programme, responsable de budget opérationnel de programme et de responsable d'unité opérationnelle (Gabon)

Constitution, celle-ci est améliorée de sa lecture en catalogue par les lois organiques, les lois ordinaires et des actes règlementaires édictés dans le cadre de l'exécution du budget par programme.

Au Congo Brazzaville, le décret portant comptabilité générale indique les agents publics en charge de l'exécution des crédits de programme. Cet acte procède par une distinction entre ordonnateur principal, ordonnateur secondaire et délégué. Une distinction touche également la procédure d'exécution des recettes de celle des dépenses[277]. C'est également le cas au Gabon[278]. Ces deux éléments apparaissent comme des critères de bonne gouvernance[279].

En Guinée Equatoriale, la loi organique détermine le contenu du programme ainsi que les autorités en charge de son application. Un programme regroupe les crédits destinés à mettre en œuvre une action ou un ensemble cohérent d'actions représentatif d'une politique publique définie dans une perspective de moyen terme. Un programme peut regrouper, tout ou partie des crédits d'une direction, d'un service, d'un ensemble de directions ou de services d'un même ministère. À ces programmes, sont associés des objectifs, arrêtés en fonction de finalités d'intérêt général et des résultats attendus. Ces résultats, mesurés notamment par des indicateurs de performance, font l'objet d'évaluations régulières par les corps et institutions de contrôle et donnent lieu à un rapport de performance élaboré en fin de gestion par les ministères concernés[280].Une définition classique du programme et de ses attributs est donnée ici. Pour en permettre l'application progressive et la subordonner à la capacité effective des administrations à assumer ce changement majeur de mode de gestion, la LO a retenu le principe d'une évolution progressive d'ici à fin 2017.

Au Cameroun, la loi portant régime financier de l'État a attribué une définition à la notion de programme en droit public financier. Ce cadre formel situe ainsi les idées affranchies des contributions doctrinales parfois contradictoires. Ainsi, le programme est l'« ensemble d'actions à mettre en œuvre au sein d'une administration pour la réalisation d'un objectif déterminé dans le cadre d'une fonction »[281]. Par objectif, il faut entendre, « résultat à atteindre dans le cadre de la réalisation d'une fonction, d'un programme ou d'une action et mesurable par des indicateurs »[282]. Par fonction, il faut entendre, l'« ensemble d'activités répondant aux besoins collectifs fondamentaux de la nation dans les

---

277 Article 8 du Décret n° 2018-67 du 1er mars 2018 portant règlement général de la comptabilité publique (Congo Brazzaville).

278 Article 6 du Décret n°0094/PR/MBCP du 8 février 2016 portant Règlement Général sur la Comptabilité Publique (Gabon).

279 M. BOUVIER, « Nouvelle gouvernance publique et transformation du pouvoir politique », *in Réforme des finances publiques et transformation de l'Administration, Mélange en l'honneur de* R. HERTZOG, *op.cit.*, p.65

280 Article 23 de la loi I/2012/n°012/CNT portant loi organique relative aux lois des finances (Guinée Equatoriale).

281 Article 8 de la loi n°2007/006 du 26 décembre 2007 portant régime financier de l'État (Cameroun).

282 Article 8 de la loi n°2007/006 *op.cit.*

différents domaines d'intervention de l'État »[283]. Et l'indicateur est une « variable qualitative ou quantitative permettant de mesurer les résultats obtenus dans la réalisation des objectifs »[284]. L'évaluation doit mettre en relief la traçabilité des opérations et une définition des notions, des données, des sources et des circuits[285]. Cette loi indique par ailleurs que l'ordonnateur est astreint à la production d'un compte administratif annuel retraçant ses actes de gestion et d'un rapport de performance sur les programmes dont il a la charge[286].
En outre, un programme regroupe les crédits destinés à mettre en œuvre une action ou un ensemble cohérent d'actions relevant d'un même ministère et auquel sont associés des objectifs précis, définis en fonction de finalités d'intérêt général, ainsi que des résultats attendus. Les objectifs de chaque programme sont assortis d'indicateurs de résultats[287]. En tant que cadre de pilotage opérationnel des politiques publiques, un programme peut regrouper des crédits d'une direction, d'un service, d'un ensemble de directions ou de services d'un même ministère[288]. Placés sous la responsabilité d'un responsable de programme désigné en application de l'article 69 de la présente loi, les programmes font l'objet d'une évaluation de leur efficacité économie et efficience par les corps et institutions de contrôle, ainsi que par la juridiction de comptes[289]. Les programmes d'un même ministère s'inscrivent dans le cadre d'un document de stratégie sectorielle ou ministérielle cohérent avec les documents de cadrage à moyen terme définis à l'article 10 de la présente loi[290].

Les actes juridiques infra constitutionnels approfondissent la Constitution. Ils approfondissent en l'espèce, le régime juridique de la budgétisation par programme. Et c'est dans ce cadre que l'on perçoit la déconcentration de l'exécution des programmes. L'aménagement de l'exécution du budget par programme par les actes juridiques de nature non constitutionnelle est d'abord une affaire juridique. Il est de principe que « *le droit est un moyen, un moyen social spécifique, ce n'est pas une fin* »[291]. Il est mis à l'actif de la loi organique portant loi des finances, à la loi ordinaire pour comptabilité publique et au décret portant règlement général de la comptabilité publique en zone CEMAC. Le pouvoir exécutif et le pouvoir législatif apportent leur contribution à la définition d'un cadre juridique applicable à l'exécution du budget. L'activité normative en la matière est celle de deux fonctions étatiques en zone CEMAC. Elle produit des normes de portée générale et impersonnelle devant encadrer la situation juridique de l'exécution du budget dans cette partie de l'Afrique noire francophone. Elle

---

[283] Article 8 de la loi n°2007/006 *op.cit.*
[284] Article 8 de la loi n°2007/006 *op.cit.*
[285] A. BARILARI, « La mesure de la performance : les indicateurs », *in la gouvernance des finances publiques dans le monde*, *op.cit.*, p.280.
[286] Article 51 alinéa 2 de la loi n°2007/006 *op.cit.*
[287] Article 30 alinéa 3 de la loi n°2018/012 du 11 juillet 2018 *op.cit.* (Cameroun).
[288] Article 30 alinéa 4 de la loi n°2018/012 du 11 juillet 2018 *op.cit.*
[289] Article 30 alinéa 5 de la loi n°2018/012 du 11 juillet 2018 *op.cit.*
[290] Article 30 alinéa 6 de la loi n°2018/012 du 11 juillet 2018 *op.cit.*
[291] H. KELSEN, *Théorie générale du droit et de l'État*, Paris, Bruylant, L.G.D.J, 1997, p.71.

pourvoit aux « *valeurs fondamentales que le droit a pour fonction de sauvegarder* »[292]. Les sources formelles de nature diverse pourvoient à la performance sur la mise en œuvre du budget. La consécration des règles juridiques suffisamment enrichie partant de la définition de la notion de programme jusqu'aux acteurs en charge de son maniement se pose comme une nécessité. « *Lorsqu'elle régit des matières complexes ou des questions techniques, la loi ne peut elle-même éviter une certaine complexité ou technicité* »[293]. L'activité normative du législateur et de l'exécutif sur la performance est de nature à affermir la sécurité juridique.

L'activité normative du législateur et de l'exécutif sur la performance en matière d'exécution du budget en zone CEMAC est de nature à affermir la sécurité juridique. Les administrés peuvent en s'appropriant le cadre juridique, déterminer les règles juridiques applicables au régime juridique de la performance en droit budgétaire. Ils se font une idée de l'interprétation du cadre juridique y afférent, des acteurs et des procédures devant conduire à l'efficacité et l'efficience dans la mise en œuvre du budget. Ils se font davantage une idée non déduite de l'interprétation de l'application mécanique et automatique des dispositions claires et non ambiguës. « *La sécurité juridique a constitué la base fondamentale, celle sur laquelle tout l'édifice s'est construit* ;»[294]. C'est davantage, « *la grande justification intrinsèque du droit* »[295].

2. L'insertion dans les principes fondamentaux des finances publiques

Les États constituant ce cadre géographique insèrent cette exigence dans les principes fondamentaux des finances publiques et de la comptabilité publique. Que l'on soit au Congo Brazzaville[296], Gabon[297], au Cameroun[298] et en Guinée Equatoriale[299], le programme constitue le cadre de mise en œuvre du budget. En dépit de constituer l'unité élémentaire de spécialisation des crédits, il constitue également le cadre de responsabilisation des acteurs en charge de l'exécution du budget. Il est particulièrement fait allusion aux ordonnateurs en zone CEMAC.

---

[292] J. CARBONNIER, *Flexible droit. Pour une sociologie du droit sans rigueur*, 10ème éd., L.G.D.J, 2001, p.108.

[293] D. RIBES, « La formation d'un droit constitutionnel financier de la sécurité sociale (à propos de la décision du Conseil constitutionnel 2001-453 DC du 18 décembre 2001) », *RFDC* n°50, 2002, p. 403.

[294] P. ROUBIER, *Théorie générale du droit*, 2ème éd., Paris, Sirey, 1951, p.319.

[295] C.-A. MORAND, « L'obligation d'évaluer les effets des lois », *in* C.-A. Morand (dir.), *Évaluation législative et lois expérimentales*, Paris, PUAM, 1993, p.111.

[296]Voy article 8 Décret n° 2018-67 du 1er mars 2018 portant règlement général de la comptabilité publique (Congo Brazzaville).

[297] Article 6 du Décret n°0094/PR/MBCP du 8 février 2016 portant Règlement Général sur la Comptabilité Publique ; voy le décret n°193/PR/MBCPFP du 22 mai 2012 portant création et organisation des fonctions de responsable de programme, responsable de budget opérationnel de programme et de responsable d'unité opérationnelle (Gabon).

[298] Article 32 alinéa 1 de la loi n°2018/012 *op.cit.* (Cameroun).

[299]Voy article 23, 63 de la loi I/2012/n°012/CNT portant loi organique relative aux lois des finances (Guinée Equatoriale).

Les directives CEMAC influencent la procédure d'exécution du budget des États. De plus en plus à l'uniformisation des règles de finances publiques, l'intégration sous régionale peut se targuer d'une avancée. Son action est plus visible et lisible par l'appropriation et la formalisation des exigences de performance sur « *des domaines communs et des objectifs communautaires* »[300]. Le cadrage financier établi au niveau de la communauté CEMAC est décodé par les États dans le processus d'exécution du budget. « *Le principe de subsidiarité est à double tranchant, car s'il reconnaît que la compétence communautaire est une compétence d'attribution, il étend la détermination de ces attributions à tous les domaines d'action qui sont aujourd'hui et seront demain jugés susceptibles d'être mieux réalisés au niveau communautaire qu'au niveau étatique* »[301]. Son action entraine alors un réaménagement des règles instituées, lesquelles convergent vers les exigences du budget programme. Par ce fait, il est assigné formellement à la mise en œuvre du budget, des exigences de la gestion axée sur les résultats, l'efficience et l'optimisation des recettes publiques. La mise en œuvre de la loi des finances repose dorénavant sur la définition des priorités à l'action publique et la valorisation des investissements publics à forte portée sur les conditions de vie des populations. Ce réaménagement du formalisme à la mise en œuvre du budget influence sur le maniement des procédures budgétaires considérées jusqu'ici comme des références. Les contraintes budgétaires rehaussées pèsent plus que par le passé sur les acteurs du processus d'exécution du budget. L'on admet que « *sans un État efficace, il n'est pas de développement économique et social durable* »[302].

La performance érigée en but, la responsabilisation des acteurs de l'exécution du budget défini comme moyen permet de l'atteindre. La mise en œuvre du budget redéfini dans son cadre matériel est mise à l'actif du droit de la communauté CEMAC. Les directives CEMAC définissent au niveau supra national, le cadrage supra national devant irriguer au niveau notamment au sein des États de la CEMAC les techniques devant pourvoir à l'idée de performance dans l'exécution du budget.

De plus en plus enclins à l'intégration financière amorcée de manière non exhaustive sur l'intégration juridique[303], les États de la CEMAC redynamisent en introduisant une nouvelle dynamique aux effets du budget sur les populations nationales. Par ce fait, « *L'État a la compétence de sa compétence* »[304] au moment de la

---

300 B. SARR, « Le traité de l'UEMOA : un pacte fédératif constitutionnel », *Revue, EDJA*, 4ème trimestre 1999, p.93.

301 J. CHARPENTIER, « Quelle subsidiarité ?», *op.cit.*, p.53 ; R. KOVAR, « Les rapports entre le droit communautaire et les droits nationaux », *in trente ans de droit communautaire*, Bruxelles, Commission Européenne, 181, p.147.

302 Banque Mondiale, Rapport sur le développement dans le monde, 1997 : l'Etat dans un monde en mutation, Washington, 1997.

303 J.-. I SAYEGH, « L'ordre juridique de l'UEMOA et l'intégration juridique africaine », *in Les dynamiques du droit européen en début de siècle, Etudes en l'honneur de Jean Claude GAUTRON*, Edition Pedone, Paris, 2004, p.664 « *A sa mission d'intégration, l'UEMOA a ajouté une fonction d'intégration juridique* ».

304 O. BEAUD, *La puissance de l'Etat*, « Léviathan » Paris, PUF, 1994, p.139

décision d'imiter le cadre juridique dérivé de l'intégration communautaire. Son action et son intervention au sein du commerce juridique international porté en l'espèce par le droit international public sont le fait de son consentement à être lié[305]. Il est de principe que l'État, sujet de droit international est en principe paré de la souveraineté. Cette dernière est « *la puissance absolue et perpétuelle d'une République* »[306]. Dès l'introduction dans le commerce juridique international par le fait de l'État et par la réception des règles juridiques y découlant, une formule se conçoit. « *Cette formule repose sur le postulat implicite mais nécessaire selon lequel la souveraineté n'est pas absolue* »[307].

Par la réception des règles de finances publiques conçues au niveau de la communauté, l 'État projette le réaménagement des règles établies jusqu'alors sur cette matière. Les mutations formelles entrainées par le fait de l'État d'être lié par les directives CEMAC, influencent sans concession les règles définies jusqu'alors. « *Miroir de l'État, les finances publiques sont sensibles aux évènements qui affectent la vie des États* »[308]. Le cadre organique destiné à mettre en œuvre de plus en plus élargi par l'introduction du contrôleur financier détient les clés de la performance. Les ordonnateurs, les contrôleurs financiers et les comptables publics sont plus responsabilisés par le passé sur le circuit financier.

Par le fait des Directives CEMAC, les réformes au droit budgétaire affectent premièrement le degré de responsabilisation des acteurs de l'exécution du budget au sein des États constituant cette partie de l'Afrique noire francophone. « *C'est cet héritage qui est devenu l'un des enjeux majeurs des politiques de réforme de l'État surtout depuis une trentaine d'années* »[309] Les ordonnateurs sont particulièrement concernés. Ils peuvent désormais mettre des œuvres des programmes, définir des programmes spécifiques, réguler le budget dans l'optique de performance, définir le cadrage à l'exécution du budget tant à moyen terme qu'à long terme, repartir et sélectionner les programmes à forte portée financière et à grande retombée en matière d'investissement. Cet acteur n'est plus un exécutant mécanique au sens des finances publiques classiques. Il manie les programmes afin de produire de la performance dans l'exécution du budget au sein des États de la CEMAC. Par ailleurs, les ordonnateurs détiennent le pouvoir de manier l'utilisation des crédits ouverts. Cette prérogative au même titre que celle évoquée précédemment nécessite l'intervention du comptable public et du contrôleur financier. Elle est « *comme une condition préalable à l'état de droit dans l'ensemble des organisations* »[310]. Comme il a été indiqué l'aménagement des règles sur l'exécution du budget par

---

305 Voy J. COMBACAU, « Pas une puissance, une liberté : la souveraineté internationale de l'Etat », *in la souveraineté, Pouvoirs*, 1993, n°67, pp.47 et ss

306 J. BODIN, *Les six livres de la République*, publié en 1576, Librairie générale française, Ed. 1993 de Gérard MAIRET, Livre VI, Chap. VIII, pp.498-511.

307 F. CHALTIEL., « Le pouvoir de l'État », *LPA* n°252, 2020, p.6.

308 I. ABIABAG., *Le renouveau budgétaire au Cameroun op.cit.*, p.5

309 J. CAILLOSSE, « Sur quelques problèmes actuels du droit administratif français », *AJDA*, 2010, pp. 931-937.

310 J. SPINDLER., « La transparence de la gestion publique : de la recherche d'un plus grand approfondissement à un risque d'opacité », *in Gestion & Finances Publiques* n° 6, 2020/6, p.69.

programme n'exclue la déconcentration de son exécution dans le but de les responsabiliser.

II - La déconcentration du cadre d'exécution des programmes

La responsabilisation des acteurs de l'exécution de la dépense publique dans l'optique de performance procède également de la déconcentration du cadre de conception et de réalisation des programmes en zone CEMAC. Chaque responsable de programme initie et conçoit un programme. Ainsi, les ordonnateurs du budget de l'État sont les Ministres et les Hautes Autorités responsables des institutions constitutionnelles qui peuvent déléguer formellement ce pouvoir à des agents soumis à leur autorité hiérarchique directe[311].

Au regard d'un certain nombre de disposition, la déconcentration de l'exécution du programme valorise les prérogatives du ministre sectoriel dont relève le responsable de programme. C'est donc par l'acte de désignation (A) qu'il est pourvu à la conception et la réalisation des programmes par des ordonnateurs délégués ou désignés par le ministre compétent en zone CEMAC (B).

A. La désignation administrative des responsables de programmes

La responsabilisation des acteurs de la dépense publique procède de manière générale de la déconcentration tant dans la conception que dans l'exécution des programmes en zone CEMAC. La rénovation à l'exécution de la dépense publique pose de manière spécifique, la décision administrative de désignation du responsable du programme. C'est donc par l'action administrative que la diffusion du cadre de mise en œuvre des programmes est effective. Ainsi, de la désignation du responsable du programme, découle « *un processus d'intégration régionale qui bouleverse de manière radicale l'efficacité des politiques économiques nationales* »[312]. Celle-ci n'est que l'illustration de « *la potentialité (…) le moyen d'échapper à une justification de la cause par l'effet* »[313]. Il est donc aménagé le cadre de désignation (1) ainsi que l'acte administratif unilatéral de désignation du responsable du programme (2).

1. L'aménagement du cadre à la désignation administrative

Ne se voulant plus centralisateur, la recherche de l'efficacité dans l'exécution publique restaure les obligations d'initiation des programmes par les responsables des programmes. Le ministre sectoriel de rattachement de l'ordonnateur n'entend plus concentrer la conception ou la réalisation de l'unité élémentaire de

---

[311] Article 62 de la loi I/2012/n°012/CNT portant loi organique relative aux lois des finances (Guinée Equatoriale).

[312] A. RIEBER, « Intégration régionale, mobilité du capital et concurrence fiscale », *Économie internationale, la Revue du CEPII* n° 81, 1er trimestre 2000, p.22.

[313] D. BERLIN, *Droit fiscal communautaire*, Paris, PUF, 1988, p. 160

la performance en finance publique de la zone CEMAC. La chaine de l'exécution de la dépense publique s'approprie les réalités de la diffusion du cadre de conception et de réalisation des objectifs du budget programme dans cette partie de l'Afrique noire francophone. Car, « *ces effets ne peuvent eux-mêmes se définir sans faire intervenir la considération du but* »[314].

L'idée de déconcentration du cadre d'exécution des programmes ne se conçoit au sens de la déconcentration territoriale. Il n'est pas procédé par un aménagement des objectifs par des administrations situées à la périphérie. D'après *le dictionnaire du vocabulaire juridique*, la déconcentration est une « *modalité d'organisation interne du pouvoir centralisé de l'État. L'État décide de nommer en périphérie des agents soumis au pouvoir central. (…). La déconcentration est une modalité de la centralisation* »[315]. En plus, « *la déconcentration se traduit par une distinction entre services centraux et services extérieurs* »[316]. Consécration de la déconcentration de la gestion des dépenses au profit des entités sectorielles, le ministre des finances n'est plus le seul ordonnateur : ce rôle fondamental est confié à chacun des ministres. Il est simplement fait allusion à la création des cadres de conception et de réalisation des programmes tant au niveau de l'administration centrale que décentralisée. En Guinée Equatoriale, il est formellement consacré que « *les responsables de programmes sont nommés par le Ministre dont ils relèvent. L'acte de nomination précise les conditions dans lesquelles les compétences d'ordonnateur peuvent lui être déléguées, ainsi que les modalités de gestion du programme* »[317]. Au Cameroun, « *le responsable de programme est désigné par le ministre sectoriel dont il relève. L'acte de désignation précise les conditions dans lesquelles les compétences d'ordonnateur lui sont déléguées, ainsi que les modalités de gestion du programme. Cet acte est transmis pour information au Ministre chargé des finances* »[318].

Au regard de ces dispositions formelles, lesquelles sont tirées du cadre juridique applicable à l'exécution du programme en zone CEMAC, nous pouvons tirer certaines conclusions. Premièrement, la nomination ou la désignation du responsable du programme relève de l'action administrative centrale. Elle est exclue de la déconcentration et de la décentralisation administrative au sein des États sous étude. C'est la prérogative exclusive du ministre de rattachement de l'ordonnateur en zone CEMAC. En second point, l'acte de désignation ou de nomination est délimité dans son contenu. Les sources formelles de ces États ont pris le soin de préciser son contenu. Enfin et spécifiquement, l'acte de nomination est transmis pour information au Ministre chargé des finances et ce, par les canons de la publicité directe et non indirecte. Ces interprétations doctrinales constitueront le cadre de réflexion projeté.

---

314 R. LATOURNERIE, *Essai sur les méthodes juridictionnelles du Conseil d'État*, Livre jubilaire du Conseil d'État, Sirey, 1952, p. 246.

315 R. CABRILLAC., (s.dir), *Dictionnaire du vocabulaire juridique*, 1ère éd., Paris, Litec, 2002, p.92.

316 G. CORNU., *Vocabulaire juridique*, Association Henri Capitant 12ème éd., mise à jour, Paris, Quadrige, PUF, 2018, p.671.

317 Article 63 de la loi I/2012/n°012/CNT portant loi organique relative aux lois des finances (Guinée Equatoriale).

318 Article 69 alinéa 1 de la loi n°2018/012 *op.cit.* (Cameroun).

Premièrement, la désignation ou la nomination du responsable du programme nous situe sur les principes fondamentaux de l'organisation administrative de l'État en droit public. C'est davantage la centralisation administrative qui focalise l'attention. C'est le ministre sectoriel ou plus exactement de rattachement du responsable qui pourvoit à l'attribution des programmes aux responsables. Il ne fait aucun doute en théorie générale que les ministères relèvent de la centralisation territoriale et non de la déconcentration territoriale. Leur place au sein de la centralisation administrative les exclut de la décentralisation territoriale et de la décentralisation technique ou par service. « *Les cadres centraux des interventions de l'État sont constitués par les administrations centrales dont le cadre est lui-même formé par les départements ministériels* »[319]. Elle exclut davantage la centralisation politique « *qui, en fait, conduit à l'unité de droit ou de la loi dans le pays ;* »[320].

Concrètement la désignation ou la nomination du responsable du programme en zone CEMAC nous situe sur la centralisation des affaires et non la centralisation des services. Comme il a été indiqué en amont, « *la centralisation administrative elle-même peut être envisagée à deux points de vue : celui de la centralisation des affaires, c'est à dire de la mainmise de l'administration de l'État plus ou moins dans les affaires nationales ou de service nationaux, et celui de la centralisation dans l'organisation des services. (…)*[321]. La désignation ou la nomination du responsable du programme relève de l'affaire centrale, laquelle s'oppose aux affaires locales. Par le fait de « *la compétence de principe de la commune pour la gestion des affaires locales* »[322]. Qui plus, « *elle gère les affaires locales* »[323]. Nonobstant le fait que les affaires locales constituent « *une notion à contenu incertain* »[324], il n'en demeure pas moins qu'elles devraient constituer l'un des aspects majeurs de l'autonomie des collectivités territoriales décentralisées. Elle entraine conséquemment l'émasculation du principe de subsidiarité lequel reclasse sans concession, la primauté de la puissance publique. L'attribution des programmes aux responsables est une affaire de la centralisation administrative en zone CEMAC.

L'idée se pose dans un contexte où la décentralisation réaménage l'organisation de l'État dans les démocraties contemporaines. En ce sens, *« le droit de la décentralisation a connu des innovations à travers la réforme du statut des collectivités et l'amélioration de leur cadre d'action* »[325]. Il est formellement admis que « *les collectivités*

---

319 A. DE LAUBADERE., J.-C VENEZIA., *Traité de droit administratif*, 5ème éd., Tome 3, Paris, L.G.D.J., 1993, p.41.

320 M. HAURIOU., *Précis de droit administratif et de droit public*, 12ème éd., réé dpa P. DELVOLVE et F. MODERNE., Paris, Dalloz, 2002, p.71.

321 *Idem.*

322 R.-G NLEP., *L'administration publique camerounaise « Contribution à l'étude des systèmes africains d'administration publique »*, Paris, L.G.D.J, 1986, p.93.

323 J. OWONA., *La décentralisation camerounaise*, Yaoundé, L'Harmattan, 2011, p.35.

324 R.-G NLEP., *L'administration publique camerounaise « Contribution à l'étude des systèmes africains d'administration publique » op.cit.*, p.94.

325 B.-R GUIMDO DONGMO., "Le droit de la décentralisation à l'ère de la démocratisation au Cameroun », *in* Fondation Paul ANGO ELA., (dir), *Les politiques de la décentralisation au Cameroun : jeux, enjeux et perspectives*, Yaoundé, L'Harmattan, 2013, p.19.

territoriales exercent leurs missions dans le respect de la Constitution, des lois et des règlements en vigueur »[326]. « *Elle règle par délibérations du conseil municipal, les affaires de sa compétence et de l'administration locale* »[327]. Car « *la décentralisation procède (…) d'un certain projet de société qui met le citoyen au premier rang des préoccupations* »[328]. « *C'est le principe de la spécialité des collectivités locales* »[329].Par ailleurs, la désignation du responsable nous situe sur l'action administrative de l'administration centrale.

2. L'insertion de la désignation dans l'action administrative

La désignation ou la nomination du responsable des programmes valorise l'action administrative de l'administration centrale en zone CEMAC. Au Cameroun, « *sont des ordonnateurs délégués, les responsables désignés par les ordonnateurs principaux et secondaires pour des matières expressément définies. Cette délégation prend la forme d'un acte administratif de l'ordonnateur principal ou secondaire* »[330]. Cette disposition est également consacrée au Congo Brazzaville[331], au Gabon[332] et en Guinée Equatoriale[333]. Comme il a été indiqué précédemment, l'autorité de nomination relève de l'administration centrale et l'acte de désignation est pris dans le cadre des affaires centrales par opposition aux affaires locales. L'administration publique se réalise toujours par le fait des personnes qu'elle emploie car elle jamais, elle ne s'est présentée devant un citoyen pour satisfaire à sa demande. La fonction administrative renoue aux canons spécifiques pour satisfaire aux missions ou besoins d'intérêt général en zone CEMAC. « *C'est un fait que dans les États d'aujourd'hui (…) l'Administration définie comme la totalité des agents administratifs est chargée de toute une série de tâches en elles-mêmes très diverses* »[334]. Il s'agit davantage par le sens de la fonction de « *la contribution qu'apporte un élément à l'organisation ou à l'action de l'ensemble dont il fait partie* »[335]. En ce sens, « *la solution unitaire consiste à confier la totalité de la tâche à un corps d'Administration un et unique, sans égard à leur*

---

326 Article 39 alinéa 1 de la loi n°2019/024 du 24 décembre 2019 portant Code général des collectivités territoriales décentralisées (Cameroun).

327 J. OWONA., *La décentralisation camerounaise op.cit.*, p.39.

328 J.-C TCHEUWA., « Les transferts des compétences de l'État vers les collectivités territoriales décentralisées au Cameroun », (dir), *Les politiques de la décentralisation au Cameroun : jeux, enjeux et perspectives*, Yaoundé, L'Harmattan, 2013 p.163.

329 A. DE LAUBADERE., J.-C VENEZIA., Y. GAUDEMET., *Traité de droit administratif*, tome I, 13ème éd., *op.cit.*, p.110.

330 Article 66 alinéa 4 de la loi n°2018/012 du 11 juillet 2018 portant régime financier de l'État et de autres entités publiques (Cameroun).

331 Article 6 du Décret n° 2018-67 du 1er mars 2018 portant règlement général de la comptabilité publique (Congo Brazzaville)

332 Article 30 Décret n°0094/PR/MBCP du 8 février 2016 portant Règlement Général sur la Comptabilité Publique (Gabon).

333 Voy règlement général sur la gestion budgétaire et la comptabilité publique (Guinée Equatoriale).

334C. EISENMANN., *Cours de droit administratif*, Tome I, Paris, L.G.D.J., 1982, p.197.

335 J. CHEVALLIER, « Fonction contentieuse et fonction juridictionnelle », *in Mélanges en l'honneur du*

Professeur Michel Stassinopoulos, LGDJ, 1974, p. 277.

diversité de fait »[336]. Parmi les mécanismes les plus utilisés, figurent les contrats administratifs et les actes administratifs unilatéraux. La nomination ou la désignation du responsable du programme ne relevant du consensualisme ne peut faire l'objet de la conclusion d'un contrat de droit public. « *À la différence du contrat qui résulte d'un accord de volontés entre l'Administration et l'administré, l'acte administratif unilatéral procède de la volonté unique de l'institution administrative* »[337].

Il va sans dire que c'est au sein des actes administratifs du ministère de rattachement de l'ordonnateur, qu'il est procédé à sa désignation ou à sa nomination. Les actes règlementaires sont les décrets, les arrêtés, les ordonnances non ratifiées par le parlement et les circulaires règlementaires. Juridiquement, le décret est un *« acte administratif émanant du Premier ministre ou du président de la République* »[338]. C'est un « *acte de portée générale ou particulière du pouvoir exécutif* »[339]. C'est un « *acte juridique exécutoire à portée générale (Règlement) ou individuelle signée soit par le Président de la République, soit par le Premier Ministre* »[340]. Or l'arrêté, est un « acte unilatéral émanant d'une ou plusieurs autorités administratives ».

L'ordonnance est un acte réglementaire permettant au gouvernement d'intervenir, sur renvoi législatif, dans une matière contenue dans le domaine de la loi. C'est également cette approche formelle ou par ailleurs, la nature juridique de l'ordonnance est dédoublée. En ce sens, la nature juridique de l'ordonnance varie dans le temps. Originairement, elle s'analyse en un règlement susceptible d'être déféré au juge administratif ; à partir de l'instant où la ratification est intervenue, elle acquiert valeur législative. En revanche, l'ordonnance devient un texte à valeur législative dès qu'elle est ratifiée par la représentation nationale. Formellement, elle tombe en désuétude si le projet de loi de ratification n'a pas été déposé avant le terme fixé par la loi d'habilitation. Dans ce cadre, le Ministre décide de prendre l'acte de désignation ou de nomination du responsable.

En droit camerounais et dans la plupart des États de la CEMAC, la nomination par décret relève des prérogatives exclusives ou inclusives du Président de la République, chef de l'État. Son action administrative a généralement pour support formel, l'acte administratif unilatéral situé au plus haut niveau des actes règlementaires en droit public. Le Premier Ministre l'utilise généralement par habilitation du Président de la République ou sur des matières nommément désignées par la loi. Par ce fait, le ministre sectoriel ne peut nommer le responsable du programme par décret. Cette prérogative ne relève de son domaine de compétence. Il ne lui appartient pas d'édicter des actes règlementaires dont le support formel est le Décret car il n'est principalement pas le Président de la République et exceptionnellement le Premier Ministre, chef du Gouvernement. En procédant par cette exclusion, il revient alors au ministre

---

336 C. EISENMANN., *Cours de droit administratif*, Tome I, *op.cit.*, p.197.

337 R. MBALLA OWONA., *La notion d'acte administratif unilatéral au Cameroun*, thèse de Doctorat Ph. D en droit public, université de Yaoundé II-Soa, 2010, p.2.

338 R. CABRILLAC (s.dir), *Dictionnaire du vocabulaire juridique*, 1ère éd., *op.cit.*, p.92.

339 P. AVRIL., J. JICQUEL., *Lexique de droit constitutionnel*, 4ème éd. *op.cit.*, p.32.

340 S. GUINCHARD., Th. DEBARD. (s.dir), *Lexique des termes juridiques*, 25ème éd *op.cit.*, p.614.

sectoriel de décider par arrêté, ou par circulaire règlementaire. Il s'agit des actes décisoires par opposition aux mesures internes non justiciables devant le juge administratif.

D'entrée de jeu, « *il s'agit essentiellement d'une action visant un acte administratif et non d'un procès entre parties comme c'est le cas en droit privé* »[341]. C'est davantage « *le contentieux de l'excès de pouvoir* »[342]. En recourant à la catégorisation effectuée par l'éminente doctrine au Cameroun[343], laquelle renvoie à « *les classifications théoriques* »[344], le recours pour excès de pouvoir décline tour à tour la légalité externe et la légalité interne de la décision administrative décisoire et exécutoire. Sous la première rubrique, « *on regroupe l'incompétence, le vice de forme et de procédure* »[345]. Or, « *la seconde catégorie est relative à la légalité interne de l'acte ; il s'agit du défaut de base légale, de la violation d'une disposition et du détournement de pouvoir* »[346]. Au regard du juge administratif, « *Attendu que (...) le recours en annulation pour excès de pouvoir peut être formé contre les actes émanant de diverses autorités administratives et faisant grief* »[347].

En outre, la compilation de décisions du juge administratif camerounais a permis de dégager une idée sur les décisions de l'administration non susceptible de justiciabilité par le recours pour excès. Le concept congru utilisé pour les qualifier est les mesures internes de l'administration[348]. Ceux-ci ne sont susceptibles de connaitre l'application des cas d'ouverture du recours pour excès de pouvoir[349]. Selon le juge administratif camerounais, « *Ils produisent des effets limités à l'intérieur du service administratif, et ce n'est que de manière conditionnée qu'ils peuvent produire des effets de droit à l'égard des administrés* »[350]. C'est dans *les affaires Hayatou Souaibou c/ État du Cameroun du 27 décembre 1979, Dame Mbocka Née Moussongo Jeannette et Sopmote Joseph c/ État du Cameroun de 1981*[351], *Kouoh Emmanuel Christian c/ État du Cameroun de 1983*[352], qu'il met en œuvre sa fonction pédagogique pour construire une analyse assez pertinente[353]. Concrètement, l'idée établit une

---

[341]Ph NGOLE NGWESE., J. BINYOUM., *Eléments de contentieux administratif camerounais*, Yaoundé, L'Harmattan, 2010, p.159.

[342] J.-L AUSTIN., C. RIBOT., *Droit administratif général*, 5ème éd., Paris, Litec, 2007, p.309

[343]Ph NGOLE NGWESE., J. BINYOUM., *Eléments de contentieux administratif camerounais*, *op.cit.*, p.163

[344] G. DUPUIS., M.-J GUEDON., P. CHRESTIEN., *Droit administratif*, 8ème éd., Paris, Armand Colin, 2002, p.592.

[345] Ph NGOLE NGWESE., J. BINYOUM., *Eléments de contentieux administratif camerounais*, *op.cit.*, p.163.

[346]*Idem.*

[347] Jugement n°103/2005-2006 du 14 juin 2006, *Société Forestière Hazim et Cie c/ État du Cameroun (MINEF)*

[348] R. CHAPUS., *Droit administratif général*, Tome 1, *op.cit.*, p.511.

[349] J.-F LACHAUME., *Droit administratif français*, *op.cit.*, p.666.

[350] L.-P GUESSELE ISSEME., *L'apport de la Cour suprême au droit administratif camerounais*, thèse de Doctorat Ph.D en droit public, université de Yaoundé II-Soa, 2010 p.429.

[351] CS/CA, jugement n°42/80-81 du 30 avril 1981, *Dame Mbocka Née Moussongo Jeannette et Sopmote Joseph c/ État du Cameroun.*

[352] CS/CA, jugement n°43/82-83 du 7 avril 1983, *Kouoh Emmanuel Christian C/ État du Cameroun.*

[353] CS/CA, jugement n°27/79-80 du 27 décembre 1979, *Hayatou Souaibou c/ État du Cameroun* : *« Attendu (…) qu'en effet, dans l'activité administrative, il est important de distinguer, du point de vue de l'étendue*

distinction au sein des actes édictés par les autorités administratives dans les systèmes juridiques contemporains. Par ailleurs, l'acte de nomination de l'ordonnateur par le ministre sectoriel est contenu dans son contenu. Le cadre juridique en zone CEMAC a suffisamment fixé les éléments constitutifs de l'acte de désignation.

Matériellement, l'acte de désignation ou de nomination du responsable du programme selon le cas est ligoté. Le cadre juridique en zone CEMAC a suffisamment fixé les éléments constitutifs de l'acte de désignation. Les sources formelles du droit des finances publiques lui ont attribué un corps. Il s'agit donc d'un acte règlementaire qui précise les conditions dans lesquelles les compétences d'ordonnateur peuvent être déléguées au responsable du programme, ainsi que les modalités de gestion du programme[354]. La décision administrative définit les modalités de délégation du pouvoir d'ordonnateur ainsi que les modalités de maniement du programme par le responsable. Nonobstant ces éléments, le droit camerounais prescrit la transmission de l'acte de désignation au ministre en charge des finances. Il s'agit là d'une condition supplémentaire à celle consacrée par le droit de la Guinée Equatoriale. Par ce fait, le responsable désigné peut alors manier les programmes.

B. L'habilitation au maniement des programmes

La nomination du responsable du programme par le ministère sectoriel constitue la voie la plus affirmée de la responsabilisation des ordonnateurs en zone CEMAC. Cet acte a vocation à susciter auprès de l'agent désigné ou nommé la création et la créativité dans le maniement des programmes. Ce dernier doit viser la performance dans l'exécution de la dépense publique et partant mobiliser tous les moyens nécessaires pour y pourvoir. Le responsable de programme est dorénavant plus conscient de la lourde responsabilité qui est la sienne dans le circuit de la dépense publique et partant sur la recherche de plus d'efficacité sur la dépense publique en zone CEMAC. « *Il s'agit de questionner les missions de l'État, la pertinence et la performance des politiques publiques pour éclairer la décision politique, identifier les marges de manœuvre mobilisables et formaliser les objectifs à fixer aux politiques*

des effets, les actes qui intéressent directement les particuliers et ceux dont l'effet juridique reste limité à l'intérieur de l'institution administrative ;Que ces derniers constituent une catégorie à part, à laquelle on donne parfois le non des « mesures d'ordre intérieur » ; Que l'exemple le plus caractéristique est celui des circulaires et des instructions de service par lesquelles le supérieur hiérarchique donne des directives aux subordonnés en ce qui concerne l'interprétation des lois et des règlements qu'ils ont à appliquer ; Que le caractère « d'ordre intérieur » de ces directives se traduit par l'idée qu'elles obligent le subordonné en vertu de l'obéissance hiérarchique ;Qu'il s'ensuit cette double conséquence que : 1°) Ces directives ne constituent pas un élément de la légalité et leur violation par une décision administrative n'est pas une illégalité susceptible de donner lieu à un recours pour excès de pouvoir ; 2°) Ces directives ne constituent pas un acte administratif s'imposant aux administrés, elles ne sont pas elles-mêmes susceptibles d'être attaquées par voie du recours pour excès de pouvoir ».

[354] Article 63 de la loi I/2012/n°012/CNT *op.cit.* (Guinée Equatoriale) ; Article 69 alinéa 1 de la loi n°2018/012.

publiques pour les refonder dans une triple exigence d'efficacité, de qualité et d'économie »[355]. De manière directe, « *au nombre des dispositions à modifier, figurent celles concernant la définition nouvelle à donner de la fonction d'ordonnateur* »[356].

1. L'établissement du cadre de déploiement du responsable des programmes

La gestion par résultats implique aussi généralement l'obligation pour tous les ministères et organismes publics d'établir un plan stratégique. Au Cameroun, cette obligation est inscrite dans le régime financier de l'État et des autres Entités Publiques [357] qui prévoit que chaque ministère ou organisme doit établir un plan stratégique couvrant une période de plus d'une année. Ce dernier doit par ailleurs comporter, entre autres choses, les orientations stratégiques, les objectifs et les axes d'intervention retenus, les résultats visés au terme de la période couverte par le plan et les indicateurs de performance utilisés pour mesurer l'atteinte des résultats. Parallèlement à l'atteinte des résultats, la NGP fait sien le principe cardinal de la responsabilisation des gestionnaires dans l'atteinte des objectifs assignés. La déclaration de leurs biens dès leur entrée en fonction est un indicateur de transparence et, de façon induite, d'efficacité dans la gestion des biens publics tel que prévu par la directive portant code de transparence et de bonne gouvernance dans la gestion des finances publiques en zone CEMAC[358] et dans les législations nationales des différents états membres qui, dans leur totalité, ont procédé à la transposition de ladite directive.

En Guinée Equatoriale, « (…) *Sur la base des objectifs généraux fixés par le Ministre, le responsable de programme détermine les objectifs spécifiques, affecte les moyens et contrôle les résultats des services chargés, sous sa responsabilité, de la mise en œuvre du programme. Il s'assure du respect des dispositifs de contrôle interne et de contrôle de gestion* »[359]. Au Cameroun, « *Sur la base des objectifs généraux fixés par le Ministre, le responsable de programme détermine les objectifs spécifiques, affecte les moyens et contrôle les résultats des services chargés sous sa responsabilité, de la mise en œuvre du programme. Il s'assure du respect*

---

[355] F. MORDACQ., « Modernisation et réforme de l'État au service des finances publiques », *RFFP* n°100, novembre 2007, p.303.

[356] J.-P DUPRAT., « Les transformations de la fonction d'ordonnateur », *RFFP* n°100, novembre 2007, p.313.

[357] Loi n°2018/012 du 11 juillet 2018.

[358] L'article 2 de la loi n°021/2014 du 30 janvier 2015 relative à la transparence et à la bonne gouvernance dans la gestion des finances publiques du Gabon dispose :

« Au sens de la présente loi, on entend par :

-bonne gouvernance, la gestion qui consiste à utiliser les finances publiques dans l'intérêt général conformément aux choix et aux actions de développement opérés et aux objectifs à atteindre ».

L'article (51) de la loi portant code de transparence et de bonne gouvernance de la République Camerounaise dispose (1) « les détenteurs de toute autorité publique, élus, membres de Gouvernement ou hauts fonctionnaires, font une déclaration de leur patrimoine en début et en fin de mandat ou de fonction ».

[359] Article 63 de la loi I/2012/n°012/CNT portant loi organique relative aux lois des finances (Guinée Equatoriale).

des dispositifs de contrôle interne et de contrôle de gestion »[360]. « *Le responsable de programme peut modifier la répartition des crédits au sein de son programme, en application des dispositions de l'article 32 de la présente loi. Dans ce cas, son ministre sectoriel en informe le ministre chargé des finances après pris le visa du contrôleur financier* »[361]. Au regard de ces dispositions et suivant des points communs, le responsable des programmes détermine de objectifs spécifiques. De manière spécifique au Cameroun, il peut modifier la répartition des crédits au sein de son programme.

Le responsable du programme bénéficie des prérogatives conséquentes dans le processus d'exécution de la dépense publique en zone CEMAC. En toute logique, il s'agit d'une autorité ayant la qualité d'ordonnateur et pouvant agir dans le circuit de la dépense publique. L'inverse établit simplement sa responsabilité et partant l'irrecevabilité des actes qu'il édicte dans le cadre de l'exécution du budget en zone CEMAC. Il bénéficie donc de prérogatives d'un ordonnateur délégué ou secondaire. Au Congo Brazzaville, « *est ordonnateur toute personne ayant qualité, au nom de l'État, pour prescrire l'exécution des recettes et des dépenses inscrites au budget de l'État* »[362]. Cette définition est retenue par le décret portant règlement général de la comptabilité publique au Cameroun[363]. Ici, il est indiqué en supplément que « *les ordonnateurs constatent les droits et les obligations de l'État et des autres entités publique, liquident les recettes, engagent, liquident et ordonnancent les dépenses* »[364]. Mais déjà la loi de 2007 portant régime financier de l'État indiquait que « *l'ordonnateur a la responsabilité de la bonne exécution des programmes. Il prescrit l'exécution des recettes et des dépenses. En matière de recettes, il émet les titres de recettes. En matière de dépenses, il juge de l'opportunité des dépenses de l'État qu'il engage, liquide et ordonnance* »[365]. Il va sans dire que la définition de la notion d'ordonnateur établit dans la loi de 2007 portant régime financier de l'État demeure plus complète et suffisante que celle susmentionnée. Elle parait plus précise en déterminant la responsabilité de l'ordonnateur dans le maniement des programmes et dans l'exécution des dépenses et recettes publiques.

Le droit gabonais relaye cette définition de l'ordonnateur. Il ajoute simplement « *il constate les droits et les obligations, liquide les recettes et émet les ordres de recouvrement* »[366]. C'est également le cas en Guinée Equatoriale[367]. Il peut déléguer ses attributions d'ordonnateur à des ordonnateurs délégués, au niveau des

---

360 Article 69 alinéa 2 de la loi n°2018/012 du 11 juillet 2018 *op.cit.* (Cameroun).

361 Article 69 alinéa 3 de la loi n°2018/012 du 11 juillet 2018 *op.cit.* (Cameroun).

362 Article 7 du Décret n° 2018-67 du 1er mars 2018 portant règlement général de la comptabilité publique (Congo Brazzaville).

363 Article 65 de la loi n°2018/012 du 11 juillet 2018 *op.cit.* (Cameroun).

364 Article 4 alinéa 1 du décret n°2020/375 du 07 juillet 2020 portant règlement général de la comptabilité publique (Cameroun).

365 Article 51 alinéa 1 de la loi n°2007/006 du 26 décembre 2007 portant régime financier de l'État (Cameroun).

366 Article 6 du Décret n°0094/PR/MBCP du 8 février 2016 portant Règlement Général sur la Comptabilité Publique (Gabon).

367 Voy articles 16 et 17 du règlement général sur la gestion budgétaire et la comptabilité publique (Guinée Equatoriale).

services centraux, et à des ordonnateurs secondaires, au niveau des services déconcentrés de l'État. Le ministre chargé des finances est ordonnateur principal des crédits des programmes de son ministère. En plus de la définition de la notion d'ordonnateur, les législations de la zone CEMAC l'ont catégorisé.

La catégorisation des ordonnateurs a retenu l'attention des législations applicables au droit des finances publiques en zone CEMAC. Celles-ci ont procédé par la fragmentation de la répartition en deux blocs, lesquels renvoient à la catégorisation d'ordonnateurs des dépenses publiques et d'ordonnateur de recettes publiques en zone CEMAC. Au Cameroun déjà en 2007, il était indiqué « En matière de recettes, il existe deux (02) catégories d'ordonnateurs : l'ordonnateur principal et les ordonnateurs délégués.
1°) - Est ordonnateur principal, le Ministre chargé des finances.
2°) - Sont ordonnateurs délégués, les chefs de département ministériel ou assimilés, pour les recettes produites par leurs administrations, ainsi que les responsables des administrations fiscales.
3°) - Les chefs de département ministériel peuvent constituer, sous leur propre responsabilité, des régisseurs de recettes.
(4) En matière de dépenses, il existe trois (03) catégories d'ordonnateurs : les ordonnateurs principaux, les ordonnateurs secondaires et les ordonnateurs délégués.
1°) - Sont ordonnateurs principaux, les Chefs de département : ministériels ou assimilés et les Présidents des organes constitutionnels ;
2°) - Sont ordonnateurs secondaires, les responsables des services déconcentrés de l'Etat qui reçoivent les autorisations de dépenses des ordonnateurs principaux.
3°) - Sont ordonnateurs délégués, les responsables désignés par les ordonnateurs principaux ou secondaires pour des matières expressément définies. Cette délégation prend la forme d'un acte administratif de l'ordonnateur principal ou secondaire[368]. Cette catégorisation posée en 2007 a été reconduite in extenso en ce qui concerne les ordonnateurs de dépenses publiques par la loi de 2018 fixant le régime financier de l'État et des autres entités publiques[369] et par le décret portant règlement général de la comptabilité publique[370]. C'est également le cas en matière de recette publique ou le Ministre en charge des finances est l'ordonnateur unique[371]. Il peut toutefois déléguer cette prérogative aux chefs de départements ministériels ou assimilés et aux agents de l'Administration fiscale. En procédant ainsi, l'on revient à la catégorisation opérée en 2007 par la loi portant régime financier de l'État. Celle-ci indiquait clairement qu'en matière de recettes, il existe deux (02) catégories d'ordonnateurs : l'ordonnateur principal et les ordonnateurs délégués[372].

---

[368] Article 51 alinéa 4 de la loi n°2007/006 *op.cit.* (Cameroun).

[369] Article 66 de la loi n°2018/012 du 11 juillet 2018 *op.cit.* (Cameroun).

[370] Article 12 alinéa 1 du décret n°2020/375 du 07 juillet 2020 *op.cit.* (Cameroun).

[371] Article 67 de la loi n°2018/012 du 11 juillet 2018 *op.cit.* ; article 10 du décret n°2020/375 du 07 juillet 2020 *op.cit.* (Cameroun).

[372] Article 51 alinéa 3 de la loi n°2007/006 *op.cit.*

Au Gabon, sont ordonnateurs principaux des budgets de leurs institutions et ministères : - les présidents des institutions constitutionnelles ; - les ministres, chefs de départements ; -toutes autres autorités[373]. Sont ordonnateurs délégués au sein des départements ministériels : -le responsable de programme ; - le responsable de budget opérationnel de programme ; - le responsable d'unité opérationnelle de programme. Les ordonnateurs et leurs délégués peuvent également se faire suppléer en cas d'absence ou d'empêchement[374].Outre la qualité d'ordonnateur du budget alloué à son département, le Ministre chargé des Finances assure la fonction d'ordonnateur des recettes du budget général. Il constate les droits de l'Etat, liquide et prescrit, par ses administrations compétentes, l'exécution des recettes et émet les titres de créances correspondants[375]. Outre la qualité d'ordonnateur du budget alloué à son département, le Ministre chargé du Budget est l'ordonnateur des crédits liés aux dépenses accidentelles et des comptes spéciaux du Trésor correspondant à ses attributions[376].

2. L'action sur les circuits de la dépense publique

La déconcentration de l'exécution des programmes permet une plus grande responsabilisation des acteurs des programmes en zone CEMAC. Ces derniers peuvent intervenir dans le circuit de la dépense publique et partant, influencer la performance dans la mise en œuvre du budget. Par la formulation des objectifs spécifiques associés des indicateurs de performance, ces derniers influencent sur la portée des investissements publics.

Les phases d'exécution de la dépense publique sont déterminées en zone CEMAC. En dépit de déterminer ces phases du circuit de la dépense, les sources formelles susmentionnées, ont attribué une signification à chaque étape. Au Cameroun, « *La procédure d'exécution de la dépense comprend les phases d'engagement, de liquidation et d'ordonnancement, qui relèvent de l'ordonnateur, et la phase de paiement, qui relève du comptable* »[377]. Ces étapes du circuit de la dépense publique sont également retenues et puis développées par le décret portant règlement général de la comptabilité publique[378].L'engagement, la liquidation, l'ordonnancement et le paiement sont également les phases du circuit de la dépense publique au Gabon[379], au Congo Brazzaville[380] et en Guinée Equatoriale[381]. Formellement,

---

[373] Article 29 du Décret n°0094/PR/MBCP du 8 février 2016 *op.cit.* (Gabon).
[374] Article 30 du Décret n°0094/PR/MBCP du 8 février 2016 *op.cit.* (Gabon).
[375] Article 31 du Décret n°0094/PR/MBCP du 8 février 2016 *op.cit.* (Gabon).
[376] Article 32 du Décret n°0094/PR/MBCP du 8 février 2016 *op.cit.* (Gabon).
[377] Article 47 alinéa 1 de la loi n°2007/006 *op.cit.* (Cameroun).
[378] Article 61 alinéa 1 du décret n°2020/375 du 07 juillet 2020 *op.cit.* (Cameroun).
[379] Article 20 du Décret n°0094/PR/MBCP du 8 février 2016 *op.cit.* (Gabon).
[380] Article 48 du Décret n° 2018-67 du 1er mars 2018 portant règlement général de la comptabilité publique (Congo Brazzaville).
[381] Article 17 du règlement général sur la gestion budgétaire et la comptabilité publique (Guinée Equatoriale).

chaque étape du circuit de la dépense publique a été définie. La première étape de la chaine de la dépense, l'engagement, comporte en fait deux aspects : l'engagement budgétaire et l'engagement juridique. Le cadre juridique camerounais n'établit de distinction particulière au sujet de l'engagement de la dépense publique.

Au Gabon, l'engagement est à la fois juridique et comptable. « *L'engagement juridique est l'acte par lequel l'entité publique crée ou constate à son encontre une obligation de laquelle résultera une charge* »[382]. « *L'engagement comptable consiste à s'assurer de la disponibilité des crédits et à les réserver à titre de précaution, préalablement à l'engagement juridique* »[383].

En Guinée Equatoriale, l'engagement est à la fois budgétaire et juridique. « *L'engagement budgétaire de la dépense publique consiste à réserver des crédits qui seront nécessaires au paiement de la dépense* »[384]. « *L'engagement juridique de la dépense publique est l'acte par lequel l'État crée ou constate à son encontre une obligation de laquelle résultera une charge* »[385]. Au regard de cette distinction, le droit positif camerounais consacre exclusivement l'engagement juridique. Il est « *l'acte par lequel l'ordonnateur, de façon exclusive, crée par un acte formalisé, ou constate, à l'encontre de l'État, une obligation de laquelle résulte une charge* »[386].Le crédit doit d'abord faire l'objet d'un engagement budgétaire, c'est-à-dire qu'il doit être réservé pour bien s'assurer que l'obligation financière que l'État s'apprête à contracter. Une fois l'engagement budgétaire réalisé, on peut procéder à l'engagement juridique, c'est-à-dire à la signature d'un acte juridique par lequel l'État va se trouver engagé. Il s'agit donc d'un acte essentiel dont les conséquences sont importantes.

L'engagement doit rester dans la limite des autorisations budgétaires et demeurer subordonné aux autorisations, avis ou visas prévus par les lois et règlements en vigueur. Chaque engagement comporte l'imputation budgétaire telle que détaillée par la nomenclature budgétaire en vigueur. L'engagement budgétaire précède l'engagement juridique. Le montant total des engagements ne peut pas dépasser le montant :

- des crédits d'engagement disponibles pour les dépenses d'investissement,
- des crédits disponibles pour toutes les autres dépenses.

La première phase du circuit de la dépense publique est soumise à des précisions diverses en zone CEMAC. De manière empirique, le contenu de la notion d'engagement demeure identique. Chaque État procède simplement par une innovation conceptuelle pour enrichir le contenu de l'engagement de la dépense publique en zone CEMAC. C'est également le cas sur la liquidation. La liquidation est l'étape essentielle du processus de la dépense puisque c'est à ce moment que s'enclenche l'obligation financière future de l'État qui déterminera

---

382 Article 21 du Décret n°0094/PR/MBCP du 8 février 2016 *op.cit.* (Gabon).

383 Article 21 du Décret n°0094/PR/MBCP du 8 février 2016 *op.cit.* (Gabon).

384 Article 18 du règlement général sur la gestion budgétaire et la comptabilité publique (Guinée Equatoriale).

385 *Idem.*

386 Article 62 alinéa 1 du décret n°2020/375 du 07 juillet 2020 *op.cit.* (Cameroun).

la consommation d'une ressource. Il convient donc de s'assurer que des fonds seront bien effectivement disponibles, en quantité suffisante, lorsque le paiement interviendra. Ces éléments précédents juste la deuxième étape de la chaine de la dépense en zone CEMAC.

Au Congo Brazzaville, « *la liquidation a pour objet de vérifier la réalité de la dette et d'arrêter le montant de la dépense. Elle ne peut être faite qu'au vu des titres et pièces offrant la preuve des droits acquis par les créanciers* »[387]. Cette définition est retenue au Cameroun[388], au Gabon[389] et en Guinée Equatoriale[390].Il s'agit de la vérification, sur la base d'un contrôle effectif sur place ou d'un contrôle sur pièce, que le travail a été fait, que le service a été fourni ou le bien livré. Cette vérification permet d'établir le droit du créancier au paiement par l'État de sa créance et permet ensuite d'aboutir à la détermination de la somme précise due au prestataire de service, à l'opérateur qui a livré le bien ou à l'agent public qui a fait son travail. Corrélativement, la liquidation établit la dette de l'État à leur égard. Il est introduit une notion fondamentale à l'exécution de la dépense publique, celle de la constatation du service fait.

Au Cameroun, « *l'ordonnancement est l'acte par lequel, conformément aux résultats de la liquidation, l'ordonnateur donne l'ordre au comptable assignataire de la dette de payer. Cet acte peut prendre la forme d'une ordonnance ou d'un mandat de paiement dont les caractéristiques sont définies par un acte du Ministre chargé des finances* »[391].Il doit comporter l'imputation budgétaire de la dépense telle que définie dans le décret portant nomenclature budgétaire de l'État. Cette définition est retenue au Congo Brazzaville[392], au Gabon[393] et de la Guinée Equatoriale[394].

Troisième étape de la chaine de la dépense, l'ordonnancement qui clôt la « phase administrative » et ouvre la « phase comptable » est un ordre de payer émis par l'ordonnateur à l'attention du comptable public. Il s'agit pour l'ordonnateur d'une compétence liée qui ne lui laisse aucun pouvoir discrétionnaire : toute liquidation doit automatiquement et immédiatement donner lieu à ordonnancement. En effet, dès que l'État a reconnu une dette vis à vis d'un tiers il doit immédiatement donner l'ordre de s'en acquitter. L'habitude souvent prise de différer l'ordonnancement de dépenses liquidées doit absolument être combattue. Notamment la circonstance, souvent invoquée, de difficultés de trésorerie. Car elle ne concerne pas l'ordonnateur mais le comptable. En d'autres termes, si des arriérés doivent apparaître, c'est au niveau du paiement et non pas

---

387 Article 50 du Décret n° 2018-67 du 1er mars 2018 portant règlement général de la comptabilité publique (Congo Brazzaville).

388 Article 63 alinéa 1 du décret n°2020/375 du 07 juillet 2020 *op.cit.* (Cameroun).

389 Article 22 du Décret n°0094/PR/MBCP du 8 février 2016 *op.cit.* (Gabon).

390 Article 20 du règlement général sur la gestion budgétaire et la comptabilité publique (Guinée Equatoriale).

391 Article 65 alinéa 1 du décret n°2020/375 du 07 juillet 2020 *op.cit.* (Cameroun).

392 Article 52 du Décret n° 2018-67 du 1er mars 2018 *op.cit.* (Congo Brazzaville).

393 Article 23 du Décret n°0094/PR/MBCP du 8 février 2016 *op.cit.* (Gabon).

394 Article 21 du règlement général sur la gestion budgétaire et la comptabilité publique (Guinée Equatoriale).

à celui de l'ordonnancement. Sur un plan pratique, les formulaires utilisés et les progiciels informatiques pourront ainsi confondre ces deux opérations (liquidation et ordonnancement) en une seule et même décision. L'ordonnancement est adressé par l'ordonnateur au comptable « assignataire ».

Le non-respect des règles d'assignation de la dépense est un facteur d'indiscipline et de désordre dans l'organisation financière de l'État. La mention du comptable public assignataire de la dépense doit donc clairement être portée sur l'acte d'ordonnancement : elle fait partie des mentions obligatoires devant figurer sur cet acte. Le circuit de la dépense publique est clôturé par la phase comptable. Celle-ci consiste au paiement de la créance à charge à l'État. « *Le paiement est l'acte par lequel l'État ou tout autre organisme public se libère de sa dette* »[395]. La personne publique s'acquitte de sa dette par le concours du comptable public compétent. Cette phase du circuit de la dépense publique finalise les obligations de l'État et des autres entités publiques en zone CEMAC. Cette phase nécessite sans concession la collaboration entre les acteurs de l'exécution du budget. Il y a donc par le fait de la performance, une relativisation de la séparation rigide.

Section II : Le raffermissement de la collaboration des acteurs de l'exécution du budget

Au niveau de la CEMAC, il est formellement consacré que « *les opérations financières et comptables résultant de l'exécution des budgets des entités publiques incombent aux ordonnateurs, aux contrôleurs financiers et aux comptables publics* »[396]. La collaboration des acteurs du processus d'exécution du budget dérive du droit communautaire. Ce cadre de réforme en matière d'exécution du budget a été reçu par les sources formelles des États de la CEMAC pour donner une assise à la performance.

Formellement, « *les opérations financières et comptables résultant de l'exécution des budgets des entités publiques incombent aux ordonnateurs, aux contrôleurs financiers et aux comptables publics* »[397]. « *Les fonctions de contrôleur et de comptable public peuvent être cumulées* »[398]. « *Les opérations financières et comptables résultant de l'exécution des budgets des organismes publics incombent aux ordonnateurs, aux contrôleurs financiers et aux comptables publics* »[399]. C'est également les cas en droit des finances publiques au Gabon[400] et

---

[395] Article 52 du Décret n° 2018-67 du 1er mars 2018 portant règlement général de la comptabilité publique (Congo Brazzaville).

[396] Article 4 de la Directive n°02/11-UEAC-190-CM-22 du 19 décembre 2011 Relative au Règlement général de la comptabilité publique.

[397] Article 3 du décret n°2020/375 du 07 juillet 2020 portant règlement général de la comptabilité publique (Cameroun) ; article 64 alinéa 1 de la loi n°2018/012 du 11 juillet 2018 portant régime financier de l'État et des autres entités publiques (Cameroun).

[398] Article 72 alinéa 2 de la loi n°2018/012 *op.cit.* (Cameroun).

[399] Article 3 du Décret n° 2018-67 du 1er mars 2018 portant règlement général de la comptabilité publique ; Article 45 de la loi n°10-2017 du 9 mars 2017 portant Code relatif à la transparence et à la responsabilité dans la gestion des finances publiques (Congo Brazzaville).

[400] Article 5 du Décret n°0094/PR/MBCP du 8 février 2016 *op.cit.* (Gabon).

en Guinée Equatoriale[401]. En s'appuyant sur le cadre juridique communautaire et celui des États CEMAC, des idées congrues se dégagent. Ces dispositions conduisent au raffermissement de la collaboration entre les acteurs du processus d'exécution du budget de la dépense (I) et de la rénovation de la fonction de contrôleur financier en zone CEMAC (II).

I - La participation des acteurs sur les phases de l'exécution de la dépense publique

La réalisation des objectifs par le truchement du budget n'entraine pas une confusion matérielle. Chaque acteur du processus d'exécution du budget conserve ses prérogatives de droit commun. Cependant, la recevabilité de la procédure y afférente impose juste des conditions objectives de mise en œuvre du budget. L'enclenchement de la procédure d'exécution de la dépense publique par un acteur est simplement relayé par les acteurs sans pour autant se défaire des leurs. « *Les inévitables divisions pédagogiques vont dans le même sens* »[402]. En amont, c'est l'ordonnateur qui est habilité à déclencher la procédure d'exécution de la dépense publique. Il lui est attribué la responsabilité dans le maniement des programmes au sein de l'administration publique (A). Toutefois, le contrôleur financier placé auprès de l'ordonnateur public favorise au comptable public un décaissement régulier (B).

A. L'affirmation de l'action financière inclusive sur le processus de la dépense

L'une des réformes introduites par le budget programme est le raffermissement de la collaboration des acteurs en matière d'exécution de la dépense publique. Celle-ci répond aux exigences des directives CEMAC. La phase de l'exécution de la dépense publique suivant la logique de la gestion axée sur les résultats efface l'exclusivité d'un acteur. « *L'actuelle loi du 11 juillet 2018 susmentionnée se présente comme une réponse à cet appel du législateur CEMAC* »[403]. La participation inclusive de l'ordonnateur, du comptable public et du contrôleur financier est un principe de la nouvelle gestion publique financière induite par les directives CEMAC. Car par le passé, l'incapacité du budget public à l'efficacité tenait à cette tendance « *de ne pas suffisamment tenir compte des préoccupations de*

---

[401] Article 76 du règlement général sur la gestion budgétaire et la comptabilité publique (Guinée Equatoriale).

[402] C. DEBBASCH., « Finances publiques et droit administratif », *in Mélanges offerts à Monsieur le Doyen Louis TROTABAS*, Paris, L.G.D.J., 1970, p.111.

[403] Y.-G DJEYA KAMDOM., " La réforme du schéma contentieux financier public au Cameroun depuis la loi du 11 juillet2018 portant régime financier de l'État : portée et insuffisances d'un texte », *Juridis Périodique* n°118, 2019, p.169.

performances »[404]. Les fonctions nettement séparées entre ces acteurs sont davantage rapprochées dès lors que « *l'accent est mis sur la performance* »[405].

Dans l'optique de performance, les acteurs de la dépense publique mènent un travail d'inclusion en zone CEMAC. Leur activité relativise le principe de la séparation des ordonnateurs et des comptables publics. Cette distinction organique est davantage rompue par l'introduction du contrôleur financier dans le processus d'exécution de la dépense publique dans cette partie de l'Afrique noire francophone. L'on se situe sur « *les nouveaux acteurs générés par la mise en œuvre de la nouvelle gestion publique* »[406]. C'est davantage « *le cadre qui donne du sens à toutes les actions de modernisation à mettre en œuvre* »[407] en la matière. Les déclinaisons de la dépense publique que sont l'engagement, la liquidation, l'ordonnancement et le paiement connaissent l'intervention du contrôleur financier et du comptable public en zone CEMAC.

La recherche de plus d'efficacité dans la dépense publique et l'optimisation des recettes publiques reposent sur le raffermissement de la collaboration des acteurs de l'exécution du budget. De jure, « *l'exécution du budget est ainsi gouvernée par un principe fondamental, celui de la séparation des ordonnateurs et des comptables* »[408]. L'ordonnateur, le comptable public et le contrôleur financier ne peuvent manier la performance s'ils n'exercent des opérations financières de manière isolée. Chaque acteur de l'exécution du circuit de la dépense publique et de la recette publique n'exclut de son champ d'intervention, la contribution de l'autre acteur en zone CEMAC. « *La modernisation de la gestion publique a pour conséquence l'introduction des nouvelles modalités de l'exécution du budget. (…) dorénavant, la fonction de l'ordonnateur se transforme et, est éclatée et partagée entre trois acteurs nouveaux que D. Catteau dénomme : les « décideurs », les « opérateurs » et les « aiguilleurs* »[409]. Davantage, « *on est en présence d'un processus cumulatif de réforme qui a atteint un tel stade qu'il peut donner le sentiment d'un caractère irréversible* »[410].
« *Car après l'implantation progressive de la « nouvelle gestion publique » c'est au passage à une « nouvelle gouvernance financière publique » auquel nous assistons aujourd'hui* »[411]. Ainsi formellement, l'on assiste à l'atténuation du principe de la séparation des ordonnateurs et des comptables publics tant en matière d'exécution de la dépense

---

[404] S.-A SCHOUEL., « La nécessaire réforme du droit budgétaire camerounais », *op.cit.*, p.3.
[405] A. G COHEN., *La nouvelle gestion publique. Concepts, outils, structures, bonnes gouvernances et pratiques. Contrôle interne et audits publics*, 3ème éd., Paris, Qualino Lextenso, 2012, p.82.
[406] G. MOYUM KEMGNI., « La nouvelle gouvernance financière au Cameroun » *op.cit.*, p.307.
[407] F. MORDACQ., « Modernisation et réforme de l'État au service des finances publiques » *op.cit.*, p.303.
[408] F. CHOUVEL., *Finances publiques*, 23ème éd., Paris, Qualino Lextenso, 2020, p.149.
[409] G. MOYUM KEMGNI., « La nouvelle gouvernance financière au Cameroun » *op.cit.*, p.307-308.
[410] M. BOUVIER., « Editorial : Inventer une nouvelle gouvernance financière publique : fonder l'État du XIXe siècle », *RFFP* n°100, 2007, p.3 ; M. BOUVIER., « Nouvelle gouvernance financière publique et conduite de la réforme budgétaire dans les pays en développement », *RFFP* n°98, 2007, p.180.
[411] M. BOUVIER., « Editorial : Inventer une nouvelle gouvernance financière publique : fonder l'État du XIXe siècle » *op.cit.*, p.4.

publique que de la recette publique en zone CEMAC. Cette atténuation formelle est davantage affermie par l'intervention du contrôleur financier dans le cadre de la performance en matière d'exécution du budget. L'on perçoit ces exigences dans les directives CEMAC. Celles-ci ont simplement été entérinées dans l'ordre juridique interne.

La relativisation de la séparation des ordonnateurs et des comptables publics dans le processus d'exécution de la dépense publique, dans l'optique de réaliser la performance consiste en l'effacement de l'exclusivité d'un acteur. La phase de l'engagement au paiement consacre l'intervention exclusive de l'ordonnateur. L'action financière de ce dernier est accompagnée et certifiée tant par le contrôleur financier que par le comptable public en zone CEMAC. L'engagement, la liquidation, l'ordonnancement et le paiement sont également les phases du circuit de la dépense publique au Cameroun[412], au Gabon[413], au Congo Brazzaville[414] et en Guinée Equatoriale[415]. Durant ces phases, le comptable public est formellement habilité à mener des contrôles précis.

B. La réalisation de l'activité financière inclusive sur la dépense publique

La participation à l'activité financière sur la dépense publique est une des implications de la performance budgétaire en zone CEMAC. Les phases de la dépense publique déclinées en l'engagement, la liquidation, l'ordonnancement et le paiement ne connaissent pas exclusivement la participation de l'ordonnateur. Elles intègrent la contribution du comptable public et du contrôleur financier. La portée pragmatique de cette participation inclusive est le fait des sources formelles du droit des finances publiques en zone CEMAC.

Au Congo Brazzaville, le contrôle du comptable public sur les phases d'exécution de la dépense publique consiste au contrôle de la qualité de l'ordonnateur ou de son délégué et de l'assignation de la dépense et de la validité de la créance. Cette dernière modalité intègre la justification du service fait résultant de la certification délivrée par l'ordonnateur et confirmée par le contrôleur budgétaire ainsi que des pièces justificatives produites ; l'intervention préalable des contrôles, autorisations, approbations, avis ou visas réglementaires ; la production des justifications et, le cas échéant, du certificat de prise en charge de l'inventaire ; l'application des règles de prescription et de déchéance ; le caractère libératoire du règlement incluant le contrôle de l'existence éventuelle d'oppositions, notamment de saisie-arrêt ou de cessions[416]. En matière de

---

[412] Article 47 alinéa 1 de la loi n°2007/006 *op.cit.* Article 61 alinéa 1 du décret n°2020/375 du 07 juillet 2020 *op.cit.* (Cameroun).

[413] Article 20 du Décret n°0094/PR/MBCP du 8 février 2016 *op.cit.* (Gabon).

[414] Article 48 du Décret n° 2018-67 du 1er mars 2018 portant règlement général de la comptabilité publique (Congo Brazzaville).

[415] Article 17 du règlement général sur la gestion budgétaire et la comptabilité publique (Guinée Equatoriale).

[416] Article 25 alinéa b du Décret n° 2018-67 du 1er mars 2018 portant règlement général de la comptabilité publique (Congo Brazzaville).

patrimoine, le contrôle du comptable public consiste au contrôle de la prise en charge de l'inventaire des actifs financiers et non financiers acquis et la conservation des droits, privilèges et hypothèques des immobilisations incorporelles et corporelles[417].

Par ailleurs en matière de paiement, le comptable public contrôle la créance disponible pour mieux libérer l'État de sa dette publique. Il s'agit notamment des contrôles prévus aux articles 18 et 25 du décret sur la comptabilité publique. C'est dans ce cadre que lorsque le comptable public constate des irrégularités sur le processus de la dépense publique, il refuse son visa à l'ordonnateur. Il en est de même lorsque les comptables publics ont pu établir que les certifications délivrées par les ordonnateurs ou les administrateurs de crédits sont inexactes. Dans ce cadre, « les comptables sont tenus d'adresser aux ordonnateurs une déclaration écrite et motivée de leur refus de visa, accompagnée des pièces rejetées »[418]. Par ce fait, le cadre formel assigne seulement au comptable public de motiver le refus au visa lequel doit être accompagné des pièces rejetées. Ainsi, « *exposer dans une partie de celui-ci appelée motivation « l'ensemble des motifs à la base de la décision énoncée dans le dispositif* »[419].L'aménagement formel de ces règles est aussi le fait du droit financier camerounais, congolais, gabonais et guinées. En ce sens, la participation du comptable public à l'activité financière de l'ordonnateur n'aboutit pas toujours à la validation des phases de la dépense publique. Comme il a été indiqué en amont, ce dernier peut opposer son visa et partant, ouvrir la voie à la responsabilité de l'ordonnateur devant le Conseil de discipline budgétaire et financière et devant la Cour des comptes. C'est davantage dans ce cadre que se situe le contrôle du contrôleur financier.

II - La rénovation du contrôle financier

Le contrôle financier est un contrôle *a priori* et démontre à suffisance le degré de contrôle qu'exerce le ministère en charge des finances sur les opérations d'exécution de la dépense publique en sa qualité d'ordonnateur principal des dépenses des États[420]. Traditionnellement, il a été mis en place pour la première fois en 1890[421] avec pour nom « *le contrôle des dépenses engagées* ». « *Avant, la chaine de*

[417] Article 25 alinéa c du Décret n° 2018-67 du 1er mars 2018 portant règlement général de la comptabilité publique (Congo Brazzaville).

[418] Article 54 du Décret n° 2018-67 du 1er mars 2018 portant règlement général de la comptabilité publique (Congo Brazzaville).

[419] G. CAHIN., « La motivation des décisions de la cour internationale de justice », *in* H. RUIZ FABRI., J.-M SOREL., (s.dir), *La motivation des décisions des juridictions internationales*, éditions A. Pedone, « collection contentieux international », Paris, 2008 p.9.

[420] Le contrôleur financier est un agent public du ministère des finances placé auprès de chaque ordonnateur. Ces derniers ne sont pas hiérarchiquement soumis à l'ordonnateur contrôlé mais au ministre des finances.

421 Article 59 de la loi de finances pour l'année 1891 du 26 décembre 1890.

la dépense comprenait deux acteurs : l'ordonnateur et le comptable public »[422]. Et l'on se situe sur « *l'impact de la nouvelle gestion sur les contrôles et ses conséquence* »[423].

Que l'on soit au Gabon[424], au Congo Brazzaville[425], au Cameroun[426], et en Guinée Equatoriale[427], avec l'entrée en vigueur de l'ordonnance de 1962[428], la fonction a non seulement été restaurée mais aussi rénovée.

Le Cameroun a organisé la gestion financière du pays après son accession à l'indépendance. Les finances publiques seront exécutées avec un contrôle financier marqué par le contrôle de la consommation des crédits budgétaires qui s'intègre dans un cadre plus général, celui de la culture administrative de l'État fondée sur les moyens, où le sentiment le plus largement partagé par les agents publics, est que les ressources publiques sont allouées pour le fonctionnement des services, sans aucune préoccupation de la qualité et l'efficacité de la dépense. Cette orientation sera reprise dans tous les textes ultérieurs[429], jusqu'en 2007[430] et plus tard en 2011[431], dates auxquelles l'on assiste à une véritable rénovation du contrôle financier, induite par la réforme budgétaire. Désormais garant de la soutenabilité budgétaire, le contrôle financier intervient comme acteur de la performance (B), au détriment du contrôle de la régularité désormais beaucoup plus marqué chez le comptable public (A).

A. La négation du contrôle financier traditionnel

Ce contrôle exhaustif consiste à vérifier la régularité financière du projet d'engagement de dépenses et de recettes doublé d'un soupçon de contrôle d'opportunité[432]. Il s'exerce donc en amont de la procédure budgétaire. À cette occasion, il lui est donné la latitude de vérifier les aspects essentiellement budgétaires des actes administratifs générateurs des recettes et des dépenses[433] des ordonnateurs et gestionnaires des crédits publics tels que le prévoit la loi relative à la loi des finances du Tchad. C'est-à-dire, l'imputation de la dépense, la

422 G. MOYUM KEMGNI., « La nouvelle gouvernance financière au Cameroun » *op.cit.*, p.307.
423 *Idem*, p.310.
424 Article 5 du Décret n°0094/PR/MBCP du 8 février 2016 portant Règlement Général sur la Comptabilité Publique ; voy le décret n°193/PR/MBCPFP du 22 mai 2012 portant création et organisation des fonctions de responsable de programme, responsable de budget opérationnel de programme et de responsable d'unité opérationnelle (Gabon).
425 Article du Décret n° 2018-67 du 1er mars 2018 portant règlement général de la comptabilité publique (Congo Brazzaville).
426 Article 64 alinéa 1 de la loi n°2018/012 du 11 juillet 2018 *op.cit.* (Cameroun).
427 Article 67 de la loi I/2012 n°012/CNT portant loi organique relative aux lois de finances (Guinée Equatoriale)
428 Ordonnance 62, précitée.
429 Le décret N° 77/41 du 3 Février 1977 a fixé les attributions et l'organisation des contrôles financiers
430 La loi N° 2007/006 du 26 Décembre 2007.
431 Directive CEMAC, précitée, transposée par la loi 2018, précitée.
432 Voy S. KOTT., *Le contrôle des dépenses engagées : Evolutions d'une fonction*, Thèse de Doctorat en Droit soutenue en 2001 Université Paris 10, 2004, p. 374 et s.
433 Article 3 du décret n°77/41 du 3 février 1977, précitée.

disponibilité des crédits, l'application des dispositions d'ordre financier, des lois et règlements, la conformité avec les autorisations parlementaires[434]. Contrairement au Cameroun où les fonctions de comptables et de contrôleurs financiers peuvent être cumulées en cas d'absence du contrôleur financier, la loi portant loi de finances du Tchad interdit formellement le cumul[435] de ces postes par une même personne. Cette interdiction parait logique du fait de la position stratégique du contrôleur qui est en principe le régulateur des opérations budgétaires.

En pratique, le contrôle financier porte sur les engagements de recettes et de dépenses des administrations de l'État et des collectivités publiques secondaires, l'activité des régisseurs d'avance et sur l'activité des établissements publics. Il porte également sur l'imputation budgétaire de la dépense car, il doit s'assurer que l'objet de la dépense publique corresponde bien à l'intitulé du chapitre budgétaire dont le crédit doit être utilisé. De plus, ce contrôle porte sur la disponibilité des crédits correspondant à des subdivisions budgétaires, l'absence de crédits suffisants sur le chapitre de crédit limitatif, étant suffisante pour le rejet de la proposition d'engagement. Il revient au contrôleur financier, la responsabilité de vérifier l'évaluation de la dépense faite par l'ordonnateur. Ainsi, il est tenu d'intervenir dans la phase de l'ordonnancement de la dépense. Toutefois, il faut relever le caractère restreint de cette intervention dans la mesure où, elle se limite à la simple vérification de la conformité de l'opération par rapport à l'engagement pris antérieurement.

Ainsi, aucune dépense ne peut être engagée, ni ordonnancée sans avoir préalablement reçu l'intervention du contrôle financier, sanctionnée soit par l'accord d'un visa d'exécution qui transforme la proposition d'engagement en un engagement proprement dit signé par l'ordonnateur, soit par l'apposition du visa préalable à l'ordonnancement avant la prise en charge par le comptable assignataire de la dépense ou de la recette. Ce visa peut être simple ou accompagné d'observations. À l'opposé, le contrôle peut aussi aboutir au refus du visa qui ne peut être justifié que par des motifs se rapportant à l'application des lois et règlements en vigueur.

---

[434]« *Le Ministre chargé des finances nomme auprès de chaque Ministre sectoriel un Contrôleur financier chargé de veiller à la conformité budgétaire et à la régularité des projets d'engagement. À ce titre, le Contrôleur Financier contrôle a priori, par l'apposition d'un visa préalable, les propositions d'actes de dépense qui lui sont transmises par le Ministre ou ses ordonnateurs délégués selon des modalités définies par le Ministre chargé des finances. Il ne peut être passé outre au refus de visa que sur autorisation écrite du Ministre chargé des finances. Dans ce cas, la responsabilité du Ministre chargé des finances se substitue à celle du Contrôleur financier. Le contrôleur financier assure, pour le compte du Ministre chargé des finances, la centralisation de la comptabilité budgétaire du Ministère sectoriel auprès duquel il est placé. Il peut en outre évaluer la qualité et l'efficacité du contrôle interne ainsi que du contrôle de gestion mis en œuvre par les ordonnateurs et ordonnateurs délégués. Lors de la préparation du projet de budget du Ministre sectoriel auprès duquel il est placé, le contrôleur financier vérifie le caractère sincère des prévisions de dépenses et d'emplois, et leur compatibilité avec les objectifs de maîtrise des finances publiques. La loi organique n° 004 /PR/2014 relative aux lois de finances* ».

[435] L'article 74 loi organique n° 004 /PR/2014 relative aux lois de finances.

Cette exigence qui présente des avantages certains est tout autant décriée du fait de la lourdeur procédurale dans l'exécution des finances publiques. En effet, la logique de la nouvelle gestion publique accroit la responsabilité des acteurs de l'exécution de la dépense publique et institue une souplesse certaine dans l'exercice du contrôle *a priori* du contrôleur financier. Il lui est donc reconnu aujourd'hui, la possibilité de s'adapter, de moduler les modalités de mise en œuvre de son contrôle en fonction de la qualité et de la pertinence du contrôle interne ainsi que de gestion institué par l'ordonnateur au sein de sa structure. C'est dans ce cadre que la fonction de contrôleur financier a été rénovée.

B. La réorientation du nouveau contrôle financier

La réorientation des missions du contrôle financier en zone CEMAC en général et au Cameroun en particulier, est le fait de la transposition des normes communautaires de gestion des finances publiques par les textes de 2018[436]. À travers ces textes, le contrôleur financier exerce des missions relatives à l'évaluation de la sincérité et de la soutenabilité des plans d'engagement des dépenses et à la participation au processus d'élaboration du budget[437]. Par l'exercice de ces missions nouvelles, le contrôleur financier contribue à l'amélioration de la performance managériale, au renforcement de la crédibilité et de la lisibilité de la mise en œuvre des politiques publiques. Le contrôleur financier a ainsi arboré des habits neufs lui permettant d'être plus incisif et décisif dans la protection des finances publiques et dans l'atteinte de l'objectif de performance dans la gestion publique en zone CEMAC, à travers quatre champs d'intervention.

À ce titre, il participe à l'identification des risques financiers ainsi qu'à l'analyse des écarts explicatifs de la dépense et du coût des politiques publiques ; vérifie le caractère sincère des prévisions de dépenses ; contrôle le document annuel de programmation budgétaire initial ; les documents prévisionnels de gestion, leurs modifications en cours de gestion ainsi que les projets d'actes d'affectation de crédits et d'engagement de dépenses. Ces prérogatives sont formellement consacrées au Cameroun[438], au Gabon[439] en Guinée Equatoriale[440].

Il se dégage en définitive que la modernisation du contrôle financier repose sur un dilemme : sécuriser les ressources financières publiques rares, à travers un contrôle financier multiforme et souvent formaliste d'une part, et assurer la performance de l'action publique en garantissant une implémentation rapide et

---

[436] Loi 2018/011 et 2018/012, précitée.

[437] Circulaire N° 00003672/C/MINFI/SG/DGB/DCOB du 23 mai 2019 précisant les attributions des Contrôleurs financiers à la lumière des dispositions de la loi N°2018/012 du juillet 2018 portant régime financier de l'État et des autres entités publiques.

[438] Article 70 de la loi n°2018/012 du 11 juillet 2018 *op.cit.* (Cameroun).

[439] Article 49 du Décret n°0094/PR/MBCP du 8 février 2016 portant Règlement Général sur la Comptabilité Publique (Gabon).

[440] Article 67 de la loi I/2012 n°012/CNT du portant loi organique relative aux lois de finances (Guinée Equatoriale).

efficace des politiques publiques d'autre part. Cette recherche permanente d'équilibre entre la rationalisation de la dépense publique et son efficacité omniprésente en matière de finances publiques, est aujourd'hui au cœur du débat sur le renouveau du contrôle financier.

CONCLUSION DE LA PREMIERE PARTIE

En faisant la synthèse de ce qui a été avancé concernant la transformation du bloc des principes budgétaires sous l'égide des lois CEMAC, on se rend compte que ladite réforme a effectivement favorisé le rafraichissement des principes préexistants et l'introduction de nouveaux. En effet, cette réforme s'inscrivait dans la volonté de s'arrimer aux exigences internationales, mais surtout la nécessité de rompre avec la monotonie et la désuétude. Elles ont été caractérisées par plusieurs insuffisances et dysfonctionnements qui entachaient la gouvernance financière publique des Etats en zone CEMAC, et ce, à tous les niveaux susmentionnés, notamment : l'absence de participation et d'intégration de l'ensemble des composantes de la société et des espaces territoriaux dans la voie du développement ; l'absence de véritable responsabilisation et de reddition des comptes de la part des gestionnaires des fonds publics ; les défaillances marquant le système judiciaire en matière de gestion des deniers publics ; la corruption comme la manifestation par excellence de la mauvaise gouvernance.

Ainsi, la rénovation du bloc des principes se positionne comme la latitude de changer radicalement de paradigme dans l'appréhension et la mise en application des règles budgétaires. Il apparait donc comme une évidence certaine que la réforme budgétaire impulsée par le législateur CEMAC vient moderniser le cadre de gestion des finances publiques à travers la mise en œuvre des principes de transparence et de sincérité gage de bonne gouvernance financière.

Il faut noter que les textes financiers CEMAC ainsi que ceux des Etats membres laissent clairement percevoir une planification stratégique tout autant qu'une adoption clairvoyante du projet de budget. Cela est rendu possible d'un côté par la rédaction d'une documentation qualitative et une planification emprunte d'efficacité et d'efficience. D'un autre côté, on observe une manœuvre du CIEP, de même que l'instauration d'un débat d'orientation au sein des Etats en examen. Par ailleurs, la lecture attentive des textes financiers communautaires et nationaux permettent de se rendre compte qu'il y a un pilotage des dépenses budgétaires et une conduite des recettes budgétaires. Dans le premier cas, les Etats en cause sont confrontés à des contraintes relatives à la performance dans les procédures normales ainsi qu'à l'exigence de performance dans la procédure d'exception. Dans le second, il apparaît que les ressources fiscales débouchent sur une performance au cœur de la procédure de droit commun tout comme dans les procédures dérogatoires.

SECONDE PARTIE
UN RENOUVELLEMENT DES ORGANES DE MISE EN EXECUTION DU BUDGET DANS LES ETATS DE LA CEMAC

La réforme budgétaire entreprise dans les Etats de la CEMAC ne s'est pas limitée à la refonte des grands principes de finances publiques. Elle a entrainé le renouvellement du cadre institutionnel pour une gouvernance financière plus performante. C'est ainsi qu'on note un renforcement des pouvoirs budgétaires des organes classiques (titre 1) et l'introduction de nouveaux acteurs de gestion du budget (titre 2).

TITRE I :
UN RENFORCEMENT DU RÔLE DES ORGANES CLASSIQUES

Le droit est incontestablement une science vivante. Il est obligé de l'être en raison de la vitalité de la société et des sujets de droit qui constituent son champ d'étude. Cette vitalité implique une réforme constante des règles juridiques afin de les adapter aux mutations sociales. La réforme se présente toujours comme une opération globale. Elle touche à la foi les aspects institutionnels et les aspects matériels d'une matière. En matière budgétaire et financière, la réforme engagée dans l'espace CEMAC au début des années 2010 n'a pas contredit cette logique. Sous l'impulsion des bailleurs de fonds et au regard des revendications des assemblées parlementaires et des dénonciations de la doctrine, les moments de réformes budgétaires sont toujours des espaces de rationalisation de certains écarts. La réforme budgétaire dans la zone CEMAC a, sur le principe, amélioré l'action de l'exécutif (chapitre I). Le second organe à savoir le Parlement (chapitre II) est aussi, et même plus que l'exécutif concerné par les réformes budgétaires, lui qui d'après la doctrine se trouve dans une *« impotence en matière financière »*[441]. Cette situation d'impotence que l'on vit toujours et qui est accentuée par la prépondérance et la prééminence de l'exécutif dans le constitutionnalisme des Etats d'Afrique francophone soulève la question jamais épuisée du rôle du parlement en matière budgétaire présentée au plan théorique comme controversée[442].

---

[441]NKOUAYEP (L.C), *Les pouvoirs parlementaires d'autorisation budgétaire en droit camerounais*, thèse de doctorat en droit public, université de Yaoundé II-Soa, 2017-2018, p. 3.
[442]SOMALI (K), *Le parlement dans le nouveau constitutionnalisme en Afrique,* op.cit., p. 233.

CHAPITRE I :
L'AMÉLIORATION DES FONCTIONS DE L'EXÉCUTIF

En matière budgétaire, l'exécutif se positionne comme l'organe essentiel. Cela résulte des fonctions qu'il exerce dès les préalables, c'est-à-dire au moment de la conception et de l'élaboration des programmes budgétaires et même financiers. Alors que ces matières sont portées par des lois et que de ce fait l'on pourrait penser que conformément à la théorie[443], le parlement et l'exécutif manifestent une concurrence dans leurs initiatives[444], les lois de finances ont une particularité. Elles échappent à l'initiative du parlement. L'on parle alors de projet de loi pour signifier que l'exécutif est maitre du processus d'élaboration.

En tant que maitre du processus d'élaboration du budget ou des lois de finances, l'exécutif a-t-il besoin d'une amélioration de ses fonctions ? La question s'impose non pas au regard de la théorie des fonctions en matière budgétaire, mais au regard de l'identification des éléments de dysfonctionnement qui altèrent les objectifs de performance et d'efficience dans l'exécution des budgets. Le nouveau management budgétaire impose plus d'application dans toutes les étapes de la procédure budgétaire, et l'exécutif est plus indexé en raison de la présomption d'efficacité construite par l'utilisation d'une administration en principe spécialisée. En raison de l'importance des finances publiques pour l'affirmation de la communauté CEMAC, une harmonisation des règles de fonctionnement s'impose et est portée par les réformes budgétaires. Celle-ci établit l'exécutif dans son nouveau rôle de préparation du budget (Section I), et l'oriente sous sa nouvelle cape d'exécution du budget (Section II).

Section I : L'exécutif dans son nouveau rôle de préparation du budget

Tout projet nécessite une préparation. Celle-ci consiste à entreprendre un ensemble d'opérations devant conduire à avoir un produit de qualité. La préparation est une étape décisive dans le management de la performance. Elle permet d'orienter, de prévoir et d'anticiper. C'est globalement ce qui est attendu de l'action de l'exécutif en matière budgétaire. Dans les faits, *« le pouvoir exécutif, chapeauté par le Président de la République et assisté par un gouvernement, a la main mise sur le pouvoir budgétaire tant au niveau de la préparation que de l'exécution de la loi de finances comportant le budget de l'État. Ce paradoxe peut trouver justification dans le fait que l'exécutif est plus proche des affaires courantes de l'État et maîtrise les procédés techniques de cette matière »*[445]. L'exécutif est ainsi pris dans sa globalité ce qui fait intervenir toutes ses composantes dans le processus. Les fonctions sont cependant précisées. Elles

---

443 HAMON (F), TROPER (M), *Droit constitutionnel*, LGDJ, 35e édition, 2014, p. 671.

444 V. article 143 de la constitution du Congo, article 87 de la constitution du Tchad, article 83 de la constitution de la République centrafricaine, article 53 de la constitution du Gabon, article 25 de la constitution du Cameroun.

445 BEN MOUSSA (C), *Essai sur la normativité budgétaire*, thèse de doctorat en droit public, université de Toulouse 1 capitole, 2018, pp. 82-83.

se déclinent en la fixation de l'orientation générale par le chef de l'exécutif (I), et en l'opérationnalisation de l'orientation par le gouvernement (II).

I - La fixation de l'orientation générale par le chef de l'exécutif

À l'observation des textes qui fixent le régime budgétaire et financier dans la zone CEMAC, l'on peut remarquer une certaine tension. Cette tension se manifeste par la volonté d'assurer un équilibre entre les pouvoirs présidentiels et les objectifs de performance en matière budgétaire qui impliquent la collégialité de l'exécutif dans le processus (B). Sans pour autant altérer l'exorbitance présidentielle construite par les différentes constitutions des Etats, les textes communautaires expriment un assouplissement de celle-ci (A).

A. L'assouplissement de l'exorbitance présidentielle par les directives communautaires

Les régimes budgétaires et financiers africains qu'ils soient nationaux ou communautaires ne peuvent être compris qu'en appréhendant les régimes politiques des Etats. En effet, en tant que compétence inférieure à la compétence constitutionnelle, la compétence budgétaire et financière doit en principe suivre l'esprit de la répartition des compétences. D'un autre côté, parce que cette compétence est portée au niveau du droit communautaire, elle ambitionne s'imposer aux Etats membres de la communauté. De plus, le droit communautaire qui prime sur le droit national[446]impose ses règles et principes sur les législations nationales. On observe une prévalence de l'assouplissement de l'exorbitance présidentielle aménagée par les textes communautaires sur les législations nationales (1). Il faut cependant remarquer que cette prévalence n'est pas intégrale ou absolue. Elle est sujette à des limites, à des réticences (2) manifestées par les Etats sur le prétexte de l'évocation du respect de la souveraineté.

1. La prévalence de l'assouplissement des pouvoirs présidentiels en matière budgétaire sur les législations nationales

Avant que les matières budgétaires et financières ne soient régies par le droit communautaire, elles faisaient l'objet d'un encadrement par les Etats. Chaque État y allait de sa vision du développement, de son orientation économique et de sa logique du fonctionnement des institutions. Il se manifestait ainsi une certaine disparité dans le développement des Etats au sein d'un même espace communautaire. L'espace communautaire CEMAC est né d'un désir de réaliser un développement harmonieux et équilibré entre les peuples. L'objectif clairement affiché est de *« donner une impulsion nouvelle et décisive au processus d'intégration en Afrique Centrale par une harmonisation accrue des politiques et des législations*

---

[446]PICOD (F), « La normativité du droit communautaire », *Cahiers du Conseil constitutionnel* n° 21 (Dossier : la normativité) - janvier 2007, p. 6.

de leurs Etats »[447]. À cet effet, *« La mission essentielle de la Communauté est de promouvoir un développement harmonieux des Etats membres dans le cadre de l'institution de deux Unions : une Union Economique et une Union Monétaire. Dans chacun de ces deux domaines, les Etats membres entendent passer d'une situation de coopération, qui existe déjà entre eux, à une situation d'union susceptible de parachever le processus d'intégration économique et monétaire »*[448]. Cette disposition constitue un certain dessaisissement de l'État au profit des organes et des institutions communautaires. Elle rame à contre-courant du poids de la souveraineté des Etats consacrée dans les constitutions et incarnée par le président de la République.

Le Président de la République est en Afrique le centre du pouvoir. Il est le pouvoir même, et son influence se fait ressentir dans toutes les fonctions de l'Etat quelle que soit les organes qui les exercent. Son rôle politique est exorbitant, il *« est à la mesure de ses prérogatives constitutionnelles, de son emprise sur le parti dominant, de son équation politique personnelle mais aussi de la mystique tradition du Chef africain que reprennent à leur compte les Chefs d'État du continent noir »*[449]. Au niveau de la procédure budgétaire et financière, l'on peut apprécier son influence avant l'adoption des textes CEMAC régissant ces matières c'est-à-dire avant 2008[450].

Dans toutes constitutions qui ont été en vigueur dans les Etats de la CEMAC avant les directives de 2011, des pouvoirs importants ont été conférés au Président de la République en matière financière. Dans la constitution camerounaise issue de la réforme de 1996 et même de 2008, le Président de la République disposait de l'initiative des lois[451]. Les lois de finances qui relèvent alors de la compétence unique de l'exécutif en matière d'initiative le placent au centre du processus. Au Tchad, la constitution de 1996 allait plus loin en donnant la possibilité de faire entrer en vigueur des lois de finances en cas d'impossibilité de vote dans les délais établis. Ce texte disposait que *« Le Parlement dispose de quatre-vingt (80) jours au plus pour voter les projets de loi de finances »*, et que*« Si le projet de loi de finances n'est pas voté définitivement à l'expiration du délai de quatre-vingt (80) jours prévus ci-dessus, il peut être mis en vigueur par Ordonnance »*[452].

Sur le plan opérationnel, certaines constitutions sont plus explicites sur les rôles. La constitution gabonaise dispose que *« Toutes les ressources et les charges de l'État doivent, pour chaque exercice financier, être évaluées et inscrites dans le projet annuel de la loi de finances déposée par le gouvernement à l'Assemblée nationale quarante-cinq jours au plus tard après l'ouverture de la seconde session ordinaire »*[453]. La référence au gouvernement ne doit pas être comprise comme consacrant la compétence

---

[447] Préambule du traité instituant la CEMAC.

[448] Article 1 du traité instituant la communauté économique et monétaire de l'Afrique centrale.

[449]AÏVO (F.J), *Le président de la république en Afrique noire francophone. Essai sur les évolutions institutionnelles de la fonction au Bénin, au Cameroun, au Gabon et au Togo,* thèse de doctorat en droit, Université Jean Moulin Lyon III (France) et l'Université d'Abomey-Calavi (Bénin), 2006, p. 91.

[450]Date de l'adoption de l'une des premières directives régissant les finances publiques à savoir la directive n°01/08-UEAC-190-CM-17 du 20 juin relative aux lois de finances.

[451]Article 25 de la constitution du Cameroun.

[452]Article 133 de la constitution Tchadienne du 31 mars 1993.

[453]Article 48 de la constitution du Gabon.

unique de cette institution qui fait partie de l'exécutif. En matière d'élaboration de la loi de finances, les textes portant régime financier qui peuvent être considérés comme des normes dérivées de la constitution[454], pour le cas camerounais disposent que*« Sous l'autorité du Président de la République, le Premier ministre coordonne la préparation des projets de lois de finances, assurée par le Ministre chargé des finances, en concertation avec les organes constitutionnels, les Ministres ou les responsables des services concernés »*[455]. Dans ces différents textes, le contenu de l'autorité du président de la République n'était pas déterminé en matière d'élaboration. Toutefois, il exerçait cette autorité à travers sa circulaire portant sur la préparation du budget de l'État. Cette compétence non explicitement encadrée par les textes pouvait alors être perçue comme l'expression d'une prééminence de l'institution présidentielle qui définit[456] ou encore fixe les grandes orientations de la politique de la Nation[457].

La réforme budgétaire a apporté une clarification du rôle du président de la République en matière budgétaire. La clarification ici ne signifie pas une révolution dans l'aménagement des compétences. Elle consiste en une précision qui consolide la répartition des compétences effectuée par les constitutions. A cet effet, les directives disposent que *« les compétences et responsabilités respectives du gouvernement et du parlement en matière de conduite de la politique budgétaire, de choix des dépenses et des recettes publiques ainsi qu'en matière d'exécution et de contrôle budgétaire sont clairement définies en application de la constitution »*[458]. Cette disposition a été transposée de manière conforme au système institutionnel applicable dans les législations du Tchad[459], du Gabon[460], du Cameroun, du Congo[461]. La détermination du rôle de chaque organe intervenant dans le processus obéit à l'esprit de la répartition constitutionnelle des pouvoirs qui confère la prééminence au président de la République. Cette prééminence doit conformément aux textes communautaires être rationnelle. L'on observe cependant une certaine réticence des Etats dans la transposition de cette exigence.

---

[454]GUÉSSÉLÉ ISSÉMÉ (L.P), « Les normes dérivées de la Constitution dans les Etats d'Afrique noire francophone », *RADSP*, Vol V, n° IX- jan.- juin 2017, pp. 89-122.

[455] Article 33 de la loi n° 2007/006 du 26 décembre 2007 portant régime financier de l'Etat

[456]Article 5 alinéa 2 de la constitution du Cameroun.

[457]Article 33 de la constitution de la république centrafricaine.

[458]Section II de l'annexe à la directive n°06/11-UEAC-190-CM-22 relative au code de transparence et de bonne gouvernance dans la gestion des finances publiques.

[459] Article 13 de la loi n°-018/PR/2016 portant code de transparence et de bonne gouvernance dans la gestion des finances publiques.

[460] Article 13 de la loi n°021/2014 du 30 janvier 2015 relative à la transparence et à la bonne gouvernance dans la gestion des finances publiques.

[461]Article 18 de la loi n°10-2017 du 09 mars 2017 portant code relatif à la transparence et à la responsabilité dans la gestion des finances publiques.

2. La réticence des Etats dans la transposition de l'assouplissement des pouvoirs présidentiel

Les normes communautaires sont d'application directe en principe. Ce principe mérite d'être relativisé au regard de la pratique dans l'espace CEMAC. En effet, dans cet espace communautaire, l'applicabilité directe ne semble pas être la règle. Les directives disposent elles-mêmes que *« les législations et règlementations nationales doivent être mises en conformité avec les dispositions de la présente directive dans les vingt-quatre mois de son adoption par la communauté économique et monétaire de l'Afrique centrale. À l'issu de ce délai, les prescriptions de la directive devront être effectivement être appliquées par les Etats membres (...) »*[462]. Il ressort de cette disposition que l'applicabilité n'est pas directe ou automatique. Les Etats ont un pouvoir d'appréciation quant au rythme de la mise en conformité des législations nationales. L'on observe cependant l'adoption d'un mécanisme de transposition qui semble ne pas correspondre à l'esprit de la réglementation CEMAC.

Tous les Etats, au lieu de mettre leur règlementation en conformité ont plutôt adopté la logique de transposition. C'est ainsi que chaque État a élaboré des textes qui reprennent exactement les diverses directives. C'est à ce niveau que l'on peut observer, les éléments de réticence de l'État. Ces éléments exposent surtout des incohérences entre les deux dimensions normatives. Ainsi donc, *« certaines de ses incohérences et insuffisances se sont révélées aux leçons du temps et de la pratique. Il semble que c'est la nécessité de les identifier et de les corriger qui a motivé une telle réforme »*[463]. Le Cameroun est un exemple en la matière. La loi portant régime financier de l'État donne un pouvoir prépondérant au président de la République en matière d'élaboration de la loi de finances. Elle dispose que chaque année, le projet de loi de finances initiale est élaboré en se référant à la circulaire présidentielle qui sur proposition du ministre des finances : Fixe le cadre macro-économique sur la base d'hypothèse prudentes et crédibles et dans le respect du montant global des recettes et des dépenses fixées dans le cadre budgétaire à moyen terme défini à l'article 10 de la présente loi ; détermine les priorités budgétaires et normes de dépenses pour les demandes de crédits des ministères, dans le respect du cadre de dépenses à moyen terme définis à l'article 10 de la présente loi : Définit la procédure de présentation et d'arbitrage des demandes de crédits ainsi que leur calendrier[464].

Cette disposition confère à la circulaire présidentielle un pouvoir d'orientation en matière d'élaboration des lois de finances. Le président de la République dispose ainsi des prérogatives qui lui permettent par un acte administratif de rang inférieur de contraindre le contenu d'une loi, de contraindre le parlement qui est obligé de soumettre aux orientations contenues dans la circulaire. L'on peut donc

---

[462] Article 82 de la directive n°01/08-UEAC-190-CM-17 du 20 juin relative aux lois de finances.

[463] ISSOUFOU (A), « Fallait-il une nouvelle loi organique relative aux lois de finances au Sénégal ? », *Rafip* n°7 – 1er semestre 2020, p. 325.

[464]Article 56 alinéa 1 de la loi n°2018/012 du 11 juillet 2018 portant régime financier de l'Etat et des autres entités publiques.

constater qu'il ne fait aucun doute que le Président de la République intervient dans la procédure d'élaboration du budget. Cette intervention est actée par le pouvoir de la circulaire relative à la préparation du budget. Les textes désignent le Président de la République comme une autorité budgétaire[465]. Ces textes placent celui-ci à la commande de ce processus. En période normale c'est-à-dire en contexte de concordance des majorités présidentielles et parlementaires, nombre de mesures budgétaires et fiscales peuvent avoir pour origine, une recommandation présidentielle[466]. Il serait donc erroné de penser que le budget des pays membres de la CEMAC est uniquement élaboré par quelques directions des ministères de l'économie ou des finances (ailleurs ministère du Budget).

En sa qualité de responsable de la politique de la nation[467], le Chef de l'État[468] oriente inexorablement la politique financière de l'État. C'est d'ailleurs à ce titre que le constituant camerounais reconnait au Président de la République, l'initiative des lois et, plus particulièrement des lois de finances. Même si, dans bien d'autres cas, cette compétence peut être partagée[469]. Cela dit, dans le cadre budgétaire, l'initiation de la loi des finances se trouve entre les mains du Président. En d'autres termes, il est l'initiateur de celle-ci en vertu des pouvoirs qui lui ont été conférés par le constituant. Il assure la continuité de l'État[470] et donne des grandes orientations relatives à l'élaboration du budget. En clair, le Président de la République présente une circulaire qui fixe les grands axes du processus d'élaboration du budget. Comme le précise, au Cameroun, la circulaire relative à l'élaboration du budget 2020[471], dans laquelle le cap a été notamment mis sur (i) la mise en œuvre des grands projets structurants ; (ii) l'accélération des travaux de construction des grands axes routiers, des autres infrastructures de communication et des télécommunications prioritaires ; (iii) l'accroissement

---

465 L'article 35 dispose : « *sous l'autorité du Président de la République, et la coordination du Premier Ministre, Chef du Gouvernement, le ministre chargé des finances conduit la préparation du budget annuel de l'Etat et des projets de lois de finances qui sont arrêtés en Conseil du Cabinet* ». La Loi Organique relative aux Lois des Finance du Gabon va également dans le même sens que le régime financier de l'Etat cité dessus

466 A titre d'exemple, l'on se souvient du *« je décide, il exécute »* adresser le 14 juillet 2004 par Jacques Chirac à son Ministre des Finances l'époque de Nicolas Sarkozy, qui souhaitait imposait des efforts à la défense nationale.

467 Alinéa 2 article 5, *Idem.*

468 Article 5 alinéa 1 de la constitution du 18 janvier 1996

469 Article 25 dispose que « *L'initiative des lois appartient concurremment au président de la République et aux membres du parlement* ».

470 Voir article 5 de la constitution du 18 janvier 1996, V. CHAMPAGNE (G), *l'essentiel du droit constitutionnel*, 10ème édition, Paris, Gualino, 2010, p. 54.

471 La présente circulaire fixe les orientations générales de la politique budgétaire, ainsi que les dispositions pratiques pour l'élaboration du projet de budget de l'État pour l'exercice 2020. Le processus d'élaboration du budget de l'Etat pour l'exercice 2014 s'inscrit dans la poursuite de la mise en œuvre de la politique de développement économique, social et culturel de la nation, sous-tendue par le Document de Stratégie pour la Croissance et l'Emploi (DSCE). Il devra, tout en tenant compte de la conjoncture nationale et internationale, s'appuyer sur des mesures propres à augmenter la compétitivité de l'économie camerounaise, en vue de renforcer la croissance économique et la création d'emplois. Il devra consolider le budget programme aussi bien dans son processus de préparation que dans sa présentation.

du taux d'exécution des projets d'investissement public ; (iv) la recherche de plus d'efficacité dans la gestion des finances publiques ; (v) la promotion de nouvelles sources de financement de l'économie ; (vi) la poursuivre de la redynamisation des filières porteuses de croissance et l'amélioration de leur productivité ; (vii) la poursuite de la politique d'exportations et de consommation des produits locaux afin de résorber le déficit de la balance commerciale ; (viii) la poursuite de l'amélioration de la gouvernance et de l'environnement des affaires, à travers la lutte contre la corruption et les atteintes à fortune publique.

B. La promotion de la collégialité de l'exécutif

La réforme budgétaire dans la zone CEMAC a pris en compte les nouveaux principes de management en matière financière. Il s'agit globalement d'instituer un fonctionnement collégial des différentes institutions qui interviennent dans le processus budgétaire. Cette collégialité se manifeste par les fonctions de coordination exercées par les autorités supérieures (1), et les fonctions d'opérationnalisation qui relèvent des administrations spécialisées (2).

1. Les fonctions de coordination par les organes supérieurs

La collégialité est un principe fondamental dans le nouveau management public. Elle concourt à introduire une compétence ou une décision dans la recherche de la performance. La performance dont il est question *« renvoie au déploiement d'une démarche de perfectionnement. L'objectif est ici l'amélioration de l'objet sur lequel porte la démarche. L'exigence de qualité est alors sous-jacente. Elle constitue la finalité même de la démarche »*[472]. En matière budgétaire et financière, la collégialité dans l'élaboration du budget est un impératif en raison de l'existence de certains principes budgétaire tels que le principe de l'unité budgétaire qui *« exprime l'idée que le budget d'une entité doit figurer dans un document unique, à des fins de lisibilité et de transparence »*[473]. Ainsi, quelle que soit la diversité des organes dans l'État, le budget est unique, il s'agit du budget de l'État[474]. La préparation de ce budget exige donc une participation de toutes parties intéressées.

La collégialité impose la prise en compte des participations diverses, mais elle repose sur une organisation précise des compétences. La référence au gouvernement dans les textes communautaires[475] renseigne à suffisance sur l'instauration de la collégialité. L'instance collégiale désignée ici est le conseil des ministres. Les textes communautaires disposent que chaque année, la procédure

---

[472] LABOUYSSE (D), « collégialité et qualité de la justice administrative », *Revue française d'administration publique* n° 159, 2016, p. 752.

[473] WASERMAN (F), *Les finances publiques*, la documentation française, 8e édition, 2016, p. 26.

[474] Il faut cependant faire une précision, certaines entités de l'Etat considérés comme des personnes autonomes à savoir les collectivités locales et les établissements publics disposent de leurs propres budgets. Même dans ce cas, ces entités subissent toujours l'influence du budget de l'Etat.

[475] Directive n°06/11-UEAC-190-CM-22 relative au code de transparence et de bonne gouvernance dans la gestion des finances publiques.

de préparation du projet de loi de finances initiale est engagée par un conseil de ministre qui, sur proposition du ministre chargé des finances, fixe les grandes orientations budgétaires[476]. Dans les différents Etats de la CEMAC, la collégialité est exprimée par l'action du gouvernement avec un pouvoir de direction accordé au premier ministre. Le gouvernement est un organe collégial dont le premier ministre assure la direction[477].

Au Gabon, la procédure de préparation du projet de loi de finances est engagée par le premier ministre[478]. Au Tchad, *« Sous l'autorité du Président de la République, le Premier Ministre coordonne la préparation des projets de budget annuel de 1'État et des lois de finances, assurée par le Ministre chargé des finances, en concertation avec les Institutions Constitutionnelles, les Ministres ou les responsables de services concernés »*[479]. Au Congo, *« Le ministre chargé des finances conduit, sous l'autorité du Premier ministre, chef du Gouvernement, la procédure de préparation du budget de l'État et des projets de loi de finances »*[480]. Au Cameroun, *« sous l'autorité du président de la République et la coordination du premier ministre, chef du gouvernement, le ministre chargé des finances conduit la préparation du budget annuel de l'État et des projets de lois de finances qui sont arrêtés en conseil de cabinet »*[481]. Cette présentation des lois qui encadrent les lois de finances dans les Etats de la CEMAC permet d'observer une certaine constance même si des disparités subsistent dans la transposition des directives communautaires. Au niveau de la constance, l'on remarque que le premier ministre est l'autorité qui coordonne la préparation des lois de finances. La disparité ressort de l'évocation des conseils ministériels et des conseils de cabinet qui peuvent renvoyer à des réalités différentes[482]

Sous l'autorité du Président de la République et la coordination du premier ministre, chef du gouvernement, le ministre en charge des finances conduit la préparation du budget de l'État et des projets de loi de finances. Cela se fait en application d'un calendrier budgétaire annuel qui précise les étapes clés du processus de préparation du budget de l'État[483] et les modalités fixées par voie réglementaire. Il apparait clairement que les actes règlementaires posés par le Premier Ministre, s'inscrivent dans le cadre d'une délégation faite par les chefs de l'État qui, en dernier, est le véritable responsable du processus budgétaire. Force est de mentionner ici, les décrets de notification des enveloppes budgétaires du premier ministre au Cameroun et dans les autres États de la CEMAC. À ce titre,

---

[476] Article 52 de la directive n°01/08-UEAC-190-CM-17 du 20 juin relative aux lois de finances.

[477] Article 12 alinéa 1 de la constitution du Cameroun, article 21 de la constitution de la république centrafricaine.

[478] Article 20 de la loi organique n°020/2014 relative aux lois de finances et à l'exécution du budget.

[479] Article 58 de la loi organique n°004/PR/2014 relative aux lois de finances.

[480] Article 62 de la loi organique n° 36-2017 du 3 octobre 2017 relative aux lois de finances.

[481] Article 55 alinéa 1 de la loi n°2018/012 du 11 juillet 2018 portant régime financier de l'Etat et des autres entités publiques.

[482] Les conseils ministériels sont présidés par le président de la république alors que le conseil de cabinet est présidé par le premier ministre.

[483] Article 14 du Code de Transparence et de Bonne Gouvernance.

la loi de 2018 en son article 12 (5) dispose clairement que « *le premier ministre, chef du gouvernement, notifie les arbitrages aux ministres ou aux responsables des institutions et autres services concernés* »[484]. En France, on parle des lettres plafonds pris par décret du premier ministre. Dans un cas comme dans l'autre, ces décrets portent sur les allocations des crédits budgétaires dont le montant est arrêté et communiqué à chaque chef de département ministériel. Ils sont pris en fonction des priorités fixées dans le cadre des politiques publiques mises en œuvre par le gouvernement. Leur notification a tout son sens, surtout lorsque les désaccords sont constatés entre les responsables des ministères sectoriels et ceux du ministère des finances à l'issue des conférences budgétaires. À ce moment, ils revêtent véritablement le statut de décrets d'arbitrage.

Les décrets d'avance du Premier Ministre qui peuvent être pris en cas d'urgence, sur la base d'un rapport produit par le Ministre des Finances, après avis du ou des ministres sectoriels concernés rentrent également dans cette logique. Ainsi, en période de circonstances exceptionnelles, la loi offre au Président de la République, à travers les décrets du Premier Ministre, la possibilité de contourner le parlement par l'ouverture de crédits en procédure d'urgence. Il convient toutefois fois de signaler que, bien que réel, ce pouvoir de contournement n'est pas absolu. Il se retrouve encadré dans un formalisme qui soumet sa validité juridique au respect de deux conditions essentielles. *Primo*, les décrets d'avance sont impérativement soumis à la procédure de ratification par le parlement dans le plus prochain projet de loi de finances afférent à l'année concernée. En général, cette ratification intervient lors de la présentation d'un projet de loi de finances rectificative ou, à défaut, lors du vote du projet de loi de règlement. *Deuxio*, le décret d'avance peut ouvrir des crédits supplémentaires sans dégrader l'équilibre budgétaire arrêté par la dernière loi de finances. Il va annuler les crédits et constater de nouvelles recettes, mais à condition qu'il soit pris dans le cadre d'un plafond cumulé des crédits ouverts qui ne peut excéder 1% de crédits ouverts par la loi de finances de l'année.

À côté de cette nature de décret d'avance qui est soumise au plafond de 1%, il existe une deuxième catégorie qui n'est pas soumise à une exigence de seuil. La seule restriction étant que ces « *crédits supplémentaires aient pour effet de dégrader l'équilibre budgétaire défini par la loi de finances initiale et qu'ils soient pris en cas d'urgence et de nécessité impérieuse d'intérêt national* »[485] .

En dehors d'être circonscrit à certaines personnes, le décret est aussi un acte de portée générale[486] uniforme. Autrement dit, il se caractérise aussi par son caractère uniforme dans la mesure où il n'est pas personnifié. En fait, bien qu'il soit limité dans sa portée, il ne prend pas partie entre les personnes qui sont

---

[484] Loi n°2018/012 du 11 juillet 2018 portant régime financier de l'Etat et des autres entités publiques.

[485] Article 39 (4) de loi n°2018/012 du 11 juillet 2018 portant régime financier de l'Etat et des autres entités publiques.

[486] AVRIL (P), GICQUEL (J), *Lexique de droit constitutionnel,* Que sais-je ? Paris, 4ème édition, PUF, p. 32.

concernées. Subordonné à la loi en vue de son explication[487], il a également force de loi,[488] car, il peut parfois être imposé par le président de la République. De ce fait, il ressort que le décret peut présenter une double nature c'est-à-dire qu'il peut être soit général, soit particulier. Tout compte fait, parmi les instruments juridiques du budget, ceux de la législation primaire et secondaire sus évoqués, justifient la généralisation uniformisée des budgets programmes.

Bien plus, au–dessus des actes règlementaires posés par le Premier ministre, le chef de l'État intervient directement dans le champ de compétence du parlement par le biais des ordonnances et des lois d'habilitation. En effet, en vertu des dispositions constitutionnelles des pays de la CEMAC et de l'UEMOA, le chef de l'État est autorisé à intervenir dans le domaine de la loi par le biais des ordonnances. C'est ce qui se dégage clairement de la constitution camerounaise qui a prévu que « *le parlement peut autoriser le Président de la République pendant un délai limité et sur des objets déterminés, à prendre des ordonnances* »[489].

Ainsi dit, le chef de l'État doit recevoir l'habilitation préalable du parlement pour prendre par ordonnances. Des mesures qui relèvent en principe du domaine législatif et, dans le cas d'espèce, les questions budgétaires qui, au terme de l'article de l'article 26 de la constitution camerounaise de 1996, sont du domaine de la loi. Les constitutions des autres pays de la CEMAC et même des pays de l'UEMOA, donnent la possibilité au Président de la République de prendre des ordonnances en matière budgétaire, sur la base d'une habilitation préalable donnée par le parlement. Il s'agit donc des lois d'habilitation qui trouvent leur spécificité dans les nécessités de gestion liées à la vie contemporaine. En effet, la technicité des décisions à prendre, l'urgence des problèmes à résoudre, la célérité indispensable pour prendre des décisions efficaces conduisent à écarter dans certaines situations, la procédure législative ordinaire qui se révèle inadaptée.

La nécessité de faire recours aux lois d'habilitation est illustrée par l'expérience française de la IVe République dont le texte constitutionnel avait interdit toute délégation du pouvoir législatif[490]. Mais, à l'épreuve des faits, cette interdiction s'est révélée trop contraignante et divers procédés ont été mis en place pour la contourner[491]. L'article 38 de la constitution de la Vème république a formalisé ces procédés en prévoyant des lois d'habilitation. De même, aux Etats – unis où la séparation entre les pouvoirs est réputée être rigide, le congrès a eu, à plusieurs reprises, à déléguer au Président de la République le pouvoir d'édicter des mesures qui relèvent du domaine législatif[492]. Cette fonction qui expose le Président de la République est parfois le résultat d'une collaboration avec le premier ministre est qui celui-là qui la rend opérationnelle. À cet effet, « *il est utile*

---

487 Ibid.

488 Idem.

489 Article 28 de la constitution du Cameroun.

490 Article 13 de la constitution Française du 27 octobre 1946.

491 À travers les décrets-lois, le gouvernement français était autorisé à prendre des décrets dans le domaine législatif. Lesdits décrets étaient soumis à une ratification ultérieure par le parlement.

492 Il s'agit des « *exécutive-orders* », qui sont des décrets par lesquels le Président de la République adresse des directives aux agences fédérales sur des questions qui sont du domaine de la loi.

de reconnaitre que cette institution, qui a beaucoup évolué, se présente comme incontournable. D'où, au président de la République solennité, discours, grandes options et affaires souveraines, et au Premier Ministre supervision quotidienne, affaires courantes et responsabilité »[493]. On peut ainsi dire que malgré la promotion de la collégialité, l'empreinte présidentielle demeure constante. Elle est la résultante d'une exacerbation de la souveraineté des Etats favorisée par les textes communautaires qui font preuve de souplesse rendant plus apte à *« ménager les susceptibilités d'États qui, bien qu'ayant martelé leur volonté d'harmoniser leurs législations financières, demeurent pour la plupart souverainistes »*[494].

2. L'opérationnalisation de la préparation du budget par les administrations

Les responsables des administrations font partie des acteurs en charge de la préparation du budget. Les administrations dont il s'agit ici sont de différents ordres à savoir les administrations du niveau central de l'État, les organes constitutionnels. Une mention précise doit être faite en ce qui concerne les organes constitutionnels. Il s'agit des organes qui ont une certaine autonomie en ce qu'ils font partie des manifestations de la séparation des pouvoirs. Les assemblées parlementaires sont principalement concernées. Elles jouissent d'une autonomie qui fonde leurs compétences à déterminer leurs propres budgets même si celui-ci doit s'intégrer dans le budget de l'État. Cette autonomie a un trait commun, *« elle n'interdit évidemment pas la collaboration avec le gouvernement. La séparation des pouvoirs dont elle découle se caractérise dans une majorité de Parlements comme une « séparation flexible » ou « séparation-collaboration ». L'autonomie parlementaire s'inscrit donc dans l'organisation institutionnelle de l'État dont le Parlement fait partie »*[495]. Les directives CEMAC consacrent la prise en compte des spécificités des organes constitutionnels dans la préparation des lois de finances. Elles disposent que *« les budgets et comptes des institutions et organes constitutionnels sont établis et gérés dans les mêmes conditions de transparence, de sincérité et de contrôle »* que celles qui sont arrêtés au plan communautaire et qui s'imposent à toutes les administrations[496].

Pour ce qui est des autres administrations, il s'agit des différents ministères et des organes connexes à ces ministères[497]. Les ministères dits « *dépensiers* » participent à l'élaboration du budget en prévoyant les crédits budgétaires qu'ils

---

493 ESSOMBA (A.L), *Le domaine du pouvoir réglementaire du premier ministre au Cameroun*, thèse de doctorat en droit public, université de Douala, 2012, p. 556.

494 TONI (E), « Existe-t-il un droit public financier ouest africain ? », *Rafip* n°7 – 1er semestre 2020, p. 93.

495 *L'autonomie administrative et financière des assemblées parlementaires,* Rapport définitif de M. Michel Couderc, Secrétaire général de la Questure, Assemblée nationale, France, adopté lors de la session de Moscou (septembre 1998).

496 Directive n°06/11-UEAC-190-CM-22 relative au code de transparence et de bonne gouvernance dans la gestion des finances publiques.

497 Il s'agit des organes qui n'ont pas de personnalité juridique et qui sont sous la tutelle des ministères. C'est le cas des commissions et comités, des conseils nationaux (concurrence, communication…) et autres institutions du même genre.

souhaitent obtenir. Dans chaque ministère, il existe toujours, tantôt sous la dénomination de direction des affaires générales ou de direction des affaires financières, une direction à compétence financière. Cette direction financière a notamment pour fonction, de réaliser des prévisions budgétaires.

Concernant les administrations centrales, l'ordonnateur[498] principal, le chef de département ministériel désignent les responsables de programme. En leur qualité d'ordonnateurs délégués, ils ont pour mission de coordonner les actions, activités, tâches de chaque programme. À ce titre, ils procèdent chacun au pilotage et à la coordination de l'ensemble du programme[499].

Dans sa mission d'élaboration du budget, le responsable de programme est accompagné par le contrôleur financier dont le rôle est désormais recentré sur la soutenabilité des actes budgétaires pris par l'ordonnateur. Jusqu'alors, cela n'était guère possible puisque le contrôleur financier se concentrait essentiellement sur le contrôle de la régularité des actes budgétaires. Celui-ci fera donc désormais partie du processus d'élaboration budgétaire aux côtés de l'ordonnateur, afin de l'aider à mieux évaluer le réalisme de ses choix budgétaires. Autrement dit, le responsable de programme qui est ténu par une obligation de résultat. Il a par ailleurs la responsabilité de la bonne élaboration et exécution du budget programme à travers l'atteinte des indicateurs contenus dans les rapports périodiques et surtout, les rapports annuels de performance produits en fin d'exercice[500].

Traditionnellement, au Cameroun, l'ordonnance de 1962, avait consacré quatre acteurs principaux qui intervenaient dans la chaîne des dépenses budgétaires : l'ordonnateur, le contrôleur financier, le comptable matière et le comptable public. Par souci de rationalisation, les directives CEMAC ont davantage responsabilisé l'ordonnateur, réorienté les compétences du contrôleur financier, ainsi que celles du comptable matière qui devra désormais tenir une comptabilité auxiliaire de la comptabilité générale. Cette comptabilité générale, encore appelée comptabilité en droits constatés, sera sanctionnée en fin d'exercice par la production du compte général de l'État constitué du bilan de l'Etat ou tableau de situation nette, du compte de résultat, du tableau des flux de trésorerie, et de l'État annexé. À l'image des états financiers annuels des entreprises, le compte général de l'État sera certifié, non pas par les commissaires aux comptes, mais par la juridiction des comptes agissant en qualité de certificateur des comptes du secteur public.

Pour des besoins opérationnels, chaque responsable de programme qui est désigné par le chef de département ministériel désigne à son tour des

---

498 Selon la circulaire N°001/C/MINFI du 28 décembre 2018 portant instruction relatives à l'exécution du budget de l'État, « *Est ordonnateur toute personne ayant qualité au nom de l'Etat ou des organismes publics, pour prescrire l'exécution des recettes ou des dépenses inscrites au budget dont il a la charge* ».

499 Article 89 de la Circulaire n°001/C/MINFI du 28 décembre 2018 Portant instruction relatives à l'exécution du budget de l'État et des Autres Entités Publiques pour l'exercice 2019.

500 Circulaire N°001/C/MINFI du 28 décembre 2018 Portant instruction relatives à l'exécution du budget de l'État et des Autres Entités Publiques pour l'exercice 2019.

responsables des actions, et si besoin est, des activités et des tâches[501]. À ce titre, le responsable de programme assure le rôle de pilotage[502] du budget programme.

Les travaux de préparation du budget programme par le responsable de programme sont contenus dans le nouveau document budgétaire qui, au-delà des données financières, comporte les différentes actions devant être mises en œuvre. Il contient également les éléments liés à la performance en l'occurrence le(s) objectif(s) devant être atteints, assortis chacun des indicateurs de résultats. Inspirés par l'expérience française qui a introduit les projets annuels de performance comme nouveau document budgétaire, l'espace de la CEMAC a aussi conservé la même appellation à l'exception du Cameroun où le terme projet de performance des administrations a été consacré. Qu'il s'agisse du projet annuel de performance ou du projet de performance des administrations, c'est en réalité le même soubassement philosophique. Celui-ci qui vise, au-delà des simples données financières, la construction du budget suivant la démarche du cadre logique en faisant ressortir une chaine de cohérence au niveau de la stratégie programme. Plus particulièrement, il s'agit de démontrer le lien qui existe entre les documents de programmation budgétaire, les objectifs et les indicateurs du programme, ainsi que les différentes actions, voire les activités dont la mise en œuvre devra permettre d'atteinte le résultat escompté.

II - La réalisation de la préparation budgétaire par le gouvernement

Après avoir fixé le cap des lois de finances, le président de la République attend que le gouvernement fasse converger les différentes actions vers la satisfaction des grandes lignes établies. Concrètement, sous la coordination du premier ministre, il est attendu du gouvernement une programmation budgétaire conforme à la vision de développement (A) et dans laquelle chaque programme réalise à son niveau cette vision (B).

A. L'élaboration de la programmation budgétaire en fonction de la vision de développement

Les Etats africains souffrent du même problème, celui du sous-développement. Les Etats conscients de cela se sont plus que jamais engagés au début des années 2000 dans de vastes projets de réformes. Celles-ci ont pour finalité d'inscrire durablement les Etats dans l'émergence. Les finances publiques constituent un pilier fondamental des réformes. L'instrument budgétaire subit une transformation profonde depuis lors. Il doit correspondre à la vision générale (1) et aux projections à moyen terme (2).

---

501 *Ibid.*

502 *Ibid.*

1. Les aspects financiers et budgétaires de la vision globale de développement

Le développement fait partie des droits fondamentaux de l'homme et des peuples[503]. C'est conscients de cela que les Etats africains au regard de leurs retards et avec l'aide des bailleurs de fonds et des partenaires au développement se sont engagés dans les programmes d'émergence. Chaque État a adopté son plan d'émergence en fonction de ses capacités humaines, de ses ressources naturelles.

L'objectif des Etats est d'être émergent à des dates qu'ils déterminent librement[504]. Cette émergence repose sur des piliers ou encore des axes stratégiques dans lesquels on retrouve de manière explicite ou non les éléments budgétaires et financiers. Au Gabon, pour concrétiser la Vision du Gabon Emergent, trois axes stratégiques ont été retenus : i) le renforcement des fondations de l'émergence ; (ii) le développement des piliers de l'émergence ; (iii) la prospérité partagée. La pyramide du Gabon émergent requiert en effet des fondations solides pour pouvoir prospérer dans la durée. Le choix des éléments constituant ces fondations a été fait de manière holistique, de façon à prendre en compte les facteurs de compétitivité globale et de promotion d'un développement équilibré et durable. Une fois les fondations consolidées, la seconde phase consiste à ériger les piliers de l'émergence, à savoir les secteurs susceptibles d'accélérer la croissance et d'assurer le développement durable du Gabon. Enfin, la dernière l'étape sera la mise en place du haut de la pyramide que constitue la prospérité partagée. Le bien-être des populations gabonaises demeure le but ultime de l'émergence et passe par un partage équitable des fruits de la croissance[505].

Au Tchad, *« L'objectif principal de la Vision est de faire du Tchad un pays émergent d'ici à l'horizon 2030. De manière spécifique, il s'agit de : i) consolider les bases de la bonne gouvernance et de l'Etat de droit tout en renforçant la cohésion nationale et (ii) créer les conditions d'un développement durable. Pour atteindre ces objectifs, quatre (4) axes stratégiques ont été identifiés »*[506]. En ce qui peut avoir un rapport aspect les finances publiques, l'on note la détermination des fonds devant permettre de soutenir les réformes voulues. À cet effet, les efforts dans ce cadre seront articulés autour des différentes sources potentielles. Pour faire face au caractère erratique des ressources financières internationales, deux voies sont envisageables. La première voie consiste à améliorer la mobilisation des revenus publics. La fiscalité au Tchad manque encore d'efficacité du fait d'un volume important d'activités économiques informelles. Il est donc impératif de redéfinir les politiques fiscales,

---

[503] Article 20 de la charte africaine des droits de l'homme et des peuples.

[504] L'on observe dans la zone CEMAC une certaine disparité en ce qui concerne les dates d'atteintes de l'émergence. Au Cameroun, elle est fixée en 2035 alors qu'au Gabion c'est 2025 qui a été arrêté comme date par exemple.

[505] PLAN STRATEGIQUE GABON EMERGENT : *Vision 2025 et orientations stratégiques 2011-2016,* 2012, p. 22.

[506] « VISION 2030, LE TCHAD QUE NOUS VOULONS » - Juillet 2017, p. 16.

en élargissant l'assiette fiscale, en ajustant les taux d'imposition et en améliorant les recouvrements afin d'assurer de manière durable des recettes à l'État[507].

Au Cameroun, *« La modernisation des finances publiques constitue l'un des défis majeurs de la SND30 pour assurer une utilisation transparente et responsable des ressources publiques. À cet effet, les priorités porteront sur : (i) la finalisation du plan de modernisation des finances publiques intégrant l'internalisation complète des directives CEMAC en la matière ; (ii) la maitrise du déficit budgétaire ; (iii) l'approfondissement de la rationalisation des choix budgétaires ; (iv) l'optimisation des recettes fiscales et l'amélioration de la qualité de la dépense publique ; (v) la garantie de la viabilité de la dette publique et de la soutenabilité des finances publiques ; et (vi) la gestion des ressources humaines de l'État et l'amélioration de l'accès du citoyen à l'information pour le contrôle de la gestion des affaires publiques »*[508]. La SND30 entendue Stratégie Nationale de développement pour la période 2020-2030 est le nouveau document applicable en matière de planification de l'émergence avant la dernière phase de la période 2030-2035. Il remplace le DSCE arrivé à échéance après sa période de validité qui était également de 10 ans[509]. La rationalisation budgétaire et financière, constitue également l'un des piliers de cette stratégie dont les politiques publiques doivent se conformer.

L'amélioration de la préparation du budget constitue une priorité clairement affirmée. La SND30 affirme que *« Le renforcement des capacités de préparation du budget de l'État et l'amélioration de la budgétisation par programme, à travers la mise en place des organisations et processus qui permettront de traduire dans les budgets des administrations publiques, de manière transparente, réaliste et sincère, les stratégies nationales et sectorielles de développement tout en préservant les équilibres financiers à court, moyen et long terme »*[510]constitue un axe stratégique. Il est question précisément d'intensifier les mesures d'assainissement de la gestion des finances publiques à travers la poursuite des actions entamées visant la mise en place d'un système rigoureux de sélection et de maturation des projets d'investissement publics et l'approfondissement de la rationalisation des choix budgétaires. Concrètement, il s'agit d'inscrire la sincérité et la transparence dans tout le processus budgétaire.

La sincérité est un axe primordial de la réforme budgétaire et un principe nouveau mais de plus en plus fondamental dans la gestion des finances publiques. Le professeur Marie-Christine ESCLASSAN le démontre suffisamment lorsqu'elle affirme que *« la logique de performance et de résultats qui imprègne désormais la plupart des systèmes financiers publics conduit en effet à mettre l'accent sur la place fondamentale de l'information dans la gouvernance financière publique, celle-ci étant appréhendée comme une donnée tout à fait essentielle pour la gestion et la décision. Dans cette perspective, la qualité de l'information, et notamment sa fiabilité, revêt par conséquent une*

[507] Ibid., p. 33.

[508] *Stratégie Nationale de développement 2020-2030. Pour la transformation structurelle et le développement inclusif,* 1re édition : 2020, Ministère de l'Économie, de la Planification et de l'Aménagement du Territoire, p. 101.

[509] Le DSCE c'est le document de stratégie pour la croissance et l'emploie.

[510] *Stratégie Nationale de développement 2020-2030. Pour la transformation structurelle et le développement inclusif,* 1re édition : 2020, Ministère de l'Économie, de la Planification et de l'Aménagement du Territoire, p. 101.

importance de premier plan. Par suite, on ne saurait s'étonner que la sincérité soit devenue une exigence fondamentale de la nouvelle gouvernance financière publique »[511]. Au niveau de la préparation budgétaire, la sincérité postule que l'évaluation des ressources, des charges, et donc de l'équilibre, doit être réalisé avec bonne foi et aussi correctement que possible[512], car la pratique des équilibres fictifs et artificiels fausse la programmation du développement. En ce qui concerne la transparence, elle est une déclinaison ou un complément essentiel de la sincérité. La gestion budgétaire étant un ensemble de processus avec des étapes où interviennent de nombreux acteurs qui produisent des documents divers, la transparence doit s'entendre non seulement de l'accessibilité aux documents budgétaires et de la qualité des renseignements qu'ils contiennent, mais aussi de l'information sur les processus, les acteurs concernés, leurs rôles et les responsabilités qu'ils assument[513].

2. Les objectifs du cadrage à moyen terme.

La programmation budgétaire ou plus précisément l'élaboration du budget doit correspondre à la vision nationale de développement, mais aussi aux objectifs fixés par la communauté dans d'un souci d'harmonisation budgétaire et financière. Cela se vérifie dans la politique budgétaire mise en place par les Etats. Les gouvernements ont l'obligation de définir une politique budgétaire à moyen terme conforme aux critères fixés par les conventions régissant la communauté économique et monétaire de l'Afrique centrale, en assurent la bonne mise en œuvre et se prêtent aux obligations de la surveillance multilatérale[514]. La politique budgétaire peut être définie comme l'ensemble des mesures qu'un gouvernement peut prendre, ayant des conséquences sur le niveau de ses recettes et de ses dépenses. La politique budgétaire englobe la politique de dépenses et la politique fiscale tout en tenant compte des soldes budgétaires. La transversalité de ses éléments constitutifs de la politique budgétaire rend nécessaire l'instauration des espaces communautaires afin de minimiser les risques des chocs extérieurs sur les économies fragiles des Etats. C'est pour cette raison que *« l'intégration régionale a toujours été perçue comme un facteur efficace de développement pour les États africains subsahariens »*[515].

Le cadrage à moyen terme consiste à élaborer les programmes budgétaires suivant une périodicité limitée afin de procéder à une meilleure évaluation en

---

[511] ESCLASSAN (M-C), « Sincérité et gouvernance financière publique : Y a-t-il une sincérité financière publique spécifique ? », *Revue française de finances publiques*, 01 septembre 2010, n° 111, p. 47.

[512] CRUCIS (H.M), « la sincérité des Lois de finances. – nouveau principe du droit budgétaire », *la semaine juridique édition générale* n°28, 12 juillet 2000, I 224.

[513] DAKOR DA, « La recherche de la transparence budgétaire dans les reformes en finances publiques au Burkina Faso », *Afrilex, revue électronique*, p. 4.

[514] Article 7 de la directive n°01/08-UEAC-190-CM-17 du 20 juin relative aux lois de finances.

[515] SAWADOGO (E.F), *Les instruments de la convergence des politiques budgétaires dans la zone UEMOA*, thèse de doctorat en droit public,université de Bordeaux, 2016, p. 26.

temps opportun. A cet effet, les gouvernements ont l'obligation d'établir un cadre budgétaire à moyen terme définissant, en fonction d'hypothèses économiques réalistes sur une période minimum de trois ans : de l'ensemble des dépenses et des recettes des administrations publiques y compris les contributions des bailleurs de fonds internationaux : du besoin ou de la capacité de financement des administrations publiques en résultant, des éléments de financement ainsi que du niveau global d'endettement financier des administrations publiques[516].

Cette disposition consacre plusieurs exigences à l'endroit du gouvernement dans la préparation budgétaire. La première est la définition du cadre budgétaire en fonction des hypothèses économiques réalistes. Deuxièmement, *« L'exigence à l'égard du gouvernement se porte aussi sur une l'approche pluriannuelle que doit prendre en considération l'exécutif. La préparation du premier budget pluriannuel a profondément modifié la phase de préparation budgétaire, qui porte non plus sur une seule année, mais sur chacune des trois années de la programmation »*[517]. C'est sur la base du cadre à moyen terme et dans les limites qu'il fixe, que le gouvernement établit les cadres de dépenses de à moyen terme décomposant sur une période minimum de trois ans, les grandes catégories de dépenses publiques, par nature et par fonction et, le cas échéant, par ministère[518].

L'exigence d'un cadre budgétaire à moyen terme est effectivement transposée dans les législations nationales en témoigne l'exemple congolais où la loi dispose conformément à la directive CEMAC que *« Chaque année, le Gouvernement établit un cadre budgétaire à moyen terme sur la base d'hypothèses économiques réalistes couvrant une période minimale de trois ans. Ce cadre définit l'ensemble des dépenses et recettes des administrations publiques, y compris les contributions des bailleurs de fonds internationaux, ainsi que le besoin ou la capacité de financement des administrations publiques, les éléments de financement ainsi que le niveau global d'endettement »*[519]. Il ressort de tout cet encadrement, le besoin de discipliner le processus d'élaboration budgétaire qui doit reposer sur la sincérité des prévisions et sur le respect des engagements communautaires.

B. L'insertion effective des programmes budgétaires dans la vision de développement

Les grandes orientations étant fixées, les gouvernements doivent, dans le cadre de l'élaboration budgétaire, prendre en compte toutes les exigences. Cela concerne aussi bien le contenu de la préparation budgétaire (1) que la procédure suivie (2).

---

[516] Article 8 de la directive n°01/08-UEAC-190-CM-17 du 20 juin relative aux lois de finances.
[517]LAURENT (C), *L'encadrement normatif des politiques budgétaires sous la Vème République*, thèse de doctorat en droit public, université de Reims Champagne-Ardenne 2017, p. 108.
[518] Article 8 de la directive n°01/08-UEAC-190-CM-17 du 20 juin relative aux lois de finances.
[519] Article 9 de la Loi organique n° 36-2017 du 3 octobre 2017 relative aux lois de finances.

1. La détermination des exigences du contenu de la préparation budgétaire

La préparation budgétaire dans son contenu doit respecter de manière stricte les piliers, les objectifs et les axes de la vision de développement, les fondements de l'encadrement budgétaire communautaire. Les Etats ont ainsi l'obligation d'être réalistes dans les prévisions, mais également de faire preuve de rigueur dans l'adoption des projets de développement à inscrire dans les budgets.

La nouvelle orientation budgétaire issue des réformes communautaires du début des années 2000, consolidée en 2011, consacre la notion de programme comme élément fondamental de la gestion budgétaire. Le Programme est l'ensemble d'actions à mettre en œuvre au sein d'une administration pour la réalisation d'un objectif déterminé dans le cadre d'une fonction[520]. Comme l'expose le Professeur Nicaise MEDE, *« l'idée d'une gestion budgétaire par programme ou program budgeting n'est pas nouvelle : elle rappelle le planning programming budgeting system (PPBS) américain, la rationalisation des choix budgétaires (RCB) puis la reforme introduite par la loi organique du 1er aout 2001 en France, notamment son article 7. Elle découle d'un souci global de réforme et de modernisation de l'État qui doit se traduire par l'abandon de la trilogie « litanie, liturgie ; léthargie » d'Edgard FAURE, pour un ancrage dans la nécessaire « efficacité, comparabilité, durabilité »*[521].

La logique du programme révolutionne la qualité des budgets. La conception budgétaire ne se concentre plus uniquement sur les postes budgétaires mais aussi sur la détermination des priorités et des services à fournir. Par cela, il y'a une incitation de la sensibilisation aux performances et la nécessité de suivre la réalisation des objectifs. En effet, la définition d'une bonne structure des programmes est importante pour clarifier la mise en œuvre de la politique gouvernementale. Elle révèle comment les activités du ministère ou d'une administration en général, soutiennent les objectifs de la politique et la façon dont les ressources sont allouées. Ces institutions *« sont désormais les périmètres de présentation des crédits au sein desquels sont regroupés des programmes : il n'y a pas de programme interministériel. Les programmes rassemblent de façon cohérente une ou plusieurs politiques publiques au sein d'un même ministère et peuvent à ce titre concerner un ou plusieurs services d'un même ministère. Dans le cas où une politique publique est mise en œuvre par plusieurs ministères »*[522].

L'identification des programmes de l'État en fonction des objectifs à atteindre, plutôt qu'en fonction de la structure administrative ou de la répartition des dépenses entre les catégories de coûts, permet aux organismes politiques de prendre des décisions réfléchies et rationnelles sur la priorisation et la répartition

---

520 Article 8 de la loi n° 2007/006 du 26 décembre 2007 portant régime financier de l'Etat.

521 MEDE (N), « La nouvelle gestion budgétaire : l'expérience des budgets de programme au Benin », *Afrilex* n°4, p. 60.

522 BATONON (S.B), *Les systèmes financiers publics des Etats de L'UEMOA a l'épreuve de la nouvelle gouvernance financière publique*, thèse de doctorat en droit public, université Paris I Panthéon-Sorbonne, 2016, p. 42.

des ressources. La structure des programmes au sein des ministères dépensiers doit être stable, mais doit en même temps accorder une certaine flexibilité au cas où il y aurait un remaniement des fonctions au sein du gouvernement. Cette organisation aux premiers jours de son implémentation n'a pas été facile car elle emportait une réforme brusque dans la logique de fonctionnement budgétaire longtemps pratiqué par les Etats africains. En effet, *« la faisabilité même des budgets programmes dans les pays en développement est, certes, l'objet d'un débat qui porte sur certains prérequis techniques et politiques. On évoque l'insuffisance des ressources humaines qualifiées chargées de conduire les analyses, la difficulté à collecter des indicateurs précis et fiables ou l'absence de stabilité politique pour une programmation à long terme »*[523]. Ce problème de logistique semble être maitrisé car les agents de l'État sont de plus en plus formés à la maitrise des exigences du nouveau management budgétaire. De plus, la clarification des exigences à prendre en compte lors de la préparation des budgets est un acquis.

La performance attendue dans la gestion budgétaire nécessite que les programmes arrêtés soient sincères, fiables et concrets. En tant qu'ensemble d'actions à mettre en œuvre au sein d'une administration pour la réalisation d'un objectif déterminé dans le cadre d'une fonction, le programme doit reposer sur des projets matures déclarés comme tel au sortir d'un processus de maturation. La maturation est le *« processus au cours duquel un projet est conçu, développé, planifié et bien exécuté tout en assurant sa pérennité. Dans le domaine des investissements publics, un projet est dit mature lorsque l'ensemble des processus qui le compose est maîtrisé et permet d'atteindre les objectifs fixés. Cette maîtrise se contrôle au fur et à mesure que le projet avance »*[524]. Avant d'être inscrit dans le budget de l'État, tout projet doit avoir satisfait au processus de maturation qui conditionne la sérénité qui pourra être observée lors de l'exécution[525]. Le code des marchés publics y attache une grande importance en y apportant une définition plus élaborée qui fait ressortir de manière claire, le contenu ou alors les objectifs du processus[526]. La procédure de validation des programmes doit ainsi respecter ses exigences.

2. La rationalisation de la procédure de préparation budgétaire

On peut distinguer dans l'élaboration de la loi de finances de l'année, quatre phases principales : une phase de détermination d'une stratégie budgétaire

---

523 MEDE (N), « La nouvelle gestion budgétaire : l'expérience des budgets de programme au Benin », *op.cit.*, p. 60.

524 Article 2 du décret n°2018/4992 /PM du 21 juin 2018 Fixant les règles régissant le processus de maturation des projets d'investissement public.

525 YINDJO TOUKAM (C.F), La *modification des contrats administratifs en droits camerounais*, thèse de doctorat en droit public, université de Douala, 2020, p. 195.

526 Article 5 du décret n° 2018/366 du 20 juin 2018 portant Code des Marchés Publics définit la Maturation des projets comme le *« processus au cours duquel une idée de projet est développée sur la base des études appropriées, de manière à pouvoir exprimer le plus exactement possible, les besoins permettant d'atteindre sa réalisation. Elle consiste à préparer tous les éléments permettant la prise en compte de tous les aspects administratifs, techniques, financiers, socioéconomiques et environnementaux liés aux projets ».*

cohérente dans un cadre pluriannuel, une phase de définition d'une discipline budgétaire et de perspectives par le dialogue et la collégialité, une phase de règlement des conflits par l'arbitrage politique ; et enfin une phase de la mise au point définitive du projet de budget.

Dans les pays qui sont tenus par l'application des directives de l'UMEOA de 2008, le processus budgétaire a été uniformisé. Le budget y est préparé dans un contexte macro - économique qui comprend notamment les estimations du PIB, les données sur l'inflation, le taux de pression fiscale et d'autres facteurs ayant une influence sur la bonne exécution de la loi de finances à venir. Le premier ministre ou parfois le ministre des finances adresse aux ministères sectoriels, une circulaire budgétaire qui oriente ces derniers sur la préparation de leurs projets de budgets. Une attention particulière est portée sur le déficit budgétaire et les restrictions sur les dépenses de l'État, contrairement aux ressources et charges de trésorerie qui ne sont pas prises en compte dans le solde budgétaire. La *« distinction découle directement de la nécessité d'inscrire au budget, des opérations considérées comme permanentes ou, du moins, récurrentes et de les séparer des opérations ponctuelles »*[527]

La circulaire contient notamment, les informations sur le contexte économique mondial, régional, sous régional et national, les hypothèses macro – économiques à utiliser dans le processus, les priorités gouvernementales et les plafonds ou limites des dépenses. Sur la base des orientations de ladite circulaire, les structures compétentes des ministères des finances organisent des conférences budgétaires au cours desquelles les divers ministères sectoriels et le ministère des finances analysent les points d'accord et de désaccord. En règle générale, les débats portent sur les aspects techniques et prennent la forme de négociations autour des allocations budgétaires. Une fois les décisions finales prises, chaque ministère sectoriel ajuste son propre projet de budget à l'issue des conférences. Suite à l'accord sur le budget, d'importantes décisions politiques sur les dépenses sont prises par le gouvernement avant la présentation du budget au parlement.

Le processus budgétaire est ainsi régi par un ensemble de textes qui oblige les gouvernements à élaborer et exécuter les budgets nationaux conformément aux règles de procédure établies. Les constitutions des États définissent les principes directeurs de gouvernance du pays, et c'est à partir d'elles que toutes les autres lois et règles tirent leur autorité. Les principes fondamentaux contenus dans la loi suprême sont complétés par d'autres lois, comme la loi de finances qui vise à assurer l'imputabilité et la transparence dans le processus budgétaire.

À l'instar des pays de l'UEMOA, les pays de la CEMAC ont également organisé le processus budgétaire dans le cadre des directives de 2011, dont les articulations ont été, plus précisément consacrées par la directive relative aux lois des finances.

---

[527]BATONON (S.B), *Les systèmes financiers publics des Etats de L'UEMOA à l'épreuve de la nouvelle gouvernance financière publique*, op.cit., p. 41.

Au Gabon, ce processus est défini par les textes ayant transposé lesdites directives. Il s'agit en l'occurrence de la loi organique N°020/2014 du 21 mai 2015 relative aux lois de finances et à l'exécution du budget ; le décret N° 0078/PR/MEP/MBCP du 04 mars 2014 fixant le calendrier et les modalités de préparation des lois de finances ; le décret N°0236/PR/MBCP du 21 avril 2016 portant nomenclature budgétaire de l'État et le décret N°0094/PR/MBCP du 8 février 2016 portant règlement général sur la comptabilité publique. Ainsi, conformément aux dispositions du décret fixant le calendrier et les modalités de préparation des lois de finances, l'élaboration de la loi de finances se déroule en plusieurs phases qui s'étendent de Janvier à décembre. Ils sont matérialisés notamment par (i) la conception et la transmission de l'esquisse du cadrage macroéconomique et budgétaire ; (ii) l'organisation des conférences d'économies structurelles et de performance ; (iii) l'organisation du Débat d'Orientation Budgétaire; (iv) la communication des lettres-plafonds aux ministères sectoriels; (v) l'organisation des conférences de budgétisation et de répartition des crédits ; (vi) la révision du cadrage macroéconomique et budgétaire et la finalisation du projet de loi de finances ; (vii) la transmission et l'examen du projet de loi de finances en conseil de ministres ; (viii) le dépôt du PLR au Parlement pour examen et adoption.

Au Cameroun, le décret de 2019[528] régissant la procédure budgétaire au Cameroun indique les différentes étapes du calendrier budgétaire avec à chaque fois, une spécification du rôle des différents acteurs. Le Président de la République publie chaque année avant le 30 juin, la circulaire relative à la préparation du budget. Au courant du mois de juillet, les ministères centraux[529] organisent les conférences élargies de programmation où sont validés les CDMT élaborés par les départements ministériels. Par la suite, le MINFI et le MINEPAT organisent des pré-conférences budgétaires qui permettent aux ministères sectoriels de présenter les besoins de financement et leurs programmes, avant les assises du CIEP qui interviennent en mi – août. Leurs objectifs sont d'étudier et valider les programmes proposés par les différents départements ministériels. Avant la tenue des conférences budgétaires, des conférences spéciales sont organisées. Au cours de celles-ci, les questions d'une importance particulière sont débattues et peuvent notamment porter sur la budgétisation des grands projets structurants, la budgétisation des fonds de réhabilitation dans le cadre des contrats-plans. Elles se tiennent au plus tard le 31 août, avant l'organisation des conférences budgétaires par le MINFI et le MINEPAT. Ces conférences qui se tiennent tout au long du mois de septembre permettent notamment d'arrêter les

[528] Décret n°2019/281 du 31 mai 2019 fixant le calendrier budgétaire de l'Etat

[529] Au Cameroun, deux départements ministériels organisent les conférences budgétaires. Il s'agit du ministère des finances et du ministère de l'économie, de la planification et de l'aménagement du territoire. Cette situation est expliquée par le fait que l'élaboration du budget a été scindée entre le MINEPAT qui s'occupe du budget d'investissement public et le MINFI qui est en charge du budget de fonctionnement. Or, dans la plupart des États, y compris ceux de la CEMAC, un seul département ministériel s'occupe de la préparation du budget, le ministère des finances.

plafonds de dépenses et de vérifier que les changements proposés par le CIEP[530] ont été pris en compte par les départements ministériels. Ensuite, il est procédé au 01er octobre, délai de rigueur, à l'élaboration du projet de loi de finances et à sa transmission aux services du premier ministre. À leur tour, ils transmettent le 08 octobre, le projet de loi avec les derniers arbitrages à la Présidence de la République.

Le travail gouvernemental est sanctionné par le dépôt du projet de loi de finances au Parlement le 15 octobre pour examen et vote. La loi votée est enfin transmise par le parlement au Président de la République en vue de sa promulgation qui intervient au courant du mois de Décembre. S'il est vrai que le rôle de l'exécutif a été renforcé, force est de noter que le parlement a aussi vu son intervention consolidée.

Il importe en définitive de souligner que le processus budgétaire des pays de la CEMAC se rapproche de celui existant en France même s'il y a quelques divergences de fond. Les étapes suivantes sont décrites par la loi organique française, relativement au processus budgétaire. Dès janvier, un séminaire gouvernemental est organisé, avec objectif de permettre au Gouvernement d'arrêter une stratégie budgétaire d'ensemble. Sur cette base, le premier ministre adresse à chaque ministre, « *une lettre de cadrage* » qui a pour objet de préciser les orientations et la norme des dépenses pour l'année à venir. Sur la période de février- mars, trois types de démarches sont entreprises. *Primo*, il est organisé les conférences d'économies structurelles placées sous la responsabilité du ministre chargé du budget. Elles permettent d'étudier avec chaque ministre, « *les perspectives budgétaires, les projets de réformes et les économies qui leur sont associées* ». *Deuxio*, les réunions de budgétisation au cours desquelles sont examinées les demandes de crédits et d'effectifs et les listes de réformes à mettre en œuvre sont organisées dans les ministères sectoriels. Tertio, lors des conférences de performance, la direction du budget et les services des ministères fixent les objectifs et les indicateurs qui permettent d'établir les projets annuels de performance. Courant mai, le premier ministre communique sur la base des travaux et après arbitrage, une « *lettre plafond* » à chaque ministre. Elle arrête le maximum de crédits et des emplois par missions et précise les principales réformes à mettre en œuvre. De juin à septembre, le projet de budget est finalisé. Pour chaque mission, les crédits sont repartis par programmes qui la composent. La liste des objectifs et des indicateurs est arrêtée lors des « *conférences de gestion publique* ». Les documents d'accompagnement du PLF sont élaborés. Gage de solidarité gouvernementale, le projet de loi de finances est adopté en Conseil des ministres, après avis du Conseil d'État[531]. Ces calendriers ainsi détaillés dans les pays de l'UEMOA, de la CEMAC et en France ne sont pas toujours respectés à la lettre, les adaptations étant effectuées en fonction des circonstances, notamment expliquées par l'évolution de la conjoncture et le changement de la majorité politique.

---

[530]Le Comité Interministériel d'Examen des Programmes.

[531] Article 30 du décret N°78/PR.

Section II : L'exécutif sous sa nouvelle cape d'exécution du budget.

La réforme budgétaire ne se limite pas à l'encadrement de préparation du budget. Elle réorganise également le travail de l'exécutif en ce qui concerne la phase d'exécution du budget. Dans ce processus de réforme, relativement à l'action en matière d'exécution, deux axes constituent une priorité : la séparation des Ordonnateurs et des comptables (I), et la Responsabilisation accrue des gestionnaires (II).

I : La séparation des Ordonnateurs et des comptables

La séparation des ordonnateurs et des comptables est un nouveau principe imposé par la nouvelle gestion financière, la gestion axée sur les résultats. Ce nouveau management public conduit nécessairement et même obligatoirement à une réforme du système de fonctionnement de l'État pour permettre une meilleure performance dans son action. À cet effet, l'objectif est de construire *« un État plus efficace, plus efficient (dont les performances sont maximales pour un coût donné) au service des politiques publiques que le législateur aura définies à l'initiative du gouvernement et du Président de la République en fonction à un instant déterminé. La réforme de l'État consiste à construire un appareil administratif qui parvient aux objectifs qui lui sont fixés, qui est capable d'évaluer ses résultats, de corriger, le cas échéant, ses trajectoires »*[532]. La performance ne peut pas être effective si les compétences ne sont pas clairement établies afin de mettre chaque agent devant ses responsabilités et d'identifier les manquements ou les obstacles dans le processus d'exécution du budget, ceci d'autant plus que *« les fonctions d'ordonnateur et de comptable public sont incompatibles »*[533]. La séparation des ordonnateurs et des comptables qui apparaissent comme les principaux acteurs de la chaine s'impose.

A. La précision des ordonnateurs

Dans la procédure d'exécution du budget, l'ordonnateur est l'*« autorité habilitée à donner à un comptable public l'ordre de percevoir ou de verser des fonds au nom d'un organisme public »*[534]. On en distingue deux types : l'ordonnateur principal (1) et l'ordonnateur délégué (2).

1. L'ordonnateur principal

La notion d'ordonnateur principal recouvre un ensemble d'organes considérés comme supérieurs dans la hiérarchie des compétences dans une administration. Cette notion n'est pas homogène car à l'intérieur, il existe une distinction en fonction des matières, plus précisément en fonction des deux

---

532 LAMBERT (A), MIGAUD (D), « La loi organique relative aux lois de finances (LOLF) : levier de la réforme de L'Etat », *Revue française d'administration publique*, 2006/1 n°117, p. 11.
533 Article 62 de la directive n°01/08-UEAC-190-CM-17 du 20 juin relative aux lois de finances.
534 CORNU (G), *Vocabulaire juridique*, op.cit., p. 1522.

grandes variantes du budget à savoir les recettes et les dépenses. En matière de recettes, l'ordonnateur constate les droits de l'Etat et des autres organismes publics, liquide et émet les titres de créances correspondant. Et en matière de dépenses, il juge de leur opportunité conformément aux objectifs visés par la loi de finances et aux budgets votés, les engage, les liquide et les ordonnance dans la limite des crédits disponibles[535].

En matière de recettes, l'ordonnateur est nommément désigné. La directive CEMAC dispose que *« le ministre des finances est l'ordonnateur unique des recettes de l'État »*[536]. Cette disposition a été intégralement transposée dans les législations des Etats notamment le Tchad[537], du Cameroun[538] ou encore du Congo[539]. L'appréhension de cette compétence attribuée au ministre des finances est tributaire de la détermination du contenu de la recette publique. Sur le plan technique, *« les recettes publiques correspondent aux recettes perçues par l'ensemble des administrations publiques et se scindent en deux catégories à savoir, d'une part, les prélèvements obligatoires qui désignent tous les versements effectués par des personnes physiques ou morales aux administrations publiques afin de financer leurs dépenses46, et, d'autre part, les autres sources de financement des administrations publiques qui proviennent principalement des recettes non fiscales, des fonds de concours et de l'emprunt »*[540]. *À cet effet, le ministre des finances est seul compétent pour ordonner le recouvrement de ces recettes.* Ce pouvoir est constitué des prérogatives en matière d'exonération, de prolongement d'échéances et même de compensation.

En ce qui concerne les dépenses, il existe plusieurs types d'ordonnateurs principaux. C'est l'interprétation que l'on peut faire de la directive CEMAC qui dispose que *« les ordonnateurs principaux des dépenses du budget de l'État sont les ministres et les Hautes Autorités responsables des institutions constitutionnelles »*[541]. Pour ce qui concerne les autorités des organes constitutionnels, il s'agit des présidents des assemblés parlementaires des juridictions constitutionnelles et des cours suprêmes, des conseils économiques entre autres.

2. Les ordonnateurs secondaires

Les ordonnateurs secondaires ne sont pas explicitement mentionnés dans les directives CEMAC. Leur consécration relève de l'organisation de chaque Etats membre de la communauté. Cela ne signifie pas qu'ils manquent de fondement.

---

535 BILOUNGA (S.T), « Les relations entre l'ordonnateuret les comptables à la lumière de la loidu 26 décembre 2007 portant régimefinancier de l'Etat au Cameroun », *Rafip* n°2, 2017, p. 320

536 Article 59 de la directive n°01/08-UEAC-190-CM-17 du 20 juin relative aux lois de finances.

537 Article 70 de la loi organique n°004PR/2014 relative aux lois de finances du Tchad.

538 Article 67 de la n°2018/012 du 11 juillet 2018 portant régime financier de l'Etat et des autres entités publiques du Cameroun.

539 Article 72 de la loi organique n°36-2017 du 3 octobre 2017 relative aux lois de finances.

540 LAURENT (C), *L'encadrement normatif des politiques budgétaires sous la Vème République,* op.cit., p. 19.

541 Article 59 de la directive n°01/08-UEAC-190-CM-17 du 20 juin relative aux lois de finances.

L'évocation de la notion d'ordonnateur principal induit l'existence de l'ordonnateur secondaire.

En absence de précision de la part des directives communautaires, il revient à chaque Etat d'organiser son système selon ses spécificités, en respectant néanmoins l'esprit de la distinction des compétences, celui qui veut que *« disposant d'une large initiative, les services dépensiers doivent néanmoins respecter les principes budgétaires, en particulier la nécessité d'un acte d'autorisation préalable, la spécialité et la limitation des crédits. Aussi bien distingue-t-on deux aspects de l'engagement : d'une part l'engagement juridique, qui est l'acte ou les faits dont découlent les dettes (par exemple la passation d'un contrat de marché), et qui peut résulter d'autres personnes que l'ordonnateur ; d'autre part l'engagement comptable, qui consiste à réserver dans les écritures aux fins de ladite opération les crédits nécessaires et assurer ainsi leur indisponibilité, qui est de seul ressort de l'ordonnateur »*[542].

La loi camerounaise distingue deux autres types d'ordonnateurs en dehors des ordonnateurs principaux : il s'agit des ordonnateurs secondaires et des ordonnateurs délégués. Les ordonnateurs secondaires sont les responsables des services déconcentrés de l'État qui reçoivent les autorisations de dépense des ordonnateurs principaux[543]. Il s'agit ici des délégués régionaux et départementaux des ministères, des autorités administratives considérées comme maitres d'ouvrages délégués dans les régimes des contrats administratifs[544]. Les ordonnateurs délégués quant à eux sont *« les responsables désignés par les ordonnateurs principaux ou secondaires pour des matières expressément désignées »*[545].

B. La précision du rôle du comptable

Le comptable public est le second acteur du processus de l'exécution du budget (1). Cependant, il n'exerce plus la fonction de comptable qui est entend de manière large comme la certification, le contrôle. Il partage cette compétence avec le contrôleur financier (2).

---

[542]Ait Mokhtar Omar, *L'évolution de la politique des dépenses publiques dans le contexte de la mondialisation. Cas Algérie 1999-2014, thèse de doctorat en* sciences économiques, Université Abou Bakr Belkaid, Tlemcen, 2013-2014, p. 14.

[543] Article 66 alinéa 3 de la n°2018/012 du 11 juillet 2018 portant régime financier de l'Etat et des autres entités publiques du Cameroun.

[544] Le code des marchés publics du Cameroun défini le maitre d'ouvrage délégué comme *« personne exerçant en qualité de mandataire du Maître d'Ouvrage, une partie des attributions de ce dernier. Il s'agit du Gouverneur de Région et du Préfet de Département, du Chef d'une mission diplomatique du Cameroun à !'Etranger, habilités à passer et à signer les marchés financés sur crédits délégués par un Maître d'Ouvrage, et le cas échéant, du chef d'un projet bénéficiant d'un financement extérieur »*. Article 5 du décret n°2018/366 du 20 juin 2018 portant code des marchés publics.

[545] Article 66 alinéa 4 de la n°2018/012 du 11 juillet 2018 portant régime financier de l'Etat et des autres entités publiques du Cameroun.

1. La consolidation du comptable public

Le comptable public intervient dans une phase bien précise de l'exécution budgétaire. En matière de dépense, il est en charge du paiement. En effet, *« le paiement des dépenses de l'État relève de la responsabilité exclusive du comptable public ou d'un agent nommément désigné par lui, agissant sous son contrôle et sous sa responsabilité directe »*[546]. Au plan textuel, il a une responsabilité très contraignante qui ressort des exigences de sa fonction. Préalablement au paiement, le comptable public vérifie notamment la validité de la créance et le caractère libératoire de la dépense. À défaut, il ne peut procéder au paiement[547]. En ce qui concerne les recettes, toutes les recettes publiques doivent être encaissées par un comptable public qui est tenu d'effectuer toute diligence nécessaire pour recouvrer les titres de recettes régulièrement établis[548].

Le RGCP camerounais[549] définit le comptable public comme « *tout agent public régulièrement habilité à effectuer, à titre exclusif et au nom de l'État ou des autres entités publiques, des opérations de recettes, de dépenses ou de maniement de titres, soit au moyen de fonds et valeurs dont il a la garde, soit par virement interne d'écritures, soit par l'intermédiaire d'autres comptables* ».

Le droit public financier francophone reconnait deux types de comptables : les comptables publics patents et les comptables de fait. La première catégorie renvoie à ceux qui ont régulièrement reçu ce titre d'une nomination par l'autorité investie de cette compétence et qui, de ce fait, occupent une charge comptable. La seconde quant à elle est constituée de ceux qui, sans avoir reçu cette habilitation, se livrent tout de même aux activités réservées aux comptables publics patents. Ceci peut notamment être le fait des ordonnateurs ou de toute autre personne n'ayant pas agi *es qualité.*

En tout état de cause, il convient de signaler que c'est au seul comptable qu'il revient de procéder à l'encaissement des recettes et au paiement des dépenses publiques engagées par l'ordonnateur. Préalablement à cet exercice, il est appelé à procéder à un contrôle de la régularité de la liasse de la recette ou de la dépense. Pour le cas spécifique de la dépense, le contrôle consiste en la vérification de la créance et au caractère libératoire du paiement. Il s'agit pour ce dernier de vérifier la régularité[550] de l'ordonnancement, en sa double qualité de payeur et de caissier des budgets publics.

---

[546] Article 75 de la loi organique n° 36-2017 du 3 octobre 2017 relative aux lois de finances du Congo.

[547] Article 72 de la loi organique n°004/PR/2014 relative aux lois de finances du Tchad.

[548] Article 75 de la loi organique n° 36-2017 du 3 octobre 2017 relative aux lois de finances du Congo.

[549] Décret n°2020/375 du 07 juillet 2020 portant Règlement Général sur la Comptabilité Publique du Cameroun.

[550] Le comptable ne pourrait en aucun cas s'ériger en juge de la légalité des décisions administratives. C. comptes, 28 mai 1952, MARILLIER, receveur commune de Valentigney, GAJF, 4ème éd. p.148 et s.

Comme payeur, il contrôle la qualité de l'ordonnateur, la spécialité des crédits et leur disponibilité, l'exacte imputation de la dépense, la certification par l'ordonnateur du service fait, le respect des règles de prescription, la juste liquidation de la dépense. Il doit également s'assurer que les actes composant l'ordonnancement n'aient pas fait l'objet d'opposition ou d'une annulation contentieuse. Dans le cas contraire il s'expose à des sanctions rigoureuses car *« La responsabilité du comptable peut être engagée de son fait personnel, s'il méconnaît les règles devant présider à l'accomplissement des opérations dont il est chargé, mais aussi à raison de faits de ses subordonnés »*[551].

Le comptable public caissier vérifie que le paiement est effectué entre les mains du véritable bénéficiaire à travers le contrôle de l'acquit libératoire qui porte respectivement sur les références de la carte nationale d'identité, les empreintes digitales et la signature apposé sur le titre de paiement. Dans les faits, la mise en œuvre de cette compétence rencontre des difficultés liées au manque de personnel pour assister le comptable et à la complexité financière des documents à analyser. L'une des voies de résolution de cette difficulté qui se présente aujourd'hui est l'automatisation du processus comptable des dépenses ou des recettes dans le sens de l'intégration de l'outil informatique qui permet de faciliter le contrôle des opérations comptables et la centralisation des données[552]. Au terme du contrôle de la régularité de la dépense, deux hypothèses s'offrent au comptable. Primo, si la régularité de l'ordonnancement ne pose aucun problème, le comptable procède au paiement de la dépense. Deuxio, s'il est constaté une irrégularité, le comptable tient l'ordonnateur informé par avis motivé et suspend le paiement. Dans ce deuxième cas, l'ordonnateur peut apporter des correctifs en procédant à un nouvel ordonnancement ou alors, à défaut, adresser une réquisition écrite au comptable pour lui demander de passer outre le motif du rejet et de procéder au paiement de la dette. L'effet de la réquisition est le transfert immédiat de la responsabilité du comptable vers l'ordonnateur. Dans tous les cas, les effets de la réquisition ne sont pas absolus, la loi ayant limitativement énuméré les cas où elle est inopérante[553].

En plus de ce contrôle de la régularité effectué par le comptable qui est un acteur direct de la chaine de la dépense, il existe des contrôles qui, bien qu'internes à l'administration, sont effectués par des structures totalement extérieures aux entités contrôlées. C'est le cas des contrôles déployés par des structures spécialisées.

---

[551] CHOUVEL (F), *Finances publiques 2016*, Gualino, 19e édition, 2016, p. 154.

[552]SAWADOGO (E.F), *Les instruments de la convergence des politiques budgétaires dans la zone UEMOA*, op.cit., p. 79.

[553] Le Règlement générale sur la comptabilité publique ayant transposé les directives de la CEMAC au Cameroun, ont prévu dans leur article 72 alinéa 4, consacré à la réquisition que les comptables ne peuvent déférer à la réquisition de l'ordonnateur dès lors que le refus du visa est motivé par l'indisponibilité des crédits, l'absence de justification du service fait, sauf pour les avances et les subventions, le caractère non libératoire du paiement, l'absence de visa du contrôleur financier lorsque celui – ci est obligatoire.

2. Le réaménagement d'un contrôleur financier

Le contrôleur financier est un cadre qui intervient dans l'exécution du budget. Il est l'un des organes dont les compétences expriment la volonté de changement imposé par la réforme communautaire des finances publiques qui a une logique de gestion axée sur les moyens *« substitue une logique de performance (marquée par une philosophie d'entreprise, qui prend d'abord en considération les objectifs à atteindre et l'évaluation des résultats obtenus), ce qui entraîne des bouleversements en profondeur de la gestion publique et, partant, de l'organisation interne des administrations »*[554].

Le contrôleur financier intervient aussi bien lors de la préparation du budget (pour vérifier la sincérité des prévisions) que lors de l'exécution. Cependant, c'est dans la phase d'exécution que son action est plus importante.

Au niveau de l'agence institutionnelle, certains Etats parlent de contrôleur budgétaire[555] là où les textes CEMAC consacrent la notion de contrôleur financier. Cela reste sans impact sur le fond ou contenu des attributions. La directive communautaire dispose que *« Le ministre chargé des finances nomme, auprès de chaque ministre sectoriel et haute autorité responsable d'institution constitutionnelle, un contrôleur financier chargé de veiller à la conformité budgétaire et à la régularité des projets d'engagement. À ce titre, le contrôleur financier contrôle a priori par l'apposition d'un visa préalable, les propositions d'actes de dépense qui lui sont transmises par le ministre ou ses ordonnateurs délégués selon les modalités définies par le ministre chargé des finances. Il ne peut être passé outre au refus de visa que sur autorisation écrite du ministre chargé des finances, dans ce cas, la responsabilité du ministre chargé des finances se substitue à celle du contrôleur financier »*[556].

Le contrôleur financier est l'acteur qui approfondit les exigences de transparence et de performance dans l'exécution du budget. Il a un pouvoir de contrainte sur les ordonnateurs qui est une véritable révolution par rapport à la logique fortement hiérarchique qui caractérise les systèmes d'administration publique en Afrique. Il est nommé par le ministre des finances auprès des ministres et aucun de ces ministres ne peut passer autre son avis sauf sur autorisation expresse du ministre des finances. Il *« assure, pour le compte du Ministre chargé des finances, la centralisation de la comptabilité budgétaire du Ministère sectoriel auprès duquel il est placé. Il peut en outre évaluer la qualité et l'efficacité du contrôle interne ainsi que du contrôle de gestion mis en œuvre par les ordonnateurs et ordonnateurs délégués »*[557]. L'apparition du contrôleur financier dans le régime de l'exécution du budget augure une amélioration du système budgétaire. Pour cela, il faut encore que les agents nommés à ces différentes fonctions portent à l'excellence ces fonctions.

---

554 BOUVIER (M), « La LOLF : contrainte budgétaire ou moteur d'une nouvelle gouvernance financière ? », *in* MONNIER (J-M), *Finances publiques*, La documentation française, 4e édition, p. 50.

555 C'est le cas du Congo.

556 Article 61 de la directive n°01/08-UEAC-190-CM-17 du 20 juin relative aux lois de finances.

557 Article 73 de la loi organique n°004/PR/2014 relative aux lois de finances du Tchad.

II- La Responsabilisation accrue des gestionnaires

Il n'y a pas de fonction sans obligation de répondre. En matière de finances publiques, l'obligation de répondre est plus accrue au regard des fléaux de corruption et de détournement qui émaillent les systèmes budgétaires africains, lesquels résultent des défaillances volontaires mais aussi inconscientes des acteurs. Sans doute que la réforme budgétaire a voulu corriger cela en consacrant des exigences d'intégrité (A), et en densifiant la rigueur des contrôles (B).

A. La consécration des exigences d'intégrité

Tout projet de réforme doit être accompagné par des individus qui épousent la vision de reformation. Comme le dit si bien un auteur, *« l'affirmation d'un principe ne suffit pas pour le parer des atouts du droit. À l'inverse, sa consécration n'a qu'un intérêt relatif dès lors que les acteurs financiers n'attendent pas la législation pour adapter leurs comportements. Cette préséance explique que le principe a toujours été consacré a posteriori »*[558]. Il en est ainsi du principe de l'intégrité des acteurs du processus de finances publiques qui n'est que l'aboutissement des dénonciations constatées des citoyens et des partenaires au développement.

La réforme budgétaire entamée en 2011 dans la zone CEMAC a pris en compte le problème de la responsabilisation des acteurs en fixant de manière claire les contours de l'intégrité qui est attendue dans leurs comportements. L'intégrité telle qu'exigée peut être appréhendée sous une triple dimension. La première dimension concerne les obligations. A cet effet, *« tout détenteur de toute autorité publique, élus, membre du gouvernement, ou hauts fonctionnaires, font une déclaration de leur bien en début et en fin de mandat ou de fonction »*[559]. Cette obligation n'a pas attendu les directives CEMAC pour s'imposer dans les ordres juridiques certaines constitutions[560] renforcées par des lois l'exigeaient[561] déjà, avec toutefois des errements dans la mise en pratique.

La deuxième dimension de l'intégrité renvoie à son encadrement. Au titre de l'encadrement, il ressort la détermination des mécanismes permettant d'assurer l'intégrité, et des actes constitutifs de violation de cette intégrité. En ce qui concerne les mécanismes, la directive CEMAC dispose que le comportement des agents de l'État est régit par des règles déontologiques claires et largement connues de tous. Elle oblige l'adoption d'un code de déontologie spécifique aux élus, inspiré du code de transparence et de bonne gouvernance dans la gestion des finances publiques[562]. Pour ce qui est des comportements réprimés, les fautes

---

[558]GUIGUE (A), « Du besoin à l'obligation de sincérité », *Revue française de finances publiques*, 01 septembre 2010 n° 111, p. 27.

[559] Directive n°06/11-UEAC-190-CM-22 relative au code de transparence et de bonne gouvernance dans la gestion des finances publiques.

[560] Article 66 de la constitution du Cameroun.

[561] Loi n° 2006-003 du 25 avril 2006 relative à la déclaration des biens et avoirs.

[562] Directive n°06/11-UEAC-190-CM-22 relative au code de transparence et de bonne gouvernance dans la gestion des finances publiques.

de gestion constituent la priorité. Le domaine de la faute de gestion est explicitement déterminé dans la zone CEMAC. En ce qui concerne directement l'exécution du budget, on observe : la violation des règles relatives à l'exécution des recettes et des dépenses de l'État et des autres administrations publiques ;la violation des règles de comptabilisation des produits et des charges applicables à l'État et autres administrations publiques ;l'imprévoyance caractérisée résultant de la consommation des crédits pour des dépenses d'intérêt secondaire au détriment des dépenses indispensables et prioritaires du service[563].

La directive communautaire laisse la possibilité aux Etats de compléter cette liste en y ajoutant des infractions qui doivent être conformes à la recherche de l'intégrité. C'est dans ce sens que le Congo a ajouté dans sa liste :le fait pour toute personne, dans l'exercice de ses fonctions ou attributions, d'enfreindre les dispositions législatives ou réglementaires destinées à garantir la liberté d'accès et l'égalité des candidats dans les contrats de commande publique ; les négligences dans la gestion du budget, le suivi des crédits, la mise en œuvre de la dépense ainsi que la liquidation de la recette ; la défaillance des contrôles exercés par le contrôleur budgétaire ; la poursuite d'objectifs manifestement étrangers aux missions et attributions du service ; la mise en œuvre de moyens disproportionnés ou inadaptés aux objectifs poursuivis par le service ; le fait d'avoir accordé, sous quelque forme que ce soit et pour quelque motif que ce soit, sans autorisation de la loi, des exonérations ou des franchises de droits, d'impôts ou de taxes[564]

Pour ce qui concerne enfin la troisième dimension, elle renvoie au contrôle des exigences consacrées, lequel contrôle doit conduire à des sanctions. Il est question pour les Etats de mettre sur pied les structures de contrôles et de les doter des compétences coercitives précises.

B. L'intensification de la rigueur des contrôles

L'encadrement de la responsabilité des acteurs de l'exécution du budget sur le principe couvre le champ de toutes les institutions intervenant dans le processus. Au niveau du contrôle, l'on observe également une diversité d'organes. Le contrôle est à trois dimensions : un contrôle que l'on pourrait qualifier de politique[565], un contrôle administratif et un contrôle juridictionnel[566].

Les principales difficultés se posent au niveau du contrôle administratif. Le contrôle administratif comprend le contrôle hiérarchique de l'administration sur ses agents qui le cas échéant, peut s'exercer dans un cadre disciplinaire, le contrôle exercé par les inspections et corps de contrôle y compris celui de l'inspection des finances qui peut s'exercer sur l'ensemble des services budgétaires et financiers

---

[563]Article 75 de la directive n°01/08-UEAC-190-CM-17 du 20 juin relative aux lois de finances.

[564]Article 85 de la Loi organique n° 36-2017 du 3 octobre 2017 relative aux lois de finances du Congo.

[565]Ce contrôle est assuré par le parlement.

[566]Il est assuré par la juridiction des comptes. Mais c'est un contrôle qui peut être incident dans l'office des autres juges notamment le juge pénal.

des ministères[567]. La mise en jeu de la responsabilité des ordonnateurs est complexe dans les systèmes financiers des Etats de la CEMAC. À la lecture de la directive CEMAC, tout ordonnateur est en principe justiciable devant le CDBF du fait des irrégularités et fautes de gestion enregistrées lors de la mise en œuvre du budget. Il semble être institué une certaine l'irresponsabilité pour fautes de gestion des ministres et assimilés devant le CDBF[568]. Cette pratique répréhensible au regard des directives communautaires *« marque en fait la démarcation avec les régimes de responsabilité des autres catégories de gestionnaires en général, et en particulier avec le régime de responsabilité des comptables publics. En effet, à l'opposé des ordonnateurs, les comptables publics connaissent un régime de responsabilité personnelle et pécuniaire unique qui s'adosse sur leur responsabilité pénale, disciplinaire et civile. La loi ne consacre pas une irresponsabilité particulière envers une ou plusieurs catégories de ces comptables »*[569]. Cette disparité dans l'engagement de la responsabilité que l'on observe dans la pratique peut se justifier par le fait que les conseils de disciplines budgétaires et financières ne sont que des organes administratifs dirigés parfois par des ministres à qui l'on donne le pouvoir de juger d'autres ministres. C'est la raison pour laquelle, il est peut-être mieux d'ériger cet organe en une juridiction ou alors de l'expurger du système de l'administration centrale.

---

[567]Article 71 la de directive n°01/08-UEAC-190-CM-17 du 20 juin relative aux lois de finances.
[568]NGO MOMASSO (M), *le contentieux des gestionnaires des deniers publics en droit public financier au Cameroun*, thèse de doctorat en droit public, université de Yaoundé II-Soa, 2018-2019, p. 54.
[569]Ibid., p. 55.

CHAPITRE II.
LA CONSOLIDATION DE LA FONCTION BUDGÉTAIRE DU PARLEMENT ET DES JURIDICTIONS DES COMPTES

À la lecture du cadre harmonisé de gestion des finances publiques en zone CEMAC conjugué à l'analyse des ordres juridiques des Etats de la sous-région, il en ressort un renforcement de la position du Parlement et de la juridiction des comptes dans le processus budgétaire. Ainsi, la réforme budgétaire de la zone CEMAC permet d'entrevoir le renouveau du parlement (section 1) et de la juridiction des comptes (section 2) dans l'exercice des pouvoirs budgétaires qui sont les leurs.

Section I. Le renouveau du Parlement

Si depuis l'accession des Etats de la CEMAC à l'indépendance et en France *dès les débuts de la Vème République, la doctrine écrivait que « la suprématie gouvernementale apparait encore plus nettement à l'occasion du vote du budget »*[570], à partir de la LOLF, et de la loi de 2018 sur le régime financier de l'État, une nouvelle impulsion supplémentaire est venue participer au *« mouvement général de reparlementarisation de la Vème République »*[571]avec la consécration du débat d'orientation budgétaire. Au regard d'une telle innovation, le législateur de la CEMAC fait du Parlement le cadre privilégié des concertations en vue de l'élaboration de la loi de finances de l'année. De ce fait, le législateur favorise incontestablement une démarche de dialogue et déconcertation entre les pouvoirs législatif et exécutif. Ces derniers sont amenés à travailler ensemble. Cette réforme a pour ambition de rapprocher le Parlement et le Gouvernement dans la procédure budgétaire. *L*e renforcement de la position de parlement dans le cycle budgétaire contribue à repréciser la question des politiques budgétaires dans l'étude des finances publiques tant dans leur élaboration que dans leur exécution.

Sur la question des politiques budgétaires, il convient de faire le *distinguo* entre les expressions *« politique budgétaire » et « budget au point de vue politique »*[572].

Tandis que le budget au point de vue politique procède de l'immense valeur politique du budget dans la pratique parlementaire[573], la politique budgétaire quant à elle désigne « *la politique en vertu de laquelle le gouvernement planifie délibérément les recettes et les dépenses publiques, en particulier leur volume total en vue d'exercer des effets bénéfiques sur le niveau global des revenus, des prix et de l'emploi* »[574]. *Or, « il ne suffit pas*

570MABILEAU (A.), *« La compétence financière du Parlement de la Cinquième République »*, *RSF*, 1961, p.64.

571GICQUEL (J.), *« LOLF et séparation des pouvoirs. Variations élémentaires sur les forces et les formes budgétaires »*, *RFFP* n°97, mars 2007, p.8.

572JEZE (G), *Cours de science des finances et de législation financière française*, Op.cit. pp. 34-56.

573Ibid.

574MURPHY (H. C.), *cité par MANGA(P), Les finances publiques au Cameroun*, Op.cit. p.281.

d'exprimer une politique au travers d'un document budgétaire ; encore faut-il s'entendre sur un certain nombre de valeurs fondamentales méritant d'être protégées ou encouragées et que celles-ci soient reconnues comme légitimes. »[575].

Il faut dès lors relever une évolution tant dans la définition du concept de politique budgétaire qu'en ce qui concerne la mise en œuvre de la politique budgétaire au Cameroun. Le concept de politique budgétaire renvoie désormais à un peu plus qu'une planification délibérée des recettes et des dépenses publiques. Il s'agit de l'ensemble des mesures prises par le gouvernement en matière budgétaire pour influencer l'équilibre macroéconomique et atteindre certains objectifs en matière économique et sociale[576]. Le budget constitue ainsi un instrument d'exécution de la politique gouvernementale dans les domaines économique et social[577]. Concernant la mise en œuvre de la politique budgétaire, elle fait l'objet d'un véritable changement d'orientation avec le renforcement des pouvoirs du parlement dans le cycle budgétaire. En effet, partant d'une politique budgétaire impliquant la mobilisation et la planification des moyens, essentiellement financiers en vue de résultats prévisibles, dans la discipline et la rigueur[578], l'orientation porte désormais davantage sur la modernisation de la gestion publique et la recherche d'une plus grande efficacité de l'action publique[579]. Et le repositionnement du parlement dans le sens du renforcement de ses pouvoirs dans le calendrier budgétaire participe de cette conviction. Ceci étant, il convient d'appréhender le renforcement des pouvoirs du parlement dans le calendrier budgétaire d'une part dans le sens l'affermissement de ses pouvoirs à l'étape de l'établissement du budget de l'État *(I)* et d'autre part dans le sens du *rehaussement de ses pouvoirs à l'étape de l'exécution du budget* de l'État (II).

I - Le relèvement des pouvoirs du parlement à l'étape *de l'établissement du budget de l'État*

L'établissement du budget constitue l'acte fondamental de la vie de l'État[580]. Dans le calendrier budgétaire, l'établissement du budget regroupe deux principales phases à savoir la phase de préparation du projet de loi et la phase de son adoption. La réforme des finances publiques intervenues en zone CEMAC a consacré le relèvement des pouvoirs du parlement. En effet, ce dernier est désormais associé au côté du gouvernement à la phase de préparation du budget par le débat d'orientation budgétaire (A). À l'étape de l'adoption du budget, il faut également entrevoir la consolidation de ses pouvoirs (B).

575BOUVIER (M), ESCLASSAN (M-C), LASSALE (J-P), *Finances publiques*, Op.cit. p.2.

576PERCEBOIS (J), ABEN (J), EUZEBI (A), *Dictionnaire de finances publiques, Collection Cursus, Armand Colin Editeur, Paris, 1995, p.147.*

577LALUMIERE (P), *Les finances publiques, 8 e éditions, Armand Colin Editeur, Paris, 1986, p.8.*

578MANGA(P), *Les finances publiques au Cameroun*, Op.cit. p.282.

579BIAKAN (J), « *La réforme du cadre juridique des finances publiques au Cameroun : la loi portant régime financier de l'Etat* », Op.cit., p.18.

580 DUVERGER(M), *Finances publiques, op.cit.*, p. 259.

A. La participation à la préparation du budget dans le débat d'orientation budgétaire

Il ressort du calendrier budgétaire des Etats de la CEMAC que la phase préparatoire s'inscrit dans un processus continu qui débute le 1er janvier de l'année d'adoption de la loi de finances. Cette phase de préparation du budget associe désormais aussi bien le gouvernement que le parlement. L'institution du débat d'orientation budgétaire participe de cette conviction.

Le débat d'orientation budgétaire tel que consacré en droit public financier des Etats de la CEMAC est inspiré des finances publiques françaises. En effet, en droit français le débat d'orientation budgétaire (DOB) aujourd'hui appelé débat d'orientation des finances publique(DOFP) est une réalité depuis 2001. En vertu de l'article 48 de la loi organique de 2001, il est prévu que le Gouvernement présente, au cours du dernier trimestre de la session ordinaire, un rapport, pouvant donner lieu à débat, sur l'évolution de l'économie nationale et sur les orientations des finances publiques[581]. L'objectif recherché par l'institutionnalisation de ce DOB traditionnellement organisé au mois de juin est de faire consentir un droit de regard par le Gouvernement au Parlement. L'article 49 de la LOLF vient également consacrer la pratique des questionnaires budgétaires adressés au Gouvernement par les commissions des finances. L'information du Parlement au moment du débat budgétaire est considérablement enrichie ce qui concourt là encore au renforcement des parlementaires. En effet, avec la loi organique *« le Parlement est destinataire d'informations enrichies et dont la production est rendue systématique : rapport économique social et financier (article 50), annexes explicatives, annexes générales et exposé des motifs du projet de loi de finances de l'année étoffée (article 51), rapport sur les prélèvements obligatoires et leur évolution (article 52), annexes au projet de loi de finances rectificative (article 53) et au projet de loi de règlement (article 54) »*[582].

Le DOB s'est introduit de manière progressive dans le droit des Etats de la sous-région Afrique centrale. En effet, c'est d'abord par la directive CEMAC que cette nouvelle exigence de la gouvernance financière est consacrée[583]. Ainsi, en vue de l'organisation du DOB, cette directive prévoit qu'un calendrier budgétaire annuel de préparation du budget de l'État doit être établi et rendu public. Ce calendrier prévoit notamment, dans un délai raisonnable précédant, le dépôt des projets de loi de finances, la publication par le Gouvernement d'un rapport sur ses hypothèses économiques, ses grandes orientations et priorités budgétaires sur le moyen terme ainsi que ses principaux choix fiscaux et les principaux risques budgétaires pour l'année à venir. Ce rapport fait l'objet d'un débat au

---

581LALUMIERE (P), *Les finances publiques*, op.cit., p. 113.

582GARIAZOO(O.), « La LOLF et l'équilibre des pouvoirs », *RFFP n° 94 – Mars 2006, p.80.*

583GICQUEL (J.), « LOLF et séparation des pouvoirs. Variations élémentaires sur les forces et les formes budgétaires », op.cit., p. 45.

Parlement[584]. La directive CEMAC énonce précisément que chaque année, avant le 1er aout, le Gouvernement transmet au Parlement les documents de cadrage à moyen terme définis à l'article ci-dessus, accompagnés d'un rapport sur la situation macro-économique et d'un rapport sur l'exécution du budget de l'exercice en cours. Sur la base de ces documents et rapports, le Parlement organise un débat d'orientation budgétaire, en séance publique, mais sans vote[585]. À cet égard, les lois de finances annuelles doivent être conformes à la première année des documents de cadrage à moyen terme qui sont arrêtés définitivement à la suite du débat d'orientation budgétaire.

Ce sont ces dispositions qui consacrent le DOB dont la mise en œuvre par le législateur camerounais devra être assurée. C'est dans cette mouvance que le législateur camerounais dispose que « *chaque année avant le 1er juillet, le gouvernement transmet au parlement les documents de cadrage à moyen terme défini à l'article 10 ci-dessus, accompagnés d'un rapport sur la situation macro économique et d'un rapport sur l'exécution du budget de l'exercice en cours* »[586]. C'est sur la base de ces documents que le parlement organise sans vote un débat d'orientation budgétaire[587]. On observe des dispositions similaires en droit gabonais[588] et congolais[589]

En fait, ce débat d'orientation budgétaire est l'occasion pour le gouvernement d'informer le parlement des grandes tendances du prochain budget. Le débat d'orientation budgétaire a vocation à donner aux parlementaires, la possibilité de se prononcer sur la nomenclature budgétaire avant qu'elle ne soit définitivement arrêtée. C'est dans ce cadre que les projets d'investissement public feront l'objet de discussion et éventuellement, de première autorisation parlementaire qui attestera de son inscription budgétaire future[590]. À cet égard, par le débat d'orientation budgétaire, le parlement participe à la mise en exergue de la détermination des masses budgétaires, et à la formulation des choix stratégiques.

Dans l'optique de construire la consistance de cette opération, il convient de préciser que le cadre budgétaire est précédé par le cadrage macroéconomique qui pour le Cameroun, « *est élaboré par la Division de la Prévision au Ministère des Finances, en collaboration avec les structures impliquées (MINADER, MINEPIA, MINFOF, MINTOUL, MINTP, MINT, MINEPAT, INS, SNH, etc.).*»[591] Le cadrage macroéconomique représente l'un des instruments d'orientation de la politique

---

584 Section 2 de l'annexe sur Code de transparence et de bonne gouvernance dans la gestion des finances publiques des Etats de la communauté économique et monétaire de l'Afrique centrale de la DIRECTIVE N°06/11-UEAC-190-CM-22*Relative au Code de transparence et de bonne gouvernance dans la gestion des finances publiques.*

585 Art. 9 de la Directive N°01/11-UEAC-190-CM-22Relative aux Lois de Finances.

586 art. 11(1) de la loi n°2018/012 du 11 juillet 2018 portant régime financier de l'Etat et des autres entités publiques.

587*Ibid.*, art. 11(2).

588 Art. 6 de la loi organique n°020/2014 relative aux lois de finances et à l'exécution du budget.

589 Art. 11 de la Loi organique n°36-2017 du 3 octobre 2017relative aux lois de finances.

590DOUAT (E) et BADIN (X), Finances publiques, finances communautaires, nationales, sociales et locales, Paris, PUF, 3e éd., 2006, p. 6.

591 Institut National de la statistique, *Annuaire statique du Cameroun 2013,* CHAPITRE 23, p 393

économique et de suivi de la mise en œuvre du document de stratégie pour la croissance et l'emploi (DSCE) appuyé par les partenaires au développement notamment les Institutions de Breton Wood. Etant donné qu'il tend vers l'anticipation des grandes tendances économiques futures de la nation, il est un outil prospectif. Les données qu'il renferme constituent des instruments de prévision économique à court terme prenant en compte l'année en cours et l'année à venir. Il se présente aussi comme une vision prospective d'ensemble, en ce sens qu'il intègre la vision du développement à long terme, formalisée dans la « vision 2035 ». À travers cette vision, il s'est agi de circonscrire dans une sphère stratégique, logique et cohérente, les aspirations profondes des Camerounais et leurs dirigeants.

Le cadre budgétaire est dressé, en conformité avec le cadrage macroéconomique, par « la Direction Générale du Budget (MINFI), en collaboration étroite avec le MINEPAT en ce qui concerne le Budget d'Investissement Public (BIP). »[592] Il est amorcé par le biais de la première conférence budgétaire qui a pour but l'évaluation des demandes budgétaires des différentes administrations et la vérification de l'effectivité des projets et programmes de l'exercice précédent. Elle permet aux différents départements ministériels de présenter leur esquisse de budget et de faire une évaluation à mi-parcours de l'exécution budgétaire de l'année en cours[593]. Tout ceci contribue à la détermination des masses budgétaires que sont les recettes et les dépenses.

L'évaluation des ressources et des charges budgétaires obéit à une méthodologie précise. Certains auteurs à l'instar de MANGA Philippe opèrent une différenciation entre des méthodes classiques et des méthodes modernes[594]. Il développe l'idée selon laquelle, dans l'accomplissement des opérations d'évaluation des masses budgétaires, on se servirait d'une part « *des méthodes automatiques conçues au siècle dernier et qui continuent, aujourd'hui encore, d'inspirer bon nombre de financiers (méthodes automatiques) ou à celles qui s'adaptent à la conjoncture (méthodes directes).* »[595] D'autre part, on a « *des méthodes rationnelles de prévision des agrégats budgétaires…le recours au plan…et la rationalisation des choix budgétaires.* » Le constat que l'on peut faire est qu'il a une approche plutôt économique. Toutefois, ces assertions méritent d'être soulignées désormais dans le cadre du débat d'orientation budgétaire. Dans cette veine, il sera question pour le parlement d'évaluer les recettes et les dépenses à l'aune du respect des principes budgétaires émergents en l'occurrence le principe de sincérité et de transparence budgétaire. Dans la phase de la préparation du projet de loi de finances habituellement du ressort du gouvernement, l'évaluation des choix stratégiques, découle de la deuxième conférence qui intervient après que le MINFI ait dressé un rapport sur les demandes budgétaires des différents ministères. Ce rapport fixe les plafonds

---

592 *Ibid.*

593 NGAMANI (M.), *L'élaboration du budget programme au Cameroun*, Mémoire de master 2 en droit public, Université de Yaoundé II, 2012, pp 25-29.

594 MANGA (P.), *op.Cit.* pp 91 ET suivants.

595 *Ibid.*

budgétaires. Les départements ministériels formulent leurs différents programmes sur la base du cadrage budgétaire annuel qu'ils présenteront lors de ladite conférence. Ces programmes représentent l'ensemble des choix stratégiques arrêtés. Or, avec l'institution du débat d'orientation budgétaire, cette phase est achevée devant les parlementaires qui procèdent à l'évaluation rigoureuse de ces choix stratégiques[596]. Pour ce faire, la détermination des choix stratégiques doit être précédée de l'examen de la structuration des objectifs et l'identification des facteurs déterminant les choix stratégiques, reconnaitre que la détermination de ces choix stratégiques est soutenue par un travail préalable examiné dans le débat d'orientation budgétaire.

La première démarche à effectuer est la structuration de l'ensemble d'objectifs à réaliser. Il convient au préalable au cours du débat d'orientation budgétaire, de procéder à l'identification de l'intégralité des objectifs à atteindre pour solutionner les problèmes identifiés. Cette identification des objectifs passe par la construction de l'arbre à objectifs, qui représente sous forme de diagramme des relations entre les moyens et les fins[597]. À cet effet, il est nécessaire de se servir de l'arbre à problèmes et de reformuler chaque problème en objectif[598]. Il est important à ce niveau de prendre en compte les trois dimensions de la performance publique, à savoir : l'efficacité socioéconomique (point de vue du citoyen) ; la qualité de service (point de vue de l'usager du service public) et l'efficacité de la gestion (point de vue du contribuable). Mais, dans l'ensemble, il est question pour le parlement d'examiner aussi bien le cadre budgétaire à moyen terme que le cadre de la dépense à moyen terme. Plus précisément, la formulation des choix stratégiques correspond à l'élaboration d'un autre document, appelé « Choix stratégique du domaine», dans lequel on propose des solutions précises aux problèmes majeurs décelés au cours du diagnostic d'un domaine bien spécifié. Ces solutions sont fondées sur les possibilités de leur mise en œuvre effective[599]. Elles cherchent à parvenir à une meilleure décision du point de vue des parties prenantes, et de ce fait, elles doivent tenir compte du genre et des questions de population. Les choix qui les déterminent s'appuient fondamentalement sur les principes de sélectivité et de réalisme de la planification stratégique les choix stratégiques sont constitués : des objectifs globaux des objectifs spécifiques ou tactiques et des objectifs intermédiaires. Ceci étant, les conclusions du débat d'orientation budgétaire doivent canaliser le projet de loi de finances.

---

[596]*Ibid.*

[597]CHOUVEL (F.), *L'essentiel de Finances Publiques*, 12e édition, Paris, Gualino,2011, 104 p

[598]BEGNI BAGAGNA(C.), *« Les perspectives du budget programme au Cameroun »*, in Revue communautaire de droit et des affaires, Revue internationale, Bangui, n°2, *Avril-Mai-Juin2013, pp. 19-31.*

[599]LE DIVELLEC (A.), « Les effets du contrôle parlementaire », Pouvoirs, *n°134, 2010, p. 126.*

1. La canalisation de l'élaboration de loi de finances par le débat d'orientation budgétaire

Si le processus d'élaboration de la loi de finances de l'année commençait par l'édiction de la circulaire présidentielle et s'achevait par l'adoption du projet de loi de finances, il passe désormais par la phase du débat d'orientation budgétaire. Cette étape présente la portée d'encadrer la procédure législative d'édiction de la loi de finances qu'il s'agisse de la phase d'examen du projet de loi de finances, ou de sa phase d'adoption.

Si le DOB ne marque pas la clôture de l'étape de préparation du projet de loi de finances, il inspire inéluctablement l'actualisation des documents de cadrage macroéconomique et budgétaire des institutions publiques[600]. Pour ce faire, après la tenue du DOB, le Premier ministre chef du gouvernement en droit camerounais notamment, sur proposition du ministre des finances communique aux chefs des organes constitutionnels, aux chefs des départements ministériels et aux responsables des entités publiques, les enveloppes triennales de dépense[601].

Dans ce sens, à partir de cette notification, les organes constitutionnels, les départements ministériels et les responsables des entités publiques, procèdent à « *l'actualisation de leur programme triennal initiale des dépenses et transmettent les CDMT pour les trois prochaines années au ministère en charge de la programmation et au ministère en charge des finances au plus tard le 15 juillet de l'année N* »[602]. C'est dans cette mouvance que sont organisées les conférences élargies de programmation budgétaire et de la performance associée au plus tard le 30 juillet de l'année dans le calendrier budgétaire. Ces conférences visent à examiner les réalisations des trois dernières années et les projections des trois prochaines années du budget de l'administration centrale, l'évolution des dotations ainsi que l'évolution des recettes et des dépenses par grandes masses de la classification économique, par fonction et pour chaque organe constitutionnel, pour chaque département ministériel et toute autre entité publique. En outre, il s'agit d'examiner la performance projetée par les administrations et les institutions sur toute la période de programmation[603].

Au-delà de l'actualisation du cadrage macroéconomique et budgétaire qu'il suscite, le DOB oriente la préparation détaillée du budget. Pour ce faire, le Premier ministre procède à la notification des plafonds de crédits pour l'exercice N+1 au plus tard le 20 août de l'année N[604]. Par la suite, les organes constitutionnels, les départements ministériels et les autres entités publiques procèdent à la préparation de leurs projets de budget et de leurs projets de performance annuelle qu'ils transmettent dans le cadre des conférences budgétaires. Dans le cadre de ces conférences, il s'agit d'examiner et d'approuver

---

600Ibid. p. *126*.

601 Art. 29 du décret n°2019/281 du 31 mai 2019 fixant le calendrier budgétaire de l'Etat.

602*Ibid.* Art. 30.

603*Ibid.*, art. 31.

604*Ibid.*, art. 34.

la répartition des crédits faite par les organes constitutionnels, les départements ministériels et les autres entités publiques ; de vérifier la cohérence et la pertinence des demandes additionnelles ; de vérifier les éléments de coûts des activités proposées[605]. Pour ce faire, il s'agit de procéder clairement à l'identification des programmes et la réévaluation de l'esquisse d'un plan d'actions prioritaires.

Il est généralement connu que dans un régime à Parlement bicaméral, tout projet ou proposition de loi est examiné successivement par les deux chambres dudit Parlement en vue de l'adoption d'un texte identique. Mais encore faudrait-il que l'examen du projet de loi de finances par les deux chambres tienne compte des documents de cadrage à moyen terme du budget de l'État arrêtés à l'issu du DOB conformément au nouveau régime financier de l'État. Une fois déposé, le projet de texte passe la procédure de recevabilité des textes par la conférence des présidents avant son examen. D'une chambre à l'autre, le texte subit une appréciation minutieuse.

C'est une innovation majeure du nouveau régime financier, obligation est faite au Parlement d'examiner le projet de loi de finances en deux temps, les programmes d'abord, les moyens de leur exécution ensuite. Ainsi, les Députés ont une meilleure visibilité sur les politiques publiques, clairement définies dans le nouveau projet de loi de finances. On parle de navette parlementaire. Elle met en exergue d'une part la correction du projet par les formations techniques du Parlement, d'autre part en séance publique.

On peut recourir aux dispositions communautaires pour construire une appréhension contemporaine, notamment les assertions du Guide didactique de la directive N° 01/11-UEAC-190-CM-22 du 19 décembre 2011 relative aux lois de finances au sein de la communauté économique et monétaire de l'Afrique centrale. Elles spécifient que la discussion du budget de l'État se présente de la manière suivante, la commission des finances du Parlement doit être le lieu où le projet de loi de finances est examiné avant le débat en séance publique. Elle doit disposer d'un temps suffisant pour effectuer sa mission qui ne saurait se limiter à la durée de la session budgétaire[606].

En effet, les rapporteurs de cette commission doivent suivre la préparation du projet de loi en amont de son dépôt sur le bureau du Parlement par des demandes de justification des crédits demandés par les ministères. Cet examen doit donner lieu à la rédaction de rapports destinés à éclairer les Parlementaires[607]. Ainsi, le rapporteur général de la commission des finances peut être chargé d'établir un rapport sur l'équilibre général du budget, la qualité des informations et hypothèses qui sous-tendent la loi de finances, l'inscription du texte dans le cadre de convergence de la CEMAC.

---

[605]*Ibid.*, art. 36.

[606]*CODBOUT (L)*, *« La transparence des finances publiques : des pratiques internationales mises en avant au Québec et au Canada »*, RFFP, *n°140, 2017, p.145*

[607]*DOUAT (E) et BADIN (X)*, Finances publiques, finances communautaires, nationales, sociales et locales, op.cit., *p. 6.*

Des rapporteurs spéciaux peuvent être désignés pour être les correspondants permanents des ministères et ainsi être en mesure d'apprécier le caractère plus ou moins réaliste des prévisions de recettes et de dépenses, de même que l'exécution des programmes antérieurs. Pour exercer leur mission, les rapporteurs de la commission des finances doivent pouvoir obtenir les informations qu'ils estiment nécessaires et adresser des questionnaires à l'administration, laquelle doit être dans l'obligation de répondre dans un délai déterminé. Ces questions peuvent être transmises avant le dépôt du projet de loi de finances par le Gouvernement sur la base de l'examen de l'exécution du budget N-1 par exemple. Elles ont aussi pour but d'éclairer la lecture des Parlementaires.
La commission des finances doit pouvoir auditionner les Ministres et les hauts fonctionnaires (gestionnaires et responsables de programmes) sur les programmes dont ils ont la charge et pour lesquels ils demandent des crédits. Afin de permettre à la commission des finances de travailler avec les ministères avant le dépôt officiel du projet de loi de finances, il serait opportun que le rapport de la Cour des comptes soit rendu dès la fin du deuxième trimestre. Pour que cela soit possible, il faut que la Cour de comptes soit en possession des rapports annuels de performance de l'année n dès la fin du premier quadrimestre de l'année N+1 ou qu'au minimum, elle puisse bénéficier des données d'exécution de cette même année.

Appliqués au Cameroun, concernant la commission des finances, les travaux relatifs à l'examen du projet de loi de finances sont présidés par le Président de ladite commission. Cette commission procède à l'étude des différentes informations fournies par le Gouvernement, en plus du projet de loi de finances en soi. Nonobstant ceux-ci, le MINFI leur adresse un rapport établi pour chaque ministère par le contrôleur financier qui lui est attribué[608]. Cet exercice est complété par des auditions.

En faisant une synthèse de ces affirmations, on peut dire que la Commission des finances, saisie de droit au fond, joue naturellement un rôle prépondérant, assuré grâce à une organisation spécifique caractérisée par la désignation d'un Rapporteur général et de rapporteurs spéciaux dotés d'un pouvoir permanent de contrôle. Assistés de fonctionnaires parlementaires, ces rapporteurs réunissent, notamment par la voie des questionnaires budgétaires, une masse d'informations considérable qui nourrit les rapports présentés à la Commission des finances. Celle-ci les examine selon des modalités originales dont la chronologie n'est pas celle de la procédure législative ordinaire.
Avec l'institution du DOB à l'issu duquel le cadre à moyen terme du budget de l'État est validé pour influencer la loi de finances de l'année, la prérogative d'amendement de la commission des finances se trouve affermie.

L'approbation du projet de loi de finances sous le règne du cadre à moyen terme du budget de l'État revêt un caractère mélioratif en ce sens qu'elle parait

608 MARTINEZ (J. C.) et DI MALTA (P.), *Droit budgétaire*, Paris, 2e éd, Litec, 1988, P 294.

mieux détaillée, mieux spécifiée et très bien organisée[609]. Elle le serait d'autant plus que chaque organe sait exactement ce qui lui incombe comme tache, par conséquent les risques de chevauchement de compétences sont à minimiser[610]. Elle s'illustre par le truchement de l'adoption du projet de loi de finances par le Parlement. Dès lors que le projet ait été adopté en première lecture en séance plénière, par l'une des assemblées, il est transmis à l'autre chambre pour qu'il le vote dans des termes identiques. Il est aisé de penser que l'Assemblée nationale soit la première à l'examiner, puis le transfert au Sénat. Il peut arriver que les deux chambres parlementaires ne soient pas immédiatement d'accord, on assiste par conséquent à une navette parlementaire. Ceci pourrait nécessiter la mise sur pied d'une commission pour concilier les différentes parties.

Synthétiquement, l'innovation majeure du nouveau régime financier, est matérialisée par l'obligation qui est faite au Parlement d'examiner le projet de loi de finances en deux temps, les programmes d'abord, les moyens de leur exécution ensuite[611]. Ce procédé se fait dans la volonté de respecter le cadrage à moyen terme du budget de l'État arrêté à l'issu du DOB. De la sorte, les Parlementaires ont une meilleure visibilité sur les politiques publiques, clairement définies dans le projet de loi de finances à examiner[612]. Le vote du projet de loi de finances obéit à une logique binaire. La première partie de la loi de finances est discutée et votée par article. La deuxième partie de la loi de finances ne peut être discutée par le Parlement qu'après l'adoption de la première partie[613]. Ce faisant, le vote de la loi de finances n'achève pas le renouveau du parlement dans la réforme budgétaire de la zone CEMAC. Il se laisse également transparaitre à l'étape de l'exécution du budget de l'État.

2. Le renforcement de la position du parlement à la phase d'exécution du budget

Une fois votée par le Parlement, promulguée par le Président de la République, et publiée au Journal Officiel par la procédure d'urgence, la loi de finances entre dans sa phase d'application effective. Au cours de cette phase, le parlement a des pouvoirs budgétaires non négligeables notamment en matière de contrôle de l'exécution du budget. À cet égard, il peut désormais exercer son contrôle soit en cours d'exécution du budget (A) soit après l'exécution du budget (B).

609*Ibid.*

610 BAUDU(A), *Contribution à l'étude des pouvoirs budgétaires du parlement en France. Eclairage historique et perspective d'évolution,* Paris, Dalloz, 2009, p. 150.

611*Ibid.*

612STECKEL (M. C.), L'essentiel des finances publiques communautaires, *Paris, Gualino, éditeur, 2^e^éd., 2007, p. 11.*

613*Ibid.*

B. Le contrôle parlementaire en cours d'exécution du budget

Les contrôles parlementaires en cours d'exécution de la loi de finances consistent en un droit d'information sur l'exécution du budget, qu'exerce principalement la commission des finances de chaque assemblée, qui reçoit ou sollicite du gouvernement de nombreuses communications budgétaires[614].

Tous les renseignements et documents d'ordre financier et administratif qu'ils demandent, y compris tout rapport établi par les organismes et services chargés du contrôle de l'administration, réserve faite des sujets *à* caractère secret concernant la défense nationale et la sécurité intérieure, ou extérieure de l'État et du respect du secret de l'instruction et du secret médical, doivent leur être fournis[615].

La directive CEMAC prévoit dans cette mouvance *que* les informations ou les investigations sur place que ces commissions parlementaires demandent ne peuvent leur être refusées. Elles peuvent procéder à l'audition des Hautes Autorités en charge des institutions constitutionnelles, des Ministres et de leurs subordonnés, dans les conditions déterminées par les Constitutions nationales[616].

En effet, l'investigation des commissions des Finances des Assemblées parlementaires de la CEMAC en cours d'exécution du budget révèle un accroissement significatif des prérogatives du Parlement en matière de contrôle de l'exécution du budget, depuis la réforme des finances publiques[617]. Surtout, jusqu'à cette réforme qui a donné un visage nouveau à la commission des Finances et du budget, le champ de compétences de celle-ci était déterminé uniquement par le règlement de l'Assemblée nationale et était sensiblement le même que celui des autres commissions générales. Ce faisant, il convient d'examiner aussi bien les mécanismes que l'articulation du pouvoir d'investigation de la commission des finances des assemblées parlementaires au cours de l'exécution du budget.

En ce qui concerne les mécanismes d'investigation, la directive CEMAC prévoit l'audition des membres du gouvernement et des représentants des institutions constitutionnelles. La Constitution ne fait pas mention de l'audition des ministres, lors de l'examen des projets de lois de finances, comme un moyen de renseignement des assemblées parlementaires. Les règlements de celles-ci n'en font non plus un mécanisme d'information. Néanmoins, leur audition est fondée sur l'article 33 du texte fondamental qui dispose que *« le Premier ministre et les autres membres du Gouvernement ont accès au Parlement (…) »*. En vertu de ces dispositions constitutionnelles, lesdits règlements disposent précisément que *« les membres du*

---

614 CHOUVEL (F.), *Finances publiques, op.cit.,* p. 223.

615 Art. 85(3) de la loi n°2018/012 du 11 juillet 2018 portant régime financier de l'Etat et des autres entités publiques. Lire à ce propos NDZODO André, *« Le contrôle parlementaire de l'exécution du budget de l'Etat en droit public financier camerounais »*, thèse de Doctorat/Ph.D, Université de Douala, juillet 2020, 531 pages.

616 Art. 70 de la Directive CEMAC relative aux lois des finances.

617 *Ibid.*

Gouvernement ont accès aux Commissions »[618]. Cet accès leur assure, à chacun, le droit de prendre part à l'étude desdits projets par la commission des Finances et du budget car l'article 20 (4) RAN dispose que l'étude porte sur« *des textes relevant de la compétence de leur département* » tandis que l'article 29 (4) RS du Sénat mentionne qu'elle porte sur *« des textes relevant de la compétence du Gouvernement »*. Le Sénat affirme, plus nettement que l'Assemblée nationale, quel que soit le texte en discussion devant la commission compétente, tout membre du Gouvernement qui demande à être entendu doit l'être par les membres de la commission[619]. En effet, le Sénat considère que les projets ou propositions de loi sont réputés de la compétence non pas d'un département ministériel, mais de l'ensemble du Gouvernement. Cette conception holistique et non fragmentée du Gouvernement insinue, par exemple, qu'au Sénat, le ministre des Finances pourrait demander à prendre part à des discussions portant sur une proposition de loi relative à l'énergie s'il estime qu'il faille régler, devant la commission compétente, des questions d'ordre financier ou budgétaire[620]. Il en sera ainsi, *a fortiori*, de l'ensemble des membres du Gouvernement lorsque le projet de loi en examen devant la commission chargée des Finances concerne le budget de l'État pour le prochain exercice.

À l'Assemblée nationale, c'est le ministre des Finances qui, naturellement et à sa demande, sera auditionné par la commission des Finances de l'Assemblée parce que le projet de loi en examen est de finances tandis qu'il est moins certain, sur la base des mêmes dispositions de l'article 20 (4) du règlement de cette chambre, qu'un autre ministre le soit. En pratique pourtant, tous les départements ministériels sont concernés, en l'occurrence, par le projet de loi de finances de l'année dans lequel est fixée l'enveloppe budgétaire allouée à chacun pour le compte du prochain exercice[621]. S'agissant des modalités de l'audition des ministres, le règlement des assemblées ne les définit pas. En pratique, elle est consécutive ou concomitante à l'examen des documents par les commissaires. Chaque ministre appelé devant la commission fait une présentation du projet de budget de son département ministériel, avant d'être éventuellement interrogé par les commissaires.

Les questions des commissaires peuvent porter aussi bien sur les informations contenues dans la présentation orale du ministre que sur celles dont regorgent les documents annexés aux projets de lois de finances.

En ce qui concerne les mécanismes d'investigation, ils sont spécifiques à chaque État de la sous-région. Ainsi au Gabon, l'Assemblée Nationale institue au

---

[618]Ils peuvent, par ailleurs, se faire accompagner et assister par de proches collaborateurs. Art. 20 (4) RAN et 29(4) RS au Cameroun.

[619]PHILIP (L), « Panorama du contrôle des finances publiques dans le monde », RFFP, n°101,2008, p.15 et s.

[620]HERTZOG (R), « La loi organique relative aux lois de finances (LOLF) dans l'histoire des grands textes budgétaires : continuité et innovation», Revue française d'administration publique, 2006/1 n°117, p. 21.

[621]Directive 06/11-UEAC-190-CM-22 relative au code de transparence et de bonne gouvernance dans la gestion des finances publiques.

sein de la Commission des Finances, du Budget et de la Comptabilité Publique, un comité permanent chargé du suivi de l'exécution du Budget général de l'État. Ce comité, renouvelable chaque année, reçoit mandat de la Commission des Finances du Budget et de la Comptabilité Publique pour l'exécution de sa mission. Il est composé de 30 membres et chaque Groupe Parlementaire y dispose d'un nombre de représentants proportionnel à son importance numérique. À la fin de chaque exercice budgétaire, il établit un rapport qu'il soumet à la Commission des Finances, du Budget et de la Comptabilité Publique avant tout examen du projet de loi de finances[622].

Au Cameroun, *la loi porteuse de la réforme de 2007 a rénové les pouvoirs budgétaires de la commission des Finances et du budget, provoquant ainsi un élargissement considérable du « droit de regard des parlementaires sur la gestion publique*[623].

Elle institue des mécanismes inédits d'investigation qui ont déjà été évoqués dans l'un des chapitres précédents consacré à l'exploitation autonome des informations par le Parlement. Il en a été dit que de par leur existence et considérant les fonctions qu'exercent les deux catégories nouvelles de rapporteurs instituées par la loi du 26 décembre 2007, lesdits rapporteurs sont nécessairement concernés par l'exploitation des documents destinés à éclairer le Parlement lors de l'examen des projets de loi de finances, bien que la loi les instituant n'en dise mot. Les fonctions qu'ils exercent sont en revanche clairement définies aux articles 37, 69 et 70 de la loi et prennent la forme de moyens d'investigation. Elles illustrent la volonté du législateur de renforcer les pouvoirs budgétaires du Parlement. La loi de 2018 reconduit cet état de droit a instituant des rapporteurs spéciaux pour le contrôle des dépenses et un rapporteur général de la commission des finances pour le contrôle des recettes.

Sans pour autant remettre en cause les prérogatives constitutionnelles de l'exécutif, les articles 37, 69 et 70 de la loi portant régime financier de l'État, fortement inspirés de la LOLF française[624], se bornent à assurer le respect des exigences de consentement éclairé à l'impôt et de contrôle de l'usage des fonds publics. Ils confèrent aux rapporteurs spéciaux des pouvoirs qui sont en quelque sorte la contrepartie de l'accroissement en nombre des ordonnateurs principaux auxquels la loi octroie des marges de manœuvre plus importantes en matière d'exécution des dépenses publiques. Ces pouvoirs sont exercés par les rapporteurs à deux occasions. D'une part, ils peuvent, en vue de l'autorisation du budget administrer un questionnaire sur les dépenses. D'autre part, ils les exercent dans le cadre du contrôle de l'exécution des dépenses publiques.

---

622 Art. 114 de la Résolution n°001/2012 du 28 décembre 2012 modifiant la résolution n°001/2009 du20 janvier 2010 modifiant la résolution n°001/2001 du 27 juin 2001 modifiant larésolution n°1/1999 du 12 juin 1999 portant Règlement de l'Assemblée Nationale.

623PHILIP (L.) et VIESSANT (C.), La loi organique de 2001 relative aux lois de finances, op. cit., p. 56.

624Art. 57, LOLF du 1er août 2001.

Ainsi, en matière de contrôle de l'exécution du budget, en accordant aux rapporteurs spéciaux des pouvoirs de contrôle sur pièces et sur place, le législateur a entendu doter la commission des Finances et du budget du pouvoir inédit de mener elle-même des investigations sur le respect de l'autorisation budgétaire[625]. Ce faisant, désormais elle n'est plus confinée à contrôler l'exécution des budgets dans le cadre de l'examen des projets de lois de règlement. Ces pouvoirs sont identiques à ceux des commissions d'enquête parlementaire, ce d'autant plus que pour fixer certains pouvoirs de celles-ci, le législateur a simplement renvoyé aux dispositions de l'article 70 de la loi du 26 décembre 2007 et l'article 85 de la loi du 11 juillet 2018. Cependant, la formulation de cet article insinue aussi que les rapporteurs spéciaux exercent ces pouvoirs dans la limite de l'année législative, voire au-delà s'ils sont maintenus dans leurs fonctions une ou plusieurs années de suite. C'est l'une des différences d'avec les commissions d'enquête qui sont soumises aux contraintes de délais. On note d'autres différences entre la commission des Finances et du budget au nom de laquelle les rapporteurs spéciaux agissent et les commissions d'enquête qui révèlent par ailleurs que les rapporteurs spéciaux, en France, disposent de compétences particulières correspondant, dans la pratique, aux pouvoirs que détiennent normalement les commissions d'enquête[626]. Ainsi, au Cameroun, le pouvoir d'audition reste une prérogative exclusive des commissions d'enquête puisqu'il n'a pas été ouvert aux rapporteurs spéciaux.

En France, par contre, l'article 57 alinéa 3 de la LOLF ouvre le pouvoir d'audition aux rapporteurs spéciaux quand le président et le rapporteur général le jugent nécessaire[627].

Si la loi mentionne que les commissions d'enquête peuvent se faire assister des personnes de leur choix, elle garde le silence sur une quelconque assistance aux rapporteurs spéciaux. L'on est dès lors tenté d'en conclure que les rapporteurs spéciaux sont tenus de se déplacer eux-mêmes vers les locaux des services publics contrôlés et d'accéder par eux-mêmes aux documents dont ils ont besoin pour l'accomplissement de leur mission[628]. Autrement dit, ils ne peuvent déléguer leurs pouvoirs. Mais peuvent-ils au moins se faire accompagner ou assister par des fonctionnaires parlementaires qui agiraient alors sous leur autorité comme c'est le cas en France ? La réponse est *a priori* négative car si telle avait été l'intention du législateur, il aurait apporté cette précision comme il l'a fait pour les commissions d'enquête, dans l'article suivant. Une autre remarque

---

625Concrètement, les rapporteurs seront appelés à rechercher le bien fondé de certaines dépenses et à en évaluer leurs coûts. Ils pourraient ainsi contester et désapprouver certaines dépenses estimées impertinentes selon les critères de performance ou leur utilité sociale. Dans ce sens, S. T. BILOUNGA, La réforme du contrôle de la dépense publique au Cameroun, *thèse de Doctorat/Ph. D, Université de Yaoundé II, 2010, p. 218.*

626HERTZOG (R), « La loi organique relative aux lois de finances (LOLF) dans l'histoire des grands textes budgétaires : continuité et innovation», op.cit.,p. 21.

627MAUCOUR-ISABELLE (A.), La rénovation des pouvoirs budgétaires du Parlement sous la Ve République, op.cit., p. 303.

628*Ibid.*

se dégage à la lecture de l'article 71. Il s'agit du fait que les rapporteurs spéciaux sont dotés de pouvoirs particuliers dont ne dispose pas le rapporteur général. Or, celui-ci étant « *le véritable pivot de la procédure législative* »[629], les rapporteurs spéciaux sont censés être ses subordonnés. En conséquence, le législateur aurait dû lui reconnaître au moins autant de pouvoirs que ces subordonnés et déterminer les différentes relations qu'ils sont appelés à entretenir[630]. Cette situation du reste paradoxale n'est pas la seule observée dans la loi au sujet du renouveau des pouvoirs de la commission des Finances et du budget car il en d'existe d'autres, de plus large amplitude, qui concernent les investigations du rapporteur général des recettes.

Les dispositions de la loi du 26 décembre 2007 et celles de loi du 11 juillet 2018 prévoit que la commission des finances des assemblées parlementaires procède à la désignation d'un rapporteur général pour assurer le contrôle de l'exécution des recettes. Cependant, ces dispositions souffrent d'un certain nombre d'incohérences au sujet du rapporteur général pour les recettes. La première procède du fait qu'elles instituent un rapporteur unique pour les recettes tandis que la seconde concerne l'indétermination de ses pouvoirs. Qu'à cela ne tienne, il faut également entrevoir les pouvoirs de contrôle du parlement après l'exécution du budget.

II - Le contrôle parlementaire après l'exécution du budget

Dans sa théorie classique, le contrôle de l'exécution du budget s'opère séparément d'avec les opérations d'exécution. Il était initialement question de marquer de manière évidente la distanciation du contrôle à l'égard de l'activité financière des services[631]. Et bien qu'au fil du temps, le cadre théorique du contrôle ait évolué de sorte que le contrôle se soit progressivement étendu, s'exerçant désormais en cours d'exécution comme cela a été montré dans les précédents développements, la pertinence des contrôles a posteriori demeure. En effet, la surveillance de l'exécution par le Parlement se fait lors du vote de la loi portant règlement définitif du budget[632]. Dans ce sens, les pouvoirs budgétaires du parlement se trouvent renforcés dans la mesure où l'objet de la loi de règlement a été étendu. Comme le relève Francis QUEROL, *le contrôle parlementaire de l'exécution de la loi de finances intervient a posteriori avec la loi de règlement*[633]. La particularité de cette dernière est à relever. En plus d'être un instrument de la ratification parlementaire des modifications de prévisions opérées en fin d'exécution, la loi de règlement, en tant que loi de constatation de la dernière loi

[629]CAHOUA(P.), « Les commissions, lieu du travail législatif », Pouvoirs, n°34, p. 39, *cité par* AVRIL (P.) et GICQUEL *(J.), Droit parlementaire*, op. cit.,*p. 166.*
[630]*Ibid.*
[631]LALUMIERE (P), *Les finances publiques*, Op.cit. *p. 446.*
[632]MAUCOUR-ISABELLE *(A.),* La rénovation des pouvoirs budgétaires du Parlement sous la Ve République, op. cit., p. 303.
[633]QUEROL (F), *Finances publiques*, Op.cit. p. 140.

de finances exécutée[634], peut être considérée comme *« le bilan de l'exercice budgétaire »*[635], vu qu'elle règle les comptes de l'exercice précédent. La réforme budgétaire de la CEMAC a donné plus d'épaisseur à la loi de règlement. Le législateur camerounais a encore été plus éloquent en disposant que *« le projet de loi de finances ne peut être mis en discussion devant une chambre du parlement avant le vote par celle-ci en première lecture du projet de loi de règlement afférent à l'année qui précède celle de la discussion dudit projet de loi de finances »*[636].

Le nouveau régime financier des Etats de la CEMAC a redonné une certaine force juridique à la loi de règlement par l'élargissement de son domaine d'intervention contrairement au droit positif antérieur[637]. Ces cas d'extension de l'objet de la loi de règlement peuvent se résumer à deux ordres de considération : d'une part la ratification de la modification des crédits ouverts par la dernière de finance et d'autre part la validation de la comptabilité budgétaire et générale.

Les avancées démocratiques observées çà et là dans la sphère camerounaise, confortent les organes de contrôle dans leur mission et dans leur statut. Il est vrai qu'à l'opposé des thèses de *MONTESQUIEU* et de *John LOCKE* sur la séparation et surtout sur l'équilibre des pouvoirs, les tendances contemporaines et universelles sont caractérisées par une disproportion des compétences de l'exécutif au détriment du législatif[638]. Elles semblent conduire vers l'émergence de ce que le Professeur *Maurice DUVERGER* a appelé, la « *monarchie Républicaine* »[639]. Ces propensions lourdes pourraient être bousculées par la nouvelle gestion budgétaire. Ainsi, la consécration de la programmation budgétaire permet une amélioration de la conception des principes fondamentaux des finances publiques. Il va sans dire que c'est le cas de la spécialisation des crédits budgétaires dont la modification des crédits est une limite.

Il faut avant toute autre chose, rappeler que la spécialité des crédits budgétaire est l'une des règles les plus contraignantes des finances publiques. Elle consiste à détailler l'autorisation parlementaire, afin que chaque crédit ait une destination indiquée par la loi de finances. L'avènement de la nouvelle gestion financière a sonné l'arrêt de cette gestion des crédits budgétaires caractérisée par une certaine rigidité. En effet, bien que théorisé par l'article14 de l'ordonnance de 1959 en France, et par celle de 1962 au Cameroun, dans la pratique, on a souvent eu l'impression que les mouvements de crédits étaient proscrits. Qu'il fallait les exécuter tel quel. La programmation budgétaire est donc venue consacrer explicitement la règle, en redéfinissant le processus de mouvements des crédits. Cette redéfinition de la destination des crédits doit désormais être ratifiée par le parlement à l'occasion du vote de la loi de règlement.

634*Art. 20 (1) de la loi* N° *2018/012 du 11 juillet 2018.*

635QUEROL (F*)*, Finances publiques, Op.cit. *p. 140.*

636 Art. 57 *de la loi* N° *2018/012 du 11 juillet 2018.*

637 TOGOLO (O.), *« A propos de la loi de règlement du budget »*, Miroir du Droit, *No1/2011, janvier-février-mars 2011, p.101*

638MEDE (N.), « La nouvelle gestion budgétaire : l'expérience des budgets de programme au Benin », *Afrilex* N°*4, p 74.*

639DUVERGER (M.), La monarchie Républicaine, *Paris, Robert Laffont, 1974.*

À cet égard, il sera question pour le parlement de valider tous les cas de dérogation au principe de spécialité à l'instar de la fongibilité des crédits. Suivant une logique qui nous est propre, il serait préférable de mettre en évidence la signification même de la fongibilité des crédits, puis de présenter substantiellement sa typologie[640]. Il n'est pas superflu de rappeler que les crédits sont présentés par programme, ce dernier constituant la nouvelle enveloppe limitative des crédits à la place de l'ancien chapitre budgétaire. À l'intérieur du programme, les actions et, le cas échéant, sous actions déclinent la finalité (destination) de la dépense. Les titres et catégories de dépense renseignent la nature des crédits.

La loi de règlement porte également sur la certification des résultats de la comptabilité publique[641]. L'institution d'une comptabilité à trois dimensions permet de faire une séparation entre les aspects de la comptabilité inclus dans les comptes de l'État, et ceux qui en sont exclus. Par ailleurs, pour ce qui est des comptes de l'État, on observe une autre distinction selon que l'objectif visé est le contrôle de la gestion et de la performance, ou tout simplement la communication d'informations relatives à l'exercice budgétaire[642]. Ainsi, trois types de comptabilités s'offrent à l'analyse du parlement : la comptabilité budgétaire et la comptabilité générale qui se rapportent aux comptes de l'État, ainsi que la comptabilité analytique qui se dissocie des comptes de l'État. Le législateur dispose dans ce sens que la loi de règlement arrête « *les résultats de la comptabilité budgétaire et de la comptabilité générale de l'exercice considéré en donne quitus au gouvernement* »[643]. Le législateur congolais va dans la même lancée[644].
La certification apparaît comme « *un système d'information relatif à l'exécution des opérations budgétaires* »[645]. Elle est destinée à vérifier le respect par le Gouvernement de l'autorisation parlementaire[646]. L'intégration de l'examen de la comptabilité publique dans l'objet de la loi de règlement participe de la volonté d'associer le parlement à garantir le respect du principe de la régularité des comptes publics[647].

De manière immédiate, la nouvelle orientation du principe de régularité des comptes publics par son intégration dans l'objet de la loi de règlement, permet d'avoir une bonne tenue des comptes publics. Elle impose de prime abord, l'exécution des budgets publics d'une part en conformité aux règles et procédures en vigueur, d'autre part en respectant les objectifs assignés. La bonne tenue des

[640]KOUA (S.E), « Le contrôle parlementaire des finances publiques dans le (nouveau) régime financier de l'Etat du Cameroun », *RAFIP*, n°2,2017, p. 136

[641]MEDE (N), « La nouvelle gestion budgétaire : l'expérience des budgets de programme au Benin », *Afrilex*, p.60-61.

[642]*Ibid.*

[643] Art. 21 (b) de la loi n°2018/012 du 11 juillet 2018 portant régime financier de l'Etat et des autres entités publiques.

[644]644 Art. 60 de la Loi organique n" 36-2017 du 3 octobre 2017 relative aux lois de finances.

[645]BOUVIER (M), et alii., op. cit. p. 509.

[646]*Ibid.*

[647]TOURE(C.), « Le système de contrôle des finances publiques au Mali », Afrilex n°4, décembre 2004, p.160.

comptes publics suppose en outre que les comptables publics fassent correctement leur travail de vérification et en rendent régulièrement compte. Le renouveau de la juridiction des comptes consolide cette exigence de la bonne tenue des comptes publics.

Section 2 : Le renouveau de la juridiction des comptes

Le législateur communautaire a instauré des mécanismes de surveillance multilatérale des politiques budgétaires au niveau de la CEMAC[648] parmi lesquelles l'instauration d'une Cour des comptes. Indéniablement, la prescription de la Cour des comptes comme ISC (Institution Supérieur de Contrôle) aux Etats membres de la CEMAC, est l'innovation la plus saisissante dans le domaine du contrôle des finances publiques. Cette prescription procède de la Directive n°01/1/11-UEAC-190-CM-22 du 19 décembre 2011. Cet article dispose en effet que : « *Le contrôle juridictionnel des opérations budgétaires et comptables des admi*nistrations *est assuré par une Cour des Comptes qui doit être créée dans chaque État* (…). *Elle est l'Institution Supérieure de Contrôle dans chaque État* »[649]. On entend par ISC, l'organe de nature juridictionnelle ou non, indépendant ou autonome des trois pouvoirs, qui, au sein d'un État, assure au niveau le plus élevé le contrôle de la gestion des finances publiques, et coordonne l'activité des autres organes de contrôle. Pour faire bref, « *Les ISC sont des organes supérieurs qui veillent à ce que les actes financiers de l'administration fassent l'objet de suivi selon les normes comptables* »[650].

Le Congo Brazzaville qui a actuellement une Cour des comptes et de discipline budgétaire et financière, se rapproche de ce schéma. Le Cameroun quant à lui n'est pas encore en droit ligne des dispositions communautaires avec la Chambre des comptes de la Cour suprême qui n'est pas une juridiction détachée de la Cour suprême. Qu'à cela ne tienne, on relèvera que la Cour des comptes prescrite par le droit CEMAC a deux types de missions : les missions juridictionnelles (I) et les missions non juridictionnelles (II).

I - La consolidation des compétences juridictionnelles

Il faut relever que la Cour des comptes assure le jugement et l'apurement des comptes publics, et sanctionne les irrégularités constatées durant ses investigations sur le compte apuré. Selon De Sheemaeker, pour la Cour, juger un

---

[648] Pour des développements sur la question, lire AVOM(D) et GBETNKOM(D), « La surveillance multilatérale des politiques budgétaires dans la zone CEMAC : bilan et perspectives », *Monde et développement*, 2003, n°123, p. 107-125.

[649] Art. 72de la Directive n°01/1/11-UEAC-190-CM-22 du 19 décembre 2011 relative aux lois de finance.

[650] GONZALE (B) *et* alii, « Les ISC et leurs stratégies de communication », Revue Internationale des Sciences Administratives, n°3, Vol. 4, 2008, p. 463.

compte c'est vérifier que le comptable public a rempli correctement sa tâche[651]. D'évidence, si lors du jugement d'un compte, des irrégularités y sont constatées, la Cour doit, par un jugement, mettre en jeu la responsabilité personnelle et pécuniaire du contrôlé. Ainsi, l'apurement des comptes par la Cour des comptes exige aussi bien un contrôle de la régularité (A) qu'un contrôle de la sincérité des comptes (B).

A. Le contrôle de la régularité des opérations comptables

Le contentieux de la régularité des opérations comptables est différent selon que les opérations portent sur les recettes publiques ou sur les dépenses publiques. Il est surtout question, pour le juge des comptes, de rechercher les *griefs* ou manquements aux lois et règlements qui sont susceptibles d'entacher l'exécution desdites opérations, d'où son efficacité. Ces griefs diffèrent en fonction des acteurs impliqués dans la gestion des recettes des dépenses publiques (1) et le contrôle de la bonne tenue des comptes publics (2).

1. Le contrôle de la régularité des opérations des recettes et des dépenses publiques

Relativement à la régularité des opérations de recouvrement des recettes publiques, l'office du juge des comptes consiste à s'assurer de la régularité et de la conformité du processus de perception des recettes publiques. Ce processus fait intervenir selon le cas, l'ordonnateur qui constate les droits de l'État et des autres organismes publics, liquide et émet les titres de créances correspondants, et le comptable à qui il incombe « *la prise en charge et le recouvrement des recettes ordonnancées* »[652] ; les rôles sont donc bien définis.

L'ordonnateur constate les droits de l'Etat et des autres organismes publics, liquide et émet les titres de créances correspondants ; aussi les actes de constatation , de liquidations et d'émission des titres doivent être conformes aux lois et règlements y relatifs. Le rôle du juge financier consiste à s'en assurer sans pour autant juger de leur opportunité, en examinant ces éléments présents dans le compte administratif de l'ordonnateur et des pièces justificatives nécessaires. Le constats d'irrégularités d'un ou plusieurs de ces actes peut être qualifié de « *fautes de gestions* », tel qu'indiqué par la loi organique n° 2012-23 du 27 décembre 2012 abrogeant et remplaçant la loi organique n° 99-70 du 17 février 1999 sur la Cour des comptes en son article 57, « *Est punissable (…) le fait d'avoir enfreint les règles régissant l'exécution des recettes* ».

De même, cette opération pose au comptable un problème délicat : celui du contrôle de l'existence et de la légalité des créances constatées dans les titres qui lui sont transmis. Encaisser l'indu, à plus forte raison poursuivre le recouvrement

---

[651]DESCHEEMAEKER (C), « Changer les procédures juridictionnelles de la Cour : une réforme attendue et de grande ampleur », Gestion et Finances Publiques,n°10, octobre 2009, p. 700.

[652] MILNER (G.), « Vers un droit des procédures propre aux juridictions financières », *La Revue du Trésor*, n°2, février 1997, pp. 83-93.

des créances inexistantes ou illégales, c'est pour un comptable public commettre le délit de concussion sanctionné par le Code pénal et c'est aussi s'exposer, de la part de la victime à une action en répétition[653]. Aussi, l'office du juge des comptes consiste ici à s'assurer qu'il n'y a pas de la part du gestionnaire public une violation du principe fondamental de « *légalité des impôts et taxes* » telle que consacrée par la Constitution en son article 26 alinéa 2 (d) « *aucun comptable public ne peut recouvrer un impôt ou une taxe si ledit impôt ou ladite taxe n'a pas préalablement été créé par le législateur, qui par le même coup détermine l'assiette et les modalités de recouvrement* ». Il est aussi question pour le juge des comptes de s'assurer du respect de la règle de l'autorisation préalable des impôts ou taxes et de l'exactitude des calculs relatifs à la liquidation des créances. C'est ainsi que la Chambre des comptes a eu à soulever des *griefs d'irrégularité* du compte de gestion de l'Office National du Café et du Cacao, Exercice 2006-2007 au motif de la retenue irrégulière de la TVA[654]. Ce contrôle de régularité des recettes se complète par un contrôle de la régularité des dépenses.

Du côté de la régularité ou de la légalité des dépenses, l'office du juge consiste à s'assurer de la conformité de tout le processus de paiement, notamment des actes de l'ordonnateur, du contrôleur financier et du comptable public. Il est de jurisprudence constante que la régularité de la dépense est attestée par l'existence des pièces justificatives.

Aussi, en matière de dépenses, l'ordonnateur juge de leur opportunité conformément aux objectifs visés par la loi de finances et aux budgets votés, les engage, les liquide et les ordonnance dans la limite des crédits disponibles, et au regard des objectifs des programmes de l'Etat ou des autres organismes publics. Il émet les ordres de mouvements affectant les biens et matières de l'État ou des organismes publics[655] . En outre, les ordonnateurs émettent les ordres de mouvement affectant les biens et matières de l'État. La mission du juge financier est de s'assurer qu'il n'y a pas, de la part de l'ordonnateur, une irrégularité ou une violation aux normes dans la mesure où les fautes de gestion punissables par la juridiction des comptes sont constituées par la violation des règles relatives à l'exécution des recettes et des dépenses de l'État et des autres organismes publics ou la violation des règles relatives à la gestion des biens appartenant à l'État et aux autres organismes publics [656]. Le contrôle effectué par le juge des comptes a été l'objet de multiples applications ; très souvent, le motif invoqué par le juge des comptes est « *l'absence de base légale* ». Dans l'entendement de la Chambre des comptes de la Cour Suprême au Cameroun, cette absence de base légale revêt une signification duale. Tout d'abord, que le paiement de la dépense n'a pas été

---

[653] CONVERT (J.), « Le contrôle de légalité exercé par le juge financier à travers l'examen des comptabilités locales », *La Revue du Trésor*, n° 8-9, aout-septembre 1994, p. 514.

[654] CS/CC/AP/S3, Arrêt n°11 du 28 septembre 2011, Compte de gestion de l'Office National du Café et du Cacao, Exercice 2006-2007

[655] MOREAU (G.), « La dualité fonctionnelle des juridictions financières à la lumière du principe d'impartialité structurelle », *RFFP* n°106, avril 2009, pp. 223-230.

[656] Art. 75 de la directive N° 01/11-UEAC-190-CM-22 relative aux lois de finances.

prévu par un texte, et c'est le cas ici de l'arrêt n°02/AP/S3, arrêt ARSEL, Exercice 2006/2007 du 25 avril 2012[657], ou de l'arrêt du 08 février 2009, comptes de gestion de l'université de Dschang, Exercice 2004[658]. L'absence de base légale signifie que la dépense a été effectuée sur la base d'un fondement juridique inapproprié ou illégal. Dans l'arrêt ARSEL précité, le juge a consacré l'absence de base légale dans le cas d'un paiement effectué sur la base d'une résolution du conseil d'administration de ARSEL violant une disposition législative ou règlementaire, en l'occurrence le Décret du 20 aout 1987 fixant la rémunération et les avantages des personnels des Etablissements d'État et des sociétés d'économie mixte[659].

2. Le contrôle de la tenue des comptes publics

Le second aspect du contentieux de la régularité est le contentieux de la bonne tenue des comptes par les comptables publics. À la base de ce contentieux, se trouve la nécessité de respecter de manière scrupuleuse le principe de la séparation des ordonnateurs et comptables ; ce principe est sacré. Aussi, la vérification consistant jadis à s'assurer de la régularité dans la tenue des comptes se complète par le contrôle de leur bonne tenue.

Les gestionnaires publics sont tous, chacun en ce qui le concerne, astreints à la production d'un compte retraçant l'intégralité des informations relatives à leur gestion. Pour s'assurer de la régularité des comptes des gestionnaires publics, le juge financier doit vérifier que leur établissement est conforme au cadre normatif des comptes publics.

La régularité des comptes publics est tributaire du respect du principe de la séparation des ordonnateurs et des comptables. Ce principe fondamental a été posé par l'article 67 de l'ordonnance du 07 février 1962 et confirmé par la Loi portant régime financier de l'État et des autres Entités publiques au Cameroun « *Les fonctions d'ordonnateur et celle de comptable public sont et demeurent séparées et incompatibles tant en ce qui concerne l'exécution des recettes que l'exécution des dépenses* »[660]. La section de la Chambre des comptes chargée du contrôle des Etablissements publics administratifs a eu à appliquer et rappeler dans toute sa rigueur ce principe dans l'arrêt ARSEL précité. Le juge déclare que : « *attendu qu'à ce sujet…il est irrégulier de constater que monsieur Y qui est l'ordonnateur de la structure se retrouve membre du comité qui confectionne le compte de gestion de l'ARSEL ; ce qui est de nature à créer un conflit d'intérêts en même temps que le principe fondamental en comptabilité publique de séparation des fonctions des ordonnateurs et des comptables est méconnu* »[661]. Ce principe lie tout autant l'ordonnateur qui s'ingère de manière irrégulière dans le maniement

---

[657] CS/CC/AP/S3, Arrêt n°02 du 25 avril 2012, Arrêt ARSEL, Exercice 2006/2007.

[658] CS/CC, Arrêt du 08 février 2009, Comptes de gestion de l'université de Dschang, Exercice 2004.

[659] -MEBENGA(M), *Cours polycopie de contentieux des comptes publics*, Master II Droit Public Interne, Université de Yaoundé II, année académique 2012-2013.

[660] L'article 64 alinéa 2 de la loi n°2018/012 du 11 juillet 2018.

[661] CS/CC/AP/S3, Arrêt n°02 du 25 avril 2012, Arrêt ARSEL, Exercice 2006/2007.

des deniers publics. Il en est constitué gestionnaire de fait et traité comme un comptable patent soumis au contrôle du juge des comptes.

La régularité du compte public s'apprécie ensuite aussi bien au regard des comptes sur chiffres que sur les comptes sur pièces. Dans l'un comme dans l'autre cas, l'office du juge consiste à vérifier qu'il n'y ait pas d'irrégularités quelconques affectant le contenu de ces comptes. Les griefs entachant la régularité de ces derniers sont en effet nombreux et récurrents selon la Chambre des comptes de la Cour Suprême. Les griefs relevés par la Haute Juridiction et dénoncés dans son rapport annuel de 2017 sont notamment relatifs à l'infidélité dans le report des soldes, la discordance entre les chiffres du compte de gestion et ceux du compte administratif, le compte administratif et les états d'exécution des recettes et des dépenses, l'accumulation sur la balance générale des comptes des déficits non apurés, l'absence d'état de concordance bancaire et de ses annexes, les billets détériorés conservés dans l'encaisse des postes comptables depuis de nombreuses années, etc.

De même, les griefs sur les pièces justificatives concernent autant les pièces générales que les pièces justificatives[662]. Aussi, le contrôle du juge consiste à s'assurer de la présence des pièces générales prévues par la nomenclature : procès-verbaux de remise de service ; procès-verbaux de réintégration des valeurs inactives en portefeuille de l'Etat devenues inutilisables en fin d'exercice ; les budgets et des comptes administratifs ; les spécimens de signature de différents intervenants dans le circuit des dépenses ; des états d'exécution du budget et des états de développement des recettes et des dépenses budgétaires; des procès-verbaux de vérification des caisses au 31 décembre du compte en jugement. Il consiste aussi à s'assurer de la présence des pièces justificatives des imputations budgétaires, des missions, sur le reversement des impôts et taxes retenus à la source, les quittances de reversement des impôts et taxes comptabilisés, sur les salaires, indemnités et autres avantages servis au personnel, etc.

Le contrôle qu'effectue le juge financier sur les comptes n'est pas limité à la seule constatation de sa régularité, le juge financier veille, pour besoin de performance, à la qualité des comptes et aux conséquences éventuelles des désordres comptables. Il est question, pour le juge, de s'assurer que les comptes publics sont bien tenus en ce qu'ils ne recèlent aucun défaut, aucune avance comptable, griefs qui peuvent entrainer la sanction du juge financier. D'après la Loi du 21 avril 2003 sur la Chambre des comptes en son article 33 alinéa1 « *L'arrêté de compte comporte deux (02) parties : (…) la deuxième partie prononce soit la régularité du compte soit une avance comptable, soit un défaut comptable et distingue éventuellement les périodes respectives d'enregistrement des opérations* ».Le défaut comptable ou l'avance comptable, éléments indicateurs d'une mauvaise tenue des comptes est, par définition, égal au montant ces fonds, valeurs, créances ou dettes dont la personne publique concernée par le compte aurait disposé, en plus ou en moins

---

662 SIETCHOUA DJUITCHOKO(C.), « La Chambre des comptes de la Cour Suprême, nouveau juge administratif au Cameroun », *RJP*, n°1, 2004, pp. 82-87.

si les lois et règlements budgétaires et comptables avaient été exactement et intégralement respectés[663].

De ce qui précède, il ressort de manière substantielle que, le contrôle de la régularité des comptes diffère totalement du contrôle de la légalité des actes administratifs. Il est en effet centré sur le contrôle de la régularité des actes de gestion (régularité des opérations financières et bonne tenue des comptes) et non sur la régularité des actes d'administration. Cette distinction se prolonge à l'analyse du contrôle de la sincérité des comptes.

B. Le contrôle de la sincérité des comptes publics

La saisie du contentieux de la sincérité des comptes publics par le droit public financier a été réactivée grâce à l'émergence du principe de la sincérité. L'émergence de ce principe peut en effet être considérée comme l'accélérateur de la juridictionnalisation du grief d'insincérité des comptes publics. L'essor actuel de ce contentieux est lié à la double émergence de la sincérité comme principe révolutionnaire et refondateur, mais surtout du regain de la contestation devant le juge de la présentation des comptes publics. Le cadre juridique de ce principe sera d'abord tracé, l'analyse de son traitement par le juge financier viendra ensuite.

L'émergence du principe de sincérité est fortement liée à l'histoire de la France[664] et l'observation montre que ce principe bénéficie d'une véritable considération dans nos Etats. En effet, bien qu'il soit revêtu d'une certaine indétermination dans son sens, ce principe est suffisamment bien que récemment ancré dans le Droit public financier Africain. L'évocation de la sincérité des comptes est souvent liée à deux types d'énonciations ; tantôt on parle de principe de sincérité tout court ou alors de principe de sincérité et de transparence budgétaire et comptable[665]. En dépit de ces variations terminologiques, on peut qualifier d'un seul trait ce principe à travers la richesse de son histoire, et la solidité de son statut.

Le principe de sincérité des comptes publics a une consistance double, et encore assez peu précise en ce qui concerne la comptabilité publique de nos Etats. Seulement, sa violation par les gestionnaires publics est passible de sanctions devant le juge financier.

Du point de vue formel, la sincérité des comptes renvoie au souci de vérification de la sincérité des recettes d'une part, et à la vérification de la sincérité des dépenses d'autre part.

Tout d'abord, le contrôle de la sincérité des dépenses vise surtout à s'assurer que les dépenses ne sont pas effectuées sur la base de pièces justificatives fausses. Il ressort de la Doctrine de *l'arrêt Nicolle* que « *c'est avant tout parce que sa mission*

---

[663] LABIE (F.), « La responsabilité solidaire des comptables dans la jurisprudence de la Cour des comptes », *La Revue du Trésor*, n°5, mai 1980, pp. 247-262.
[664] GOUDEM LAMENE (B.), *L'information du parlement en Droit financier camerounais*, *op*, *cit*, p. 329.
[665] MEBENGA (M.), *Cours polycopie de contentieux des comptes publics*, *op, cit.*

essentielle serait d'assurer la sincérité des comptes que le juge des comptes devrait rejeter les dépenses sur pièces fausses »[666]. Selon le Commissaire au gouvernement Romieu dans cette affaire, le juge des comptes doit rejeter les dépenses dont le paiement a été obtenu au moyen de pièces fausses ou entachées de mentions et de certifications fallacieuses parce qu'il lui appartient « *d'assurer et de pouvoir affirmer la sincérité du compte (…) ; ce que doit poursuivre le juge des comptes c'est la sincérité du compte, quels que soient les résultats qui puissent découler provisoirement de ses arrêts pour le comptable, alors même que celui-ci n'aurait rien à se reprocher* ». Ensuite, le contrôle de sincérité qu'effectue le juge financier sur les recettes publiques vise à vérifier ou se rassurer que les estimations en terme de ressources contenues dans les comptes publics ou les états financiers ne sont pas fausses ni manipulées ; qu'elles ne sont pas sous-évaluées pour faciliter les détournements et concussion ou alors surévaluées pour servir les desseins inavoués tels que les dissimulations d'une crise financière aiguë ou celle d'un réel déficit financier[667].La sincérité des comptes s'analyse aussi du point de vue analytique.

Du point de vue analytique, la sincérité renvoie davantage au contenu de l'information comptable, celle-ci devant être présentée et communiquée clairement, sans intentions de dissimuler la réalité derrière l'apparence. Il s'agit, selon le PCG, « *de traduire la connaissance que les responsables de l'établissement des comptes ont de la réalité et de l'importance relative des événements enregistrés*»[668]. Selon l'Acte Uniforme sur la comptabilité et le système d'information en son article 9 « *La régularité et la sincérité des informations regroupées dans les états financiers annuels de l'entité résultent d'une description adéquate, loyale, claire, précise et complète des événements, opérations et situations se rapportant à l'exercice* ». Pour ce faire, les comptes et les états financiers des entités publiques doivent être tenus conformément au principe de sincérité, qui prône la sincérité des écritures comptables et la sincérité dans la description du patrimoine et de la situation financière de l'entité.

Aussi, la sincérité des comptes publics ou des états financiers induit tout d'abord la sincérité ou la véracité des « *écritures comptables* ». Le juge financier ne juge pas directement le comptable, mais il sollicite ses écritures afin d'en juger l'exactitude et la régularité[669]. Il est communément admis, en Droit pénal des affaires précisément, que les documents comptables, que leur tenue soit obligatoire ou facultative, entrent dans la catégorie des écritures privées ; aussi « *une écriture comptable intercalée, une fausse évaluation ou une omission peuvent constituer un faux* »[670]. En outre, les dispositions du Code pénal répriment les faux en général, les faux administratifs, les autres formes de faux publics, certaines infractions

---

666SIETCHOUA DJUITCHOKO(C.), « La réforme inachevée du contrôle juridictionnel des comptes au Cameroun », *RJP*, n°3, 2013, pp. 269-286.

667*Ibidem.*

668 CAMUS(A), MAZIN (C.), PANCRAZI (L.), « Certification », *Deuxième rapport d'étape CRDP-CNoCP, op, cit*, p. 53.

669 WASERMAN (F.), *Les finances publiques*, Paris, La Documentation Française, 2016, 8e édition, p. 68.

670 MESMIN (O.), « Les sanctions applicables à la présentation des comptes des collectivités publiques insincères » *La Revue du Trésor*, n° 10, octobre 2003, p. 595.

proches du faux et enfin les faux certificats et attestations. Le Code pénal de la République du Cameroun comporte, en son article 144 « *Faux dans un acte* » une définition générale du faux : « *Est puni (...), le fonctionnaire ou l'agent public qui contrefait ou altère, soit dans sa substance, soit dans les signatures, dates et attestations, un acte ou écrit qu'il a le devoir d'établir, de recevoir, de constater ou de notifier* ».

L'introduction du principe de sincérité implique ensuite pour le juge financier de s'assurer du respect des règles et procédures comptables. Selon le système comptable OHADA en son article 8 alinéa 2 « *La comparabilité des états financiers annuels au cours des exercices successifs nécessite la "permanence dans la terminologie et dans les méthodes utilisées" pour retracer les évènements, opérations et situations présentés dans ces états* ». Aussi, « *Le juge des comptes a dû émettre des réserves sur la sincérité des états financiers de la CAA lorsque, examinant les opérations d'intégration de la dette et des financements dans la comptabilité, il observe que l'entreprise a expurgé des états financiers des exercices 2004 et 2006 presque toutes les opérations y relatives* »[671]. Pour la Chambre des comptes de la Cour suprême du Cameroun, ce changement de méthode et de procédures comptables n'a pas été signalé par la CAA dans les états annexés aux états financiers comme le recommandent les principes et règles comptables. En effet, l'article 33 de l'Acte Uniforme sur la comptabilité dispose que « *les états annexés doivent signaler toute modification dans la présentation des états financiers annuels ou dans les méthodes d'évaluation* ». Cette rupture du principe de permanence des méthodes comptables, imputable selon la direction générale « *(...) à l'abandon de la tentative d'élaboration d'une comptabilité générale prenant en compte les opérations financières relatives au fonctionnement, mais intégrant également les opérations de la dette* », du fait qu'elle n'ait pas été signalée, « *entame la fiabilité et la sincérité des états financiers de la CAA* »[672].

Le grief d'insincérité peut également provenir de la description erronée du patrimoine et de la situation de l'entité. À ce propos, le professeur Gaston JEZE écrivait : « *Les gouvernants affirment toujours qu'ils disent la vérité sur la situation financière, c'est-à-dire, sur l'importance relative des dépenses et des prélèvements. Rares sont les pays dans lesquels ces affirmations sont sincères* »[673]. Comme l'a jugé le Conseil Constitutionnel lui-même à propos du sens à donner à l'exactitude des comptes, ceux-ci doivent « *être le reflet fidèle et exhaustif des opérations effectivement réalisées en cours d'exercice* » et ne rien dissimuler des charges et des produits rattachables. On sait d'ailleurs que la loi sanctionne le délit de « *faux bilan* » ou plus exactement le fait pour « *le président, les administrateurs ou les directeurs généraux d'une société anonyme de publier ou présenter aux actionnaires, même en l'absence de toute distribution des dividendes, des comptes annuels ne donnant pas, pour chaque exercice, une image fidèle du résultat des opérations de l'exercice, de la situation financière et du patrimoine, à l'expiration de cette période, en vue de dissimuler la*

---

671 SIETCHOUA DJUITCHOKO(C), *La Chambre des comptes de la Cour suprême du Cameroun, Les principaux arrêts, avis, rapports de certification du compte général de l'Etat et rapports d'observations aux fins de contrôle commentés*, *op, cit*, p. 143.

672 *Ibidem.*

673 JEZE (G.), « L'évolution des impôts en France », *Revue de sciences sociales et de législation financière*, Paris, 1946, cité par, Alain George BESSALA, « Le principe de sincérité en droit public financier camerounais », *RASJ*, numéro spécial, 2014, p. 214.

véritable situation de la société». L'établissement et la présentation de faux bilans constituent des délits d'escroquerie ainsi que l'admet la Cour de cassation française depuis un arrêt de la Chambre criminelle rendu le 26 janvier 1871 et confirmé par des décisions plus récentes[674].

Qu'on le prenne du point de vue formel ou du point de vue analytique, le principe de sincérité des comptes publics est une exigence pour les gestionnaires publics dont le non-respect est susceptible d'entrainer des sanctions du juge financier.

D'après le professeur Luc SAIDJ « *La portée pratique du principe de sincérité dépend, (...) de la façon la plus apparente, des mécanismes juridiques de contrôle et de sanction mis en place* »[675]. Le non-respect du principe de sincérité fait courir aux gestionnaires publics, le risque de se voir infliger des sanctions par le juge financier. Soit disciplinaires, soit financières, ces sanctions sont toutefois presque insignifiantes par rapport aux sanctions pénales infligées pour les mêmes griefs en matière de comptabilité commerciale. C'est dire que le prestige accordé au principe ne rime pas avec l'aménagement que lui accorde le législateur[676].

Devant le juge financier, les griefs d'insincérités des comptes publics sont sanctionnés par l'organe en charge de la discipline financière. Trois arrêts tirés de la jurisprudence de la Cour de Discipline Budgétaire et Financière de la République de France permettent d'illustrer la reconnaissance du caractère fautif d'une présentation des comptes insincères[677].

Dans son *arrêt du 29 juin 1978*, « *Société d'HLM Le foyer de la Charente-Maritime* », s'agissant d'un organisme bénéficiant d'un concours financier public, la Cour de Discipline budgétaire et financière a relevé l'existence de faits qui « *...ont été qualifiés par le juge pénal de faux en écriture privée et d'établissement de faux bilan* ». La Cour de discipline budgétaire et financière, dans un *arrêt du 25 mars 1987* « *Association X et Y* », s'agissant cette fois d'associations subventionnées, après avoir constaté que « *les pratiques suivies...aboutissaient à fournir aux organes délibérants une information incomplète en matière comptable, dans la mesure ou la présentation du compte général de résultat ne permettait pas de déceler l'existence du compte de charges communes* » a considéré que « *...ces violations des principes généraux du plan comptable constituent des infractions aux règles applicables en matière de recettes et de dépenses* ». Dans son *arrêt du 16 juin 1987* « *Société d'économie mixte d'urbanisation, d'équipement et d'aménagement de la ville de Jeumont et de l'arrondissement d'Avesnes (SEMVIJA)* », la Cour de Discipline budgétaire et financière, « *considérant qu'une inscription à l'actif des valeurs fictives a altéré la sincérité des états comptables et faussé l'appréciation qu'ils permettaient de porter sur la situation de la SEMVIJA* » a jugé que la présentation de ces états, qui majoraient

---

674 MESMIN (O.), « Les sanctions applicables à la présentation des comptes des collectivités publiques insincères », *op, cit*, p. 59.

675 SAIDJ (L.), « Enjeux autour d'un principe controversé », *RFFP*, n°111, sept. 2010, p. 13.

676 BESSALA (A. G.), « Le principe de sincérité en droit public financier camerounais », *op, cit*, p. 214.

677 MESMIN (O.), « Les sanctions applicables à la présentation des comptes des collectivités publiques insincères », *op, cit*, p. 59.

indument la valeur comptable des immobilisations, constituait une infraction aux règles d'exécution des recettes et des dépenses et justifiait le prononcé d'une amende à l'encontre du président-directeur général de cet organisme. La dissimulation d'informations comptables ou de gestion à l'égard du conseil d'administration ou du contrôleur financier de cet établissement a été jugée comme constituant, pareillement pour son dirigeant, une faute passible du prononcé d'une sanction par la Cour de discipline budgétaire et financière[678]. Elle est suivie sur ce point, par le juge des comptes.

Le contrôle de sincérité des comptes publics qu'effectue le juge financier peut le conduire à la découverte d'insincérités comptables et nécessiter de sa part une sanction qui se veut financière.

L'une des sanctions prononcées par le juge financier pour la présentation des comptes ne respectant pas le principe de sincérité est notamment de nature pécuniaire. L'infliction de ses sanctions se heurte cependant à des difficultés consécutives à la saisie approximative de cette notion comptable de sincérité par le Droit. Le défaut de précision de cette notion par le Législateur peut d'ailleurs conduire le juge financier à se méprendre sur son rôle et à quitter le sentier de la justice. Tel est précisément le cas lorsque, conduit à conclure sur l'opportunité d'engager la responsabilité du comptable public, le parquet général déclare que si la Cour des comptes est compétente pour se prononcer sur la régularité et la sincérité des comptes et pour constater, corrélativement, les conséquences qui en résultent pour la responsabilité personnelle et pécuniaire du comptable, elle n'est pas fondée à apprécier cette responsabilité en prenant en considération d'éléments extérieurs aux comptes. Certes, la sanction du juge au grief d'insincérité des comptes publics n'est pas évidente, dans la mesure ces insincérités ne causent pas aux entités, le même préjudice financier que pourrait causer un ou plusieurs griefs d'irrégularités découvertes dans le compte du gestionnaire public, pouvant être qualifiés d'éléments extérieurs aux comptes.

Au demeurant, la mise en jeu de la responsabilité pécuniaire du comptable public, consécutivement à la découverte d'une présentation des comptes qui serait reconnue comme ne répondant pas à l'objectif de sincérité posé par la règlementation, ne trouve, en conséquence, dans la jurisprudence des chambres régionales des comptes, qu'une traduction limitée et toujours emprunte d'une grande prudence[679]. C'est ainsi que le juge financier, face au grief d'insincérité des comptes publics, semble avoir la main douce pour punir comme il se doit le comptable public[680]. Au lieu d'amendes ou de débet, le juge financier préfère infliger comme sanctions pécuniaires, des simples injonctions, plus pour l'avenir que pour reversement, quand il ne se borne tout simplement pas à émettre des réserves sur la gestion du comptable public. En outre, dans la plupart des cas de

---

[678]MESMIN (O.), « Les sanctions applicables à la présentation des comptes des collectivités publiques insincères », *op, cit*, p. 59.

[679] MESMIN (O), « Les sanctions applicables à la présentation des comptes des collectivités publiques insincères » *op, cit*, p. 595.

[680]*Ibid.*

prononcé d'injonctions de reversements puis de mise en débet du comptable, la responsabilité de ce dernier n'a pu être engagée qu'eu égard à l'existence d'une opération de recette et de dépenses dont la preuve de la régularité faisait précisément défaut[681]. Selon monsieur Jacques MAGNET, il ne peut y avoir qu'une responsabilité directe imparfaite pour l'imputation des opérations et la tenue de la comptabilité. Quand un comptable a exécuté régulièrement une opération mais que l'opération est mal imputée, il parait difficile et même impossible de mettre le montant de l'opération à sa charge, puisqu'au fond elle a été bien exécutée[682]. Cette attitude moribonde du juge financier à sanctionner comme il se doit les griefs d'insincérités ne permet pas au contentieux de la sincérité des comptes publics, de véritablement prendre son envol et de déployer toute son envergure. D'un autre côté la réforme budgétaire de la CEMAC étend les compétences non juridictionnelles de la juridiction des comptes.

Sur le deuxième point, on notera que, si la Cour des comptes objet de la présente analyse, est avant tout juge de la sincérité des comptes publics, elle a aussi des missions non juridictionnelles, notamment le conseil ou l'assistance des pouvoirs publics, la production de l'information financière aux citoyens et aux gouvernants, le contrôle de gestion, l'audit, l'évaluation des performances ainsi que de certification de la régularité, de la fidélité et de la sincérité des comptes publics.

L'amélioration de la qualité de la dépense publique est l'une des finalités primordiales de l'action du juge financier. La future Cour des Comptes, pour rationnaliser la dépense publique, devra, au-delà des audits de régularité, réaliser des audits de performance. Ces derniers ont pour objet la vérification des écarts éventuels existants entre les moyens déployés et les objectifs atteints pour s'assurer que l'entité auditée a économisé ou non.

Ainsi, sur la base des rapports annuels de performance, le Parlement contrôle la performance des administrations publiques au moyen des ratifications dont il procède à travers la loi de règlement. Les rapports annuels de performances présentent pour chaque programme, les résultats obtenus comparés aux objectifs fixés, les actions développées et les moyens utilisés, accompagnés d'indicateurs d'activités et de résultats, ainsi que d'une estimation des coûts des activités ou des services rendus. Ils doivent correspondre au projet de performance annuel de chaque programme, projet qui accompagne les annexes explicatives jointes au projet de loi de finances initiale, développant, par programme le montant des crédits présentés par titre au titre de l'année considérée, ainsi qu'à titre indicatif au cours des deux années suivantes. Les rapports annuels de performance, tout comme les projets de performance par programme, sont produits par les responsables de programme sous l'autorité des chefs de départements ministériels ou assimilés. Cette disposition marque une rupture avec la législation financière de 2007 qui prévoyait que les rapports annuels de performance soient

---

681 *Ibid.*

682 MAGNET (J.), « Que juge le juge des comptes ? », *RFFP*, n°28, 1989, p. 115-124.

rédigés par les ordonnateurs principaux[683]. Une telle évolution comporte une justification technique. Le responsable de programme étant celui qui, selon les dispositions de l'article 69 (2) de la loi de 2018, et sur la base des objectifs généraux fixés par le Ministre, détermine les objectifs spécifiques, affecte les moyens et contrôle les résultats des services chargés, sous sa responsabilité, de la mise en œuvre du programme. Etant par ailleurs celui qui s'assure du respect des dispositifs de contrôle interne et du contrôle de gestion, il apparaît logique que ce soit le responsable de programme qui produise le projet de performance annuel de chaque programme, ainsi que les rapports annuels de performance. Cela relève de sa compétence directe, à la différence de l'ordonnateur principal dont il bénéficie d'une délégation de compétence en la matière[684]. L'examen des rapports annuels de performance constitue donc, non seulement une innovation importante de la réforme des finances publiques au Cameroun, mais plus précisément une implication du politique dans l'action administrative justifiée par la recherche de la performance des administrations publiques. Cela s'explique car, sous l'ère de la modernisation de la gestion publique, il n'est plus seulement question de s'assurer la régularité des dépenses ; l'intérêt se porte désormais tout aussi bien sur l'efficacité de l'action publique. Il faut pour cela que l'institution qui autorise l'exécution d'un budget articulé au tour de programmes conçus comme cadres de pilotage opérationnel des politiques publiques puisse par ailleurs s'assurer la performance de ceux-ci en vue de la satisfaction de l'intérêt général à travers l'atteinte des résultats attendus. Il en ressort que l'examen des rapports annuels de performance marque une forte représentation du peuple dans le processus budgétaire, le but étant d'assurer la soutenabilité de l'ensemble des finances publiques[685]. C'est la marque, du point de vue financier d'un véritable regain démocratique au Cameroun. Cette démocratie financière se prolonge au niveau du contrôle de l'usage des fonds publics, y compris les fonds des bailleurs. Mission d'assistance du parlement en matière de contrôle de l'exécution de la loi de finances.

II- L'assistance du Parlement en matière de contrôle de l'exécution du budget

En matière de contrôle de l'exécution de la loi de finances[686], le Parlement est assisté de la Cour des comptes. Cette dernière assiste le parlement par la transmission d'informations budgétaires. Le législateur communautaire dispose dans ce sens que la juridiction des comptes a la charge d'assister le Parlement dans le contrôle de l'exécution des lois de finances[687]. À cet égard, la juridiction

[683]Article 22(3) de la loi n°2007/006 du 26 décembre 2007.
[684]L'article 69(1) de la loi n°2018/012.
[685]DEVAUX (E), op.cit. p. 281.
[686] NDZODO (André), « *Le contrôle parlementaire de l'exécution du budget de l'Etat en droit public financier camerounais* », op. cit., 531 pages.
[687] Art. 73 de la directive CEMAC relative aux lois de finances.

des comptes joue ce rôle d'assistance par l'information qu'elle transmet dans le cadre de ses rapports.

En prenant le cas camerounais, la Chambre des comptes produit quatre types de rapports présentant chacun des spécificités. Deux de ces rapports ont été consacrés par la loi n°2003/005 du 21 avril 2003 fixant les attributions, l'organisation et le fonctionnement de la Chambre des comptes de la Cour suprême. L'on retiendra, pour les désigner, que celui prévu à l'article 3 est le *« rapport annuel »*[688]. L'autre, celui consacré à l'article 38, peut-être simplement qualifié de « *rapport confidentiel* », selon les termes même de la loi. Les deux autres types de rapports ont été institués bien après, à la faveur de la réforme judiciaire de 2006. L'un de ces rapports, prévu à l'article 39 (b) de la loi n°2006-016 du 29 décembre 2006 fixant l'organisation et le fonctionnement de la Cour suprême, est aussi annuel mais il présente de nombreuses différences avec celui de l'article 3 de la loi sur la Chambre des comptes. En pratique, celle-ci le nomme « *Rapport sur les comptes de l'État* » ; il est adressé au président de la République. Le dernier type de rapport est aussi adressé au président de la République et concerne particulièrement l'inexécution des jugements des tribunaux des comptes dont la loi n°2006-017 du 29 décembre 2006 fixe l'organisation et le fonctionnement. L'objet de la présente analyse consiste à mettre en évidence leur nature informative à l'endroit du parlement. Aussi sera-t-elle focalisée sur le contenu et la destination de ces différents rapports vers le Parlement.

Le Parlement n'est pas tenu informé de tout et tous les rapports ne sont pas adressés au Parlement. Les contenus des rapports énumérés ci-dessus ne sont pas les mêmes ; ce d'autant plus, que les informations contenues dans le rapport confidentiel ne sont pas destinées au Parlement et sont donc exclues des autres rapports, qui lui sont destinés. En d'autres termes, et sous réserve des clarifications ultérieures, seront faites sur le régime de leur mise à disposition, trois des rapports produits par la Chambre ne sont pas confidentiels et contiennent, par conséquent, des données destinées à l'information du Parlement. En s'intéressant à la formulation des différentes dispositions indiquant les destinataires des rapports réalisés par la Chambre, il apparaît qu'ils ne sont pas du tout les mêmes. S'agissant d'abord des rapports annuels, ils ont adressés au président de la République, au président de l'Assemblée nationale et au président du Sénat. Ensuite, les rapports sur les comptes de l'État sont adressés au président de la République. En outre, les rapports sur l'inexécution des jugements des comptes sont adressés au président de la République avec copie au président de l'Assemblée nationale et au président du Sénat. Enfin, les rapports confidentiels de la Chambre sont adressés au président de la République et aux dirigeants des autres organes constitutionnels dont le président de l'Assemblée et celui du Sénat. Dans tous les cas, à l'exception des rapports sur

---

[688]Tel que l'a d'ailleurs retenu la Chambre des comptes. Les rapports qu'elle a publiés en 2006, 2007, 2009,2010 et 2011 sont respectivement désignés ainsi qu'il suit : « *Premier rapport annuel 2006* », « *Rapport annuel2007* », « *Rapport annuel 2009* », « *Rapport annuel 2010* ». Le tout dernier déjà rendu par la Chambre en 2012, reste curieusement inaccessible à cette date.

les comptes de l'État qui ne sont destinés qu'au président de la République, les présidents des Assemblées parlementaires reçoivent tous et toujours au même titre, les rapports de la Chambre des comptes. Cependant, s'ils reçoivent les rapports annuels et les confidentiels au même titre que le président de la République, les rapports sur l'inexécution des jugements des comptes qui leur sont présentés ne sont en fait que des copies du rapport adressé à titre principal au président. Cette différence peut s'expliquer par le fait que, saisi de l'inexécution des jugements de comptes, le président dispose de l'autorité requise pour en assurer l'exécution, même forcée. De la même façon, en faisant du président de la République le principal destinataire du rapport sur les comptes de l'État, le législateur semble aussi en faire le principal garant de la bonne gestion desdits comptes. Etant donné que les rapports sur les comptes des organes constitutionnels sont adressés aux chefs des organes constitutionnels et, ipso facto, exclus de la connaissance de quiconque en vertu de leur confidentialité, aucun autre parlementaire que les présidents des assemblées ne devrait, en principe, en avoir connaissance. Le Parlement n'en serait donc informé en aucune manière. Quant aux rapports sur les comptes de l'État, ils ne font l'objet d'aucune communication spéciale au moins aux chefs des assemblées, contrairement aux rapports annuels et à ceux relatifs à l'inexécution des jugements des comptes. Cependant, la remise de ces rapports aux chefs des assemblées à quelque titre que ce soit invite à se demander si elle vaut information du Parlement. Il est assez malaisé d'y répondre avec précision, étant donné qu'aucune disposition ne fait obligation aux présidents des deux assemblées parlementaires de faire présentation, aux membres de celles-ci, des rapports qu'ils ont reçus. De même, il n'est pas indiqué à quels desseins ces rapports sont transmis. Pourtant, dans certaines législations étrangères, il est au moins précisé que c'est au Parlement ou aux chambres le composant que la juridiction financière suprême adresse ses rapports d'activités. Il en est ainsi selon la loi malgache[689], selon la loi organique tchadienne[690] ou encore la loi tunisienne[691]. Cependant, l'option du législateur camerounais pour une autre formule n'exclut pas pour autant l'accès de l'ensemble des parlementaires aux rapports de la Chambre des comptes.

De même, les juridictions des comptes en zone CEMAC comptent également dans leurs attributions l'émission d'un avis sur chaque projet de loi de règlement. Cet avis est, en pratique, communiqué au Parlement de la même façon que les documents que le Gouvernement annexe au projet de loi de règlement. Pour le cas camerounais, c'est donc le Gouvernement et non la Chambre des comptes elle-même qui assure l'acheminement de l'avis au Parlement. Les lois du 29 décembre 2006 portant organisation et fonctionnement de la Cour suprême et

[689]Art. 424, loi n°2004-036 du 26 juillet 2004 relative à l'organisation, aux attributions, au fonctionnement et à la procédure applicable devant la Cour suprême et les trois cours la composant.
[690]Art. 137, loi organique n°006-PR-98 du 7 août 1998 portant organisation et fonctionnement de la Cour suprême
[691]Art. 52, loi n°68-8 du 8 mars 1968 portant organisation de la Cour des comptes modifiée par la loi organiquen°2008-3 du 29 janvier 2008.

du 26 décembre 2007 portant régime financier de l'État sont peu disertes sur cette communication. C'est pourtant sur elles que s'est appuyée la Chambre pour mettre en évidence la communicabilité au Parlement des avis qu'elle rend sur les projets de loi de règlement.

TITRE II :
L'INTRODUCTION DE NOUVEAUX ORGANES DE GESTION DU BUDGET

La réforme du cadre normatif des finances publiques initiée par la CEMAC est cristallisée par un renouveau du contrôle de la performance. Le renouveau de ce contrôle constitue un enjeu majeur dans l'instauration d'une gestion par la performance[692]. Un modèle de gestion véhiculé par l'initiation d'une budgétisation par programmes. Cette logique de budgétisation stratégique implique un contrôle de la performance qui se rattache au contrôle de gestion. La réforme communautaire, ainsi engagée par l'union des Etats de l'Afrique centrale, vient ainsi bouleverser certaines dispositions des ordres juridiques internes des Etats qui la constituent. Ce changement se manifeste en partie par la modernisation ainsi que l'harmonisation des mécanismes et outils d'exécution et de contrôle du budget public. Cela s'articule autour de deux innovations majeures : l'institution de nouveaux organes principaux (Chapitre I) et l'extension des organes secondaires de pilotage opérationnel du budget (Chapitre II).

---

[692]Examen de l'OCDE sur la gouvernance publique : *Une meilleure performance pour une meilleure gouvernance publique en Tunisie : la gestion budgétaire par objectifs*, Edition OCDE, 2017, 210p, p.120

CHAPITRE I
LES NOUVEAUX ORGANES PRINCIPAUX

L'ensemble des administrations est à présent interpellé, pour se mobiliser sous l'autorité du Gouvernement afin de s'approprier et mettre en pratique la nouvelle culture de gestion axée sur la performance initiée dans le cadre de cette réforme budgétaire. Pour cela, il s'agit maintenant de mettre en place un nouveau cadre et de nouveaux outils d'élaboration, de présentation et d'exécution du budget pour répondre à l'introduction des programmes, actions, objectifs et indicateurs de résultats dans le Budget de l'État. Toutefois, l'on peut tout de même remarquer que les responsables politiques et les responsables gestionnaires mis en exergue par la nouvelle LOLF sont encore tous des hauts responsables (section 1) de la mise en œuvre des politiques publiques. Aussi importe-t-il de prendre en compte d'autres acteurs (section 2), qui se situent au plus près encore du *« théâtre opérationnel »*, mais dont le rôle ne ressort clairement ni de la LOLF, ni d'outils d'explicitation du contenu de celle-ci.

Section I. Le responsable de programme

Les articles 22 et 51 du Régime financier instituent que le Ministre, en tant qu'ordonnateur principal du budget de son ministère, a la responsabilité de la bonne exécution des programmes et de la production du Rapport Annuel de Performance. Cependant, pour des besoins opérationnels, le Ministre devra désigner un opérationnel pour la coordination des activités de chaque programme. Cet opérationnel devra jouer un rôle de coordination et d'appui conseil dans l'élaboration et l'exécution du programme. Ainsi, le coordonnateur du programme : coordonne à la formulation du programme ; appuie la définition du cadre institutionnel de mise en œuvre du programme ; veille à l'adéquation des moyens aux objectifs du programme ; prépare les différents rapports à produire dans le cadre du programme. Les principaux acteurs retenus pour la mise en œuvre des politiques publiques sont donc les ministres et les présidents d'institution constitutionnelle d'une part (I) et les responsables de programme d'autre part (II).

I. Les ministres et les responsables d'institution constitutionnelle

Le régime financier de l'État s'étend très peu sur la gestion opérationnelle des activités de politiques publiques ou gestion de la performance, comme certains ont choisi de l'appeler au regard de la gestion budgétaire. Cela se comprend, dans la mesure où il s'agit avant tout d'un texte à vocation budgétaire. De ce fait donc, la question de la responsabilité dans l'exécution des politiques publiques n'est abordée que de façon indirecte, à travers justement le traitement de la question des responsabilités budgétaires. C'est ainsi que « *sur la base des objectifs généraux fixés par le ministre sectoriel, le responsable de programme détermine les objectifs spécifiques, affecte les moyens et contrôle les résultats des services chargés de la mise en œuvre du programme* »[693]. Il ressort de ces dispositions que les ministres sont responsables, en première ligne, de l'exécution des politiques publiques. Mais aux ministres, il faut ajouter les présidents des institutions constitutionnelles car, dans la mesure où une partie des crédits qui leur sont affectés peut être constituée en programmes[694], ils participent alors à l'exécution des politiques publiques. Les responsabilités des ministres et présidents des institutions constitutionnelles sont donc à la fois budgétaires (B) et stratégiques (A).

A. Les responsabilités stratégiques

Au plan stratégique, les ministres et présidents des institutions constitutionnelles doivent partager avec les hauts responsables de leurs structures, les objectifs stratégiques des politiques publiques que ceux-ci sont chargés de mettre en œuvre, définir avec eux les modes de gestion appropriés et s'intéresser à l'exécution ainsi que, plus tard, aux résultats. Pour Serge HUTEAU en effet, « *la logique de la LOLF est de redonner aux élus une responsabilité politique. Cette responsabilité s'entend comme le pouvoir de définir des priorités et des stratégies et de suivre leur mise en œuvre* »[695].

Selon la loi, l'ordonnateur a la responsabilité de la bonne exécution des programmes, il prescrit l'exécution des recettes et des dépenses[696]. En matière de recettes, on distingue deux catégories d'ordonnateurs : l'ordonnateur principal qui est le Ministre des Finances et les ordonnateurs délégués que sont les chefs de départements ministériels ou assimilés. En matière de dépenses il existe trois catégories d'ordonnateurs : les ordonnateurs principaux qui sont les chefs de départements ministériels ou assimilés et les Présidents des organes constitutionnels, les ordonnateurs secondaires qui sont les responsables des services déconcentrés de l'État et les ordonnateurs délégués sont les responsables désignés par les ordonnateurs principaux ou secondaires pour des matières expressément définies[697]. En tant qu'administrateurs ayant qualité pour émettre des ordres de recettes et de dépenses[698], ils encourent trois types de sanctions.

1. Les sanctions civiles et pénales

Elles sont exclusivement encourues par les ordonnateurs principaux en recettes ou en dépenses. Elles concernent donc les ministres et assimilés, les Présidents des organes constitutionnels, ainsi que les Présidents des exécutifs

---

[693] Voir article 22 et 51 de la loi de 2007 portant régime financier de l'Etat.

[694]Article 12 de la LOLF

[695]HUTEAU (Serge), *La nouvelle gestion publique locale : LOLF et collectivités territoriales*, Paris, Dexia, 2008, disponible en ligne sur www.babordplus.univ-bordeaux.fr, consulté le 12 novembre 2014.

[696] Art. 51 (1), nouveau régime

[697] Art. 51 (2)

[698] SAIDJ (L) « Ordonnateurs publics », in dictionnaire encyclopédique des finances publiques, Economica, 1991, P.1107 et s.

locaux ou bien encore les dirigeants des établissements publics et des entreprises publiques et parapubliques.

La responsabilité civile permet la réparation des préjudices causés à l'État par des fautes ou des irrégularités de gestion. Il s'agit d'une responsabilité personnelle et pécuniaire. Elle implique une mise en débet suivant le montant réel du préjudice subi par l'État. Le débet est exécuté par le Trésor au profit de l'État ou de la personne morale de droit public concerné bénéficiant du privilège du Trésor. Les établissements ou organismes publics et parapublics ne bénéficiant pas de ce privilège, procèdent eux-mêmes par voie de droit au recouvrement des sommes leur revenant[699]. Toutefois, cette responsabilité est difficile à mettre en œuvre dans certains cas, eu égard aux montants parfois exorbitants pour lesquels les ordonnateurs sont mis en cause. C'est le Conseil de Discipline Budgétaire et Financière qui est chargé de la mise en œuvre de cette responsabilité. Le texte de base en la matière est la loi du 5 décembre 1974, relative au contrôle des ordonnateurs, gestionnaires et gérants des crédits publics et des entreprises de l'État, modifiée par la loi du 8 juillet 1978. Les décisions du CDBF, tendent uniquement à sanctionner les irrégularités de gestion, en condamnant soit à une amende qui ne peut, quel que soit le montant des sommes mises en cause, excéder 2 000 000 FCFA, soit à une déchéance d'exercer des fonctions d'administrateurs pendant une période donnée. De plus, l'exclusion des Ministres et des Vice-ministres durant l'exercice de leurs missions rend leur responsabilité purement théorique.

On peut, en effet, établir un parallèle avec la Cour de Discipline Budgétaire et Financière de la France, organe juridictionnel associé à la Cour des Comptes et qui a pour mission de sanctionner par des amendes un certain nombre d'irrégularités définies par le Code des Juridictions Financières, principalement la violation des procédures d'exécution des dépenses et des recettes et l'octroi d'avantages injustifiés à autrui[700]. Sont justiciables devant le CDBF, toute personne appartenant au cabinet d'un membre du Gouvernement, tout fonctionnaire ou agent civil ou militaire de l'État, des collectivités territoriales, de leurs établissements publics ainsi que des groupements des collectivités territoriales, et de tout représentant, administrateur ou agent des autres organismes qui sont soumis soit au contrôle de la Cour des Comptes, soit au contrôle d'une Chambre Régionale des Comptes. Les membres du gouvernement ne sont pas justiciables de la Cour, et les ordonnateurs élus locaux le sont dans certains cas exceptionnels prévus par le code des juridictions financières[701]. On voit très bien que le Cameroun s'est inspiré du modèle français pour mettre en place un régime de la responsabilité des ordonnateurs.

Dans les deux cas (France et Cameroun), les activités de la CDBF (Cour de Discipline…) et du CDBF (Conseil de Discipline…) restent cantonnées à la sanction des irrégularités et, les affaires les plus graves sont systématiquement

---

699 Cf. Art. 13 (3) et(5) loi de 1976

700 Cf. Art. L.313-4 du CJF.

701 Art. L.312-1 du CJF.

orientées vers le pénal. Les sanctions prononcées pour amende en France restent peu nombreuses[702] et ne dépassent jamais plus de 100 000 euros[703]. Pour mettre en œuvre une véritable responsabilité civile impliquant la réparation des préjudices causés par les ordonnateurs, il faut réformer les structures et les organes chargés de la mettre en œuvre. S'agissant du Cameroun, il est opportun de renforcer l'indépendance et l'autonomie du CDBF, étendre ses capacités d'action et assouplir ses modes de saisine. En France, la réflexion engagée en vue de réformer la CDBF prévoit la reprise pure et simple de ses compétences par la Cour des Comptes, ainsi qu'une extension non négligeable de la responsabilité des élus locaux.

La responsabilité pénale des ordonnateurs au Cameroun est prévue par les articles 134, 134 bis et 312 du Code pénal. Ils répriment sévèrement les faits de corruption et des infractions qui, bien que n'étant pas qualifiés de corruption, s'en rapprochent. Il s'agit de l'intérêt dans un acte, la participation dans une affaire ou la concussion[704]. Les sanctions encourues sont particulièrement lourdes et peuvent aller à l'emprisonnement à vie pour un détournement à partir de 500 000 FCFA. Cette forme de responsabilité a pris une ampleur considérable à cause de la trop grande « pénalisation » de la vie publique.

La Haute Cour de Justice[705] est la juridiction spécialisée compétente pour juger les actes accomplis dans l'exercice de leurs fonctions par : le Président de la République en cas de haute trahison, le Premier Ministre, les autres membres du gouvernement et assimilés, les hauts responsables de l'administration, en cas de complot contre la sûreté de l'État. Cette responsabilité pénale des ordonnateurs ne peut donc être engagée que pour des actes accomplis dans l'exercice de leurs fonctions. Elle paraît manifestement difficile à mettre en œuvre du fait non seulement de la composition de cette juridiction ainsi que de ses modalités de saisine. En cas de haute trahison, la mise en accusation du Président de la République se fait par le parlement statuant à la majorité des deux tiers de ses membres. Ceux-ci sont élus au début de chaque mandature à raison de neuf (9) titulaires et de six (6) suppléants. De plus, l'ouverture de l'instance doit obéir à une procédure particulièrement contraignante rendant presqu'impossible l'applicabilité réelle de cette responsabilité. Il demeure que cette juridiction n'a jamais réellement prospéré et que la responsabilité pénale des ministres se manifeste beaucoup plus à travers les nombreux procès dont ils font l'objet devant les juridictions de l'ordre judiciaire.

Il est en effet difficile de détecter les délits à caractère financier, néanmoins les institutions indépendantes effectuant un contrôle externe des finances

---

[702] 5 arrêts en 2008 et 6 arrêts en 2009.

[703] Lire à ce sujet : François Adam, Olivier Ferrand, Rémy RIOUX, in : « Finances publiques », 3e, éd. presses de sciences-pô et Dalloz, paris 2012, p.426

[704] MEKONGO (J. M.), Les retenues à la source dans le système fiscal du Cameroun, Thèse de doctorat, Paris 1 Panthéon Sorbonne, Presses Universitaires Libres, Septembre 2009, P. 16.

[705] Art. 58 de la constitution du 18 janvier 1996. MOREL (Y), Tableaux économiques du Cameroun, Douala, Collège Libermann 1978, P.97.

publiques semblent mieux outillées pour s'illustrer dans la dénonciation des faits délictueux. Il en est ainsi des juridictions financières, des corps d'inspection ou des structures administratives à l'instar de la CONAC ou de l'ANIF qui, jouissant de leur indépendance parviennent à dénoncer des faits de corruption et de détournement de deniers publics. La vague de condamnations pénales des hauts responsables de l'Administration dans le cadre de l'opération d'assainissement de mœurs dans la gestion publique baptisée « Opération Epervier », est souvent déclenchée par les rapport du CONSUPE ou par les dénonciations de la CONAC ou de l'ANIF.

2. Les sanctions financières et disciplinaires

La responsabilité financière des ordonnateurs est déterminée par le Conseil de Discipline Budgétaire et Financière (CDBF)[706]. Il inflige aux ordonnateurs coupables de faute de gestion une amende de 200 000 à 2 000 000 de FCFA.

Concernant les sanctions disciplinaires, il s'agit d'une interdiction d'assumer pendant un délai de cinq (5) ans les fonctions d'ordonnateur, de gestionnaire de crédits ou de comptable dans un service, organisme public ou parapublic ou dans les entreprises d'État. Il peut aussi s'agir de l'interdiction d'être responsable à quelque titre que ce soit pendant un délai de cinq(5) à dix(10) ans, de l'administration ou de la gestion des services et entreprises d'État[707]. À titre d'illustration le CDBF a récemment procédé à des condamnations ci-après :

- Condamnation le 24 avril 2013 de l'ex Directeur Général du Matériel de Génie Civil (MATGENIE) pour 10 fautes de gestion commises entre 2007 et 2009 pour un préjudice financier subi par l'Etat d'un montant de 43 898 793 FCFA. En sus, l'intéressé devra verser au Trésor Public un montant de 2 000 000 FCFA représentant le paiement de l'amende spéciale.
- Condamnation le 12 mars 2013 de l'ex Directeur Général de la Société Nationale de Raffineries (SONARA) pour 40 fautes de gestion commises dont 28 assorties d'un préjudice financier évalués à hauteur de 27 milliards de FCFA. Il écope en outre d'une amende de 2 000 000 FCFA et d'une interdiction d'être responsable de l'administration ou des services publics de l'État pour un délai de 7 ans.
- Condamnation le 12 mars 2013 de l'ex Directeur Général de Electricité du Cameroun pour des montages fautifs ayant traits aux projets de construction des barrages hydro-électriques de Lom Pangar, de Memve'ele et de Menkin. Il est mis en débet pour 829 889 960 FCFA, il et frappé d'une déchéance de 5 ans et d'une amende de 2 000 000 FCFA.
- Condamnation le 27 mars 2013 de l'actuel Directeur Général de la Société de Développement du Coton (SODECOTON) pour 20 fautes de gestion représentant un préjudice financier de près de 10 milliards de francs CFA, il écope d'une déchéance de 7 ans et d'une amende de 2 000 000 FCFA.

---

[706]MOREL (Y), Tableaux économiques du Cameroun, Douala, Collège Libermann 1978, P.97.
[707] Cf. Art. 14 nouveau , loi du 8 juillet 1976.

Ces quelques décisions montrent bien, à travers l'ampleur des sommes mises en cause, qu'il est urgent d'établir des mécanismes qui garantissent qu'en amont les possibilités d'erreurs ou de fautes de gestion sont infimes afin que le contrôle juridictionnel qui s'exerce en aval soit le moins conséquent possible. Il est en effet difficile de procéder au recouvrement des sommes ainsi détournées et on constate bien que la condamnation à l'amende est disproportionnée par rapport aux sommes détournées. Le Président de la République est le destinataire unique des rapports du CDBF, il est aussi la seule personnalité habilitée à saisir la justice en cas de qualification de malversations ou de détournements de deniers publics. Cette possibilité est très réductrice et ne permet pas la mise mouvement rapide de l'action répressive qui n'est engagée qu'à la diligence de ce dernier.

B. Les sanctions politiques

La responsabilité politique du Gouvernement devant le Parlement est proclamée dans la loi fondamentale du 18 janvier 1996. Elle trouve son fondement dans le fait que l'une des missions fondamentales du Parlement est de contrôler l'action du gouvernement. Il en découle que l'autorisation budgétaire accordée par le Parlement a pour contrepartie un contrôle politique exercé à l'encontre de tout ordonnateur de crédits.

Les ministres sont ainsi politiquement responsables devant le parlement, mais il s'agit d'une responsabilité collective de l'ensemble du Gouvernement. En cas de mise en œuvre de celle-ci par la voie soit du vote d'une motion de censure , soit par le refus de la confiance sur un programme ou une déclaration de politique générale à l'initiative du Premier Ministre, le Gouvernement tout entier est appelé à démissionner, ou alors il est intégralement reconduit par le Président de la République. Toutefois, cette responsabilité n'est pas pratiquée. La seule sanction possible en la matière serait son remplacement par l'autorité ayant le pouvoir discrétionnaire de la nomination, lors d'un remaniement ministériel.

La responsabilité politique des ordonnateurs des collectivités locales nous semble plus opérante, les élus locaux, étant responsables le plus souvent devant les électeurs. Elle se traduit par le non renouvellement du mandat, cette responsabilité a aussi ses limites, car, non seulement elle intervient en fin de mandat, mais aussi, elle ne concerne pas souvent le non-respect aux règles financières publiques, simplement, elle est une sanction de la mauvaise gestion de l'ordonnateur.

Le partage des objectifs, plus que la définition de ceux-ci, est un facteur fondamental de réussite d'une politique publique. Il s'agit d'expliquer et de partager les finalités des politiques poursuivies, ainsi que les modes de gestion, plutôt que de soumettre les collaborateurs à la situation peu confortable d'une multiplicité d'ordres, injonctions ou instructions, ainsi que d'outils aussi nouveaux qu'éphémères dont ils ne perçoivent pas le but mais qu'ils doivent malgré tout mettre en application : il s'agit de partager le *sens* de l'action publique, de *« manager par le sens »*[708]. Dans cet exercice d'explicitation du sens de l'action publique, les responsables politiques jouent certainement un rôle de premier plan. En effet, étant responsables, en dernier ressort, du choix des politiques à mener, ils sont mieux à même d'expliquer et expliciter le sens des choix opérés, des missions que s'est données la collectivité qu'ils ont la légitimité de représenter. Les responsables politiques devraient donc partager avec les hauts responsables de leurs structures les objectifs stratégiques des politiques publiques au niveau des missions et des programmes. Pour Serge HUTEAU, « *les élus sont [...] responsables des missions et des programmes, l'Administration étant coresponsable des programmes et responsable des actions »*[709].

En plus des objectifs, les ministres et présidents d'institutions constitutionnelles doivent aussi partager avec les hauts responsables de leurs structures les modes appropriés de mise en œuvre des politiques publiques relevant de leur domaine : doit-on gérer en administration classique, contracter avec les administrations existantes, choisir le mode de l'agence ? Il s'agit d'autant de questions dont la réponse, mais surtout son partage avec les hauts responsables des structures, permettra à ceux-ci de mieux conduire les actions de politiques publiques.

Les responsables politiques doivent en outre accorder de l'intérêt à la réalisation des politiques publiques dont la conduite est confiée aux hauts responsables administratifs de leurs structures. Il est sans doute important qu'ils accordent leur confiance et une large liberté de gestion aux responsables administratifs dans la conduite des actions, mais leur désintéressement total peut aussi être perçu par ces derniers comme un manque de soutien. Pour Yves CANNAC, « (...) *dans une logique de management par le sens, il est essentiel que le ministre se comporte [...] en vrai patron de ses directeurs et qu'il ait donc avec eux une relation étroite, visant à faire partager ses objectifs, et à choisir, sous son contrôle, les meilleurs moyens pour les mettre en œuvre* »[710].

Les responsables politiques doivent enfin s'intéresser aux résultats des actions menées dont ils sont du reste, à un titre ou à un autre, comptables. Cela pose le problème de leur responsabilité (au sens de l'imputabilité) et de la sanction de celle-ci dans la conduite des politiques publiques.

Au plan budgétaire, les responsables politiques ont, de par le régime financier de l'État, la haute main sur l'emploi des crédits affectés à l'exécution des politiques publiques. Il faut distinguer à ce propos les rôles respectifs du ministre chargé des finances, d'une part, et des autres ministres et des présidents d'institution constitutionnelle d'autre part[711].

---

[708]BARTOLI (Annie) et TROSA (Sylvie)(coordonné par),*Le management par le sens au service du bien public, Futuroscope SCÉRÉN-CNDP-CRDP*, 2011, disponible en ligne sur www.babordplus.univ-bordeaux.fr, consulté le 12 novembre 2014, pp. 11 et 12.

[709] HUREAU (S), op cit. p

[710]BARTOLI (A), MIGAUD (D). et. TROSA (S), op cit.

[711]ONDOUA EKOBENA (J-M), Les démarches de modernisation du système camerounais de contrôle des finances publiques, mémoire de master, Université Strasbourg, 2013, p. 45.

Le ministre chargé des finances est responsable au premier plan de la mise en œuvre du budget[712].Le ministre chargé des finances est ordonnateur principal unique des recettes du budget général, des comptes spéciaux du Trésor et de l'ensemble des opérations de trésorerie[713]. Le qualificatif *unique* n'est pas anodin dans la rédaction de cet article. Il signifie qu'en ce qui concerne les recettes, les comptes spéciaux et la trésorerie, la qualité d'ordonnateur principal du ministre chargé des finances ne souffre pas la collégialité, comme c'est le cas pour d'autres opérations telles que les dépenses du budget général notamment.

Si l'on considère en premier lieu les opérations de recettes, qu'il faut classer dans le cadre plus général de la fiscalité, on peut noter qu'elles constituent un outil non négligeable des politiques publiques (économique, sociale, environnementale, etc.) mis en œuvre notamment à travers la notion de dépenses fiscales. Selon Frank MORDACQ : « *la notion de dépenses fiscales […] recouvre les dispositions législatives ou réglementaires dont la mise en œuvre entraîne pour l'Etat une perte de recettes et donc, pour les contribuables, un allègement de leur charge fiscale par rapport à ce qui serait résulté de l'application de la norme […]. Cette notion de dépenses fiscales permet de rendre lisible pour une politique publique l'ensemble des leviers d'action de l'État qui peuvent être soit directs : prestation de service, investissement ou subvention, soit indirects par des mesures d'incitation fiscale, comme par exemple le crédit d'impôt recherche, les allègements fiscaux relatifs aux investissements dans les DOM ou dans certaines zones sensibles* »[714].

La fiscalité en tant qu'outil de politique publique n'est pas à la portée de toutes les autorités (ministres notamment). Certes, de par le passé, des abus ont pu être commis par le fait que chaque ministre pouvait se permettre d'initier un décret accordant une telle exonération à un tel investisseur, de sorte qu'il en a résulté des pertes de recettes colossales[715], mises au jour par la récente pratique d'évaluation des dépenses fiscales[716]. Avec l'adoption du nouveau code général des impôts[717], les mesures d'exonération ou d'incitation fiscales sont non seulement rationalisées, mais surtout rendues impersonnelles à travers ce que l'on a appelé le droit commun incitatif (DCI). Cela signifie que le gouvernement cherche désormais à éviter l'octroi de faveurs fiscales à titre particulier et à poser des incitations accessibles à tous les contribuables relevant de la même

---

[712] Voir dans ce sens le *Manuel Budget programme* | Module 5 : Calendrier, outils et acteurs dans l'élaboration du Budget programme, p.87.

[713] Article 22 du régime financier de l'Etat.

[714]MORDACQ (Frank), *La LOLF : un nouveau cadre budgétaire pour réformer l'État*, Paris, LGDJ, 2006, disponible en ligne sur www.babordplus.univ-bordeaux.fr, consulté le 12 novembre 2014, 412p.

[715] Selon le rapport de la dernière évaluation des dépenses fiscales (qui concerne les années 2010, 2011 et 2012) par exemple, celles-ci sont estimées respectivement à 219,9 mds, 257,6 mds et 279,7 mds, représentant 18,4%, 20,0% et 20,7% des recettes fiscales budgétaires (source : DGID, ANSD, DPEE et DGCPT).

[716]Voir SENEGAL, MINISTERE DE L'ECONOMIE, DES FINANCES ET DU PLAN: Rapport sur l'évaluation des dépenses fiscales des années 2010, 2011 et 2012, Dakar, juillet 2014, disponible en ligne sur www.impotsetdomaines.gouv.sn, consulté le 14 novembre 2014, 50 p.

[717] Loi n°2018-01 du 1er janvier-2018 portant code général des impôts.

population fiscale. Ce dispositif est mis sous la surveillance du ministre chargé des finances.

Les conventions internationales concernent l'ensemble des normes ayant une force juridique supérieure à la loi. Les conventions internationales dont il s'agit concernent les accords sous régionaux notamment en zone CEMAC. Relativement aux incitations fiscales à l'investissement privé, l'Afrique centrale, regroupée très tôt dans le cadre de l'UDEAC affichait déjà, et le Cameroun avec, sa ferme volonté de promouvoir l'investissement. C'est au travers de la convention commune sur l'investissement dans les Etats de l'Union douanière et économique de l'Afrique centrale que cette volonté politique sous régionale prend corps. À la lecture de ce texte communautaire, il ressort qu'un régime de fiscalité privilégié, décliné en quatre sous régimes était consacré à la faveur des entreprises exerçant en territoire UDEAC avec usage prioritaire des matières premières produites dans la sous-région. Cependant, cette initiative sous régionale s'est très vite délitée car n'étant pas suivi d'application concrète parce que les relents souverainistes orientés vers la toute-puissance de l'État sur le marché ont gelé le processus d'intégration des économies de la sous-région.

La régionalisation ne reprendra une saveur particulière que lorsqu'elle fut érigée en conditionnalité. En effet, les bailleurs de fond estiment que par l'harmonisation des politiques économiques globales ou sectorielles tels des incitations fiscales à l'investissement privé, c'est l'assainissement des affaires, la sécurisation des investissements étrangers, la compétitivité et l'attractivité des économies sous régionales qui en sortent revigorés. C'est dans cette optique qu'un règlement sur la charte des investissements[718] a été adopté par les Etats de la CEMAC, née des cendres de l'UDEAC. Soucieux d'aménager un environnement juridique favorable à l'investissement privé, le Cameroun, membre de la CEMAC, décline sa volonté d'établir une fiscalité attractive reposant sur « *les principes de simplicité, d'équité fiscale et de modération dans la pression fiscale* » tel que prévu par le règlement susvisé. L'harmonisation de la législation fiscale dans la perspective d'éviter des distorsions a été envisagée. C'est notamment en matière de taxe sur la valeur ajoutée et du droit d'accises. Cet ensemble d'incitations fiscales a été retranscrit dans l'ordre interne camerounais notamment dans sa législation.

Aussi, un ministre sectoriel[719] voudra-t-il voir octroyer une mesure d'incitation fiscale qu'il devra s'en ouvrir à son collègue chargé des finances.
Les opérations sur comptes spéciaux sont aussi exécutées en exclusivité par le ministre chargé des finances. Leur participation dans la mise en œuvre de politiques publiques résulte de leur constitution sous forme de programmes.

La compétence du ministre chargé des finances en matière de trésorerie fait de lui le planificateur des disponibilités des collectivités publiques dans le temps

---

[718]Règlement n°17/99/CEMAC-20-CM-03 du 17 décembre 1999 portant charte des investissements en Zone CEMAC.

[719] On appelle ainsi, surtout en matière de dépenses publiques, les ministres autres que celui qui est chargé des finances.

et dans l'espace. Le ministre chargé des finances peut subordonner l'utilisation des crédits par les ordonnateurs aux disponibilités de trésorerie de l'État. Cette règle de mise en œuvre des budgets publics concerne aussi bien l'État que les autres entités, du fait de l'unicité de caisse de toutes les collectivités publiques. Elle est relative à ce que l'on appelle le pouvoir de régulation budgétaire. Dans le contexte communautaire de la surveillance multilatérale des politiques économiques, le pouvoir de régulation vise désormais à préserver l'équilibre budgétaire et financier défini par la LOLF. À ce titre, il autorise le ministre chargé des finances à, entre autres prérogatives, *annuler un crédit pour prévenir une détérioration des équilibres budgétaire et financier de la loi de finances*[720].

De façon partagée avec les autres ministres et les présidents des institutions constitutionnelles, le ministre chargé des finances est ordonnateur principal des crédits des programmes et des budgets annexes de son ministère. Il s'agit là d'une nouveauté tout autant que d'une évolution importante du droit budgétaire et, de façon générale, de celui de la CEMAC. En effet, avant la réforme, en 2009, du cadre harmonisé de gestion des finances publiques de la CEMAC, la qualité d'ordonnateur principal unique de tout le budget de l'État appartenait en général à une seule autorité et, le plus souvent, au ministre chargé des finances[721]. Les réformes de 2009 introduisent ce que l'on a appelé la déconcentration du pouvoir d'ordonnateur *« qui fait [...] de chaque ministre son propre ministre des finances »*[722]. Si les bénéficiaires (ministres sectoriels et présidents des institutions constitutionnelles) de la mesure peuvent y voir quelque parcelle de pouvoir acquise, il faut préciser qu'elle procède cependant d'une responsabilisation des autorités (les politiques en premier lieu) sur la nécessité de la maîtrise des finances publiques qui semble n'épargner aucun pays. C'est ainsi que selon Frank Mordacq, *« l'exigence du redressement des finances publiques et d'une meilleure allocation des ressources ont conduit à rechercher une meilleure collégialité gouvernementale »*[723]. Les dispositions sur la déconcentration du pouvoir d'ordonnateur, comme beaucoup d'autres dispositions de la LOLF, ne seront pas cependant mises en œuvre, sauf délégation du ministre chargé des finances, à titre d'apprentissage, aux autres ministres et aux présidents des institutions constitutionnelles, avant l'entrée en vigueur de la loi de finances pour 2018.

La qualité d'ordonnateur des crédits des programmes de leur ministère ou institution permet aux ministres et présidents des institutions constitutionnelles d'effectuer les opérations de dépense. Elle leur permet surtout aussi de procéder aux mouvements de crédits, c'est-à-dire les transferts et virements de crédits. *« Les transferts de crédits [qui modifient la répartition des crédits entre programmes de ministères distincts], sont autorisés par décret sur rapport conjoint du ministre chargé des finances et des*

[720] Voir alinéa 1 de l'article 66 de la LOLF

[721] Voir dans ce sens la directive portant règlement général sur la comptabilité publique au sein de la CEMAC.

[722] MORDACQ (Frank), op cit.

[723] Ibid.

ministres concernés »[724]. Les virements quant à eux modifient la répartition des crédits budgétaires entre les programmes d'un même ministère. Les modalités de leur mise en œuvre dépendent alors de la modification ou non de la nature des crédits en cause. Lorsque le virement a pour effet de modifier la nature des crédits, il y est procédé par décret sur « *rapport conjoint du ministre chargé des finances et du ministre concerné »*[725]. Dans le cas contraire, un *« arrêté interministériel du ministre chargé des finances et du ministre concerné* »pourvoit au virement.
Le ministre chargé des finances, les autres ministres et les présidents des institutions constitutionnelles, ordonnateur principal unique ou ordonnateurs des crédits des programmes de leur ministère ou institution, peuvent tous déléguer cette qualité d'ordonnateur dans les conditions prévues par l'article 64 de la LOLF. La LOLF ouvre de la sorte la possibilité d'une participation d'autres acteurs à l'exécution des politiques publiques.

II. La place du responsable de programme

Le responsable de programme est le maillon essentiel de la mise en œuvre des politiques publiques en ce qu'il constitue le relais entre l'autorité politique et les agents chargés de la mise en œuvre des politiques publiques sur le terrain. Aux termes de l'article 51 alinéa 1 de la loi portant régime financier de l'État, sur la base des objectifs généraux fixés par le ministre sectoriel, le responsable de programme détermine les objectifs spécifiques, affecte les moyens et contrôle les résultats des services chargés de la mise en œuvre du programme. Il s'assure du respect des dispositifs de contrôle interne et de contrôle de gestion.

Le responsable de programme, qui devrait être un haut cadre du ministère ou de l'institution constitutionnelle, est le mieux à même de décliner les objectifs stratégiques de l'autorité politique en objectifs opérationnels, pour avoir certainement aussi participé à leur définition. Selon le guide d'application de la LOLF française en tout cas, « *le responsable de programme ne peut (...) se voir assigner que des objectifs qu'il maîtrise dans ses activités quotidiennes. C'est le sens de la déclinaison des objectifs stratégiques en objectifs opérationnels ...* »[726].

Il appartient ensuite au responsable de programme d'affecter les moyens nécessaires à l'exécution des actions du programme. Le préalable de l'identification des niveaux pertinents de déconcentration signifie que la recherche de la performance doit amener le plus souvent à s'affranchir d'une organisation calquée sur les structures administratives en place, qu'elle devrait plutôt adapter à ses propres objectifs.

L'affectation des crédits suppose, en amont, une participation à leur négociation sur la base des objectifs assignés au programme. C'est ainsi dès lors

---

[724]Manuel Budget programme | Module 5 : Calendrier, outils et acteurs dans l'élaboration du Budget programme, op cit.
[725] Ibid.
[726]France, Démarche de performance : Stratégies, objectifs, indicateurs, Guide méthodologique pour l'application de la loi organique relative aux lois de finances du 1er août 2001, juin 2004, disponible en ligne sur www.performance-publique.budget.gouv.fr, consulté le 15 mai 2013.

qu'un responsable assume une stratégie et des objectifs et rend compte des résultats qu'il obtient, il doit avoir été préalablement en mesure de défendre ses positions lors de la définition des moyens demandés au Parlement. Nous proposons donc de permettre à l'ensemble des responsables de programme de participer à l'intégralité des négociations budgétaires les concernant.

Elle suppose aussi, en aval, une marge de manœuvre certaine dans leur répartition entre les services chargés de la mise en œuvre des politiques publiques. Cela participe de la liberté de gestion nécessaire au responsable de programme et qui est le corollaire de sa responsabilité.

De façon générale, la question posée ici est celle des relations entre le responsable de programme et les responsables de fonctions-supports, tels que les responsables des affaires financières (DAF) et les responsables du personnel (DRH). Nous pensons que si un souci d'optimisation des moyens peut justifier de ne pas créer une DAF et une DRH pour chaque programme, il faut cependant garder à l'esprit que le responsable de programme, au nom du principe d'imputabilité qui découle de son engagement sur les objectifs, assume seul tous les résultats du programme. Aussi, en contrepartie de cette responsabilité, doit-il avoir la plus large autonomie dans la gestion du personnel et des crédits du programme. Les responsables de fonctions-supports ne pourront alors avoir qu'un rôle d'expertise, d'évaluation et de conseil, devenant de véritables prestataires de service pour les responsables de programme de leur ministère Pour davantage raffermir l'autonomie des responsables de programme dans la gestion des crédits et des personnels, nous estimons qu'ils doivent être à une position administrative plus élevée que celle des responsables de fonctions-supports. Par exemple, les premiers seront directeurs généraux lorsque les seconds seront directeurs, ils seront directeurs lorsque les seconds seront chefs de service, ils seront de hiérarchie A lorsque les seconds seront de hiérarchie B, etc.

Il appartient également aux responsables de programme, après déclinaison des objectifs opérationnels, organisation des services et affectation des moyens, de pourvoir au contrôle de l'exécution. La Loi portant régime financier de l'État dispose notamment qu' *« il s'assure du respect des dispositifs de contrôle interne et de contrôle de gestion »*[727].

L'efficacité de la gestion du responsable de programme est cependant tributaire de deux facteurs au moins : ses relations avec l'autorité ministérielle et sa place même au sein de l'appareil administratif.

A. Les relations entre le responsable de programme et l'autorité ministérielle

L'article 13, alinéa 1 de la LOLF de 2011 dispose que : *« les responsables de programme sont nommés par ou sur proposition du ministre sectoriel dont ils relèvent. L'acte de nomination précise, le cas échéant, les conditions dans lesquelles les compétences d'ordonnateur*

727 cf. article 84, alinéa 2 de la loi n°2018/012 du 11 juillet 2018 portant régime financier de l'Etat.

leur sont déléguées, ainsi que les modalités de gestion du programme, en application de l'article 15 de la présente loi organique ».

L'acte de nomination du responsable de programme revêt de l'importance en considération de la situation actuelle. La nomination par le ministre sectoriel ne peut se faire que par arrêté. La nomination sur sa proposition peut être soit par arrêté du premier ministre, soit par arrêté interministériel entre le ministre sectoriel et, par exemple, le ministre chargé des finances, soit, enfin, par décret. La nomination par voie d'arrêté place, en tous les cas, le responsable de programme dans une situation, sinon de faiblesse, du moins subalterne vis-à-vis des directeurs et directeurs généraux d'administration actuellement nommés par décret. Une telle situation n'est pas souhaitable au vu du rôle que le responsable de programme est appelé à jouer dans le nouveau mode de gestion publique induit par la LOLF. Selon la Cour des Comptes française, *« le mode de nomination des responsables de programme constitue le premier facteur d'incertitude qui peut compromettre le renforcement de leur rôle »*[728]. Sa nomination par décret l'élève, a contrario, à la même dignité que les directeurs ou directeurs généraux.

Si on peut reconnaître l'existence de structures et d'outils d'évaluation administrative des politiques publiques au Cameroun, l'évaluation externe, exercée par les juridictions financières et le parlement est quasi inexistante.
En exigeant de l'administration qu'elle s'engage sur des objectifs, la loi de 2007 ouvre ainsi la possibilité d'évaluer les politiques publiques à travers une appréciation qualitative et quantitative de son activité dans une démarche de performance. La mise en place d'un système d'évaluation apparaît dès lors non seulement possible mais indispensable. Il exige une indépendance organes et des acteurs chargés de la mettre en œuvre et une méthodologie particulière basée sur une analyse objective des données.

Les directives communautaires de la Communauté Economique et Monétaire de l'Afrique Centrale (CEMAC) imposent aux six(6) Etats membres[729] de se doter d'une Cour des Comptes. Notre pays ne s'est pas encore conformé à cette exigence. L'érection de notre Chambre des Comptes en Cour des Comptes est aussi le gage de son indépendance et de son autonomie. Le fait qu'elle soit juste un démembrement de la Cour Suprême laisse entrevoir une légère subordination hiérarchique vis-à-vis de la Haute juridiction.

De plus la Constitution du 18 janvier 1996 en son article 41 affirme que la Chambre des Comptes statue souverainement sur les décisions rendues en dernier ressort par les juridictions inférieures des comptes. Cela revient à dire que l'arborescence des juridictions financières dans notre pays est constituée d'une instance supérieure et des juridictions inférieures des comptes.

---

[728]France, Cour des COMPTES, La mise en œuvre de la loi organique relative aux lois de finances (LOLF): un bilan pour de nouvelles perspectives, rapport public thématique, Paris, la Documentation française, 2011, disponible en ligne sur www.babordplus.univ-bordeaux.fr, consulté le 12 novembre 2014.

[729] Les 6 Etats membres de la CEMAC : Cameroun, Gabon, Guinée Equatoriale, Congo-Brazzaville, Tchad, République Centrafricaine.

Pour que cette architecture puisse revêtir sa pleine cohérence, la Chambre des Comptes actuelle doit nécessairement être érigée en Cour des Comptes, et les Chambres Régionales des Comptes déployées au niveau régional. On peut se féliciter de la création à l'Ecole Nationale de la Magistrature(ENAM) d'une Section de formation de Magistrats financiers.

Cette initiative permettra à la fois de mettre en œuvre une obligation constitutionnelle vieille de plus de quatorze(20) ans et renforcer le déficit de ressources humaines auquel notre système de contrôle juridictionnel des finances publiques fait cruellement défaut[730]. La formation des Magistrats financiers à l'ENAM permettra d'éviter « l'échevinage »[731] observé lors du choix des premiers membres de cette juridiction.

Dorénavant, les juges spécialisés dans le contrôle des comptes publics devront intégrer les juridictions financières déjà existantes tout en participant à l'effort d'assainissement de nos finances publiques.

La réforme des juridictions financières doit aussi se poursuivre par la considération de la Cour des Comptes comme Institution Supérieure de Contrôle des finances publiques au Cameroun. Cela relève de la bonne logique juridique et est indispensable pour la cohérence de l'édifice dans son ensemble.

Ces réformes peuvent permettre de rendre notre système plus crédible, plus performant et plus proche des standards et modèles internationaux. Car la solidité d'un système de contrôle dépend de la fiabilité et de la crédibilité des institutions qui le composent. Etablir un modèle juridique qui soit pérenne et l'inscrire dans la durée, c'est lui permettre de survivre au-delà de ses concepteurs. C'est tout le sens qu'il faut donner à ces réformes, non pas en s'illustrant par une imitation des modèles importés mais en les adaptant aux réalités camerounaises.

Le Parlement est en lui-même un organe de contrôle suprême, indépendant et souverain, car puisant sa légitimité dans l'élection[732]. La loi de 2007 a permis un net renforcement des contrôles effectués par le Parlement sur les finances publiques camerounaises[733]. Elle favorise la refondation de l'autorisation budgétaire en lui donnant un contenu et une portée qui lui faisaient défaut. La réhabilitation de la loi de règlement et l'orientation des contrôles sur les résultats et la performance sont également à mettre au crédit de cette réforme.

Des efforts restent à mener pour poursuivre l'élan de modernisation. La perspective de la mise en place du SENAT[734] sera l'occasion d'un second degré de contrôle. Il reste tout de même que les commissions d'enquêtes parlementaires

---

730Les premiers magistrats de la Chambre des Comptes ont été sélectionnés par une commission ad hoc présidée par le président de cette Chambre. Ils étaient pour la plupart issus des corps des Administrateurs Civils, Inspecteurs des Régies Financières (Impôts, Trésor), Administrateurs des Postes et Télécommunications et enseignants d'université.

731L'échevinage est la composition mixte d'une juridiction, dans laquelle siègent les magistrats de profession, et des personnes issues d'autres corps de métiers de la société.

732 Lire à ce sujet BARILARI (A) et BOUVIER (M) : « La LOLF et la Nouvelle Gouvernance Financière de l'Etat », 2e éd. LGDJ, Paris 2007, p.76.

733 Voir à ce sujet le manuel de préparation du budget programme, op cit.

734Les premières élections sénatoriales ont été organisées le 14 Avril 2013

jusqu'ici très timides n'ont jamais véritablement joué leur rôle. Face à la forte demande sociale de transparence dans la gestion publique, ces commissions doivent se montrer plus actives et très dynamiques dans le contrôle parlementaire des finances publiques.

Le nouveau régime financier consacre la désignation d'un rapporteur général pour les recettes et des rapporteurs spéciaux pour les dépenses, par la commission des finances à l'ouverture de la première session ordinaire de l'année législative. Ils disposent des pouvoirs de contrôle sur place et sur pièces Il est cependant trop tôt d'apprécier l'efficacité de leur action, le nouveau régime financier n'étant entré en vigueur il y a quelques années.

Mais, on peut espérer que ces nouveaux acteurs vont être de véritables garants de la bonne exécution de nos budgets publics, prêts à enquêter sur tous les faits sensibles qui ont un impact économique et financier et qui peuvent compromettre la mise en œuvre des grands projets de développement.

La nouvelle loi prévoit aussi la mise en place des commissions d'enquêtes spéciales pour une durée de six(6) mois renouvelable. Elles pourront être des instruments de contrôle précieux, seulement les conditions de leur mise en œuvre doivent être le plus souples possible de manière à ne pas souffrir de quelques blocages qui les rendraient ineffectifs.

L'action du Parlement doit également évoluer s'agissant à la fois de son rôle au niveau de l'autorisation parlementaire et de la discussion budgétaire. Si le droit et la pratique veulent que le gouvernement élabore le budget, il apparaît nécessaire que le Parlement soit associé en amont dans ce processus. Cela est possible si l'on procède à l'institutionnalisation d'un débat d'orientation budgétaire[735]. Il s'agit d'un débat qui aurait pour avantage de réunir tous les acteurs du processus budgétaire autour du projet du budget avant qu'il soit arrêté. Il portera sur les fonctions, les programmes, les indicateurs de performance associés à ces derniers. Il pourrait aussi être centré sur le cadre pluriannuel des politiques publiques dans lequel s'inscrivent des choix budgétaires retraçant notamment les grandes contraintes à moyen terme qui pèsent sur ces choix.

La pertinence d'une telle démarche est d'orienter ce débat vers une comparaison entre le projet de budget à venir et les données réelles de l'exécution passée. La logique actuelle des débats parlementaires devrait donc être transformée. Ils doivent clairement être effectués en opérant une distinction nette entre les buts de l'action publique et ses moyens. La pratique actuelle qui consiste pour chaque ministre de venir défendre son enveloppe budgétaire devant la commission des finances devrait donc céder la place à des discussions concernant la pertinence des politiques publiques et la justification des crédits nécessaires pour leur mise en œuvre.

La mission d'évaluation des politiques publiques doit aussi être attribuée à notre Parlement. Elle revêt une signification importante. En consacrant la pratique des PAP-RAP, le législateur de 2007 reconnaissait implicitement cette

[735] Article 48 de la LOLF, instaure un DOB.

prérogative à la représentation nationale. Cependant, pour qu'elle soit efficacement mise en œuvre, elle doit être appuyée par des structures administratives constituées d'experts et de spécialistes en la matière. Car nos parlementaires ne disposent pas toujours des capacités intellectuelles appropriées. En France, il a été créé, la Mission d'Evaluation et de Contrôle (MEC), placée auprès du Parlement pour l'aider dans cette fonction d'évaluation des politiques publiques. Il s'agit là de doter notre Parlement d'outils spécifiques utiles pour éclairer les décisions et les débats parlementaires.

Parmi les questions qui peuvent être soulevées au sujet des relations entre le responsable de programme et l'autorité ministérielle, figure aussi celle des pouvoirs dont il bénéficiera tant en matière budgétaire qu'en matière de gestion opérationnelle du programme. Les dispositions[736] de la LOLF citées ci-dessus indiquent clairement que ces pouvoirs découlent de l'acte de nomination. Il dépendra donc de la volonté du ministre de donner au responsable de programme toute la liberté dont il a besoin pour remplir sa mission. Si le ministre est responsable politiquement des programmes exécutés dans son département, il ne faudrait pas non plus que par une trop grande propension à la concentration des pouvoirs, il s'abstienne d'en déléguer suffisamment aux gestionnaires opérationnels que sont les responsables de programme. Il doit donc déléguer suffisamment de pouvoirs tant en matière de gestion des activités que de gestion des crédits pour la bonne marche des programmes. Pour Annie CHEMLA-LAFAY : « *les démarches qualité participatives exigent un partage de la gouvernance […]. Ce* « *transfert de compétences* » *et de responsabilité ne peut se faire sans les dirigeants publics, dont le rôle reste de décider et de rendre publics les objectifs et les enjeux stratégiques. Mais, ils doivent aussi savoir ensuite déléguer aux fonctionnaires le pouvoir de décider des changements concrets et des modalités de progrès* »[737].

En matière budgétaire par exemple, les responsables de programme devraient être naturellement titulaires de la qualité d'ordonnateur délégué, tel que le prévoit l'article 64 de la LOLF. C'est ce pouvoir qui leur permettra de mettre en œuvre le principe de fongibilité des crédits[738] d'un programme pour les réaffecter là où ils pourront davantage contribuer à l'atteinte des objectifs fixés par l'autorité politique.

Les relations entre le responsable de programme avec l'autorité ministérielle se posent aussi relativement aux pouvoirs des collaborateurs du ministre vis-à-vis de lui. Pierre Muller montrait déjà l'importance des cabinets et grands corps dans l'appareil décisionnel de l'Etat, quand il disait que *« là où il y a décision, il y a cabinet »*[739].

---

736 Article 13, alinéa 1.

737 Annie BARTOLI et Sylvie TROSA (coordonné par): Le management par le sens au service du bien public, Futuroscope SCÉRÉN-CNDP-CRDP, 2011, disponible en ligne sur www.babordplus.univ-bordeaux.fr, consulté le 12 novembre 2014, pp. 11 et 12.

738 Article 15 de la LOLF.

739 Pierre MULLER: Les politiques publiques, Paris, PUF, 2011, disponible en ligne sur www.babordplus.univ-bordeaux.fr, consulté le 12 novembre 2014, p. 3.

Yves CANNAC, quant à lui, fustige l'immixtion des cabinets dans le fonctionnement des administrations en répondant par la négative à la question de l'opportunité d'investir « *dans une grande entreprise dont le patron serait entouré de cinquante personnes qui s'interposeraient systématiquement entre lui et ses principaux collaborateurs*». Pour lui en effet, *« qu'un membre de cabinet assiste son ministre dans sa communication, ou encore lui apporte des conseils politiques, n'a bien sûr strictement rien de choquant. C'est même tout à fait normal. En revanche, qu'il s'immisce directement dans le fonctionnement des administrations, au point même de donner des instructions de détail à des agents de niveau modeste n'est pas acceptable »*[740]

C'est aussi l'avis de Xavier INGLEBERT, qui met toutefois en garde contre l'attitude contraire, c'est-à-dire trop de distance, voire une indifférence du cabinet vis-à-vis du responsable de programme. Une telle attitude, selon lui, peut conduire à « *un pilotage plus ou moins indirect des responsables de programme par le ministère chargé des finances* »[741].

C'est probablement en écho à cette critique qui, de l'avis d'Yves CANNAC dure « *plus de vingt ans* »[742], que les parlementaires Alain Lambert et Didier MIGAUD estiment que « *l'autonomie des responsables de programme devrait (…) conduire à réduire fortement le volume des cabinets ministériels* ». Pour eux en effet, *« les relations entre le ministre et le responsable de programme devraient (…) être plus directes et régulières, afin de définir la stratégie, de suivre la performance du programme, de réorienter le cas échéant les objectifs fixés et enfin, d'évaluer la qualité de gestion du responsable de programme* »[743]. Une telle gestion directe, par le ministre, de ses relations avec les responsables de programme contribuera à l'affirmation de ceux-ci dans le paysage administratif au même titre que les responsables de services administratifs déjà en place.

B. Le statut juridique du responsable de programme

Il restera alors à savoir quelle sera la place du responsable de programme dans l'appareil administratif : en tant que responsable de programme, est-il directeur, directeur général, chef de service ? En somme, c'est la question de son statut juridique qui va se poser à l'entrée en vigueur de la LOLF au Sénégal, comme elle s'est posée dans le système de gestion publique d'autres pays. En France par exemple, la question s'est posée en termes de *« responsables de programme directeurs d'administration centrale et « responsables de programme « atypiques »*, c'est-à-dire qui sont

---

740Annie BARTOLI et Sylvie TROSA (coordonné par): Le management par le sens au service du bien public, Futuroscope SCÉRÉN-CNDP-CRDP, 2011, disponible en ligne sur www.babordplus.univ-bordeaux.fr, consulté le 12 novembre 2014, pp. 11 et 12.

741Xavier INGLEBERT, Manager avec la LOLF : pratiques de la nouvelle gestion publique, Groupe Revue Fiduciaire, 2009, disponible en ligne sur www.babordplus.univ-bordeaux.fr, consulté le 3 février 2015, p. 183.

742A. BARTOLI, D. MIGAUD et S. TROSA, préc.

743Alain Lambert et Didier MIGAUD, La mise en œuvre de la loi organique relative aux lois de finances : à l'épreuve de la pratique, insuffler une nouvelle dynamique à la réforme, rapport au gouvernement, Paris, la Documentation française, 2006, disponible en ligne sur www.babordplus.univ-bordeaux.fr, consulté le 12 novembre 2014.

nommés responsables de programme mais qui, antérieurement, n'étaient pas directeurs d'administration. Selon les rapporteurs Alain Lambert et Didier MIGAUD : « *on observe (...) qu'en règle générale, les responsables de programme directeurs d'administration centrale, dont le périmètre budgétaire, au titre du programme, correspond exactement au périmètre fonctionnel, au titre de leur fonction de directeur, ne sont pas demandeurs d'un statut ; a contrario, les responsables de programme « atypiques » - par exemple pour certains programmes multidirectionnels- apparaissent très désireux d'une clarification juridique, qui semble être ainsi conçue comme un instrument d'affirmation vis-à-vis des autres directions autant que comme un support managérial au sens propre* »[744].

Les pays de la CEMAC pourront, en tirant les leçons du début d'application de la LOLF française[745], éviter ces difficultés liées à l'articulation des fonctions de responsable de programme et de responsable d'un service administratif préexistant. Pour cela, ils ne peuvent faire l'économie de la réforme de leurs structures qu'entraîne nécessairement le mode de gestion publique induit par la LOLF. On ne peut pas prétendre changer en restant le même. On a évoqué tantôt la possibilité d'une nouvelle organisation administrative pour donner tout son sens à la nouvelle gestion publique qui découle des principes de la LOF. Cette nouvelle organisation doit affecter aussi les programmes budgétaires ainsi que les fonctions des responsables de programme qui sont chargés de les mettre en œuvre. Bien sûr on a souvent appelé à ne pas confondre nomenclature budgétaire et organisation administrative[746].

Nous pensons que cet appel doit être entendu dans le sens de ne pas calquer les missions et programmes sur les structures administratives qu'ils trouvent sur place et non dans celui où les missions et programmes déterminent l'organisation. Cette dernière situation est souhaitable.

Concernant par exemple la question du positionnement des responsables de programme vis-à-vis des directeurs d'administration centrale qui s'est posée en France, les pays de la sous-région CEMAC peuvent éviter d'être confrontés à une telle situation par un raisonnement simple. Lorsque, dans un ministère par exemple, on nomme trois directeurs (et non deux ni quatre), c'est qu'on aura identifié les activités principales du ministère comme pouvant s'articuler autour de trois directions à la tête desquelles on a nommé trois directeurs. Avec la LOLF, les activités principales d'un ministère, qui entrent dans le cadre de l'exécution des politiques publiques, sont articulées ou érigées en programmes. Si on poursuit donc toute la logique du nouveau mode de gestion publique, la mise en œuvre de la LOLF devrait partir d'une mise à plat des directions existantes et de la constitution de nouvelles directions sur la base des programmes identifiés.

---

744 Ibid.

745 Même si cela paraît quelque peu paradoxal. En effet, même si la LOLF française est votée (le 1er août 2001) antérieurement à la première LOLF camerounaise par exemple (votée le 26 décembre 2007), les pays de la CEMAC exécutent leur budget en mode LOLF depuis 2003, tandis que le premier exercice budgétaire français sous le régime de la LOLF n'est intervenu qu'en 2006.

746 Cercle de la réforme de L'ETAT, La réforme dont l'État a besoin : pour un management public par la confiance et la responsabilité, Paris, Dunod, 2007, disponible en ligne sur www.babordplus.univ-bordeaux.fr, consulté le 12 novembre 2014; France, Cour des COMPTES,

Au problème français, Frank Mordacq voyait plusieurs solutions et, selon lui, « *l'une d'elles pourrait être de faire évoluer les structures administratives pour les mettre en cohérence avec l'architecture budgétaire en programme pour faire coïncider les fonctions de direction avec celle de responsable de programme* »[747]. L'auteur estime en effet que cela est possible, ce qu' *« a démontré dans une certaine mesure le ministère de l'éducation nationale lors de sa réorganisation de l'administration centrale (...) qui a conduit à trois grandes directions (...) sur le cadre des programmes »*[748]. Sa seule réserve se trouve être la diversité des programmes. Cela, de notre point de vue, ne semble pas devoir constituer une difficulté lorsque l'on applique les principes de la nouvelle gestion : identification de priorités[749] qui sont constituées en missions, limitation du nombre de programmes par mission et possibilité de cumul de deux programmes au moins par un responsable de programme. Le tout sera appuyé par la fixation, par voie d'arrêté du premier ministre, de la liste des programmes[750]. Cela offre la souplesse de pouvoir modifier la liste des programmes chaque fois qu'il y a révision des priorités, et donc aussi la souplesse de réajuster la nomenclature budgétaire.

La résolution de la question du positionnement administratif des responsables de programme dans le sens indiqué pourra prévenir un problème encore plus aigu parce que concernant des personnels plus nombreux : le problème des autres acteurs qu'il faut nécessairement prendre en compte pour une bonne exécution des politiques publiques.

Section II. Le responsable d'action.

Arrêtée au niveau des responsables de programme, l'exécution des politiques publiques ne serait pas la plus proche du terrain, ce qui compromettrait son efficacité. Il est donc nécessaire qu'elle soit relayée par des agents formant une autre strate encore plus en contact avec les réalités. Il peut s'agir des gestionnaires de base de l'État (I) comme il peut s'agir d'autres acteurs (II).

I. Les gestionnaires de base de l'État

En dehors des ministres et responsables d'institution constitutionnelle et des responsables de programme, la LOLF ne cite plus, de façon directe, des agents de l'exécution des politiques publiques, mais des services et de manière indirecte. C'est ainsi que l'article 13, alinéa 2 de la LOLF dispose que «(...) *le responsable de programme détermine les objectifs spécifiques, affecte les moyens et contrôle les résultats des services chargés de la mise en œuvre du programme* ». Sous le responsable de programme,

---

747Frank MORDACQ: La LOLF : un nouveau cadre budgétaire pour réformer l'État, Paris, LGDJ, 2006, disponible en ligne sur www.babordplus.univ-bordeaux.fr, consulté le 12 novembre 2014, 412p. op cit.

748 Ibid.

749Elles ne peuvent pas être nombreuses parce que, d'une part, cela ôte tout sens à la notion de priorité et, d'autre part, il y a une contrainte budgétaire.

750

se trouvent donc des services et, donc, des responsables de service (A) prenant part à l'exécution des politiques publiques. Il peut s'agir aussi de chefs d'agence (B), telle que cette notion est conçue dans le cadre de la nouvelle gestion publique.

A. Les chefs de service ou BOP

À titre comparatif, on peut noter que le programme budgétaire, en France, est subdivisé en budgets opérationnels de programme. En effet, selon le guide d'application de la LOLF française :
« le responsable de programme constitue des budgets opérationnels de programme (BOP) dont il confie la mise en œuvre soit à des services centraux ou nationaux, soit à des responsables de services déconcentrés en contrepartie de leur engagement à réaliser des objectifs opérationnels adaptés à leurs compétences et destinés à contribuer aux objectifs stratégiques du programme »[751].

Le qualificatif (opérationnel) adjoint à son budget et à ses objectifs montre bien que le responsable d'un BOP est l'agent chargé, sur le terrain, de l'exécution des politiques publiques. Sans ce niveau de base, la LOLF trouverait difficilement une application satisfaisante. Pour Henry Mintzberg en effet, *« à la base de toute organisation on trouve ses opérateurs, c'est-à-dire ceux qui effectuent le travail de base de produire les biens ou de délivrer les services. Ils forment le centre opérationnel »*[752]. Le responsable de budget opérationnel de programme – que l'on pourrait tout autant appeler chef de service ou responsable de service, en tant que responsable à la base de l'exécution des politiques publiques a, plus encore que le responsable de programme ou l'autorité ministérielle ou le président de l'institution constitutionnelle, besoin d'autonomie pour conduire, de façon performante, les activités.

La nécessité d'une telle autonomie doit d'abord mettre en garde contre des pratiques qui consistent à constituer des unités si réduites que les agents qui sont pressentis pour en avoir la charge, n'y trouvent aucun intérêt, comparativement, par la suite, aux sujétions nombreuses qui seront les leurs. Ainsi, de l'avis des parlementaires Alain Lambert et Didier MIGAUD dans leur évaluation des premiers mois d'application de la LOLF française, figure parmi les *rigidités* entravant l'autonomie des responsables de BOP le fait de déléguer aux BOP des *« enveloppes de taille trop restreinte pour bénéficier d'une véritable souplesse de gestion »*. Ils rapportent que : *« dans leurs réponses aux questionnaires, de nombreux directeurs départementaux de l'agriculture et de la forêt et des services vétérinaires ne voient aucune utilité à gérer un BOP départemental de moyens dont le volume n'atteint souvent que quelques*

751France, Démarche de performance : Stratégies, objectifs, indicateurs, Guide méthodologique pour l'application de la loi organique relative aux lois de finances du 1er août 2001, juin 2004, disponible en ligne sur www.performance-publique.budget.gouv.fr, consulté le 15 mai 2013.

752Henry MINTZBERG: Le management : voyage au centre des organisations, Paris, Les éditions d'Organisation, 2004, disponible en ligne sur www.babordplus.univ-bordeaux.fr, consulté le 12 novembre 2014, p. 184.

centaines de milliers d'euros, compte tenu des exigences associées à l'exercice de préparation d'un BOP et au compte-rendu sur son exécution »[753].

Les parlementaires mettent certes en garde contre *« un dogmatisme trop important, qui consisterait à définir un volume financier minimal ou un niveau territorial privilégié pour établir la cartographie [des BOP] dans chaque ministère »* mais recommandent toutefois de *« donner corps à la notion de budget global et [de] renforcer la déconcentration de la gestion des personnels »*. L'autonomie dans la gestion des crédits et des personnels est donc indispensable pour le chef de service ou responsable de BOP pour une bonne conduite des politiques publiques de son niveau.

En matière de personnel et selon les parlementaires A. Lambert et D. MIGAUD :

« La responsabilisation des gestionnaires locaux devra s'appuyer sur un approfondissement de la déconcentration des actes de gestion des ressources humaines. Tout d'abord, le responsable de BOP doit avoir la pleine maîtrise de son schéma d'emploi, car lui seul est capable, au plus près de services, de déterminer ses besoins en termes de nombre d'agents, de qualification et de formation, dans les limites du budget qui lui est alloué. Par ailleurs, il doit pouvoir participer aux décisions en matière de recrutement, d'affectation, de qualification et de rémunération collective au mérite et proposer, voire mettre en œuvre, les transformations d'emplois qu'il juge utiles (…)»[754].

En matière budgétaire, les responsables de BOP ou chefs de service devraient pouvoir décider librement de l'emploi des crédits de leur unité. Pour Frank Mordacq, *« les responsables opérationnels prennent les décisions sur les achats (choix des fournisseurs, achats individuels/achats groupés), les décisions immobilières (acquisitions/locations). Ils bénéficient des possibilités élargies de choix des dispositifs en matière d'interventions »*[755].

Les responsables de BOP ou chefs de service pourront négocier leur autonomie de gestion avec les responsables de programme à travers les outils ou instances qui régissent leurs rapports : ce sont, entre autres, les contrats qui peuvent les lier, et les instances de rencontre pour la négociation des objectifs et des moyens, telles que les dialogues de gestion.

La contractualisation est en effet un mode possible de relation entre le responsable de programme et les responsables de budget opérationnel de programme ou chefs de service. Selon Danièle Lamarque :

« Avec les contrats d'objectifs et de performance, le contrat entre dans la sphère du management. Il en partage les mécanismes : la formulation d'objectifs à l'issue d'une phase de discussion et de négociation ; un calendrier d'action à moyen terme (généralement compris entre 2 et 5 ans) qui permet un recul sur l'action et facilite l'évaluation ; des engagements réciproques sur les objectifs et les moyens, assortis d'une certaine autonomie des gestionnaires, contrepartie de leur responsabilisation »[756].Avant même l'avènement de la LOLF sénégalaise de 2007, la

---

753France, Direction du BUDGET, préc.

754 Ibid.

755F. MORDACQ, préc.

756Cercle de la réforme de L'ETAT, La réforme dont l'État a besoin : pour un management public par la confiance et la responsabilité, Paris, Dunod, 2007, disponible en ligne sur

pratique du contrat de performance avait déjà commencé à s'instaurer dans l'administration camerounaise. C'est ainsi que l'administration fiscale, précurseur en la matière parmi les services administratifs classiques, a conclu avec son autorité de tutelle (Ministère des Finances), pour la période du 1er janvier 2009 au 31 décembre 2011, un contrat de performance parmi les objectifs duquel figurait notamment, en bonne partie, l'amélioration de la qualité de service rendu à l'usager. Il s'agit, pour les besoins de la nouvelle gestion publique, de bien suivre la mise en œuvre de tels outils de gestion et, notamment, d'en faire l'évaluation au terme de la période contractuelle, ce qui ne semble pas avoir été le cas concernant le contrat de performance.

Le dialogue de gestion, selon le guide français d'application de la LOLF : *« est le processus d'échanges existant entre un niveau administratif et les niveaux qui lui sont subordonnés, relatifs aux volumes de moyens mis à la disposition des entités subordonnées et aux objectifs qui leur sont assignés. Ce dialogue a lieu, par exemple, entre les responsables de programmes et les responsables de budgets opérationnels, entre ces derniers et l'ensemble des services placés sous leur responsabilité »*[757].

Il s'agit de négocier en cascade, du responsable de programme au plus bas de l'échelle des intervenants dans l'exécution des politiques publiques, les libertés et responsabilités dans l'atteinte des objectifs fixés.

Tout comme avec le responsable de programme, le responsable de BOP ou chef de service doit aussi entretenir avec les agents placés sous son autorité des relations négociées, fondées sur un partage du sens et une autonomie la plus large possible.

Le sens, dit Jean MARIMBERT, *« peut désigner à la fois la direction et la signification »*[758]. Il est cependant couramment utilisé, en matière de gestion publique, dans sa seconde acception. Dans ce cadre, manager par le sens signifie diriger en partageant avec les collaborateurs les finalités de l'action à entreprendre ensemble. La connaissance par les collaborateurs de la raison, du pourquoi des actions à mener contribue sans doute à favoriser leur adhésion pleine et entière à la démarche pour y parvenir. Une façon de partager le sens est, selon l'auteur, de faire participer les agents dès le stade même de définition des objectifs. Pour J. MARIMBERT en effet, *« le sens partagé doit s'exprimer dans des objectifs collectifs pour engendrer le mouvement et le progrès dans le service »*[759]

L'autonomie laissée aux agents permet une meilleure adaptation des actions sur le terrain. En effet, aussi volontariste qu'il soit, le responsable de BOP ou chef de service ne peut se retrouver sur *« tous les terrains »* à la fois, ni ne peut, à chaque instant et pour chaque action, donner d'indication sur le sens de sa

---

www.babordplus.univ-bordeaux.fr, consulté le 12 novembre 2014; France, Cour des COMPTES, préc.

[757]France, Démarche de performance : Stratégies, objectifs, indicateurs, Guide méthodologique pour l'application de la loi organique relative aux lois de finances du 1er août 2001, juin 2004, disponible en ligne sur www.performance-publique.budget.gouv.fr, consulté le 15 mai 2013.

[758]Cercle de la réforme de L' ETAT, préc.

[759] Ibid. p.137.

réalisation. Face à cette limite humaine objective, la solution est de s'en remettre aux collaborateurs sur le terrain, en leur accordant plus d'autonomie reposant sur la confiance et la responsabilité. Pour Annie Chemla-LAFAYE, *« ce sont en effet les « agents de contact » qui, mieux que personne, lors de leurs rencontres quotidiennes avec les usagers, identifient les points de friction, les formulaires mal conçus, l'installation matérielle interdisant l'instauration d'une relation de confiance et toutes les autres qui constituent des obstacles à une prestation de service optimale* »[760]. Sylvie TROSA a même montré[761]comment, du fait de l'autonomie qui leur est accordée – qui engendre par conséquent une responsabilité sur les résultats –, les agents d'exécution matérielle, par leur connaissance du terrain, pouvaient corriger les décisions reçues des autorités de tutelle.
Le responsable de BOP ou chef de service doit enfin, par une bonne *connaissance de ses collaborateurs*[762]et une bonne gestion de ses relations avec eux, tant individuellement que collectivement, savoir tirer parti des compétences de chacun et du groupe[763]. Cela doit être possible grâce à des entretiens réguliers, tant collectifs qu'individuels, avec les agents.

B. Les chefs d'agence

L'approche de l'agence consiste en la création d'une entité administrative dotée de la personnalité morale de droit public et de l'autonomie financière. Si l'autonomie de façon générale (y compris donc l'autonomie financière) est nécessaire pour une bonne performance de l'agence, la personnalité morale ne l'est point. En effet, dans l'optique de la nouvelle gestion publique, l'agence d'exécution n'est pas une personne morale mais l'autonomisation d'un (ou de) service(s) de l'administration classique au(x)quel(s) on confie la gestion d'une activité donnée. L'autonomie et la responsabilité des chefs d'agence résulteront donc du cadre conçu pour la mise en place de l'agence. Ainsi donc, les agences ou, plus exactement, aux agences telles que les conçoivent les théoriciens de la NGP, elles ne semblent pas devoir bénéficier de la personnalité morale de droit public. Ce sont des organisations mises en place davantage pour rendre la gestion administrative plus souple que dans le but de créer des structures nouvelles. C'est ce que tire Sylvie TROSA de son analyse de la réforme britannique des NextSteps. Selon elle, *« la démarche a été plus inspirée par un souci de modernisation des méthodes de gestion que par une volonté de changer les statuts : les agences ne sont pas des*

---

[760] Ibid. p.55.
[761]Annie BARTOLI et Sylvie TROSA (coordonné par): Le management par le sens au service du bien public, Futuroscope SCÉRÉN-CNDP-CRDP, 2011, disponible en ligne sur www.babordplus.univ-bordeaux.fr, consulté le 12 novembre 2014, pp. 11 et 12.
[762]Cercle de la réforme de L'ETAT, La réforme dont l'État a besoin : pour un management public par la confiance et la responsabilité, Paris, Dunod, 2007, disponible en ligne sur www.babordplus.univ-bordeaux.fr, consulté le 12 novembre 2014; France, Cour des COMPTES, préc
[763] Ibid. p.205.

établissements publics mais demeurent des services à part entière des ministères »[764]. Bernard Abate dit, quant à lui, que *« les agences étrangères ne sont pas des organes ayant une personnalité juridique, un budget, des dirigeants séparés de l'État* »[765]. C'est ce que semble étayer aussi le Conseil d'État français dans son étude annuelle 2012. Selon la haute juridiction, « *le fait que certaines agences aient la personnalité morale ou qu'elles en soient dépourvues n'a pas grande signification au plan strictement fonctionnel* »[766]. Pour Sylvie TROSA, le terme agence ne serait choisi qu'à des fins psychologiques, pour créer, dans l'esprit des agents, une sorte de déclic dans le sens de changer les comportements, en offrant aux services une *« identité nouvelle »* et aux agents le *« sentiment d'appartenance à une entité et une entreprise collective, l'agence* »[767]».

Ce cadre[768]devrait définir les objectifs fixés au chef d'agence, les moyens qui lui sont alloués ainsi que l'autonomie financière et de gestion dont il bénéficiera. Tout comme le responsable de BOP ou chef de service, le chef d'agence devrait avoir une large autonomie dans la gestion du personnel et du budget. En matière budgétaire par exemple, le chef d'agence devrait être bénéficiaire de la qualité d'ordonnateur secondaire.

Responsables de BOP ou chefs de service et chefs d'agence devraient être les principaux responsables, à la base, de l'exécution de l'essentiel des activités de politiques publiques, les autres acteurs devant s'occuper d'activités plus circonscrites.

II. Les autres acteurs d'exécution des politiques publiques

Il s'agit essentiellement des collectivités locales (A) et des établissements publics administratifs (B). Il se peut aussi que d'autres opérateurs (C) prennent une part de plus en plus importante dans l'exécution des politiques publiques à travers les opérations réalisées par le moyen des partenariats public-privé.

A. Les collectivités locales

Les collectivités locales, du fait du principe de libre administration, exécutent normalement librement les politiques publiques relevant de leur compétence. Leur autonomie et leur responsabilité dans l'exécution de politiques publiques sont donc directement régies par le code général des collectivités locales. Toute action commune avec des services de l'État doit être concertée entre elles et ces services. Par ailleurs, les niveaux décentralisés de l'administration jouent un rôle de plus en plus important dans la mise en œuvre des politiques publiques et,

---

[764]S. TROSA, préc

[765]Bernard ABATE: La nouvelle gestion publique, Paris, L.G.D.J., 2000, disponible en ligne sur www.babordplus.univ-bordeaux.fr, consulté le 12 novembre 2014, 152p.

[766]France, Conseil d'Etat, note 178.

[767]S. TROSA, préc

[768]Frank MORDACQ: La LOLF : un nouveau cadre budgétaire pour réformer l'État, Paris, LGDJ, 2006, disponible en ligne sur www.babordplus.univ-bordeaux.fr, consulté le 12 novembre 2014, 412p.

notamment, des stratégies de développement. Dans la plupart des pays de la CEMAC, à l'aune de processus de décentralisation plus ou moins avancés, ces administrations territoriales (exemple : au Tchad, l'ordonnance n° 01/PR/2003 portant création de collectivités territoriales décentralisées institue les Régions (22), Département (61) et Communes (250 hors N'Djamena) et se réfère aux Communautés rurales qui sont en cours de création) gagnent de plus en plus d'autonomie et de compétences et s'inscrivent dans une tendance de gestion des ressources publiques grandissantes[769]. Pour assurer l'atteinte des objectifs nationaux de développement, il devient donc nécessaire d'articuler de façon appropriée l'action de l'administration centrale et celle des administrations décentralisées en termes de planification, de programmation et de budgétisation. Toutefois, cette articulation doit encore être sensiblement développée, en raison notamment des faiblesses des capacités des administrations décentralisées et de l'état d'avancement des processus de décentralisation. De ce fait, la Directive développe principalement les aspects relatifs à l'administration centrale et la présente annexe traite, essentiellement, des niveaux central et ministériel de la programmation budgétaire.

B. Les établissements publics administratifs

Quant aux établissements publics, ils sont régis par les textes qui sont relatifs à leur création, leur organisation et leur fonctionnement[770]. Ces textes contiennent des dispositions relatives à leurs activités ainsi que des dispositions concernant le régime financier qui leur est applicable.

De manière progressive, le modèle universitaire européen et singulièrement français s'étend Outre-mer[771], subissant à chaque fois, des contraintes et adaptations socio-politiques conjoncturelles. L'Afrique n'échappe guère à cette vague « universalisante ». Ici, les puissances impérialistes envisageaient l'éducation des Africains par la création des Universités, comme un instrument de perpétuation du modèle social constitué d'une élite occidentalisée. Pour sa part, l'élite africaine nouvellement indépendante considère les Universités, depuis la première conférence internationale sur l'enseignement supérieur tenue à Tananarive en 1962, comme « des instruments du progrès national devant assurer la formation des cadres africains pour remplacer le personnel colonial et contribuer à la formation politique des nouvelles nations ainsi qu'à leur

769 Guide didactique de la directive n° 01/11-ueac-190-cm-22 du 19 décembre 2011 relative aux lois de finances, p.9

770Loi N°2017/010 du 12 juillet 2017 portant statut général ... (2), Elle fixe les modalités de création, d'organisation et de scission de leurs organes ... Créer d'autres formes d'établissements publics. ... établissement public à caractères cientifique; ... dûment ratifiées par le Cameroun.

771CHARLE (Charles), VERGER (Jaques), *Histoire des universités, XIIème-XXIème siècles,* Paris, PUF, coll. Quadrige, Manuels, 1994, pp.7-20.

développement en leur produisant des savoirs utiles »[772]. Plus d'un demi-siècle après les indépendances, le discours cognitif autour de la contribution de l'Université à la décolonisation commence à être suranné. En revanche, demeure aussi actuellement que difficilement discutable, l'existence d'une controverse doctrinale autour des missions ultimes ou des fonctions téléologiques des institutions d'enseignement supérieur et de recherche en général, et des établissements publics universitaires en particulier[773]. Ancienne et ontologiquement attachée à la vision originelle de l'Université[774], la conception libérale de l'Université est théorisée en Allemagne au début du XVe siècle par Wilhem Von Humboldt, fondateur de l'Université de Berlin. En France, cette conception émerge dès l'avènement de la Troisième République. Cette conception s'analyse comme la dimension scientifique de la démocratie libérale.

---

[772]CHARTON(H), « *L'homo academicus*: les limites de la fabrique d'"une élite universitaire en Afrique de l'Est », *Outre-Mers, Revue d'histoire, Enseignement supérieur et université des espaces coloniaux,* 1ier semestre 2017 , Société française d'Histoire d'Outre-Mer, pp 127-148, Spéc., p 127.

[773] La transition notionnelle entre « institutions universitaires » et « établissements publics universitaires » n'est guère fortuite. Sociologiquement appréhendée, l' « institution » universitaire envisage l'université comme une réalité, un objet social, tel qu'apparu au XIIIe siècle et sans cesse en mutation. Dans ce sens, Caroline BRAUD, écrit : « l'université se définissait toujours par son caractère d'institution officielle, fondée et reconnue par une autorité religieuse ou politique : au pape et l'empereur s'ajoutent de plus en plus rois, princes, villes et communautés religieuses dont les décisions n'avaient qu'une portée nationale ou locale ».Voir : BRAUD (Caroline), Les *établissements publics universitaires*, Thèse, Université de Lille, 1994, p.50. En revanche, le concept d' « établissement public universitaire » est davantage juridiquement connoté. Il est substantiellement chargé de l'idéologie d'une philosophie juridique connue : la théorie du service public. Introduite subrepticement en France par la loi impériale du 10 mai 1806 qui avait fait de l'enseignement à tous les degrés un établissement national avec une personnalité morale distincte de l'État (à ce sujet, lire : LACLAU (Jules), *Le régime financier des universités*, thèse pour le doctorat, sciences politiques et économiques, Faculté de droit de l'université de Paris, imprimerie Henri Jouve, 1905, p.15. La notion sera affinée par la doctrine à la lumière d'une certaine évolution jurisprudentielle. Elle exclut d'office l'objet, c'est-à-dire la nature de l'enseignement dispensé. Voir : Arrêt DEFRAISSE, CE, 21 avril 1944, R. 129, à propos de l'École de physique industrielle de la ville de Paris. En revanche, deux critères émergent : la nature de l'établissement (rattachement à la faculté de sciences de Paris) et l'octroi de la personnalité juridique. Cf., TOULEMONDE (Bernard), *Les libertés et franchises universitaires en France.* Thèse, Université de Lille. II, 1971, 2 tomes, p. 68. Note 20. La précision conceptuelle qui précède en appelle une autre. Il s'agit d'un distinguo à opérer entre « université » et « enseignement supérieur ». Dans le système français, l'Université se caractérise au plan organique par un réseau d'établissements publics dont l'accès est libre, moyennant l'obtention du Baccalauréat. À côté de cette première catégorie, existent « les grandes écoles » dont l'admission sur concours, est généralement préparée par les classes dites, préparatoires. Sur cette question lire utilement : BEAUD (Olivier), CAILLE (André) et *alii. Refonder l'université : pourquoi l'enseignement supérieur reste à (re)construire*, Paris, éd, la découverte, 2010, pp. 16-17 et p. 102. En Afrique Noire francophone, le schéma n'est pas totalement similaire à celui de la France. Certes, les universités sont dans la plupart des cas établissements publics, mais les critères des conditions d'admission ne suffisent pas à distinguer ceux-ci de l'enseignement supérieur. Car autant l'admission dans certains établissements publics universitaires est libre sous réserve de l'obtention du baccalauréat, autant l'entrée dans certaines écoles et facultés publiques se réalise par voie de concours. En revanche, l'enseignement supérieur en Afrique noire francophone comprend également des établissements privés ou instituts privés d'enseignement supérieur.

[774] Entendue comme association ou corporation de maitres et d'étudiants.

Celle-ci consiste à respecter les libertés individuelles des enfants et parents ainsi que la liberté intellectuelle des maîtres contre toute tentative visant à imposer des vérités officielles, ou de limiter artificiellement l'accès à l'instruction[775].

L'autonomie et les responsabilités des dirigeants d'établissement public sont déterminées par ces textes, mais aussi, de plus en plus, par des conventions –dites contrats de performance- signées entre eux et les autorités ministérielles de tutelle. Ainsi, aux termes de l'article 13, alinéa 2 du décret n°2012-1269 du 8 novembre 2012 portant régime financier des universités, « *chaque projet de budget doit être accompagné :*

- d'un rapport de présentation définissant les voies et moyens de l'équilibre budgétaire et commentant les inscriptions budgétaires qui doivent en l'occurrence être suffisamment justifiées ;

- d'un rapport de performance de la gestion précédente faisant ressortir le niveau d'atteinte des indicateurs et le niveau d'exécution budgétaire ;

- d'un plan de trésorerie prévisionnel trimestriel de l'exécution du budget ;

- du contrat de performance mis à jour, le cas échéant.

Les notions d'équilibre, de rapport de performance et de contrat de performance traduisent l'applicabilité des principes de la LOLF aux opérateurs. C'est du reste ce qu'indique le rapport de présentation de ce décret, quand il y est proposé l'abrogation de l'ancien décret portant régime financier de l'Université« *et son remplacement par un régime financier applicable à toutes les universités et adapté au nouveau cadre juridique des finances publiques, actuellement en vigueur* »[776].

Des dispositions pareilles devraient concerner à terme tous les établissements publics administratifs[777], ce qui signifie que tous les opérateurs seront donc soumis à la gestion par la performance. Les autorités dirigeantes (conseil d'administration et direction ou direction générale par exemple) de chaque opérateur seront responsabilisées sur les objectifs assignés à leur entité. Elles devraient en retour bénéficier de plus d'autonomie dans la conduite des activités de celle-ci.

C. Les partenaires privés

Il convient de relever enfin que des opérateurs privés devraient de plus en plus intervenir dans l'exécution des politiques publiques. En effet, le mode de gestion en partenariat entre le secteur public et des opérateurs du secteur privé tend de plus en plus à se développer[778]. Les rôles et responsabilités des différents

---

[775]TOULEMONDE (B), *Les libertés et franchises universitaires en France.* Thèse, Université de Lille. II, 1971, 2 tomes, àpcit. p. 68.

[776] Guide didactique de la directive n° 01/11-ueac-190-cm-22 du 19 décembre 2011 relative aux lois de finances.

[777] Certaines universités par exemple ont signé des contrats de performance avec l'autorité de tutelle que constitue le Ministère de l'enseignement supérieur et de la Recherche.

[778]Les infrastructures suivantes sont réalisées et gérées sous forme de partenariat public-privé : l'autoroute à péage Douala-Yaoundé, l'aéroport international Nsimalen, le terminal à conteneurs du port de Kribi, le centre de contrôle technique des véhicules automobiles, le Centre d'enfouissement technique, les postes de contrôle du poids à l'essieu

acteurs de tels partenariats devraient ressortir des conventions qui les lient. La comptabilisation des opérations qu'ils permettent de réaliser ne devrait pas aller de soi. Elle mérite une certaine analyse.

CHAPITRE II : L'EXTENSION DE NOUVEAUX ORGANES SECONDAIRES DE PILOTAGE DU BUDGET

La démarche de performance initiée en zone CEMAC à la faveur de la réforme 2011 vise à garantir un dispositif normatif efficace de gestion des deniers publics dans les Etats membres. Cette logique est destinée à améliorer l'efficacité de la dépense publique, en orientant la gestion vers l'atteinte de résultats prédéfinis, en matière d'efficacité socio-économique, de qualité de service, d'efficience, dans le cadre de moyens prédéterminés. Dans ce sens, elle rejoint le dispositif de contrôle de gestion, par lequel les dirigeants d'une organisation s'assurent que les stratégies de celle-ci se trouvent mises en œuvre de façon efficace et efficiente. Ainsi, le contrôle de gestion consiste à améliorer le rapport entre les moyens engagés, l'activité développée et les résultats obtenus, en particulier, grâce à des outils comptables ou statistiques. De son côté, le contrôle interne constitue l'ensemble des dispositifs organisés, formalisés et permanents, employés par les responsables d'une entité en vue de maîtriser le fonctionnement de leurs activités et apporter une « *assurance raisonnable* » sur la réalisation de leurs objectifs (fiabilité des informations comptables et financières ; protection des actifs et des ressources financières ; conformité des opérations avec la législation ; optimisation des opérations et de la qualité de gestion).

Dans un management gestion axée sur la performance, il est demandé aux responsables de programme, de l'unité administrative et d'activité d'optimiser ses résultats sous contrainte de limitation des ressources, de rendre compte de la bonne gestion, d'apprécier et d'améliorer la dépense publique[779]. La distinction entre les ordonnateurs et les comptables largement admise, se conjugue désormais avec l'identification entre les organes de gestion budgétaire et comptable d'une part (Section I) et les organes de contrôle d'une part (section II).

Section I : l'apparition des acteurs secondaires de pilotage de la performance du budget

La performance est la capacité de mener une action pour obtenir des résultats conformément à des objectifs fixés préalablement, en minimisant le coût des ressources et des processus mis en œuvre[780]. La recherche effrénée de la performance dans le cadre du dispositif national et communautaire harmonisé des finances publiques vise à renforcer l'exécution de la loi de finances[781], ainsi que la qualité de l'exécution de la dépense publique. La démarche de la

[779]Manuel de contrôle de gestion Version Aout 2016, 67p, p.9

[780]Circulaire du MINFI portant instructions relatives à l'exécution des lois de finances, au suivi et contrôle de l'exécution du budget de l'Etat, des Etablissements publics Administratifs, des collectivités territoriales et des organismes subventionnés pour l'exercice 2016.

[781]Exemption faite de la loi de règlement, il essentiellement des lois de finances de l'année et des lois de finances rectificatives. V. articles 13 et 17 loi n°2018/012 portant régime financier de l'Etat

budgétisation par programme axée sur la performance repose sur une logique. Celle-ci veut qu'à partir des orientations politiques, des attentes des citoyens, des marges de manœuvre internes et des ressources mobilisables, chaque administration (publique ou parapublique) fixe les objectifs stratégiques et les objectifs des programmes. Ceux-ci sont mis en œuvre par des acteurs de la performance[782], il s'agit entre autres les gestionnaires publics secondaires (I). Ils ont une forte implication (II) dans l'animation du pilotage des programmes budgétaires.

I- L'évolution des acteurs de pilotage de l'exécution des programmes

Il existe une pluralité d'acteurs de la gestion budgétaire, mieux de la performance budgétaire. Par acteurs de la performance, on entend les acteurs responsables du pilotage, de la gestion et du suivi de la performance au niveau du programme[783]. Ces acteurs sont pour l'essentiel des gestionnaires publics. La déclinaison de programmes dans le cadre de la gestion axée sur les résultats a entrainé l'apparition de nouveaux gestionnaires publics[784]. Il s'agit des gestionnaires publics secondaires (A) qui agissent à des niveaux opérationnels différents (B).

A. La déclinaison opérationnelle des gestionnaires publics de programmes

La déclinaison opérationnelle des programmes a entrainé l'apparition de nouveaux gestionnaires publics chargés de la mise en œuvre du budget[785]. Abstraction faite des acteurs des responsables du pilotage, de la gestion et du suivi de la performance au niveau du programme, les acteurs de la performance sont, entre autres, les responsables d'action (2) et les responsables des unités administratives (1), structures déconcentrées des administrations centrales.

1. Le responsable d'action ou de l'unité administrative

Sous l'autorité du responsable de programme, le responsable d'action ou de l'unité administrative assure le pilotage des services charges d'exécuter les activités qui composent l'action. Il est responsable d'une ou plusieurs actions du programme et rend compte des résultats au responsable de programme. Une

---

[782] Point 2.1.1, Circulaire n°001/C/MINFI/ du 28 déc.2018 portant instructions relatives à l'exécution des lois de finances, au suivi et contrôle de l'exécution du budget de l'Etat, des Etablissements publics Administratifs, des collectivités territoriales et des organismes subventionnés pour l'exercice 2018

[783] Point 85, Circulaire n°001/C/MINFI/ du 28 déc.2018 portant instructions relatives à l'exécution des lois de finances, au suivi et contrôle de l'exécution du budget de l'Etat, des Etablissements publics Administratifs, des collectivités territoriales et des organismes subventionnés pour l'exercice 2018

[784] Manuel d'exécution et de pilotage du budget programme, 2012, p.7

[785] CATTEAU (D), *Droit budgétaire et Comptabilité publique,* op cit, p.95

unité administrative est le service bénéficiaire de la dépense. En fonction de son habilitation, deux types d'unité administrative se dégagent :

- l'unité administrative destinataire de la dépense, mais qui n'intervient pas dans l'engagement de la dépense ;
- l'unité de gestion destinataire de la dépense et disposant de l'initiative de l'engagement de la dépense. Dans ce cas, le responsable de l'unité administrative devient un gestionnaire de crédit bénéficiant d'une accréditation budgétaire.

- d'assurer le dialogue de gestion avec les responsables d'activités ;
- de participer a (l'élaboration du projet annuel de performance et du rapport annuel de performance du programme dont l'action relève ;
- de consolider les plans d'engagement trimestriels des activités qui composent son action et de transmettre le plan consolide au responsable du programme ;
- de veiller à la bonne exécution des crédits affectés à la réalisation de l'action ;
- de soumettre au responsable de programme les propositions de modifications des crédits de l'action, conformément à la charte de gestion ;
- de rendre compte au responsable de programme de l'exécution de l'action ainsi que des résultats obtenus[786].

Au demeurant, le responsable d'action ou de l'unité administrative est le dépositaire du rapport des résultats du responsable d'activité[787].

2. Le responsable d'activité

Par responsable d'activité, on entend le responsable de service opérationnel porteur de l'activité dans le Budget programme[788]. Sous l'autorité du responsable d'action, le responsable d'activité est le chef du service opérationnel responsable de la mise en œuvre de l'activité. Un même chef de service peut être responsable de plusieurs activités. Ce responsable d'activité répond de ses résultats devant le responsable de l'unité administrative[789]. Il est à signaler que la fonction de responsable d'activité est dissociée de la fonction de gestionnaire de crédit. Pour des raisons d'efficience, les crédits d'une activité peuvent être gérés par une tierce personne désignée discrétionnairement par l'ordonnateur principal ou secondaire[790]. Le responsable d'activité doit veiller à :

- piloter la mise en œuvre de l'activité jusqu'à son terme ;

[786]LASCOMBE (Michel), VANDENDRIESSCHE (Xavier), *Les finances publiques*, 8e éd., Dalloz, 233p, p.9

[787] Point 23, Circulaire du MINFI portant instructions relatives à l'exécution des lois de finances, au suivi et contrôle de l'exécution du budget de l'Etat, des Etablissements publics Administratifs, des collectivités territoriales et des organismes subventionnés pour l'exercice 2016. Voir aussi, Note de service n° 0249/MINEPAT/SG/DSR du 13 août 2013.

[788]Point 91, Circulaire

[789]LASCOMBE (Michel), VANDENDRIESSCHE (Xavier), *Les finances publiques*, op cit , p.9

[790]ALAIN (Lambert), MIGAUD (Didier), *« La loi organique relative aux lois de finances (LOLF) : Levier de la réforme de l'Etat »*, in revue française d'administration publique, n°117, 2006, pp.11-14 , p.9

- décliner, si nécessaire, les activités en tâches ;
- renseigner le planning de mise en œuvre de l'activité pour faciliter le suivi par le responsable de programme ;
- identifier et renseigner les indicateurs de suivi de l'activité pour faciliter l'évaluation des progrès vers les résultats ;
- produire toute information nécessaire aux rapports de mise en œuvre des programmes[791].

En effet, le responsable de l'unité administrative est l'équivalent en droit financier français au « responsable d'unité opérationnelle ». Il est le véritable gestionnaire de crédit. A cet effet, il est bien entendu tenu de rendre compte de sa gestion au« responsable du budget opérationnel de programme (RBOP) », qui est au centre de la mise en disposition des crédits[792].

En somme, il y a un véritable éclatement des gestionnaires publics au regard de cette diversification d'acteurs de gestion du budget aménagé dans le dispositif normatif harmonisé communautaire et transposé du droit public financier. Cette variation d'acteurs dans la gestion de crédits ne permet pas de distinguer clairement le rôle de chacun. Cette confusion s'étend elle dans l'identification des niveaux de déclinaison opérationnelle des programmes ?

B. La déclinaison des niveaux opérationnels des programmes des gestionnaires

Le programme est un ensemble d'actions à mettre en œuvre au sein d'une administration pour la réalisation d'un objectif déterminé de politique publique dans le cadre d'une fonction[793]. Il regroupe, concrètement, les crédits destinés à la mise en œuvre d'un ensemble cohérent des actions relevant d'une même administration et auxquels sont associés des objectifs précis, définis en fonction des finalités d'intérêt général ainsi que des résultats attendus, et faisant l'objet d'une évaluation[794]. Il représente aussi l'unité de spécialisation des crédits, une enveloppe globale et limitative de crédits. Le programme constitue le support de présentation des crédits budgétaires par finalité socio-économique, et définit le cadre budgétaire de mise en œuvre des politiques publiques[795]. Il existe deux catégories de programmes : les programmes opérationnels qui visent la production d'un bien ou d'un service et les programmes support qui assurent le

---

[791] Ibid

[792] Article 72 du guide budgétaire de la comptabilité publique français

[793] Art.8 loi n°2007/006 du 26 décembre 2007 portant régime financier de l'Etat.

[794] Point 10, Circulaire du MINFI portant instructions relatives à l'exécution des lois de finances, au suivi et contrôle de l'exécution du budget de l'Etat, des Etablissements publics Administratifs, des collectivités territoriales et des organismes subventionnés pour l'exercice 2016

[795] Pain (Jean LUC), *« Performance publique et stratégie budgétaire »*, LPA, n°14,20 janvier 2000, pp.9-20

pilotage et l'administration du ministère ou de l'institution[796]. Ainsi, il faut distinguer le cadre gestion opérationnel (1), du cadre de pilotage opérationnel (2).

1. La détermination du cadre de gestion opérationnel

Le document de présentation des crédits par destination contient une description des missions/programmes et actions du budget.

L'action est la composante élémentaire d'un programme à laquelle sont associés des objectifs précis, explicites et mesurables par des indicateurs de performance[797]. Elle vise la réalisation d'un objectif intermédiaire du programme dont elle fait partie[798]. Chaque action relève de la responsabilité d'une seule unité administrative même si plusieurs unités administratives contribuent à sa mise en œuvre[799].

En effet, le document de présentation des crédits, est la base sur laquelle est construite, par les acteurs dans le cadre du dialogue de gestion, la programmation. Ces derniers vont développer la démarche de performance du programme notamment par le canal des objectifs stratégiques[800], ainsi que des actions du programme que seront élaborés les budgets opérationnels de programme. La présentation du programme est donc décrite dans le projet annuel de performances. Ainsi pour chacun des programmes, il est désigné un responsable de programmes[801]. Celui-ci fixe « *le cadre général de gestion opérationnelle* »[802] du programme. Ce document peut également faire référence à d'autres documents de travail utilisés, tels « la charte ou le protocole de gestion. En fait, le cadre spécifique au programme est un volet essentiel du cadre général de gestion opérationnelle. Le cadrage du programme est le plan d'action explicitant les orientations stratégiques de l'exécution du programme. Il s'organise autour de trois parties : le cadrage de l'enveloppe, les orientations du programme, notamment en termes de déclinaison des objectifs stratégiques et les résultats attendus[803]. En clair, l'intégralité de la dotation du programme sera partie entre les budgets opérationnels de programme. Que dire de la détermination du cadre de gestion et de pilotage opérationnel et d'exécution opérationnelle ?

---

[796]PARIENTE (Alain), COULIBALI (Abou), « *Programme et mesure de la performance en France et dans les pays africain* », RFFP, n°98, juin, 2007, pp.33-47, p.38

[797]Article 8, loi n°2007/006 du 26 décembre 2007 portant régime financier de l'Etat.

[798]Point 13, Circulaire du MINFI portant instructions relatives à l'exécution des lois de finances, au suivi et contrôle de l'exécution du budget de l'Etat, des Etablissements publics Administratifs, des collectivités territoriales et des organismes subventionnés pour l'exercice 2016

[799]ORSINI (Gilbert), « *L'exécution de la loi de finances* », Paris, Economica, 1998, 271p, p.255

[800]Ibid, p.261

[801]Sur la question voir supra, chapitre VII

[802] Rapport du Minefi, préparation de la mise en œuvre de la loi organique n°2001-692 DU 1er aout 2001 relatives aux lois de finances, en application de la loi de finances 2003, p.2.

[803]Guide pratique de la déclinaison opérationnelle de programmes, p.19

2. La détermination du cadre de pilotage et d'exécution opérationnelle des programmes

Le budget opérationnel de programme est l'outil essentiel de gestion des crédits. Le cadre de gestion chaque programme apparait comme le levier du pilotage de la performance. La performance est principalement axée sur le résultat. Alors, elle se mesure en degré d'accomplissement des cibles et des objectifs établis par un organisme public ou parapublic sur la base d'indicateurs mesurables qui sont des leviers de pilotage[804]. Pour mesurer l'efficacité du processus, autrement dit leur aptitude à atteindre les objectifs, il est nécessaire de déterminer les indicateurs de mesure de performance, ils désignent encore, les indicateurs de pilotage de la performance[805]. Alors, mesurer la performance est essentiel pour piloter un programme.

Concrètement un budget opérationnel de programme comprend des objectifs et des indicateurs de performance du programme et un budget prévisionnel. Il convient de noter que malgré la dimension générale ou centrale du cadre de programmation, le périmètre de gestion de programmes est aussi territorial voire déconcentré. Cela donne son sens à l'institution de la catégorie des ordonnateurs secondaires[806]. Lesquels sont notamment *« les responsables des services déconcentrés de l'État qui reçoivent les autorisations de dépenses des ordonnateurs principaux »*[807]. Il convient de noter que, le législateur national privilégie la décongestion de la gestion des finances publiques, à travers la déconcentration des responsables des unités administratives, de pilotages de l'exécution des programmes budgétaires. Tel que l'indiquent les propos de F. Mordacq, directeur de la DRB: *« A niveau déconcentré donné, idéalement celui de la région, les responsables opérationnels devront disposer d'un budget et d'un système de pilotage de la ^performance. (...) il est primordial que l'échelon territorial adéquat, essentiellement la région, s'approprie la globalisation des crédits, la liberté de redéploiement, la mesure de la performance, et que les budgets opérationnels de programmes ne soient pas retenus au niveau central par certaines administrations »*.

Au plan administratif, la logique de déconcentration est une technique de gouvernance étatique qui consiste pour l'administration centrale à créer des services de relais locaux, notamment les circonscriptions administratives et les directions des services déconcentrés[808]. Sur le plan financier, la multiplication des services extérieurs déconcentrés de l'État implique une multiplication des comptes d'affectation de crédits suivant les programmes de politiques publiques.

---

[804] MAYENA BAYEKOLA (Marie Berthe), *Contrôle de gestion outil de pilotage de la performance dans l'établissement public de santé : cas de l'hôpital principal de Dakar*, Mémoire, centre africain d'études supérieures en gestion, 2013, 119 p., p.21

[805]Ibid

[806]Art.12 décret n°2020/375 du 07juillet 2020 portant règlement général de la comptabilité publique

[807]Art.12al.3 décret n°2020/375 du 07juillet 2020 portant règlement général de la comptabilité publique

[808]MORAND DE VILLER (Jacqueline), *Cours de droit administratif*, 11e Montchrestien, 2002, 929p, p.128

Au niveau territorial le pilotage de la performance des programmes incombe aux chefs de circonscriptions administratives[809], notamment le gouverneur de région et le préfet de département. Ces représentants de l'État au niveau territorial assurent la coordination territoriale de la gestion des crédits de chaque programme relevant de leurs services ; ainsi que sur les collectivités territoriales décentralisées[810]. En matière de pilotage de l'exécution des programmes, les chefs de circonscriptions administratives assurent un contrôle de régularité et de conformité des actes pris dans les domaines (…) des marchés publics, sous réserve des seuils de compétence prévus par la réglementation en vigueur »[811]. Il s'agit notamment de la régularité des actes de la passation des marchés publics[812]. Bien plus au niveau territorial les chefs de circonscriptions administratives assurent une la coordination des services, à travers la cohérence des actions des services opérationnels sur son territoire de commandement. Dans un contexte de réalisation des projets structurants au niveau national, les chefs de circonscriptions administratives en tant qu'ordonnateur secondaire, assurent la mise en cohérence sur son territoire des actions de l'État entre eux et avec des partenaires extérieurs. Ils sont garants de la mise en cohérence territoriale des politiques. Pour ce faire, s'en suit une forte implication dans la réalisation des programmes. Cette contrainte s'étend à tous les autres gestionnaires secondaires de pilotages des programmes.

II - L'implication des gestionnaires secondaires dans le pilotage stratégique

Le pilotage stratégique est un dispositif de suivi mis en place par chaque responsable de programme afin de s'assurer que le programme relevant de sa responsabilité est mis en œuvre de façon efficace et efficiente en vue de réaliser l'objectif stratégique du ministère. Le dispositif de suivi n'a pas vocation à s'ingérer dans la gestion opérationnelle des programmes, mais vise plus précisément à offrir au responsable de programme un cadre pour des prises de décisions stratégiques garantissant l'atteinte des objectifs du programme[813].

Le schéma global dans lequel s'intègre la logique d'intervention du programme dicte qu'à partir des objectifs globaux et spécifiques, le responsable de programme doit prendre les dispositions opérationnelles afin de planifier les

---

809Lire décret n°2008/377 du 12 novembre 2008 fixant les attributions des chefs de circonscriptions administratives ; le décret n°2008/376 du 12 novembre 2008 portant organisation administrative de la République du Cameroun.

810 Article 55al.3 de la constitution du 18janier 1996

811 Art.76 loi n°2019/024 du 24 déce.2019 portant code général des collectivités territoriales décentralisées

812Sur la question lire, EBANGA (Christian Allard), *La passation des marchés publics au Cameroun, Thèse de doctorat, Université de douala, juin 2020, 679p, pp.551 suivants.*

813 MUZELLEC (Raymond), *« Diagnostic du système financier camerounais »*, in la réforme du cadre juridique pour une meilleure gestion des finances publiques au Cameroun, Yaoundé, 11-13 juillet 2013, pp.26-32, p.25

intrants en terme de moyens généraux (ressources humaines et matérielles) afin d'organiser les tâches et activités nécessaires à la production d'extrants (produits) qui produisent des effets (résultats intermédiaires) et par conséquent un impact (résultats finaux) d'ordre économique et social. Le dispositif de pilotage stratégique s'inscrit dans une démarche de déclinaison des objectifs de performance au niveau opérationnel afin de s'assurer que les opérations sont réalisées de manière ordonnée, d'alerter sur les écarts, et d'engager les mesures correctives selon une organisation de l'information qui soit cohérente. Le pilotage stratégique permet de garantir la formalisation et l'animation du dialogue de gestion (A) et l'élaboration des rapports d'activités (B).

A. La formalisation et l'animation du dialogue de gestion

Le dialogue de gestion est un dispositif de concertation permanente mis en place dans le cadre d'un programme afin de s'assurer que les activités mises en œuvre par les différents intervenants du programme concourent à la réalisation des résultats escomptés. Le dispositif mis en place en place vise à fluidifier la communication entre les différents acteurs pour amenuiser les lourdeurs bureaucratiques et faciliter une meilleure participation des parties prenantes dans la réalisation de son objectif[814]. Le dialogue de gestion se décline de la délégation des responsabilités et est animé par le responsable de programme selon trois axes : Un axe horizontal, entre le responsable de programme et les autres responsables de programmes opérationnels ou de programme support ; Un axe vertical, entre le responsable de programme et les responsables opérationnels (responsable d'unité administrative et responsable de services opérationnels) chargés de la mise en œuvre des actions et des activités ; Au niveau territorial, le dialogue de gestion englobe les acteurs locaux tels que les chefs d'administrations déconcentrées et/ou les collectivités territoriales ; Le dialogue de gestion s'étend également aux opérateurs (établissements publics) concernés par l'atteinte des objectifs du programme[815].

Le dialogue de gestion est l'ensemble des processus d'échanges entre deux niveaux hiérarchiques ou managériaux relatifs aux volumes de moyens et aux objectifs assignés », en somme la « mise en place des objectifs et des moyens ». Concrètement, il porte sur la démarche de la performance, sur la programmation des activités ; et sur les moyens. Il s'inscrit naturellement dans un calendrier de gestion (dont le calendrier budgétaire) et organise le nouveau rôle des acteurs de la performance tout au long de la chaîne de management. Il s'agit globalement de mettre en place une organisation permettant aux différents acteurs d'échanger sur tous les aspects du programme selon une périodicité définie par avance. Les supports d'animation du dialogue de gestion sont constitués de la charte de

---

814Manuel d'exécution et de pilotage du budget programme, op cit, p.14

815MAYENA BAYEKOLA (M B), *Contrôle de gestion outil de pilotage de la performance dans l'établissement public de santé : cas de l'hôpital principal de Dakar*, op cit, p. 76

dialogue de gestion (1), du protocole de gestion au niveau de chaque programme (2).

1. L'élaboration de la charte de gestion des programmes

Le dialogue de gestion est institué par la Charte de Gestion, signée par le Chef de l'administration, explicitant et formalisant les rôles et les responsabilités des différents acteurs qui interviennent dans la mise en œuvre des programmes[816]. Il précise également les espaces d'autonomie, les règles, les canaux de partage et de circulation des informations sur les programmes. Ainsi, chaque ministre élabore au plus tard le 31 janvier, la charte de gestion de son département ministériel, en s'appuyant sur le coordonnateur du contrôle de gestion placé auprès du secrétaire général[817]. La charte ministérielle de gestion est un document ministériel pluriannuel explicite qui formalise les rôles et les responsabilités des différents acteurs qui contribuent à la mise en œuvre des objectifs des programmes. La charte précise les espaces d'autonomie et de responsabilité des acteurs et les règles et les canaux de partage et de circulation de l'information[818].

Elle est établie sous la responsabilité du Secrétaire Général et concerne tous les programmes du ministère, y compris les services centraux et déconcentrés. Elle porte sur les modalités, le calendrier d'élaboration et de gestion de programmes, le pilotage de la performance, les modalités et le calendrier d'élaboration des projets de performance des administrations, des rapports trimestriels et annuels de performance, l'organisation du pilotage de gestion, la circulation de l'information, les modalités de contrôle de gestion, les règles de gestion et de reporting financier[819]. Qu'en est-il de l'élaboration du protocole de gestion ?

2. L'élaboration du protocole de gestion au niveau de chaque programme

Le Protocole de gestion organise le dialogue de gestion à l'intérieur de chaque programme et sert de support de communication et d'harmonisation des processus de travail[820].La fonction d'animation du dialogue de gestion du responsable de programme est soutenue par le contrôleur de gestion qui

---

[816] Point 36, Circulaire du MINFI portant instructions relatives à l'exécution des lois de finances, au suivi et contrôle de l'exécution du budget de l'Etat, des Etablissements publics Administratifs, des collectivités territoriales et des organismes subventionnés pour l'exercice 2016

[817]Point 71, Circulaire n°001/C/MINFI/ du 28 déc.2018 portant instructions relatives à l'exécution des lois de finances, au suivi et contrôle de l'exécution du budget de l'Etat, des Etablissements publics Administratifs, des collectivités territoriales et des organismes subventionnés pour l'exercice 2018

[818]Manuel d'exécution et de pilotage du budget programme, op cit, p.21

[819]Point de 72, ibid.

[820]Point 36, Circulaire du MINFI portant instructions relatives à l'exécution des lois de finances, au suivi et contrôle de l'exécution du budget de l'Etat, des Etablissements publics Administratifs, des collectivités territoriales et des organismes subventionnés pour l'exercice 2016

contribue à améliorer progressivement ce dialogue et à le formaliser au niveau du programme dans le cadre d'un « protocole de gestion ».

Le protocole de gestion est un document qui organise, à l'intérieur du programme, le processus de planification opérationnelle, les actions, les activités, les moyens, les circuits de communication, et le processus de suivi et de reporting[821]. Le protocole de gestion, à élaborer au niveau de chaque programme, organise le dialogue de gestion à l'intérieur du programme et sert comme support de communication et d'harmonisation des processus de travail. Le protocole de gestion permet d'expliciter, à l'intérieur du programme, les règles du jeu et les responsabilités entre les différents acteurs, précise l'autonomie de chaque acteur et détermine les règles de diffusion et de circulation de l'information[822].L'implication des gestionnaires secondaires dans le pilotage de la performance de programmes est encore perceptible à travers l'élaboration des rapports d'évaluation des activités.

B. L'élaboration des rapports d'évaluation de pilotage opérationnel

Le pilotage opérationnel consiste en la planification opérationnelle dans un horizon temporel des activités, leur mise en œuvre, leur suivi-évaluation et la production des rapports. Il identifie les objectifs opérationnels pour l'année assortis d'indicateurs et des cibles, planifie les activités et tâches et recense les moyens humains, financiers, matériels et organisationnels nécessaires à leur réalisation. Il débouche sur la production de trois documents à savoir : le Plan de Travail annuel, le Plan de Consommation des Crédits et le Plan de Passation des Marchés.

La mise en œuvre quant à elle permet d'assurer la réalisation effective des activités, l'utilisation judicieuse des ressources budgétaires, la bonne exécution des contrats et des travaux. Le suivi-évaluation vise à assurer la collecte, le traitement et l'analyse des données d'un programme dans le but d'apprécier les écarts entre les prévisions et les réalisations et, le cas échéant, procéder aux ajustements nécessaires au regard des résultats recherchés[823].Le reporting consiste en la production de trois types de rapports par les principaux acteurs de la performance : le rapport d'activités qui est du ressort du responsable d'activité, le rapport d'activité consolidé à la charge du responsable d'action ou du responsable de l'unité administrative et le rapport annuel de performance produit par le responsable de programme[824], ainsi que le reporting financier.

Les différents rapports d'activité élaborés par les responsables d'activités sont consolidés par le responsable d'unité administrative dans un rapport d'activité consolidé. Le rapport d'activité consolidé synthétise au niveau de l'action les

---

[821]Point 74, Circulaire n°001/C/MINFI/ du 28 déc.2018, op cit

[822]Manuel d'exécution et de pilotage du budget programme, op cit, p.22

[823]Point 41, Circulaire du MINFI portant instructions relatives à l'exécution des lois de finances, au suivi et contrôle de l'exécution du budget de l'Etat, des Etablissements publics Administratifs, des collectivités territoriales et des organismes subventionnés pour l'exercice 2016

[824]Point 42, ibid.

résultats obtenus au niveau des activités qui y répondent, et propose des pistes d'amélioration et de correction[825].

Le rapport de synthèse trimestriel est transmis au ministre cinq (05) jours après la fin du trimestre concerné, afin ceux-ci puissent à leurs niveaux respectifs organisés le dialogue de gestion. Sous l'autorité du ministre, le coordonnateur du contrôle de gestion consolide les rapports de synthèse trimestriels des programmes et les transmet au ministre des finances 10 jours plus tard après la fin du trimestre, avec copie au MINEPAT[826]. Pour les Ministres ciblés dans le cadre des appuis budgétaires des partenaires financiers, ce rapport doit clairement donner les informations sur le niveau d'atteint des résultats fixés dans les conventions correspondantes[827]. La rédaction des rapports de suivi trimestriel des programmes facilite la rédaction des Rapports annuels de performance (RAP).

Les rapports d'activités consolidés permettent au responsable de programme d'élaborer le Rapport annuel de performance (RAP) de son programme à soumettre au Ministre. Les RAP élaborés au niveau de chaque programme sont ensuite consolidés dans le RAP du ministère qui sera soumis au Parlement[828]. Conformément aux dispositions de la loi N° 2018/012 du 11 juillet 2018 portant régime financier de l'État, les RAP sont produits en annexe au projet de loi de règlement. En effet, cette législation prévoit la liste exhaustive des annexes jointes au projet de loi de règlement. D'après ce texte, le projet de loi de règlement est accompagné *« des rapports annuels de performance par programme »*[829] des administrations rédigées par les ordonnateurs principaux.

Ces derniers rendent compte, pour chaque programme de l'exécution des autorisations d'engagement et des crédits de paiement prévus dans la loi de finances de l'année. Ils présentent et expliquent les réalisations effectives concernant l'ensemble des moyens regroupés au sein d'un programme et alloués à une politique publique ; à ce titre, ils permettent d'apprécier la qualité de la gestion des politiques publiques.

Au demeurant le cadre normatif communautaire rénové et harmonisé de gestion des finances publiques s'inscrit dans une logique essentiellement basée sur la recherche de l'efficacité dans la gestion du budget. Et ce, à travers la multiplication de nouveaux acteurs secondaires de pilotage de la performance des programmes budgétaires. Cette recherche de la performance est également appréciable au niveau du contrôle de l'exécution, à travers l'introduction de nouveaux acteurs.

---

825 Manuel d'exécution et de pilotage du budget programme, op cit, p.34

826 Point 81, Circulaire n°001/C/MINFI/ du 28 déc.2018

827 Point.82, ibid

828Ibid,

829Art.21al.1.C loi n°2018/012 du 11 juillet 2018 portant régime financier de l'Etat (RFE)

Section II : L'introduction des nouveaux acteurs de contrôle de l'exécution du budget

D'après la Déclaration des droits de l'homme et du citoyen (DDH) de 1789, « *la société a le droit de demander compte à tout agent de son administration* »[830]. Ce contrôle est donc exercé principalement par le parlement, représentant du peuple, à travers le contrôle de l'action du gouvernement[831]. Il en est ainsi, en partie a postériori au moyen du vote de la loi de règlement.

Indépendamment du contrôle externe revalorisé[832], la gestion des finances publiques est aussi assurée par un contrôle interne à l'administration ou l'autocontrôle administratif. Ce mécanisme n'a pas été négligé par la réforme en cause, la nécessitant d'adapter la gestion financière des Etats membres de la CEMAC aux nouvelles exigences de l'orthodoxie de la gouvernance financière internationale. Précisément, on peut citer trois formes de contrôles exercés par l'administration en matière de finances publiques. D'abord, le contrôle classique financier qualifié aussi de contrôle budgétaire, ensuite les contrôles comptables et le contrôle de gestion, qui est la nouvelle forme instituée.

L'influence du droit communautaire sur le système de contrôle des finances publiques au Cameroun[833] est déterminante. La modernisation du cadre normatif harmonisé communautaire des finances publiques est perceptible par l'aménagement des mécanismes d'atteinte de la performance, à travers la diversification de nouveaux acteurs de contrôle de la gestion des programmes du budget. Le cadre harmonisé communautaire, organise une dualité des acteurs de contrôle, ainsi au-delà du rôle du comptable public, la réforme qui s'étend au niveau national consacre une rénovation contrôleurs financiers (I) et l'institution du contrôleur de gestion (II).

I - L'institution du contrôleur financier

Le cadre harmonisé des finances publiques communautaires CEMAC, a institué et recommandé aux Etat membres *« un contrôleur financier intervenant dans la chaine du contrôle administratif à priori des opérations budgétaires de l'Etat »*[834]. Ainsi, Le Régime financier rénové de 2018 identifie clairement le contrôleur financier comme acteur du processus budgétaire, ce qui n'était pas le cas avant. Le contrôleur financier est en Charge du contrôle des engagements des dépenses, son rôle a toutefois évolué à la faveur des textes successifs pris en matière de comptabilité publique. Désormais, d'après cette loi, « *les opérations d'exécution du*

830Art.15 de la DDHC

831Art.35al.1 constitution du 18 janvier 1997

832Voir, chapitre supra

833DJEYA KAMDOM (Y G), « *L'influence du droit communautaire sur le système de contrôle des finances publiques au Cameroun : à propos de la CEMAC du 19 décembre 2011* », in Gestion et Finances publiques, 2017, pp.116-121

834Art.100 Directive N°02/11/UEAC-190-CM-22 du 19 décembre 2011 portant règlement général de la comptabilité publique

budget de l'État incombent aux ordonnateurs, aux contrôleurs financiers et aux comptables publics »[835].

La nécessité de garantir la régulation budgétaire, fait du contrôleur financier un acteur essentiel de la gestion budgétaire. Ce qui est manifeste à des niveaux différents de son office dans l'administration, qui nécessite d'être identifié (A) ainsi que leurs missions (B).

A. L'identification des contrôleurs financiers

Les contrôleurs financiers exercent à des niveaux différents de l'administration d'État. Dans une logique d'organisation administrative d'un 'État unitaire décentralisé. Ces acteurs sont présents tant au niveau central ou déconcentré, qu'à l'échelle locale ou décentralisée.

1. Le contrôleur financier acteur de l'administration centrale

Conformément à la Directive CEMAC de 2011 portant règlement général de la comptabilité publique, *« le contrôleur financier est placé sous l'autorité du ministre chargé des finances. Il peut disposer des représentants auprès des ministres dépensiers* »[836]. Le caractère contrôleur financier comme agent de l'administration centrale de contrôle des finances publiques est adapté au plan national. Le régime financier camerounais de 2018 précise *qu' « Ils sont nommés auprès des ordonnateurs principaux ainsi qu'auprès des ordonnateurs secondaires placés à la tête des services déconcentrés »*[837]. Ces derniers s'inscrivent dans une logique de relai administratif de l'administration centrale.

En effet, les contrôleurs financiers sont des agents agissant au sein des services centraux et déconcentrés des ministères, notamment auprès des Ministres et des chefs de circonscriptions administratives de l'État. En outre, ils exercent au sein des services centraux des Etablissements publics administratifs (EPA), précisément en collaboration avec des Directeurs généraux. Il Ils sont aussi actifs à l'échelle de l'administration locale.

2. Le contrôleur financier acteur de l'administration locale

Le contrôleur financier peut à bien des cas être un agent de l'administration locale. La Directive CEMAC portant règlement général de la comptabilité publique, souligne qu' *« il peut disposer des représentants auprès de l'administration locale d'État* »[838]. Au Cameroun, le contrôleur financier agit au niveau de l'administration locale ou décentralisée en qualité de comptable assignataire. Car,

---

[835]Art.64 loi n°2018/012 du 11 juillet 2018 portant régime financier de l'Etat (RFE)

[836]Art. 101 Directive N°02/11/UEAC-190-CM-22 portant règlement général de la comptabilité publique

[837]Art.70 loi n°2018/012 du 11 juillet 2018 portant régime financier de l'Etat (RFE)

[838]Art. 101 Directive N°02/11/UEAC-190-CM-22 portant règlement général de la comptabilité publique

d'après la réglementation nationale portant règlement général de la comptabilité publique, *« dans les administrations où le contrôleur financier n'est pas formellement désigné, le comptable assignataire fait office de contrôleur financier »*[839]. Cela est d'autant vrai que, les fonctions de contrôleur financier sont compatibles avec celles de comptable public, ainsi ces fonctions peuvent être cumulées. À cet effet, un receveur municipal ou comptable municipal peut en principe assurer une fonction autre que celle de contrôleur financier. Cependant, dans les arrondissements et en attendant la nomination des contrôleurs financiers d'arrondissement, *« le contrôle financier de l'exécution du budget est assuré par le contrôle financier Départemental de rattachement »*[840]. Ainsi, formellement le contrôleur financier exerce plusieurs missions. S'agissant des Communes d'Arrondissement, en attendant la nomination en leur sein des contrôleurs financiers spécialisés, *« le contrôle de régularité est exercé par le contrôleur financier spécialisé de la Communauté Urbaine de rattachement »*[841].

B. Les missions du contrôleur financier

Le contrôleur financier est un agent du Ministère des finances placées auprès d'un ordonnateur dans le but de faciliter l'exécution de dépense publique dans l'optique de la déconcentration de la gestion financière de l'État. Il assure un double contrôle à priori des opérations d'exécution de la dépense et des recettes. Concernant le contrôle à priori, il est chargé de vérifier la conformité ou la régularité des actes d'engagement ou d'exécution des dépenses publiques par l'apposition d'un visa préalable. Conformément à la Directive CEMAC portant règlement général de la comptabilité publique, tous les actes portant engagement de dépenses sont soumis au visa préalable du contrôleur financier et notamment, les contrats, les mesures ou décision émanant d'un ordonnateur[842]. Ces actes sont examinés au regard de l'imputation de la dépense, da la disponibilité de crédits, de l'application des dispositions d'ordre financier, des lois et règlements, de leur confirmation aux autorisations parlementaires et des conséquences que les mesures proposées peuvent avoir les finances publiques[843].

---

[839] Art.115.al.2 décret n°2020/375 du 07 juillet 2020 Portant règlement général de la comptabilité publique

[840] Point 109, Circulaire n°001/C/MINFI/ du 28 déc.2018 portant instructions relatives à l'exécution des lois de finances, au suivi et contrôle de l'exécution du budget de l'Etat, des Etablissements publics Administratifs, des collectivités territoriales et des organismes subventionnés pour l'exercice 2018

[841] Point.110, ibid

[842] Art. 103 Directive N°02/11/UEAC-190-CM-22 portant règlement général de la comptabilité publique ; Voir, article 116.al.1 décret n°2020/375 du 07 juillet 2020 Portant règlement général de la comptabilité publique

[843] Art. 101 Directive N°02/11/UEAC-190-CM-22 portant règlement général de la comptabilité publique. Voir dans le même sens, l'art.70 loi n°2018/012 portant régime financier de l'Etat. *« Le contrôleur financier est chargé des contrôles a priori par l'apposition d'un visa préalable des opérations budgétaires, les propositions d'actes de dépense qui lui sont transmises par le Ministre ou ses ordonnateurs délégués selon des modalités définies par le Ministre chargé des finances ».*

Ainsi, en matière de dépenses, le contrôleur de gestion examine la régularité formelle de tous les projets d'actes. Ce contrôle de régularité porte sur l'engagement, la liquidation, l'ordonnancement et le paiement[844].
Au niveau de l'engagement, le contrôle porte entre autres sur :
- L'accréditation de l'ordonnateur ;
- L'assignation à un poste comptable ;
- La conformité des engagements aux programmes et actions prévus ;
- La disponibilité des autorisations budgétaires ;
- Le respect des procédures de la commande publique ;
- L'exacte imputation de la dépense selon sa nature et son objet.
Au niveau de la liquidation le contrôle porte entre autres sur :
- L'existence du visa budgétaire ;
- La liasse de la dépense ;
- La certification du service fait ;
- L'arrêté du montant de la dépense, comme contrepartie réelle du service fait.
Au niveau de l'ordonnancement le contrôle porte entre autres sur :
- L'accréditation de l'ordonnateur ;
- La régularité de la liquidation ;
- Le poste comptable assignataire ;
- L'autorisation d'engagement ;
- Le crédit de paiement ;
- L'ordre de paiement.

Au niveau du paiement, le contrôle porte en plus de l'exception des procédures de la commande publique sur :
- L'exactitude des calculs de liquidation ;
- Les délais de prescription et de déchéance ;
- Le mode de paiement ;
- La concordance entre le titre de créance et le titre de règlement ;
- Les cas d'opposition, de nantissement et des cessions ;
- le règlement au véritable créancier.

Pour ce faire, le contrôleur financier, peut exiger communication de toutes les pièces propres pour justifier les engagements de dépenses à l'effet d'éclairer sa décision. Bien plus, le contrôleur financier donne un avis sur le caractère sincère et soutenable des plans d'engagement des dépenses[845]. Toute ordonnance ou mandat de paiement ou de délégation de crédits ne peut être présenté à la Signature de l'Ordonnateur qu'après avoir été soumis au visa du contrôleur

---

[844] Art.11 décret n°2013/159 du 15 mai 2013 portant régime particulier du contrôle administratif des finances publiques. Voir aussi article 4 décret n° 77/41 du 3 février 1977 Fixant les attributions et l'organisation des contrôles financiers

[845] Art.70 loi n°2018/012 du 11 juillet 2018 portant régime financier de l'Etat (RFE) ; Voir dans ce sens, article 116 al.3 décret n°2020/375 du 07 juillet 2020 Portant règlement général de la comptabilité publique

financier[846]. Il est fait interdiction au comptable du trésor[847] de mettre en paiement des ordonnances non revêtues de ce visa. Le cas échéant sa responsabilité personnelle se trouverait engagée[848]. Il en est de même de celle du contrôleur financier qui manquerait à ses obligations respect de la déontologie des règles de gestion des finances publiques. Car, le contrôleur financier est tenu d'observer les règles de régulation des actes d'opérations budgétaires. En ce sens que, si les mesures ou actes lui paraissent entachés d'irrégularité au regard des dispositions légales, le contrôleur est tenu de refuser son visa[849]. De même qu'il est également tenu de s'assurer que les ordonnances se rapportant à un engagement de dépenses déjà visé par lui, se maintiennent dans les limites dans ses limites des crédits[850]. Car il est personnellement responsable des contrôles portant sur la disponibilité des crédits, sur la vérification des prix par rapport à la mercuriale en vigueur ou toute autre référence de prix défini par voie réglementaire, et ce au titre de la validité créance, sur l'exactitude des calculs de la liquidation de la dépense[851]. Cependant, en cas de violation de l'obligation, sa responsabilité personnelle peut être mise en cause devant le juge administratif ou devant d'autres instances non juridictionnelles ou institutions supérieures de contrôle de l'État des finances publiques.

Au demeurant, le contrôleur financier assure essentiellement un contrôle préalable voire a priori, des actes d'engagement de la dépense publique. Cependant son action ne s'étend pas à postériori, ce qui relève des prérogatives du contrôleur de gestion, un nouvel acteur institué dans la chaine de contrôle de l'exécution du budget.

II - L'institution du contrôleur de gestion

La gestion axée sur la performance initiée par les réformes CEMAC de 2011 relatif à la gestion des finances publiques a entrainé un renouvellement des mécanismes de contrôle, ainsi que des acteurs de contrôle au niveau interne des Etats membres. Ainsi, dans une logique de renforcer la qualité et l'efficacité du contrôle de la dépense publique au plan interne des administrations publiques, la directive communautaire de 2011 portant règlement général de la comptabilité prescrit d'instituer un contrôle de gestion. Lequel processus doit être organisé par un ordonnateur. Selon la directive, *« le Contrôleur financier peut adapter dans les*

846Art.103 Directive N°02/11/UEAC-190-CM-22 portant règlement général de la comptabilité publique

847POUJAD, « *La responsabilité des ordonnateurs en droit public financier* », AJDA, 4avril 2005, PP.703-708, p.705

848LASCOMBE, Michel et VANDENDRIESSCHE, Xavier. *« De la nécessité de maintenir un contrôle juridictionnel en système lolfique »*. In : Revue française des finances publiques, n° 100, Paris, 2008

849 Art. 102 Directive N°02/11/UEAC-190-CM-22 portant règlement général de la comptabilité publique

850Art. 103 Directive N°02/11/UEAC-190-CM-22 portant règlement général de la comptabilité publique

851Art.117 décret n°2020/375 du 07 juillet 2020 Portant règlement général de la comptabilité publique

conditions définies par décret, les modalités de mise en œuvre de ses contrôles, au regard de la qualité et de l'efficacité du contrôle interne ainsi que du contrôle de gestion mis en œuvre par l'ordonnateur »[852]. Ce dispositif est piloté par un acteur de contrôle désigné le contrôleur de gestion.

Au Cameroun, le contrôle de gestion *« est un système de pilotage mis en œuvre au sein d'une administration en vue d'améliorer le rapport entre les ressources (humaines, matérielles et financières) engagées et les résultats obtenus au titre de l'exécution d'un programme, sur la base d'objectifs préalablement définis au terme d'une démarche de planification stratégique* »[853]. Le processus s'inscrit dans le pilotage de la performance qui consiste dans la capacité d'un responsable de programme ou d'un responsable d'action de prendre une décision initiale ou corrective, en s'appuyant sur la connaissance des coûts, des activités et des résultats[854]. Dans ce sens, le dispositif de contrôle de gestion vise à proposer des aides au pilotage opérationnel et notamment pour améliorer la réactivité des prises de décision afin d'atteindre les objectifs fixés. Il permet d'optimiser l'efficacité, l'efficience et la qualité de service d'une entité publique[855].

Ce dispositif, inhérent au pilotage stratégique permet de prévoir, suivre et analyser les réalisations et performances de chaque programme. C'est une démarche interne au profit des décideurs. Orientée vers le progrès continu, elle s'exerce en amont et en aval de l'action. L'institution d'un contrôle de gestion s'inscrit en aval des exigences de la mise en œuvre du budget programme, prescrit par le régime financier de l'État de 2007, ainsi que la révision consécutive de 2018.En effet, la mise en œuvre du contrôle de gestion dans les administrations publiques se fait sous l'égide d'un contrôleur financier, disposant des missions spécifiques (A) dans le cadre d'un déploiement national (B).

A. Les missions du contrôleur de gestion

Le contrôleur de gestion est un acteur clef dans le dispositif de pilotage de la performance. C'est un acteur central dans le processus de gestion du budget programme axé sur la performance. Le contrôleur de gestion a pour mission principale d'appuyer le responsable de programme dans l'atteinte des objectifs qui lui sont assignés au titre de l'exécution de la loi de finances[856]. Il intervient en amont et en aval du processus d'élaboration de la loi de finances, dans le cadre du dispositif PPBS existant dans chaque département ministériel. Il fournit les

---

[852]Art.86 DIRECTIVE N° 02/11-UEAC-190-CM-22 relative au Règlement général de la comptabilité publique.

[853] Point 13 Circulaire n° 003/PM du 06 juillet 2015 relative au contrôle de gestion dans le cadre de l'élaboration et de l'exécution du budget

[854]BOUVIER (M), *« Culture de la performance, équité et espace financier public durable »*, RFFP, n°79, septembre 2007, pp.3-9, p.6

[855]*Manuel du contrôle de gestion : aide au pilotage de la performance dans le cadre de la loi portant régime financier de l'Etat.* Aout, 2016, 67p., p.5

[856]Point 21 Circulaire n° 003/PM du 06 juillet 2015 relative au contrôle de gestion dans le cadre de l'élaboration et de l'exécution du budget

éléments permettant d'animer et conduire de manière objective le dialogue de gestion[857]. Les activités du contrôleur de gestion sont aussi bien importantes dans la phase de préparation (1) que d'exécution (2) du Budget programme.

1. L'action du contrôleur de gestion dans la phase préparatoire

La phase de préparation, de programmation et de préparation se focalisera sur la définition des orientations stratégiques et sur la planification de la gestion. Le contrôleur de gestion est un acteur du dialogue entre les services centraux et les services déconcentrés pour la définition des objectifs de performances stratégiques, la planification des activités, le dimensionnement des ressources[858]. Dans la phase préparatoire du Budget programme, le Contrôleur de gestion doit veiller à ce que toutes les conditions techniques soient réunies pour la mesure des performances des programmes inscrits dans le PPA. À cet effet, le contrôleur de gestion[859] :

- veille à la cohérence des objectifs contenus dans les instruments de planification stratégique et de programmation financière et contribue à leur élaboration ;
- fournit les éléments objectifs et quantifiés d'analyse des coûts et des résultats d'activités;
- participe à l'élaboration des programmes consignés dans les projets de Performance des Administrations ;
- contribue à la fixation des objectifs et à la définition des indicateurs ;
- apprécie le réalisme et l'ambition des cibles de résultat proposés par les responsables d'actions et d'activités et s'assure que leur agrégation permet d'atteindre les cibles du programme.

Bien plus, il contribue directement à l'élaboration des annexes du projet de loi de finances. Il est un appui à la réalisation des cadres logiques structurants les Cadres de dépenses à moyens termes (CDMT) des ministères et des programmes. Son action dépasse le strict champ des dépenses d'investissement (il associe les dépenses de fonctionnement si besoin dans les projets et activités) et/ou des services (dans une approche par programme, la déclinaison des dépenses n'est pas segmentée par le découpage des structures administratives)[860].

La programmation budgétaire fixe l'adéquation entre les missions (finalités, objectifs de politiques publiques, stratégie), les activités prévues (activités, taches), les moyens (ressources financières, humaines, matérielles) et les modalités de mise en œuvre (processus, règles de gestion). La répartition des moyens s'appuiera sur des indicateurs partagés (ex : nombre d'élèves par classe,

---

[857]ECKERT, Christian. « *Le contrôle de la dette publique par le Parlement : un enjeu politique devenu majeur* ». In : Revue française des finances publiques, n° 123, Paris, 2013, p.25

[858]*Manuel du contrôle de gestion : aide au pilotage de la performance dans le cadre de la loi portant régime financier de l'Etat.* Op cit, p. 16

[859]Point 23 Circulaire n° 003/PM du 06 juillet 2015 relative au contrôle de gestion dans le cadre de l'élaboration et de l'exécution du budget

[860]*GUILLAUME (Henri), « Introduction de la gestion de la performance », RFFP*, n°73, 2001, pp.129-134, p.130

nombre et coût moyen de déplacement par inspecteur, nombre moyen de m² par agent, nombre de structures hospitalières réhabilitées, etc.). Ces éléments permettent une affectation différenciée selon les caractéristiques de chaque échelon. De manière concrète, la répartition des crédits se matérialise dans une déclinaison opérationnelle des actions en activités et les activités en tâches. Ceci débouche sur trois outils inscrits dans la chaine PPBS : le plan de passation des marchés (PPM), le plan de travail annuel (PTA), le plan de consommation des crédits (PCC). Ces outils, tenus par les gestionnaires de crédits, sont utiles et exploités par le contrôleur de gestion[861].

2. L'action du contrôleur de gestion dans la phase d'exécution, suivi et évaluation

Au cours de la phase d'exécution, le contrôleur de gestion a la responsabilité principale de collecter, traiter et commenter les informations les plus pertinentes de mise en œuvre de tous les programmes dans une optique de prises de décisions stratégiques par l'ordonnateur principal dans la conduite des actions vers les résultats[862]. Dans la phase de l'exécution de la loi de finances, le contrôleur de gestion[863] :

- collecte et analyse les informations de gestion ;
- s'assure que la stratégie et les objectifs du programme sont communiqués aux services centraux et déconcentrés ;
- coordonne la déclinaison des objectifs et des indicateurs accolés aux actions ou activités relevant des services centraux ou déconcentrés ;
- veille à la diffusion et à l'appropriation par tous les acteurs de la démarche et des outils du management par la performance.

En effet, dans la phase d'exécution et de pilotage infra-annuel, le contrôleur de gestion contribue au pilotage opérationnel. Il réalise les analyses transversales des performances : résultats, détection des risques, propositions de mesures correctrices. Il assure un dialogue avec les services[864]

Le contrôleur de gestion est responsable du suivi-évaluation du programme[865]. À ce titre :

- il conçoit et renseigne le tableau de bord du responsable de programme ;
- il prépare et assure le suivi des actions arrêtées dans le cadre du dialogue de gestion et propose les mesures correctives ;

---

[861] GODARD (Jean), « *Brèves remarques sur le contrôle des finances publiques* », RDP, 1980, PP.525-532, p.529

[862] Manuel de pilotage et d'exécution du budget programme, op cit, p.10

[863]Point 24, Circulaire n° 003/PM du 06 juillet 2015 relative au contrôle de gestion dans le cadre de l'élaboration et de l'exécution du budget.

[864]ABATE (Bernard), « *La réforme budgétaire et les attentes de la nouvelle gestion publique* », RFFP,n°77, LGDJ, 2002, pp.34-43, p.38

[865]Point 25, Circulaire n° 003/PM du 06 juillet 2015 relative au contrôle de gestion dans le cadre de l'élaboration et de l'exécution du budget.

- il recueille et diffuse les bonnes pratiques de pilotage du programme au profit des responsables :
- sous la supervision du responsable de programme, il élabore le RAP du programme.

En phase d'évaluation et de bilan à l'issue de l'exercice, le contrôleur de gestion contribue à l'élaboration du rapport annuel de performances au niveau des programmes et du ministère ainsi qu'à l'analyse de la performance des unités de travail. En effet, toutes les entités dont l'activité a un impact sur le budget du programme doivent dresser un bilan de l'année. Cette analyse porte sur les résultats, ainsi que sur la pertinence entre objectifs et moyens alloués, afin d'alimenter les discussions entre responsables de programmes et directions organiques en matière d'évaluation de la performance et d'orientation du nouveau cycle de gestion. L'enjeu du contrôleur de gestion est de ne pas se substituer aux gestionnaires. Il doit se limiter à leur apporter un appui et une aide en vue d'améliorer la performance. Ce travail objectif repose sur une consolidation des tableaux de bord accompagnés d'analyses produites par les responsables et gestionnaires dans les délais impartis[866].

Pour la réalisation de ses missions le contrôleur de gestion observe une méthode ou démarche stratégique et met en œuvre des outils. La démarche stratégique est un préalable au management par la performance. Il s'agit, au regard des orientations sectorielles, présidentielles voire parlementaires des politiques publiques à mettre en œuvre, de déterminer les objectifs stratégiques qui devront être arrêtés et déclinés en autant d'objectifs à réaliser au sein de chacune des administrations contributrices pour mobiliser, canaliser et rythmer l'activité des services. La stratégie s'inscrit dans une perspective pluriannuelle et nécessite d'opérer des choix, de prendre des décisions. Aussi, une stratégie est structurante pour les politiques menées et les administrations concernées. Il est donc important que celle-ci soit relativement stable dans le temps afin de donner la possibilité aux acteurs de conduire les actions et d'en mesurer les effets. Au niveau des programmes, une stratégie s'inscrit dans une perspective de 3 à 5 ans[867].

Concernant les indicateurs, ils servent à mesurer les objectifs. Un objectif exprime un changement positif souhaité. On distingue plusieurs types d'indicateurs, (de performance stratégique, d'environnement ou de contexte, de moyens, d'activité et de résultat et de fonctions supports et ratios budgétaires).

Un indicateur mesure un élément important de l'objectif. Un indicateur est une donnée permettant d'objectiver une situation et d'en rendre les caractéristiques interprétables[868]. Les indicateurs aident les décideurs à faire le lien entre les facteurs clefs, les leviers actionnés et les résultats atteints. Un indicateur prend au moins deux valeurs remarquables : une cible que l'on se fixe et une

---

[866]Manuel de pilotage et d'exécution du budget programme, op cit, p.17
[867]NICINSKI (Sophie), « Le plan de relance de l'économie », RFDA, 2009, pp.260-271 p.265
[868]Ibid, p.268

valeur en fin d'exercice qui vient matérialiser la programmation. Les indicateurs sont quantifiés car « *on ne maîtrise bien que ce que nous pouvons mesurer* » ou « *seul ce qui est compté est géré* ». Les données chiffrées permettent des retraitements (additionner, soustraire, multiplier, calculer des rapports, des taux), de bâtir des séries chronologiques, de construire des diagrammes et des graphiques. Ces éléments permettent de construire une fiche de documentation de chaque indicateur avant consolidation dans un tableau de bord[869].

Relativement au tableau de bord, un tableau de bord est une présentation synthétique des éléments à suivre pour le pilotage effectif du programme et toute sa déclinaison opérationnelle. Le tableau de bord donne à voir ce qui est piloté en priorité et alerte quant aux résultats obtenus et aux actions correctives possibles. Il offre un cadre pour développer une culture de la performance au sein des administrations et des programmes. Centré sur les points-clefs à observer, le tableau de bord a vocation à être sélectif ; il ne prétend pas couvrir tous les champs d'activité d'un service ou d'une entité. C'est un outil d'aide à la décision et au pilotage, qui est conçu pour analyser la performance. Les tableaux de bords servent de base au rapportage de l'administration centrale vers le ministre, du service déconcentré ou des opérateurs vers l'administration centrale, entre services déconcentrés et entre niveaux administratifs (responsable au niveau régional, départemental, dialogue de gestion...). Un tableau de bord est composé des indicateurs destinés à rendre compte du niveau de performance et à alimenter de façon objective le dialogue de gestion. L'élaboration du tableau de bord résulte d'une collaboration étroite entre le contrôleur de gestion et le service métier ou gestionnaire opérationnel[870]. Un tableau de bord est une déclinaison stratégique des objectifs à chaque niveau de responsabilité. Il se construit au travers d'une démarche itérative avec les services afin de sélectionner les indicateurs.

En somme, tout au long de ces trois phases (préparation, exécution, évaluation), le contrôleur de gestion élabore des documents supports du dialogue de gestion et du rapportage : déclinaison régionale des objectifs de performance nationaux, tableaux de bord, indicateurs de contexte, de performances (nationaux, territorialisés et locaux), chartes/protocoles de gestion, calendrier et chronogrammes, identifications des acteurs du dialogue de gestion, plans d'action. Les activités principales ou missions du contrôleur de gestion sont de concevoir et animer le dispositif d'aide au pilotage des programmes dans l'ensemble des administrations ; d'objectiver la mesure de la performance et la connaissance des coûts de l'action publique ; de proposer des voies pour optimiser le rapport entre les moyens financiers engagés et les résultats de l'activité des structures publiques ; de formaliser les rendu-comptes des

[869]HERTZOG (R), « le pouvoir dépensier », *RFFP*, n°41, 1993, pp.98-111, p.24

[870]BOUVIER (M), *« Un monde transition : nouvelle gouvernance financière publique et nouveau contrat social »*, in MEDE (N), LA LOLF, 2010, pp.7-15. p.10

performances pour aider à la prise de décision. Cette animation du contrôle de gestion est perceptible dans le déploiement du contrôleur de gestion.

B. L'extension du déploiement du contrôleur de gestion

L'activité de contrôle de gestion est coordonnée par les structures en charge du suivi au sein de chaque administration. Au niveau central les chefs d'administrations procèdent à la désignation d'un contrôleur de gestion auprès de chaque responsable de programme. Celui-ci élabore chaque mois un rapport sur l'état de mise en œuvre du programme qu'il soumet à l'unité de suivi. Chaque contrôleur de gestion identifie des correspondants dans les services des niveaux actions, activités et des niveaux déconcentrés. Ces correspondants sont des référents méthodologiques et des relais en vue de l'atteinte des résultats et de l'application du cadre de référence du contrôle de gestion.

La fonction de contrôle de gestion est assurée et coordonnée par les structures en charge du suivi au sein de chaque ministère ou institution. Elles sont chargées de l'organisation et de l'animation du réseau interne des contrôleurs de gestion, de la description des procédures de dialogue de gestion et de pilotage de la performance, de la synthèse des données relatives à la mise en œuvre de chaque programme[871]. Le Ministre en charge des finances est responsable du déploiement du contrôle de gestion. À cet effet, il lui incombe de définir les outils méthodologiques nécessaires à la diffusion de cette approche managériale au sein des administrations. Il s'attèlera en outre à développer les instruments de collecte, de traitement et d'analyse des données relatives à la performance des programmes. Par ailleurs, il assurera le suivi et la coordination des projets ministériels de développement du contrôle de gestion, et veillera à la mise en place d'un réseau interministériel de contrôleurs de gestion afin de favoriser les échanges entre pairs et la promotion de bonnes pratiques[872]. En fait, la désignation du contrôle de gestion est perceptible à double niveau de l'administration publique camerounaise, notamment au niveau des services centraux (1) et au niveau des services déconcentrés (2).

1. La désignation du contrôleur de gestion au niveau des services centraux

Au niveau de l'administration centrale ou dans les services centraux de l'administration publique camerounaise, il est nommé un contrôleur de gestion ministériel. Selon l'organisation de chaque département ministériel, le contrôleur de gestion peut être amené à gérer des équipes en administration centrale et en services déconcentrés de l'État. Celui-ci a pour mission principale de concevoir, d'animer un dispositif de pilotage ministériel de la performance, intégrant l'ensemble des programmes mis en œuvre par le département ministériel, en vue

[871]Point 26 Circulaire n° 003/PM du 06 juillet 2015 relative au contrôle de gestion dans le cadre de l'élaboration et de l'exécution du budget

[872]LIENERT (I), *« Existe-t-il un model standard de gestion publique ? »*, in Réforme des finances publiques, démocratie et bonne gouvernance, LGDJ, 2004, pp.115-120, p. 118

d'améliorer le rapport entre les ressources (humaines, matérielles et financières) engagées et les résultats obtenus au titre de l'exécution de l'ensemble des programmes mis en œuvre par le département ministériel. Le contrôleur de gestion ministériel est sous l'autorité hiérarchique du secrétaire général ou du responsable de programme[873]. Dans le cadre de ses activités, il peut effectuer les déplacements sur le terrain afin de conduire des appuis opérationnels, des vérifications sur site ou des travaux auprès des équipes[874]. Le rythme des travaux du contrôleur de gestion ministériel est établi par les contraintes fixées par le calendrier de gestion interministériel. Ce calendrier comprend concomitamment la préparation budgétaire qui aboutit au PLF (année n+1), l'exécution budgétaire de l'exercice en cours (année n) et l'évaluation de l'exercice précédent qui aboutit à la loi de règlement (année n-1)[875].

Le suivi et la consolidation des rendez-vous de pilotages mensuels des responsables de programme rythment les travaux du contrôle de gestion. Il est responsable de la mise à jour mensuelle du système de suivi et d'évaluation de la performance des programmes pour le département ministériel[876].

Le contrôle de gestion est une fonction de mission qui nécessite une disponibilité, un esprit de service et un fonctionnement dans une logique de résultat. Les horaires sont adaptés aux enjeux dans le respect du cadre légal. La fonction n'est pas soumise à des astreintes et permanences le soir ou les week-ends. Dans le cadre de ses activités, le contrôleur de gestion entretient des relations fonctionnelles internes et externes à l'administration de travail.

Concernant les relations fonctionnelles, le contrôleur de gestion ministériel entretient des relations de collaboration avec :

- le secrétaire général qu'il conseille et appuie dans ses prises de décision.
- l'ensemble des contrôleurs de gestion affectés sur chacun des programmes spécifiques : il anime le réseau, coordonne leurs actions.
- des réunions régulières de coordination sont initiées par le contrôleur de gestion ministériel afin d'élaborer la doctrine du contrôle de gestion et consolider les outils de pilotage ministériel[877].

Relativement aux relations fonctionnelles externes de l'administration de rattachement, le contrôleur de gestion ministériel entretient des relations de collaboration avec :

- Les contrôleurs de gestion ministériels des autres départements ministériels dans le cadre d'une coordination formelle animée par le ministère des finances.

873LANDBECK (D), « *La notion de sincérité en finances publiques* », RFDA, éd., Dalloz, 2009, pp.10-17, p.15

874Le contrôle de gestion est une fonction de mission qui nécessite une disponibilité, un esprit de service et un fonctionnement dans une logique de résultat. Les horaires sont adaptés aux enjeux dans le respect du cadre légal. La fonction n'est pas soumise à des astreintes et permanences le soir ou les week-ends

875HERTZOG (R), « *Le pouvoir dépensier* », RFFP, n°41, 1993, pp.98-111, p.106

876 Ibid.

877MAGNET (J), « *Collaboration de la cour des comptes au contrôle financier du parlement* », in Loïc PHILIP, L'exercice du pouvoir financier du parlement, théorie, pratique et évolution pp. 105-110, p.110

L'objectif de cette animation est l'élaboration d'un référentiel du contrôle de gestion commun, l'émergence de bonnes pratiques, la définition de formation, la consolidation d'une compétence utile au pilotage au sein de l'administration[878].

La mise en place du contrôle de gestion nécessite la création d'une cellule de contrôle de gestion au sein de chaque ministère placé auprès du Secrétaire général et la nomination d'un contrôleur de gestion auprès de chaque responsable de programme. Ce service placé auprès du SG est dirigé par un responsable qui gère et pilote le travail des contrôleurs de gestion placés auprès des responsables de programmes. L'équipe est composée de cadres de haut niveau ayant des compétences confirmées dans les métiers au cœur du ministère. L'équipe doit également comporter des compétences en matière de gestion financière pour l'évaluation des coûts des programmes. L'opérationnalisation du contrôle de gestion requiert la mise en place d'un système de planification opérationnel basé sur le suivi d'indicateurs et d'analyse des coûts résultant de la comptabilité publique (comptabilité budgétaire, générale et analytique). Sa mise en œuvre est facilitée par la contractualisation et le dispositif de dialogue de gestion.

2. La désignation du contrôleur de gestion au niveau des services déconcentrés

Au niveau de l'administration déconcentrée ou dans les services déconcentrés de l'administration publique camerounaise, il est nommé un contrôleur de gestion en Région.

Le contrôleur de gestion en Région a pour mission principale de concevoir, d'animer un dispositif régional de pilotage de la performance, intégrant les programmes auxquels il est rattaché, en vue d'améliorer le rapport entre les ressources (humaines, matérielles et financières) engagées et les résultats obtenus au titre de l'exécution de l'ensemble des programmes mis en œuvre dans la Région[879].

Selon l'organisation ministérielle ou interministérielle, le contrôleur de gestion en Région est sous l'autorité hiérarchique du Gouverneur de Région ou du Secrétaire général de son ministère. Selon l'organisation ministérielle ou interministérielle, le réseau déconcentré ministériel peut avoir son propre contrôleur de gestion en région qui assure l'appui au pilotage pour son périmètre ministériel. De ce fait, il peut y avoir plusieurs contrôleurs de gestion en région : au niveau du Secrétaire général de la région et au niveau des échelons régionaux des ministères à réseau[880].

Le contrôleur de gestion en région ministériel coordonne et anime le réseau des contrôleurs de gestion de son échelon régional sur le périmètre qui lui est

[878]CARCASSONNE, (G). « *La LOLF et le renouveau du contrôle* ». In : Revue française des finances publiques, n°97, Paris, 2007. pp.45

[879]BOUVIER, (M). *Les ambiguïtés fatales du droit public financier.* Editorial. Revue Française de Finances Publiques, n° 122, avril 2013. Paris : LGDJ, p. VIII. p.63

[880]BOUVIER, (M). *« Nouvelle gouvernance financière publique durable et conduite de la réforme budgétaire dans les pays en développement »*. In : Revue française des finances publiques, n° 98, Paris, 2007, pp.35

confié. Cette coordination repose sur une animation fonctionnelle en vue de rendre compte de la performance, aider à la décision et coordonner les actions locales[881]. Le contrôleur de gestion en région est basé en administration déconcentrée. Selon l'organisation de chaque département ministériel, le contrôleur de gestion peut être amené à gérer des équipes en administration déconcentrée dc l'échelon régional ou infra. Des déplacements sur le terrain afin de conduire des appuis opérationnels, des vérifications sur site ou des travaux auprès des équipes sont fréquents[882].

Le rythme des travaux du contrôleur de gestion en région est établi par les contraintes fixées par le calendrier de gestion interministériel. Ce calendrier comprend concomitamment la préparation budgétaire qui aboutit au PLF (année n+1), l'exécution budgétaire de l'exercice en cours (année n) et l'évaluation de l'exercice précédent qui aboutit à la loi de règlement (année n-le dialogue de gestion vertical (en lien avec le programme et avec les services déconcentrés) mais aussi horizontal (services de la région, établissements publics et acteurs locaux). Le suivi et la consolidation des rendez-vous de pilotages mensuels des responsables de programme rythment les travaux du contrôle de gestion. Il est responsable de la mise à jour mensuelle du système de suivi et d'évaluation de la performance de la région pour le périmètre dont il a la charge[883].

En termes de missions, le contrôleur de gestion en Région a des missions principales similaires avec le contrôleur de gestion ministériel[884], mais spécifiquement des missions ou activités techniques. il est en charge de[885] :
Concevoir et animer un dispositif d'aide au pilotage à l'échelon régional en coordination avec les différents programmes.
- Formaliser le calendrier et les règles pour la gouvernance du programme au niveau régional ;
- Formalisation explicite des engagements et priorités ministériels déclinées à l'échelon régional ;
- Formaliser la démarche stratégique régionale, les objectifs et indicateurs de performance, et garantir leur déclinaison opérationnelle.

---

881 Point 4, rubrique 1, fiche de métier du contrôleur de gestion en région, annexe du manuel de pilotage et d'exécution du budget programme, op cit, p.62

882 Point 4, ibid

883ERTZOG (R), « *l'avenir du pouvoir financier du parlement : miroir des ombres ou garant de l''équilibre du « gouvernement général* », in, Loïc PHILIP, (Dir.) L'exercice du pouvoir financier du parlement, théorie, pratique et évolution, Economica, 1996, pp.122-145, p.130

884 Point 1, rubrique 2, fiche de métier du contrôleur de gestion en région, annexe, op cit, p.64 ; voire aussi de métier du contrôleur de gestion ministériel, annexe du manuel de pilotage et d'exécution du budget programme, op cit, p.59

885 Point11, rubrique 2, fiche de métier du contrôleur de gestion en région, op cit, p.63 et suivant. V. AHOUANKA (E S), « *La transparence budgétaire dans les Etats membres de l'union économique et monétaire ouest-africain : Réflexion sur le nouveau rôle du parlement et de l'opinion publique* », in MEDE (N), La LOLF dans toutes ses états, actes du colloque, pp. 535-609, p.545

- Animer le dialogue de gestion vertical avec les programmes et le dialogue de gestion horizontal pour garantir la cohérence interministérielle à l'échelon régional ;
- Préparer les instances de décision ;
- Participer aux instances de décision ;
- Animer ou participer à l'animation du réseau des contrôleurs de gestion travaillant à la mise en œuvre des programmes à l'échelon régional ;
- Analyser et formaliser des hypothèses (leviers d'action et impact) en vue d'actions correctives et de voies d'optimisation ;
- Coordonner et rédiger les rapports de gestion en région et tenir les échéances du calendrier budgétaire notamment les PPA et RAP.

Objectiver la mesure de la performance et la connaissance des coûts de l'action publique. - Réalisation et suivi du tableau de bord pour les programmes et les indicateurs complémentaires propres à la région si nécessaire,
- Appréciation de la documentation de performance à l'échelon régional en vue des PPA et RAP ;
- Contribuer au développement d'une culture de gestion et de maîtrise budgétaire (information, formation) au sein de la région en lien avec les programmes (chaine managériale) ;
- Détermination des moyens et conception des outils nécessaires au pilotage des politiques publiques mises en œuvre à l'échelon régional (tableaux de bord, SI : maîtrise d'ouvrage, partage des informations)

Proposer des voies pour optimiser le rapport entre les moyens financiers engagés et les résultats de l'activité des structures publiques. - Réalisation d'études, d'évaluations, et d'analyses - Dialogue avec les instances de contrôles (inspection et cour des comptes) - Gestion des fonctions transverses du ministère notamment les fonctions supports, les chantiers de réforme de l'État, coordination de la fonction contrôle de gestion en administration centrale - Définir et documenter l'organisation, les outils et les procédures de contrôle de gestion ministériel - Définir et mettre en œuvre les méthodes de comparaisons et d'étalonnage, mutualiser les bonnes pratiques - Définir les profils de poste, les référentiels de compétence et les besoins de formation ;

Formaliser les rendu-comptes des performances pour aider à la prise de décision. Définir les nomenclatures des activités et des produits, mesurer les activités, les produits, les coûts et les résultats.

CONCLUSION DE LA SECONDE PARTIE

La réforme budgétaire de la zone CEMAC laisse transparaitre le renforcement des organes classiques. Il en est ainsi de l'amélioration des organes du pouvoir exécutif. Dans ce sens, il faut relever en ce qui concerne la phase de la préparation du budget, l'affinement de la répartition des compétences entre les institutions et l'assouplissement du principe de la séparation des ordonnateurs et des comptes publics à la phase d'exécution du budget. Le parlement n'est pas en reste dans cette dynamique de renforcement de ses pouvoirs avec la consécration du débat d'orientation budgétaire qui marque son implication dans la préparation du projet de loi de finances. À la phase d'exécution du budget, le parlement bénéficie du droit à l'information qu'il exerce sur pièce et sur place. Pour finir, on relèvera le renouveau de la juridiction des comptes dans leur organisation à travers l'exigence de création des Cours des comptes, distincts des juridictions de l'ordre judiciaire. Ceci est également le cas de leur champ de compétence qui se trouve renforcé en matière d'apurement des comptes, de même qu'une extension du champ de compétence des ordonnateurs et des contrôleurs financiers. Ces derniers sont désormais justiciables pour faute de gestion.

L'influence de la réforme de 2011 sur le système de gouvernance des finances publiques dans les Etats membres de la CEMAC, est révélatrice. En effet, l'adaptation mieux la transposition dans l'ordre interne de cette vaste réforme telle que recommandée, est porteuse de valeurs. Il en est ainsi pour l'efficacité de l'intégration financière et économique des communautés des Etats membres de la CEMAC. Cette efficacité est gage de garantie d'une bonne gestion des finances publiques au plan interne de chacun des Etats membres. La recherche effrénée de l'optimisation de la compétitivité des économies dans le cadre harmonisé du droit financier CEMAC est perceptible par l'adoption d'une série de directives financières adoptées en décembre 2011. Ces textes fixent les bases d'une gestion efficace des budgets publics, par la prescription des normes ou des principes devant garantir et optimiser assurément la performance dans la gestion des fonds publics. Singulièrement, cette recherche de la performance dans l'exécution des budgets publics se résume en partie, par l'introduction de nouveaux acteurs ou organes de gestion du budget. Dans un contexte de gestion axée par les résultats et prenant en compte la logique de budget programme, le pilotage optimal de la performance requiert le renouvellement d'acteurs, en vue d'assurer une bonne élaboration, exécution, suivi et contrôle des programmes budgétaires. Le but étant d'atteindre les objectifs stratégiques évaluables par les indicateurs. C'est ainsi que la restructuration de la gestion du budget par programme issue du renouveau du cadre budgétaire des Etats membres de l'organisation, consacre le responsable de programme, le responsable d'action et le responsable de l'unité administrative, comme nouveaux acteurs de la performance de l'exécution du budget.

CONCLUSION GÉNÉRALE

Conscient de son retard, la CEMAC s'est résolument tournée vers un processus de modernisation sans précédent de ses finances publiques. Lesquels ont eu un écho favorable en Afrique de l'Ouest avec l'adoption des premières directives dans la zone UEMOA en 1997 avec l'appui des institutions de brettons woods notamment le Fond Monétaire International (FMI). Conscient de ce que *« l'argent public est au cœur de l'État de droit et de la démocratie »*[886], l'Union Economique et Monétaire Ouest Africaine a tôt fait de la bonne gouvernance financière son cheval de proue. En adoptant cette nouvelle directive, elle associe la collecte et l'utilisation des fonds publics au respect des principes de l'État de droit : la légalité, la transparence, le contrôle démocratique et la responsabilité.

La même démarche a été observée en zone CEMAC avec l'adoption en 2008 des directives relatives aux lois de finances. De plus, la commission de la CEMAC a saisi le département des finances publiques du FMI d'une demande formelle d'assistance technique pour la relecture desdites directives qui a abouti à l'émission des textes de 2011. La participation de l'AFRITAC Centre (AFC) a été significative pour l'évaluation, puis la relecture des avant-projets de textes révisés, suivies de leur discussion et validation avec la collaboration des représentants de hauts niveaux de tous les États membres, dans le cadre du comité sous régional des experts en gestion des finances publiques. Les directives ainsi révisées visent, entre autres objectifs, à arrimer le système des finances publiques des États sur les bonnes pratiques et les normes internationales ; harmoniser les règles de préparation, présentation, approbation, exécution, contrôle et reporting du budget de l'État dans tous les États ; enfin, promouvoir une gestion efficace et transparente des finances publiques dans les États membres. À travers, ces objectifs des directives du cadre harmonisé de gestion des finances publiques la CEMAC est rentrée dans la mutation quantitative et qualitative empreinte de modernité juridique. L'adoption, par le conseil des Ministres le 19 décembre 2011, de nouvelles directives fait obligation aux États membres de préparer et d'adopter dans le respect des principes et règles définies, toutes les législations et réglementations nationales postérieures. Sur cette base, l'on va assister à des réformes du cadre juridique des finances publiques, donc la finalité est l'affirmation du principe de transparence et de bonne gouvernance dans la gestion des finances publiques. La prise en compte de ces exigences dans la finance publique moderne est gage de développement sociopolitique, économique et industriel des États en voie de développement.

Dans le cadre de la présente étude, il nous a été donné de montrer en quoi consiste ces réformes. À cette question, la réponse nous a semblé peu évidente. Néanmoins, au terme d'une longue réflexion, il nous semble évident que la réforme budgétaire dans les Etats de la CEMAC consiste dans un premier temps

[886] Préambule de la Directive n°1/2009/CM/UEMOA portant Code de transparence dans la gestion des finances publiques au sein de l'UEMOA.

à un perfectionnement des normes budgétaires au sein de ses États membres et dans un second temps à un renouvellement des organes de gestion du budget.

Le perfectionnement des normes budgétaires a impacté le cadre législatif régissant chaque État membre. Ainsi, nous assistons à l'adoption le 19 décembre 2011par le conseil de ministre, des « *Directives du Cadre Harmonisé de Gestion des Finances Publiques de la CEMAC* ». Adopté par un Conseil des Ministre de l'UEAC de la CEMAC, ce document est constitué de six (06) directives. Il s'agit notamment de la directive N°06/11-UEAC-190-22 relative au Code de transparence et de bonne gouvernance dans la gestion des finances publiques ; la directive N°01/11-UEAC-190-22 relative aux Lois de Finances ; la directive N°02/11-UEAC-190-22 relative au Règlement Général de la Comptabilité Publique ; la directive N°03/11-UEAC-190-22 relative au plan comptable de l'État ; la directive N°04/11-UEAC-190-22 relative à la Nomenclature Budgétaire de l'État et la directive N°05/11-UEAC-190-22 relative au Tableau des opérations financières de l'État. Cette réforme a pour seul but : moderniser le cadre de gestion des finances publiques dans la zone CEMAC. Cette modernisation passe naturellement par une réaffirmation des principes budgétaires qui gouvernent la gestion des finances publiques mais surtout, par la consécration du principe de transparence gage de bonne gouvernance financière. Ce renouveau budgétaire permet également l'amélioration des procédures d'élaboration, à travers une planification stratégique gage d'efficacité et d'efficience.

La réforme opérée consiste également à un renouvellement des organes de gestion du budget. Ce renouvellement est une opération de renforcement du rôle des organes classiques. Il s'opère principalement à travers l'amélioration des fonctions de l'exécutif notamment, le respect de la séparation des ordonnateurs et des comptables et une responsabilité accrue des gestionnaires. La consolidation de la fonction budgétaire du Parlement et des Juridictions n'est non plus en reste dans ce processus de réforme budgétaire en zone CEMAC. Désormais, le Parlement intervient comme un acteur primordial en matière de contrôle. Il l'incarne à travers le renforcement de l'information et la revitalisation de la loi de règlement. L'introduction d'un débat d'orientation budgétaire et l'institution des pouvoirs de rapporteurs spéciaux chargés de dépense et de rapporteur spécial chargé de recettes, font du parlementaire un acteur au cœur de la réforme. Le renouveau de la juridiction des comptes pour l'apurement des comptes est un signal fort pour les gestionnaires véreux et indélicats. Désormais, le contrôle interne meuble essentiellement la logique de la réforme. Avec la budgétisation par programmation stratégique, les responsabilités se trouvent clairement établies. La gestion est sous haute surveillance ; l'introduction des commissions d'audit et la détermination du rôle des contrôleurs financiers sont autant d'éléments, permettant de montrer la volonté des Chefs d'État de la sous-région, de faire de la bonne gouvernance financière leur cheval de proue.

Toutefois, il en résulte néanmoins dans l'espace CEMAC que, la réforme budgétaire a du mal à être implémentée. Cela est consécutif à plusieurs facteurs dont les uns ont une coloration juridique et les autres peuvent être analysés en dehors du droit. Pour ce qui est des facteurs juridiques, l'on peut observer certains élans nationaux et une prévalence de la volonté nationale ne facilitant pas une harmonisation des politiques budgétaires. La conséquence qui en résulte, malgré la dynamique communautaire, est une forte tendance vers des démarches singulières. Un état de chose qui est renforcé par les clivages socioéconomiques perceptibles entre les États membres de la CEMAC et surtout, l'instabilité dont sont victimes certains États.

Face à cette implémentation difficile de la réforme, il a paru nécessaire voire indispensable d'envisager des remèdes à son effectivité. Au niveau national, la voie à suivre consiste à mettre en place toutes les institutions visées par la réforme et à adopter des lois et actes règlementaires indispensables à la concrétisation du renouveau budgétaire. Ainsi, certains États à l'instar du Cameroun, devront concrétiser la mise en place de la Chambre des comptes afin de renforcer le contrôle des opérations budgétaires de l'État et des autres entités publiques.

Au niveau communautaire, l'option doit être faite en faveur du renforcement des pouvoirs de contrôle des organes communautaires au niveau communautaire, la mise en œuvre des réformes doit également être concrétisée. L'option devrait alors être de renforcer les pouvoirs de contrôle des organes communautaires à l'instar de la Cour de Justice communautaire. Cette juridiction est censée jouer un rôle majeur dans l'application nationale du droit communautaire. Son pouvoir de sanction peut, lorsque les sanctions sont exécutées, permettre à ce que tous les organes visés par les réformes s'orientent vers leur implémentation.

BIBLIOGRAPHIE

I. Ouvrages généraux

1. A.I.F., *Sensibilisation au droit communautaire de la CEMAC*, Paris, AIF/Éditions GIRAF, 2003, 117 pages.
2. ABIABAG (Issa), *Le renouveau budgétaire au Cameroun*, Douala, PUL, 2013, 120 pages.
3. ABIABAG (Issa), *Le renouveau budgétaire au Cameroun*, Presses Universitaires Libres, Collection Droit Public de l'A. VU. DR. A, dirigée par ONDOA (M), Douala, 2013, 120 pages.
4. ALBERT (Jean-Luc), *Finances Publiques*, 9e édition, Paris, 2015, 861 pages.
5. ALLAND (Denis), RIALS (Stéphane), *Dictionnaire de culture juridique*, Puf, 1er éd., 2003, 1649 pages.
6. ALVENTOSA J.-R., *Management public et gestion des ressources*, coll. Systèmes, Paris, LGDJ, 2012.
7. ARKWRIGHT E. et al., *Les finances publiques et la réforme budgétaire*, Paris, la Documentation française, 2009, disponible en ligne sur www.babordplus.univ-bordeaux.fr, consulté le 31 janvier 2015.
8. ATEBA OMBALA (Marc), *Le contrôle juridictionnel des comptes de la Communauté Economique et Monétaire de l'Afrique Centrale*, Yaoundé Editions de la SOPECAM, 2007, 247 pages.
9. AVRIL(Pierre), GICQUEL(Jean), *Lexique de droit constitutionnel*, 4e éd., Que sais-je ? PUF, 2014, 128 pages
10. B1AKAN Jacques, *Droits des marchés publics au Cameroun. Contribution à l'étude des contrats publics*, Harmattan, Cameroun, collection Droits Africains et Malgaches, Paris, 2011, 132 pages.
11. BAYART (Jean-François), MBEMBE (Achille) et TOULABOR (Comi), *La politique par le bas en Afrique noire: contributions à une problématique de la démocratie*, Paris, Karthala, coll. « Les Afriques », 1992, 268 pages.
12. BENGONO (Françoise), *L'amélioration de la qualité de la dépense publique au Cameroun, Cas des dépenses de consommation des biens et services à la Direction Générale du Budget*, Editions CLE, Yaoundé 2010, 167 pages.
13. BERGEL (Jean-Louis), *Méthodologie juridique*, 1er édition, Puf, 2001, 411 pages.
14. BERGEL (Jean-Louis), *Théorie générale du droit*, Paris, Dalloz, 399 pages.
15. BIDIAS (BENJAMIN), *Finances Publiques du Cameroun*, Paris, éditions B, 1982 ; 869 pages.
16. BIDIAS (Benjamin), *Les finances publiques du Cameroun*, 2e édition, 1982, 1043 pages.

17. BIGAUT (Christian), *Finances Publiques. Droit budgétaire*, le budget de l'État, Paris, Ellipses, 1995, 286 pages.
18. BOBBIO (Norberto), *Essais de théorie du Droit*, Paris, Bruylant. LGDJ, 1998, 286 pages.
19. BONNEY (Richard) (dir.), *Systèmes économiques et Finances Publiques*, Paris, PUF, 1996, 685 pages.
20. BOURGUINAT (Henri), *Les marchés communs des pays en voie de développement,* Genève, DROZ, 1968, 215 pages
21. BOUVIER (Michel), *Les finances locales*, 12e Edition, L.G.D.J Lextenso édition, 239 pages.
22. BOUVIER(M), ESCLASSAN (M), LASSALE (. J-P). *Finances Publiques*, 12e éd., 2013, 876 pages.
23. BUISSON (Jacques), *Finances Publiques*, 16e édition, Paris, Dalloz, 2015, 207 pages.
24. CAMBY (Jean-Pierre), *La réforme du budget de l'État. Loi organique relative aux lois de finances,* Paris, LGDJ, 2002, 395 pages.
25. CARRE DE MALBERG (Raymond), *Contribution à la théorie générale de l'Etat*, SIREY, Paris, Tome 1, 857 pages.
26. CARRE DE MALBERG (Raymond), *Contribution à la théorie générale de l'Etat*, Sirey, Paris, Tome II, 639 pages.
27. CATTEAU (Damien), *Droit budgétaire. Comptabilité publique. LOLF et GBCP*, 3e éd., Paris, Hachette supérieur, 2016, 201 pages.
28. CHAMPEIL-DESPLATS (Véronique), *Méthodologies du droit et des sciences du droit*, Dalloz, 2014, 433 pages.
29. CHOUVEL (François), *Finances publiques*, 23e éd., Paris, Qualino Lextenso, 2020, 246 pages.
30. CHOUVEL (François), *Finances Publiques*, Mémento/LMD, 18e édition, Paris, Gualino, 2015, 242 pages.
31. CHOUVEL (François), *L'essentiel de Finances Publiques*, 12e édition, Paris, Gualino, 2011, 104 pages.
32. COLLET (Martin), *Finances Publiques*, Paris, LGDJ, 2016-2017, 530 pages.
33. CORNU (Gérard) (dir.), *Vocabulaire Juridique*, Paris, PUF, 2012, 1095 pages.
34. COUSSY (Jean) et HUGON (Philippe) (dir.*), Intégration régionale et ajustement structurel en Afrique subsaharienne, Paris, Ministère de la Coopération et du développement*, La Documentation française, coll. Études et Documents, 1991, 307 pages.
35. DEBBASCH (Charles), BOURDON (Jacques), PIONTIER (Jean-Marie), RICCI (Jean-Claude), *Droit Constitutionnel et Institutions Politiques*, 4e éditions, Economica, 2001, 1033 pages.
36. DERUEL (François), *Finances publiques. Budget et pouvoir financier*, 9e éd, Paris, Dalloz, 1991, 255 pages.

37. DREUX-BREZE (L.), *Le problème du regroupement en Afrique Équatoriale (du régime colonial à L'Union Douanière et Économique de l'Afrique Centrale)*, Paris, LGDJ, 1968, 214 pages
38. DUGUIT (Léon), *Traité de droit constitutionnel*, Tome 1, E. Boccard, Paris, 1927, 754 pages.
39. DUGUIT (Léon), *Traité de droit constitutionnel*, Tome II, E. Boccard, Paris, 1928, 888 pages.
40. DUGUIT (Léon), *Traité de droit constitutionnel*, Tome III, E. Boccard, Paris, 1930, 856 pages.
41. FOTSING (Jean-Baptiste), Le *pouvoir fiscal en Afrique. Essai sur la légitimité fiscale dans les États d'Afrique noire francophone*, Paris, LGDJ, coll. Bibliothèque Africaine et Malgache (Tome 51), 1995, 327 pages.
42. GAUDEMET (Paul-Marie) et MOLINIER (Joël), *Finances Publiques, Budget/Trésor*, 7e édition, Tome I, Paris, Montchrestien, 577 pages.
43. GRAWITZ(Madeleine), *Méthodes des sciences sociales*, 11e édition, Paris /Dalloz, 2001,1076 pages.
44. GUINCHARD (S), *Lexique des termes juridiques*, 2014-2015, Paris, 22e édition Dalloz, 2014, 1057 pages.
45. HAURIOU (M), *Précis de droit constitutionnel*, Paris, Sirey, 1929, 715 pages.
46. KAMTO (Maurice), *Le pouvoir et le droit en Afrique noire. Essai sur les fondements du constitutionnalisme dans les États d'Afrique noire francophone*, Paris, LGDJ, coll. Bibliothèque Africaine et Malgache (tome XLIII), 1987, 545 pages.
47. KANKEU (Joseph), *La réforme de l'Etat par la performance*, Presses Universitaires de la Périphérie, 2012, 208 pages.
48. KELSEN Hans, *Théorie Pure de Droit*, Dalloz, Paris, 1962, 309 pages.
49. LALUMIÈRE Pierre, *Les finances publiques*, Paris 5e, 8e édition, 1986, 545 pages.
50. LEKENE DONFACK (Charles Etienne), *Finances Publiques camerounaises*, Paris, Berger-levrault, Collection monde en devenir, 1987, 487 pages.
51. LEKENE DONFACK, *Finances publiques camerounaises*, Berger-Levrault, 1987, 489 pages.
52. LOIC (Philip), *Dictionnaire Encyclopédique des Finances Publiques*, Paris, Economica, 1991, 1647 pages.
53. MAKALOU (Omar), *L'équilibre budgétaire dans les pays en voie de développement. Cas particulier des états d'Afrique noire*, Maspero, 1970, 183 p.
54. MEDE (Nicaise), *Finances Publiques, Espace UEMOA/UMOA*, Dakar (Sénégal), L'Harmattan/CREDILA, 2016, 546 pages.

55. MILLARD (Eric), *Théorie générale du droit*, Dalloz, 2006, 138 pages.
56. MUZELLEC (Raymond), *Finances Publiques*, 13e édition, Paris, Sirey, 621 pages.
57. MUZELLEC (Raymond), *Finances publiques*, Sirey, 2009, 697 pages.
58. OLINGA (Alain-Didier), *La constitution de la République du Cameroun*, Presses de l'UCAC, Les éditions terre africaine, 2006, 328 pages.
59. ONDOA (Magloire), (s.dir*), L'administration publique camerounaise à l'heure des réformes,* Yaoundé, L'Harmattan, 2010, 318 pages.
60. ONDOA (Magloire), *L'administration publique camerounaise à l'heure des réformes*, l'HARMATTAN, Paris, 2010, 318 pages.
61. PELLET (Rémi), *Droit financier public. Monnaies, Banques centrales, Dettes publiques*, Paris, PUF, 2014, 911 pages.
62. PHILIP (Loic) (dir.), *Dictionnaire encyclopédique de finances publiques*, Tome I, Paris, Economica, 1991.
63. PICARD (Jean-François), *Finances Publiques*, 2e édition, Litec, 1997, 544 pages.
64. PIRIOU (Jean-Paul), *Lexique de sciences économiques et sociales*, Paris, La Découverte, 2001, 121 pages.
65. PLAGNET (B) *Droit Public, Droit financier. Droit fiscal ; Cours Elémentaires*. Economie. Tome 2, réédition. 299 pages.
66. PORTELLI (Hugues), *Droit constitutionnel*, 4e éd, Dalloz, Paris 2001, 359 pages.
67. QUEROL (Francis), *Finances Publiques*, 2e édition, Paris, Ellipses, 2009, 348 pages.
68. SAIDJ (Luc), *Finances Publiques*, 4e édition, Paris, Dalloz, 2003, 661 pages.
69. SIETCHOUA DJUITCHOKO (Célestin), *La chambre des comptes de la Cour Suprême du Cameroun, Les principaux arrêts, avis, rapports de certification de comptes du compte général de l'État et rapports d'observations à fin de contrôle commentés*, 1ère édition, Yaoundé, EDLK, 2016, 476 pages.
70. SITBON (Patrick) et GROPER (Nicolas), *Les grands arrêts de la jurisprudence financière*, 6e édition, Paris, Dalloz, 2014, 629 pages.
71. TOUNA (Mama), *L'économie camerounaise : un nouveau départ*, Afédit, Paris, 2008, 472 pages.
72. TROTABAS (Louis) et COTTERET (Jean-Marie), *Droit budgétaire et comptabilité publique*, Paris, Dalloz, 1972, 509 pages.
73. WASERMAN (Franc), *Les finances publiques, la documentation française*, 8e édition, 2016, 223 pages.

74. ZE (Martin), *Précis de Finances Publiques au Cameroun*, Douala, Collection l'essentiel, inédit, 2012, 124 pages.

II. Ouvrages spécialisés

1. ABIABAG Issa, *Le Renouveau Budgétaire au Cameroun*, Presses Universitaires Libres, 2013, 120 pages.
2. ADAM (François), FERRAND (Olivier), RIOUX (Rémy), *Finances publiques*, 3e édition, Paris, Presses de sciences po et DALLOZ, 2010, 653 pages.
3. ATEBA OMBALA (Marc), *Le contrôle juridictionnel des comptes de la Communauté Économique et Monétaire de l'Afrique Centrale*, édit. SOPECAM, 2007, 247 pages.
4. BENGONO (Françoise), *L'amélioration de la qualité de la dépense publique au Cameroun : Cas des dépenses de consommation des biens et services à la Direction Générale du Budget*, Éditions CLÉ, Yaoundé, 2010, 167 pages.
5. BOUVIER (Michel), ESCLASSAN (Marie-Christine), LASSALE (Jean-Pierre), *Finances publiques*, 10e édition, LGDJ, 2010, 1031 pages.
6. BOUVIER (Michel), *innovations, créations et transformations en finances publiques*, LGDJ, 2006, pages.
7. BOUVIER (Michel), *Réforme des finances publiques, démocratie et bonne gouvernance*, LGDJ, 2004.
8. CAMBY (Jean-Marie), (Coord), *La réforme du budget de l'État, la loi organique relative aux lois de finances*, LGDJ, Paris, 2002, 395 pages.
9. CHOUVEL (François), *L'essentiel des finances publiques*, 12e édition, GUALINO, 2011, 104 pages.
10. CHOUVEL (François), *Les finances publiques*, 14e édition, GUALINO, 2011, 240 pages.
11. GAUDEMET (P.M.), MOLINIER (J.), *Finance Publique-Budget/Trésor*, Tome I, 6e Edition, Montchrestien, 1992, 565 pages.
12. KANKEU (Joseph), *La réforme de l'État par la performance*, Presses Universitaires de la Périphérie, 2012, 210 pages.
13. MAGNET (Jacques), *Éléments de comptabilité publique*, 4e édition, L.G.D.J., 1998, 187 pages.
14. MUZELLEC (Raymond), *Finances Publiques, Concours administratif catégorie A, IPAG-IRA*, 9e Edition, SIREY, 1995, 491 pages.
15. MUZELLEC (Raymond), *Finances Publiques*, Dalloz, 15e éd., 2009, 697 pages.
16. PANCRAZI (Laurent), *Le principe de sincérité budgétaire*, Harmattan, 2012, 512 pages.

17. PAYETTE (Adrien), *L'efficacité des gestionnaires et des organisations*, Presses de l'Université du Québec, 1988, 310 pages.
18. PAYSAN (André), *Finances Publiques*, 4e Edition, Armand COLIN, 1997, 424 pages.
19. SAÏDJ (Luc), ALBERT (Jean-Luc), *Finances publiques*, 5e édition, DALLOZ, 2007, 723 pages.

III. Thèses

1. BATONON (Serges B.), « *Les systèmes financiers publics des Etats de L'UEMOA à l'épreuve de la nouvelle gouvernance financière publique* », thèse de doctorat en droit public, université Paris I Panthéon-Sorbonne, 2016, 514 pages.
2. BEN MOUSSA (Chokri), « *Essai sur la normativité budgétaire* », thèse de doctorat en droit public, université de Toulouse 1 capitole, 2018, 465 pages.
3. BERLAND (Nicolas), « *L'histoire du contrôle budgétaire en France: Les fonctions du contrôle budgétaire, influences de l'idéologie, de l'environnement et du management stratégique* », Thèse de Doctorat, tome I, Université de Paris IX-Dauphine, EDOGEST, CREAGE, janvier 1999, 315 pages.
4. BESSALA (Alain Georges), « *Ajustement structurel et Droit Budgétaire camerounais : Contribution à l'étude des droits budgétaires des États africains sous –Ajustement structurel »,* Thèse de Doctorat Ph. D., Université de Yaoundé II-SOA, FSJP, 13 mai 2014, 591 pages.
5. BILOUNGA (Stève Thiery), « *La réforme du contrôle de la dépense publique au Cameroun* », thèse de doctorat en Droit Public, Université de Yaoundé II, FSJP, 2009, 468 pages.
6. BOUBACAR DEMBA BA, « *Finances publiques et gestion par la performance dans les pays membres de l'UEMOA : étude de cas du Sénégal, thèse de doctorat en droit public* », Université de Bordeaux, 2015, 572 pages.
7. DIFFOUO (Innocent), « *Le principe de sincérité budgétaire au Cameroun* », Thèse de Doctorat de droit public, Université de Douala, 2012-2013.
8. DJOLO (Jacques), « *Aspects juridiques, politiques et économiques d'une politique d'intégration régionale en Afrique centrale : l'UDEAC* », Thèse pour le Doctorat 3e cycle en droit, Dijon, 1981
9. EBANGA (Christian Allard), « *La passation des marchés publics au Cameroun* », Thèse de doctorat, Université de douala, juin 2020, 679 pages.
10. ITOUA (Emmanuel), « *Les juridictions financières et le développement dans les États francophones d'Afrique noire : le cas du Congo, de la Côte d'Ivoire et du Sénégal* », Thèse pour le Doctorat en Droit public, La Rochelle, 1998, 415 pages
11. JACKSON (Willy), « *Le Cameroun et l'intégration économique régionale* », Thèse, Paris 7, 1993, 3 vol., 1016 pages.

12. KANDA (Mathias-Aimé), « *Le droit budgétaire en Afrique noire francophone* », Thèse pour le doctorat en Droit public, Paris 2, 1991.
13. LAURENT (Cyril), « *L'encadrement normatif des politiques budgétaires sous la Vème République* », thèse de doctorat en droit public, université de Reims Champagne-Ardenne 2017, 483 pages.
14. MBARGA NYATTE (Daniel), « *Les difficultés du contrôle juridictionnel de l'administration au Cameroun* », Thèse N R, Aix Marseille, 1990, 610 pages.
15. MBASSA (Gilbert), « *Les principes des finances publiques à l'épreuve du budget programme en droit camerounais* », Thèse de doctorat en droit public, Université de Yaoundé II-Soa, 2019, 688 pages.
16. MENGUE ME ENGOUANG (Fidèle), « Contribution *à l'étude de la fiscalité du Gabon* », Thèse, Paris 1, 1979, 481 pages.
17. NDZODO (André), « *Le contrôle parlementaire de l'exécution du budget de l'État en droit public financier camerounais* », thèse de Doctorat en droit public, Université de Douala, juillet 2020, 531 pages.
18. NGO MOMASSO (Minette), « *le contentieux des gestionnaires des deniers publics en droit public financier au Cameroun* », thèse de doctorat en droit public, université de Yaoundé II-Soa, 2018-2019, 426 pages.
19. NKOUAYEP (Long Chris), « *Les pouvoirs parlementaires d'autorisation budgétaire en droit camerounais* », thèse de doctorat en droit public, université de Yaoundé II-Soa, 2017-2018, 294 pages.
20. PRISO ESSAWE (Samuel-Jacques), « *Intégration économique et droit en Afrique centrale : étude de la zone UDEAC* », Thèse pour le Doctorat en Droit public, Montpellier 1, 1997, 567 pages
21. SAWADOGO (Elvis Flavien), « *Les instruments de la convergence des politiques budgétaires dans la zone UEMOA* », thèse de doctorat en droit public, université de Bordeaux, 2016, 546 pages.
22. TONI (Mesnil Errol), « *L'autorisation budgétaire dans le droit financier Ouest-Africain francophone* », Thèse de doctorat de droit public, Université Jean-Moulin de Lyon III, 2015, 597 p.
23. WASERMAN (Franck), « *Les doctrines financières publiques en France au 19e siècle : Emprunts économiques, empreinte juridique* », Thèse pour le Doctorat en droit, Université Paris 1 Panthéon-Sorbonne, UFR O1-Droit, Administration et secteurs publics, 2010, 398 pages.

IV. Mémoires

1. ABONO (Abner), La responsabilité des comptables publics au Cameroun, Mémoire de Master II Recherche, Université de Douala, 2012/2013, 95 pages.
2. ALAKA LALAK (Pierre), Crises des finances publiques dans les pays sous ajustement structurel: cas de l'Afrique subsaharienne, Mémoire professionnel, Institut International d'Administration Publique, Paris I, 1993, 126 pages.

3. EVINA OBAM, L'intégration du pilotage des performances en finances publiques camerounaises, ENA Paris, octant 2005.60 pages.
4. MAYENA BAYEKOLA (Marie Berthe), Contrôle de gestion outil de pilotage de la performance dans l'établissement public de santé: cas de l'hôpital principal de Dakar, Mémoire, centre africain d'études supérieures en gestion, 2013, 119 pages;
5. MBASSA (Gilbert), La spécialité des crédits dans le budget programme, Mémoire de Master II en droit public interne, Université de Yaoundé II-FSJP, 2012, 120 pages.
6. MOUBITANG (Hervé-Rock), L'établissement du budget au Cameroun : Actualité et Évolution, Mémoire de DEA, Université de Douala, 2004/2005, 100 pages.
7. NGAMANI (Marcelle), L'élaboration du budget programme au Cameroun, Mémoire de master 2 en droit public, Université de Yaoundé II, 2012
8. NGOMO OBONO (Francis Armand), La gestion budgétaire par programme dans la loi portant régime financier de l'État, Mémoire de Master II en droit public interne, Université de Yaoundé II-FSJP, 2012, 119 pages.
9. NYANGOE (Guy Arsène), Les mécanismes de gestion de la dette publique intérieure du Cameroun : le cas de la titrisation, Mémoire de DEA, Université de Yaoundé II, 2008
10. NZAMBOUNG (Eugène), L'emprunt public au Cameroun, Mémoire de Master II Recherche, Université de Douala, 2013-2014, 140 pages.
11. SCHOUEL (Siméon Arris), La nécessaire réforme du droit budgétaire camerounais, Mémoire ENA, 2008, 56 pages.
12. SIMO (Eric), Droit communautaire CEMAC et Parlements nationaux : Réflexions à partir du cas camerounais, mémoire de Master II en Droit Public, Université de Yaoundé II-FSJP, 2012, 122 pages.

V. Articles

1. « Les rapports de la Cour des comptes au Parlement: point de vue du Président de la commission des finances du Sénat », article dans la RFFP, n°99, 2007, pp. 59 62.
2. ADANS B., « L'évolution de la fonction comptable et son impact sur le régime de responsabilité des comptables publics », article dans la RFFP, n°92, 2005, pp. 179-184.
3. ADOTEVI (Stanislas), « Les fondations culturelles de l'intégration économique régionale en Afrique », *Afrique* 2000, Paris, n° 13, avril-juin 1993, pp. 89-96.

4. ALVENTOSA J.-R., « L'équilibre des comptes de l'État », article dans la RFFP, n°117, 2012, pp. 99.
5. ALVENTOSA J.-R., P. LEFAS et J. GOUBAULT, « La première certification des comptes de l'État », article dans la RFFP, n°99, 2007, pp. 41 52.
6. AMSELEK (Paul) ; « Les fonctions normatives ou catégories modales », in Mélanges Troper, pp. 51-77.
7. ANNIE FOUQUET, « L'évaluation des politiques publiques: état(s) de l'art et controverses », article dans la RFAP, n°148, 2013, pp. 835 847.
8. ARGENTIERI L., « La démarche de performance dans les collectivités locales. L'expérience de la commune de Ville urbaine », article dans la RFFP, n°107, 2009, pp. 137 145.
9. ARTHUIS J., « La dégradation des finances publiques: la loi en échec, le contrôle et l'évaluation en recours. », article dans la revue Pouvoirs, n°134, 2010, pp. 83 94.
10. ARY TANIMOUNE (Nasser), PLANE (Patrice), « Performance et convergence des politiques «économiques en zone franc », *Revue française d'économie*, vol. XX, n° 1, 2005, pp. 235-268
11. AVOM (Désiré), « Le Traité de la CEMAC: nouveau départ pour le processus d'intégration économique en Afrique centrale? », *RJPIC*, n° 2, mai-août 1999, pp. 158-179.
12. B1AKAN Jacques, « La réforme du cadre juridique des finances publiques au Cameroun la loi portant régime timide de l'État », in M. ONDOA (s.dir), L'administration publique camerounaise à l'heure des réformes, Yaoundé, L'Harmattan, 2010, pp. 9-28
13. BADIN X. et DOUAT E., « Finances publiques: finances communautaires, nationales, sociales et locales », Paris, Presses Universitaires de France, 2006, disponible en ligne sur www.babordplus.univ-bordeaux.fr, consulté le 12 novembre 2014.
14. BALDE A., « Le contrôle des finances publiques au Sénégal », Villeneuve d'Asq, Presses universitaires du Septentrion, 2002, disponible en ligne sur www.babordplus.univ-bordeaux.fr, consulté le 12 novembre 2014.
15. BARILARI A., « La réforme de la gestion publique: quel impact sur la responsabilité des acteurs? », article dans la RFFP, n°92, 2005, pp. 25 38.
16. BASSERES J., « L'avenir du régime de responsabilité personnelle et pécuniaire (RPP) des comptables publics: le point de vue du directeur général de la comptabilité publique », article dans la RFFP, n°92, 2005, pp. 163 169.
17. BAZY-MALAURIE C., « Les rapports de la Cour des comptes au Parlement : synthèse », article dans la RFFP, n°99, 2007, pp. 53 58.

18. BEGNI BAGAGNA, « L'indépendance des banques centrales en Afrique francophone »,
19. BEGNI BAGAGNA, « La juridictionnalisation des finances publiques en Afrique
20. BEGNI BAGAGNA, « Le principe de transparence dans les finances publiques des Etats membres de la CEMAC », in Revue Africaine des Finances Publiques, 2017-1.
21. BEGNI BAGAGNA, « Les perspectives du budget programme au Cameroun », in Revue communautaire de droit et des affaires, Revue internationale, Bangui, n°2, Avril Mai-Juin 2013, pp. 19-31.
22. BEGNI BAGAGNA, « Recherches sur la notion de faute de gestion en droit financier camerounais », in Juridis Périodique, n°107, Juillet-Août-Septembre 2016, pp. 120-133.
23. BESSALA (Alain Georges), « Le principe de sincérité en droit public financier camerounais », Revue Africaine des Sciences Juridiques, numéro spécial, l'Harmattan, 2014, pp. 213-263.
24. BIAGIOTTI (Isabelle), QUANTIN (Patrick), « Les bailleurs de fonds, la conditionnalité politique et la promotion de la gouvernance en Afrique », *in WINTER (G.), Inégalités et politiques publiques en Afrique*, Paris, Karthala-IRD, 2001, pp. 325-346.
25. BIAKAN (Jacques), « La réforme du cadre juridique des finances publiques au Cameroun : la loi portant régime financier de l'État », in : ONDOA (Magloire), L'administration publique camerounaise à l'heure des reformes, l'HARMATTAN, Paris, 2010, pp. 9-28.
26. BILOUNGA (Steve Thiery), « Les relations entre l'ordonnateur et les comptables à la lumière de la loi du 26 décembre 2007 portant régime financier de l'État au Cameroun », Rafip n°2, 2017, pp. 218-251.
27. BOUVIER (Michel), « Culture de la performance, équité et espace financier public durable »; Revue française des finances publiques, n°99-2009. pp. 26-38.
28. BOUVIER (Michel), « Nouvelle gouvernance financière publique durable et conduite de la réforme budgétaire dans les pays en développement », *RFFP*, n° 98, juin 2007, pp. 159-178.
29. BOUVIER (Michel), « Pour une nouvelle gouvernance financière : repenser et reconstruire les finances publiques », in Revue Française de Finances Publiques, n°69, Mars 2000, pp. 3-5.
30. BOUVIER (Michel), « Un monde transition : nouvelle gouvernance financière publique et nouveau contrat social », in MEDE (Nicaise), LA LOLF, 2010, pp. 7-15.
31. BOUVIER, Michel. Les ambiguïtés fatales du droit public financier. Editorial. Revue Française de Finances Publiques, n° 122, avril 2013. Paris : LGDJ, pp. 15-28.

32. BOUVIER, Michel. « Nouvelle gouvemance financière publique durable et conduite de la réforme budgétaire dans les pays en développement ». In : Revue française des finances publiques, n° 98, Paris, 2007, p. 48.
33. CARCASSONNE, Guy. « La LOLF et le renouveau du contrôle ». In : Revue française des finances publiques, n°97, Paris, 2007. pp.45-55.
34. CODBOUT (Luc), « La transparence des finances publiques : des pratiques internationales mises en avant au Québec et au Canada », RFFP, n°140, 2017, p.145
35. CRISTAU (Antoine), « L'exigence de sécurité juridique », recueil Dalloz, 2000, chron. p. 2814.
36. CRUCIS (Henry-Michel), « la sincérité des Lois de finances. – nouveau principe du droit budgétaire », la semaine juridique édition générale n°28, 12 juillet 2000, I 224.
37. DAKOR DA, « La recherche de la transparence budgétaire dans les reformes en finances publiques au Burkina Faso », Afrilex, revue électronique.
38. DAYO TANBIEN, « Cadre budgétaire et ciblage des pauvres : Expériences du Burkina Faso », Atelier sur les questions budgétaires et le calcul du coût des DRSP, l'analyse de l'impact des politiques sur la pauvreté et les liens entre commerce international et pauvreté, Dakar, 24-27 mars 2003, 10 pages.
39. DESTRET (Christelle), « L'émergence d'un nouveau concept : le principe de la sincérité des lois de finances » in V. DUSSART et P. ESPUGLAS (coord.), L'ordonnance du 2 janvier 1959 : 40 ans après, Presses de l'Université de Sciences Sociales de Toulouse, 2000, pp. 105-126.
40. DJEYA KAMDOM (Yves Gabriel), « La réforme du schéma contentieux financier public au Cameroun depuis la loi du 11 juillet 2018 portant régime financier de l'État : portée et insuffisances d'un texte », *in Juridis périodique* n°118, 2019, pp. 169-174
41. DJEYA KAMDOM, « l'influence du droit communautaire sur le système de contrôle des finances publiques au Cameroun : à propos des directives CEMAC du 19 décembre 2011 », Lavoisier | « Gestion & Finances Publiques, 2017/1 n° 1, pp. 116 -121
42. DUPRAT (Jean Pierre), « Les transformations de la fonction d'ordonnateur », *RFFP* n°100 novembre 2007, pp. 313-318.
43. ECKERT, Christian. « Le contrôle de la dette publique par le Parlement : un enjeu politique devenu majeur ». In : Revue française des finances publiques, n° 123, Paris, 2013, p. 25-32.
44. ESCLASSAN (Marie-Christine), « Sincérité et gouvernance financière publique : Y a-t-il une sincérité financière publique

spécifique ? », Revue française de finances publiques, 01 septembre 2010, n° 111, pp. 47-54.

45. ESSAGA NYOM (Gabriel Thiery), « Les innovations de la loi de finances pour l'exercice 2012 en matière fiscale », *RADP*, Vol. I, n° 1, juin. - déc. 2012, pp.251-261.
46. GALDEMAR (Virginie), GILLES (Léopold), SIMON (Marie-Odile), « Performance, efficacité, efficience : les critères d'évaluation des Politiques sociales sont-ils Pertinents ? », CREDOC, N°299, Décembre 2012
47. GICQUEL (J.), « Transparence des budgets », in Bouvier M. (dir), La transparence des finances publiques vers un nouveau modèle, Actes du 6e colloque international de Rabat, Paris, LGDJ, 2012, pp. 29-35.
48. GOUDEM (Berthelot Lamene), « Les comptables publics dans le nouveau régime financier de l'État au Cameroun », *in L'administration publique camerounaise à l'heure des réformes* (s.dir), ONDOA Magloire, L'Harmattan, 2010, pp.275-304.
49. HERTZOG (Robert), « Les pouvoirs financiers du parlement », R.D.P., n°1, 2002, pp. 298-312.
50. HUET (Patrick), « La rationalisation des choix budgétaires » ; in bulletin de l'institut international d'administration publique, janvier/mars 1969, pp 80-83
51. in Revue Burkinabé du Droit, n° 56, 2 semestre 2018, pp. 141-173.
52. JEZE (Gaston), « Aspect politique des problèmes financiers », RSLF, 1928, pp. 26-46.
53. LAMBERT (Alain), « Vers un modèle français de contrôle budgétaire ?», Pouvoirs n° 134. 2010, pp.47-57.
54. LANDBECK (Dominique), « La notion de sincérité en finances publiques », RFDA, éd., Dalloz, 2009, pp. 10-17.
55. LANDBECK (Dominique), « La notion de sincérité en finances publiques », *RFDA,* 2002, pp. 798-815.
56. LE DIVELLEC (Armel), « Les effets du contrôle parlementaire », Pouvoirs, n°134, 2010, p. 126.
57. LEBAS (Michael Jackson), « Performance Measurement and performance Management », International Journal of production Economics, vol. 41 (1-3), 1995, p. 23-35.
58. MAGNET (Jacques), « Collaboration de la cour des comptes au contrôle financier du parlement », in Loïc PHILIP, l'exercice du pouvoir financier du parlement, théorie, pratique et évolution pp. 105-110, p. 110
59. MANANGOU (Vivien Romain), « La gouvernance des finances publiques des États en temps de crise budgétaire : le cas du Gabon et du Congo », *RAFIP* n°8, 2e trimestre, 2020, pp.53-107.

60. MATHIEU (Bernard), « Le principe de la sécurité juridique », Les cahiers du conseil constitutionnel, n°11,2001, pp. 99-104.
61. MBARGA NYATTE (Daniel), « Vers une maitrise des finances publiques au Cameroun », in Revue Africaine des Sciences Juridiques, Vol. 6, n° 1, 2009, pp. 307-340.
62. MORDACQ (Frank), « Modernisation et réforme de l'État, au service des finances publiques », *RFFP* n°100 novembre 2007, pp.303-312.
63. MOUANGUE KOBILA (James); DONFACK SOKENG (Léopold), « La CEMAC : à la recherche d'une nouvelle dynamique de l'intégration en Afrique centrale », *Annuaire Africain de Droit International*, vol. 6, 1998, pp. 65-105.
64. MOYUM KEMGNI (Georgette), « La nouvelle gouvernance financière au Cameroun », *RASJ* vol 8, n°2, 2011, pp.293-339.
65. NGIMFACK VOUFO (Théophile), « Le droit budgétaire camerounais à l'épreuve du droit communautaire CEMAC », in Juridis Périodique, n°116, Octobre-novembre-Décembre 2018, pp. 44-59.
66. NGUECHE (Sylvie), « Le contrôle citoyen des finances publiques en droit camerounais », *RAFIP* n°8, 2e trimestre, 2020, pp.173-211.
67. NNANGA (Sylvestre Honoré), « La Protection Juridictionnelle des Finances Publiques Africaine », Revue Africaine de Sciences Juridiques et Politiques, Université de Yaoundé II-FSJP, Vol 8, N°, 2011, p. 339.
68. NTONGA BOMBA Serges Vincent « La protection de la fortune publique Camerounaise Une efficacité relative » *Revue Africaine des Sciences Juridiques*, Vol.7 N°1 2010 pp. 237-256.
69. Pain (Jean LUC), « Performance publique et stratégie budgétaire », LPA, n°14,20 janvier 2000, pp. 9-20.
70. PARIENTE (Alain), COULIBALI (Abou), « Programme et mesure de la performance en France et dans les pays africain », RFFP, n°98, juin, 2007, pp.33-47.
71. PEKASSA NDAM (Gérard), « Les transformations de l'administration fiscale camerounaise », *in L'administration publique camerounaise à l'heure des réformes* (s.dir), ONDOA Magloire, L'Harmattan, 2010, pp. 29-65.
72. POUJAD, « La responsabilité des ordonnateurs en droit public financier », AJDA, 4avril 2005, pp. 703-708.
73. SANDJO KAMGA (Armel Habib), « La nature juridique des institutions supérieures de contrôle des finances publiques dans les Etats de l'UEMOA et de la CEMAC », *RAFIP* n°8, 2e trimestre, 2020, pp. 213-249.

74. SIETCHOUA DJUITCHOKO(Célestin), « La Chambre des comptes de la Cour Suprême, nouveau juge administratif au Cameroun », RJP, n°1, 2004, pp. 82-87.
75. TOGOLO (Odile), « Le contrôle politique des finances publics au Cameroun », in Revue Africaine de Sciences Juridiques, vol 1, n°3, pp. 117-131.

VI. Textes juridiques
a) Législation nationale

1. Arrêté n°028/CAB/PM du 09fevrier 2007 portant création, organisation et fonctionnement du Comité de Pilotage de la Plate-forme de Dialogue sur les Finances publiques.
2. Circulaire du MINFI portant instructions relatives à l'exécution des lois de finances, au suivi et contrôle de l'exécution du budget de l'État, des Etablissements publics Administratifs, des collectivités territoriales et des organismes subventionnés pour l'exercice 2016 ;
3. Circulaire n° 003/PM du 06 juillet 2015 relative au contrôle de gestion dans le cadre de l'élaboration et de l'exécution du budget.
4. Circulaire n°00000000004/CAB/MINFI du 18 mai 2012 portant instructions relatives à la tenue de la comptabilité-matière.
5. Circulaire n°0000849/C/MINFI du 30 décembre 2019 portant Instructions relatives à l'exécution du Budget de l'État et des Autres Entités Publiques pour l'exercice 2020.
6. Circulaire n°001/C/MINFI du 28 Décembre 2018 portant Instructions relatives à l'Exécution des lois de Finances, au Suivi et au Contrôle de l'Exécution du budget de l'État et des autres entités publiques pour l'exercice 2009.
7. Circulaire n°001/C/MINFI/ du 28 déc.2018 portant instructions relatives à l'exécution des lois de finances, au suivi et contrôle de l'exécution du budget de l'État, des Etablissements publics Administratifs, des collectivités territoriales et des organismes subventionnés pour l'exercice 2018.
8. Constitution du 18 janvier 1996.
9. Décision N°674/CF/MINFI du 26 mars 2007 fixant les missions, l'organisation et le fonctionnement du Secrétariat Technique de la Plate-forme de Dialogue sur les finances publiques.
10. Déclaration des droits de l'homme et du citoyen (DDHC), 1789.
11. Décret n°2008/028 du 17 janvier 2008 portant organisation et fonctionnement du conseil de discipline budgétaire et financière.
12. Décret n°77/41 du 03 février 1977 fixant les attributions et l'organisation des contrôles financiers.
13. Décret n° 2013/160 du 15 Mai 2013 fixant le régime spécifique du contrôle administratif des finances publiques au Cameroun

14. Décret n° 2013/160 portant Règlement Général sur la Comptabilité Publique
15. Décret n° 2018-67 du 1er mars 2018 portant règlement général de la comptabilité publique (Congo Brazzaville).
16. décret n° 77/41 du 3 février 1977 Fixant les attributions et l'organisation des contrôles financiers
17. Décret n°0094/PR/MBCP du 8 février 2016 portant Règlement Général sur la Comptabilité Publique ; le décret n°193/PR/MBCPFP du 22 mai 2012 portant création et organisation des fonctions de responsable de programme, responsable de budget opérationnel de programme et de responsable d'unité opérationnelle (Gabon).
18. Décret n°2003/011/PM du 09 Janvier 2003 portant nomenclature de l'État.
19. Décret n°2008.2370.PM du 4 Août 2008 portant création et organisation du Comité National de la Dette ;
20. décret n°2008/376 du 12 novembre 2008 portant organisation administrative de la République du Cameroun ;
21. décret n°2008/377 du 12 novembre 2008 fixant les attributions des chefs de circonscriptions administratives ;
22. Décret n°2013/066 du 28 Février 2013 portant organisation du Ministère des Finances
23. décret n°2013/159 du 15 mai 2013 portant régime particulier du contrôle administratif des finances publiques :
24. Décret n°2013/160 du 15 mai 2013 portant règlement général de la comptabilité publique.
25. Décret n°2013/7987/PM du 13 septembre 2013 portant création, organisation et fonctionnement des Comités de Suivi de l'Exécution Physico-financière de l'Investissement Public.
26. Décret n°2019/033 du24 Janvier 2019 portant réorganisation de la Caisse Autonome d'Amortissement.
27. décret n°2020/375 du 07 juillet 2020 portant règlement général de la comptabilité publique
28. décret n°2020/375 du 07juillet 2020 portant règlement général de la comptabilité publique
29. Décret n°2020/375 du 7 juillet 2020 portant règlement général de la comptabilité publique
30. Décret n°78/470 du 03 novembre 1978 relatif à l'épurement et à la sanction des responsabilités des comptables de fait.
31. Décret n°85/1176 du 28 Août 1985 portant création et organisation de la Caisse Autonome d'Amortissement
32. Directive N° 01/11-UEAC-190-CM-22 21Relative aux Lois de Finances des Etats de la CEMAC.

33. Directive n° 02/11-UEAC-190-CM-22 du 19 décembre 2011 relative au règlement général de la comptabilité publique dans les pays membres de la CEMAC
34. Directive n°1/11-UEAC-190-CM-22 du 19 décembre 2011 relative aux lois de finances dans les pays membres de la CEMAC
35. Loi 2007/06 du 26 Décembre 2007 portant Régime financier de l'État
36. Loi 2018/011 du 11 Juillet 2018 portant Code de transparence et de bonne gouvernance dans la gestion des finances publiques au Cameroun
37. Loi constitutionnelle du 18 Janvier 1996 au Cameroun
38. Loi fédérale n°62/10 du 09 novembre 1962 portant répression des infractions relatives à la fortune publique.
39. Loi I/2012/n°012/CNT portant loi organique relative aux lois des finances et le décret portant règlement général sur la gestion budgétaire et la comptabilité publique (Guinée Equatoriale).
40. Loi n° 2007/006 du 26 décembre 2007 portant régime financier du Cameroun.
41. Loi n°2003/005 du 21 avril 2003 fixant les attributions, l'organisation et le fonctionnement de la Chambre des comptes de la Cours Suprême.
42. Loi n°73/7 du 07 décembre 1973 relative au droit du trésor pour la sauvegarde de la fortune publique.
43. Loi n°74/18 du 05 décembre 1974 relative au contrôle des ordonnateurs, gestionnaires et gérants des crédits publics et des entreprises d'État, modifiée par la loi n°76/4 du 08 juillet 1976.
44. Loi n° 2009 /011 du 10 Juillet 2009 portant Régime financier des Collectivités Territoriales Décentralisées au Cameroun
45. Loi n° 2017/011, du 12 juillet 2017 portant statut général des entreprises publiques
46. Loi n° 2018/012 du 11 Juillet 2018 portant Régime Financier de l'État et des autres entités publiques
47. Loi n°10-2017 du 09 mars 2017 portant code relatif à la transparence et à la responsabilité dans la gestion des finances publiques au Congo.
48. loi n°2007/006 du 26 décembre 2007 portant régime financier de l'État
49. Loi n°2018/011 du 11 juillet 2018 portant Code de transparence et de bonne gouvernance dans la gestion des finances publiques au Cameroun.
50. Loi n°2018/011 du 11 juillet 2018 portant code de transparence et de bonne gouvernance dans la gestion des finances publiques au Cameroun.

51. Loi n°2018/012 du 11 juillet 2018 portant régime financier de l'État et des autres entités publiques.
52. Loi n°2018/022 du 11 Décembre 2018 portant loi de Finances en République du Cameroun;
53. Loi n°2018/12 du 11 juillet 2018 Portant régime financier de l'État et des autres entités publiques
54. Loi n°96/06 du 18 janvier 1996 portant révision de la constitution du 02 juin 1972.
55. Loi n-2006/017 du 29 décembre 2006 fixant l'organisation, les attributions et le fonctionnement des tribunaux régionaux des comptes.
56. Loi n-2011/028 du 14 décembre 2011 portant création d'un Tribunal Criminel Spécial.
57. Loi n-91-029 du 16 décembre 1991 réglementant les procédures de fonctionnement des commissions d'enquêtes.
58. Loi organique n° 36-2017 du 3 octobre 2017 relative aux lois de finances du Congo.
59. Loi organique n°004PR/2014 relative aux lois de finances du Tchad.
60. Loi organique n°2012-23 du 27 décembre 2012 sur la Cour des Comptes, JO n°6711 du samedi 2 février 2013, disponible en ligne sur www.jo.gouv.sn, consulté le 16 novembre 2014.
61. Loi organique n°36-2017 du 3 octobre 2017 relative aux lois de finances.
62. Note de conjoncture trimestrielle n°016, Mai 2016 de la CAA sur la Dette Publique au Cameroun.
63. Ordonnance n°62/0F/04 du 7 février 1962 portant modalité d'élaboration, de présentation et d'exécution du budget de l'État.

b) Textes communautaires

1. Directive N°01§11-UEAC-190-CM-22 du 19 Décembre 2011 relative aux Lois de Finances dans les Etats membres
2. Règlement n°12/07-UEAC-186-CM-15 portant cadre de référence de la politique d'endettement public et de gestion de la dette publique dans les Etats de la CEMAC
3. Directive n°02/11-UEAC-190-CM-22 du 19 Décembre 2011 portant Règlement Général sur la Comptabilité publique dans les Etats membres
4. Directive n°03/11-UEAC-190-CM-22 du 19 Décembre 2011 relative au plan comptable de l'État
5. Directive n°04/11-UEAC-190-CM-22 du 19 Décembre 2011 portant nomenclature budgétaire dans les Etats membres
6. Directive n°05/11-UEAC-190-CM-22 du 19 Décembre 2011 portant Tableau des Opérations Financières dans les Etats membres (TOFE)

7. Directive n°06/11-UEAC-190-CM-22 du 19 Décembre 2011 portant code de transparence et de bonne gouvernance dans la gestion des finances publiques des Etats membres

VII. RAPPORTS ET MANUELS DE PROCEDURE

1. Comité National de Suivi de l'Exécution Physico-Financière de l'Investissement Public, première session de l'exercice 2019, septembre 2019, 115 pages.
2. Document de Programmation Economique et Budgétaire à Moyen terme 2020-2022, préparation du budget de l'État 2020, 99 pages.
3. Examen de l'OCDE sur la gouvernance publique : Une meilleure performance pour une meilleure gouvernance publique en Tunisie : la gestion budgétaire par objectifs, Edition OCDE, 2017, 210p, p.120
4. Les directives du cadre harmonisé de gestion des finances publiques de la CEMAC
5. Manuel Budget Programme, Mis en page 1 27/02/13, 158 p.
6. Manuel d'exécution et de pilotage du budget programme, 2012, 67p.
7. Manuel de contrôle de gestion Version Aout 2016, 67p.
8. Manuel de pilotage et d'exécution du budget programme, janvier 2013, 144 pages.
9. Manuel de pilotage et d'exécution du budget-programme », Reformes des finances publiques du Cameroun, janvier 2013, 144 P
10. Manuel du contrôle de gestion : aide au pilotage de la performance dans le cadre de la loi portant régime financier de l'État. Aout, 2016, 67p.
11. Ministère de l'économie, de la planification et de l'aménagement du territoire ; Guide Méthodologique De Planification Stratégique Au Cameroun ; Edition 2011 / Division de la Prospective et de la Planification Stratégique
12. Ministère des finances, Manuel de pilotage et d'exécution du budget programme, réforme des finances publiques, janvier 2013
13. Rapport du Minefi, préparation de la mise en œuvre de la loi organique n°2001-692 DU 1er aout 2001 relatives aux lois de finances, en application de la loi de finances 2003, p.2.
14. Réforme des finances publiques du Cameroun, Livre Blanc, 2013,82 pages.

TABLE DES MATIÈRES

Revue « Marché et Organisations »

Promouvoir la recherche originale sur les relations de plus en plus étroites entre le marché et les organisations. Les acteurs économiques de taille, de puissance et de pouvoir différents dont les intérêts peuvent être convergents, complémentaires ou, le plus souvent, antagoniques, ont tendance à organiser les marchés. La raison du marché, pourtant, est la référence stratégique pour l'entreprise ainsi que pour les institutions publiques de décision économique.

N°6 : Entrepreneuriat et accompagnement. Outils, actions et paradigmes nouveaux, 2008
N°7 : Développement durable des territoires. Economie sociale, environnement et innovations, 2008
N°8 : Développement durable et responsabilité sociale des acteurs, 2009
N°9 : Gouvernance : exercices de pouvoir, 2009
N°10 : Le travail collaboratif. Une innovation générique, 2009
N°11 : Economie sociale et solidaire. Nouvelles trajectoires d'innovations, 2010
N°12 : Relations à la marque et marques de la relation. Regards croisés sur le management relationnel de la marque, 2010
N°13 : Les contrats au service de la recherche ?, 2011
N°14 : Le potentiel économique de l'Afrique subsaharienne, 2011
N°15 : Management de la distribution, 2012
N°16 : Territoire Vert. Entreprises, Institutions, Innovations, 2012
N°17 : Eco-conception, conception et innovation. Les nouveaux défis de l'entreprise, 2013
N°18 : Intelligence économique : entreprises et territoires, 2013
N°19 : La finance globale. Un monde fini, 2013
N°20 : La crise du « développement », 2014
N°21 : La Chine innove. Politiques publiques et stratégies d'entreprise, 2014
N°22 : Go East! Nouvelles Economies de Marché, 2015
N°23 : L'économie du changement, 2015
N°24 : Le temps des artisans. Permanences et mutations, 2015
N°25 : Innovations de proximité et esprit d'entreprise, 2016
N°26 : L'avenir des économies du Maghreb : entre inertie structurelle et envie de rupture, 2016/3 (n° 27)
N°27 : Le sport aux frontières du marché du travail, 2016
N°28 : Dynamiques internationales des entreprises, 2017
N°29 : L'univers du risque, 2017
N°30 : Les petites entreprises dans l'histoire industrielle, 2017
N°31 : Economie sociale et *social business* ? Au défi d'entreprendre et se financer, 2018
N°32 : Éducation et fertilisation des économies africaines, 2018
N°33 : L'entrepreneuriat innovant dans les pays du Maghreb, 2018
N°34 : L'entrepreneuriat scientifique : institutions et innovation, 2019
N°35 : Le champ économique de la culture, 2019
N°36 : Economie sociale et solidaire ? Modèles d'innovation et modes de gouvernance, 2019
N°37 : Rethinking Luxury Business, 2020
N°38 : La santé connectée. Nouvelles technologies et réorganisation des soins, 2020
N°39 : Options stratégiques et systèmes complexes d'innovation, 2020
N°40 : Les services : intégration des systèmes productifs et lien social, 2021
N°41 : Crise pandémique, crise globale. Réalité et controverses théoriques, 2021
N°42 : La crise de la covid-19. Le marché et les organisations en perspective, 2021
N°43 : (Re)faire système. *Bug & reset*, 2022
N°44 : Aléas du marché et management du risque, 2022
N°45 : Le renouveau du transport et de la logistique : les systèmes d'information, 2022
N°46 : Entrepreneuriat et innovation dans l'enseignement supérieur, 2023
N°47 : Le tourisme créatif. Culture, créativité, patrimoine, management, 2023
N°48 : L'Afrique : questions de performances, 2023
N°49 : *Fintech* en sciences du management, 2024

https://www.cairn.info/revue-marche-et-organisations.htm

Collection « L'esprit économique »
fondée par Sophie Boutillier et Dimitri Uzunidis en 1996

Dernières parutions

► ***Série Economie et Innovation***
J.-P. SCHMITT, N. RAVIDAT, *Management conjoint de la technologie et de la personne. Pour performer et croitre*, 2020.
Y. EL YAHYAOUI, *Economie des plateformes numériques. Captation de la valeur, pouvoir de marché et communs collaboratifs*, 2021.
G. DUTHIL, *Handicap et insertion professionnelle*, 2022.
T. MICHAUD, *La science-fiction institutionnelle*, 2023.
► ***Série Le Monde en Questions***
C. SARI, *Valeur relative de la monnaie et taux de change. Vers la fin de l'étalon dollar ?*, 2023.
G. DUTHIL, N. POLINI, *La Défense nationale*, 2023.
A. DAGHER, *La crise financière du Liban : taux de change, FMI, politique monétaire*, 2023.
G. BAYOH, *Ecosystème des transferts internationaux d'argent et développement durable : Contraintes et solutions*, 2024.
S. BENBACHIR, *Performances bancaires des pays du Moyen-Orient et de l'Afrique du nord. Modélisation de l'efficience et de la productivité des banques*, 2024.
O. MUMBERE MUHONGYA, *Efficacité de l'aide publique au développement. Question de la qualité des données*, 2024.
M. CAMARA, *Être ministre de l'Économie et des Finances de la République de Guinée*, 2024.
R. A. OBAM NLONG, *Du franc CFA à l'Afrix : la nécessaire refonte du Fonds Monétaire Africain*, 2024.
► ***Série Krisis***
M. WIELEZYNSKI, *La loi du marché post-esclavagiste. Une approche critique*, 2023.
G. MINART, *Condorcet économiste : un libéralisme économique au service du bien public*, 2023.
A. MANRAY, *Petit traité de gouvernance à l'usage des despotes éclairés*, 2024.
B. LANDAIS, *Théorie générale de la croissance économique et du développement*, 2024.
V. SOYER, *Critique de la théorie contemporaine de la valeur*, 2024.
► ***Série Clichés***
S. BOUTILLIER, D. UZUNIDIS (dir.), *La Russie européenne. Du passé composé au futur antérieur*, 2008.
R. VOLPI, *La négociation. Pain, paix, liberté*, 2009.
B. S. BONBON, *Géométrie parabolique tridimensionnelle ou perspective parabolique*, 2023.
S. BOUTILLIER, B. LAPERCHE, S. T. K. LE, *Ports industriels en transition : De l'économie circulaire à la décarbonation*, 2024.
► ***Série Cours Principaux***
M. EL KARRIM, *Introduction à l'économétrie appliquée*, 2022.
Z. FIRANO, *Fondements de la finance de marché. Théories et applications*, 2022.
Y. KEHO, *Introduction à l'économétrie appliquée sous EVIEWS, Rappels de cours et illustrations pratiques*, 2023.
K. AMZILE, *Intelligence artificielle et modélisation du risque de crédit*, 2023.
B. LANDAIS, *Macroéconomie. Les fondamentaux*, 2024.
A. KATFI, O. EL MNOUER (dir.), *Mathématiques financières. Cours d'initiation et exercices corrigés*, 2024.
J. NGONGO NGOY, *Manuel d'analyse financière*, 2024.
► ***Série L'économie formelle***
M. FOUQUIN, *Dettes publiques à long terme et souveraineté nationale : enseignements des crises du XIIe au XXIe siècle*, 2023.
J.-P. ROSELLO, *Marchés financiers, capital financier et crises systémiques*, 2024.
J.-L. VILLOUTREIX, *L'eau coule à Aguad : un conte économique*, 2024.
B. MEUNIER, *L'insoutenable dette publique de la France*, 2024.
J. LATREILLE, *Le PIB, ou la mesure de notre démesure*, 2024.
C. MEIDINGER, *Controverses macroéconomiques contemporaines*, 2024.

Structures éditoriales du groupe L'Harmattan

L'Harmattan Italie
Via degli Artisti, 15
10124 Torino
harmattan.italia@gmail.com

L'Harmattan Hongrie
Kossuth l. u. 14-16.
1053 Budapest
harmattan@harmattan.hu

L'Harmattan Sénégal
10 VDN SICAP AMITIE 3
BP 45034 Dakar-Fann
direction@senharmattan.com

L'Harmattan Cameroun
Tsinga/Derrière polyclinique FECAFOOT
BP 11486 Yaoundé
Jacques.koukam@harmattan.fr

L'Harmattan Burkina Faso
Villa 281, secteur 23 623, rue 14.32
Ouagadougou
zagbie@outlook.fr

L'Harmattan Guinée
Almamya, rue KA 028 OKB Agency
BP 3470 Conakry
harmattanguinee@yahoo.fr

L'Harmattan RDC
185, avenue Nyangwe
Commune de Lingwala – Kinshasa
matangilamusadila@yahoo.fr

L'Harmattan Congo
219, avenue Nelson Mandela
BP 2874 Brazzaville
deunovmikhael@gmail.com

L'Harmattan Mali
Immeuble Mgr Jean Marie Cissé
Aci Hamadallaye
BP 145 Bamako
syllaka@yahoo.fr

L'Harmattan Togo
Djidjole – Maison Amela
face EPP BATOME
02 BP 20680 Lomé
didieramela11@gmail.com

L'Harmattan Côte d'Ivoire
Résidence Karl – Cité des Arts
Abidjan-Cocody
03 BP 1588 Abidjan
harmattan.ivoire@gmail.com

L'Harmattan Bénin
Rue 604, (Immeuble à l'entrée
de la rue UCAO- Cite de Saint-Jean)
Cotonou
stepcorpus@gmail.com

Nos librairies en France

Librairie internationale
16, rue des Écoles
75005 Paris
librairie.internationale@harmattan.fr
01 40 46 79 11
www.librairieharmattan.com

Librairie des savoirs
21, rue des Écoles
75005 Paris
librairie.sh@harmattan.fr
01 46 34 13 71
www.librairieharmattansh.com

www.ingramcontent.com/pod-product-compliance
Lightning Source LLC
LaVergne TN
LVHW011454061026
849535LV00004BA/1079